道路交通安全技术与实践案例

孟祥海 著

人民交通出版社股份有限公司
China Communications Press Co.,Ltd.

内 容 提 要

本书在吸收、总结国内外道路交通安全研究成果的基础上,系统地介绍了道路交通安全理论与技术,给出了部分典型的道路交通安全实践案例。全书共包括 11 章:绪论、交通事故数据分析、事故多发点安全管理技术、道路交通条件与交通安全、运行速度与道路安全审计、道路交通事故预测技术、道路交通安全评价、交通冲突技术、道路交通安全管理工程实践案例、道路交通安全评价案例、道路安全审计案例。

本书可供交通、公安、城建等部门的科研人员、技术人员和管理人员参考使用,也适合作为交通工程专业本科生、交通运输规划与管理学科研究生的参考教材。

图书在版编目(CIP)数据

道路交通安全技术与实践案例/孟祥海著. —北京:
人民交通出版社股份有限公司,2017.11
ISBN 978-7-114-14346-5

Ⅰ.①道… Ⅱ.①孟… Ⅲ.①公路运输—交通运输安全 Ⅳ.①U492.8

中国版本图书馆 CIP 数据核字(2017)第 289113 号

书　　名:	道路交通安全技术与实践案例
著 作 者:	孟祥海
责任编辑:	刘永超　石 遥
责任校对:	刘 芹
责任印制:	张 凯
出版发行:	人民交通出版社股份有限公司
地　　址:	(100011)北京市朝阳区安定门外外馆斜街3号
网　　址:	http://www.ccpress.com.cn
销售电话:	(010)59757973
总 经 销:	人民交通出版社股份有限公司发行部
经　　销:	各地新华书店
印　　刷:	北京市密东印刷有限公司
开　　本:	787×1092　1/16
印　　张:	20
字　　数:	565 千
版　　次:	2017 年 11 月　第 1 版
印　　次:	2017 年 11 月　第 1 版
书　　号:	ISBN 978-7-114-14346-5
定　　价:	80.00 元

(有印刷、装订质量问题的图书由本公司负责调换)

前　言

道路交通安全既是一个严重的社会问题，又是一个需要多学科参与解决的技术问题，甚至是可以上升为国家战略层面上的问题。在交通运输部"四个交通"建设中，平安交通就是重要的一环。美国运输部始终将追求交通安全作为最重要的战略目标，并制定了美国交通安全战略规划。道路交通安全属于"4E"科学的范畴，涉及工程（Engineering）、教育（Education）、执法（Enforcement）和救援（Emergency Medical Services）等4个方面，研究方向则包括提升交通安全水平的道路设计技术、车辆安全水平与性能、事故数据系统与分析方法、事故防治技术、道路交通安全评价技术、道路安全审计、道路交通安全规划与战略、交通安全教育与宣传、交通法规与执法、紧急医疗救助和非政府机构参与等。本书在编写过程中，认真吸取了国内外道路交通安全方面的研究成果，系统地归纳总结了自身的科研、教学和工程实践经验，以道路交通为主线，突出技术和方法论，力求反映道路交通安全研究的主要内容。

全书共分两篇十一章，第一篇为道路交通安全理论与技术，包括第一至第八章；第二篇为道路交通安全实践案例，由第九至第十一章构成。第一章介绍道路交通系统、道路交通事故、国内外道路交通安全状况、道路交通安全系统及战略、道路交通安全研究阶段及内容；第二章介绍事故数据收集与存储、事故关联因素与事故风险、事故率指标计算、事故数据的统计分布特征等内容；第三章阐述事故多发点鉴别技术、事故多发点成因分析方法、事故多发点安全改善措施及其评价技术、路网安全管理技术等技术方法；第四章介绍交通条件与交通事故、道路几何线形条件与交通安全、主要交通设施的交通安全、道路交通环境与交通安全等道路交通条件与交通安全的关系；第五章介绍运行速度与道路安全审计；第六章介绍事故预测模型建模步骤与技术要求、事故预测参数模型的建模方法、经典事故预测模型及安全服务水平、事故预测的时间序列法及非参数模型法；第七章介绍道路交通安全模糊综合评价方法、基于聚类分析的安全评价技术、基于可靠度的高速公路安全评价与改善等道路交通安全评价技术；第八章介绍交通冲突技术、交通冲突衡量指标和交通冲突技术的应用;第九章介绍京珠高速公路粤北段交通安全保障技术研究、高速公路运行安全研究两个道路交通安全管理工程实践案例;第十章介绍高速公路设计方案安全评价研究、国道主干线对交通安全的贡献研究两个道路交通安全评价案例;第十一章介绍肇花高速公路施工图设计阶段安全审计、潮惠高速公路施工图设计阶段安全性评价两个道路安全审计案例。

  本书各章全部由作者独立完成。该不该写这本书,作者曾犹豫了近十年;主要原因是道路交通安全理论与实践涉及人、车、路、环境等多个方面的技术知识,是一个典型的交叉学科和多学科融合;绝不是一个人或某一支教学科研团队能够阐述清楚的。因此,本书的内容尚不能涵盖道路交通安全研究的方方面面。本书的出发点是立足于道路交通来阐述道路交通安全问题,书中介绍了较多的欧美国家道路交通安全研究现状、成熟的技术与方法以及研究热点问题,希望能够对我国的道路交通安全研究起到一定的借鉴作用。总之,限于个人能力和知识水平,书中疏漏、表述不当甚至错误之处在所难免,敬请广大读者批评指正。

  在本书历时两年多的撰写过程中,哈尔滨工业大学交通运输规划与管理学科博士研究生史永义、侯芹忠以及硕士研究生覃薇、何莎莉、霍晓艳、梁心雨、张道玉、蒋艳辉等参与了插图描绘和校稿工作。其中,史永义、侯芹忠参与了大量的国内外资料查询工作,梁心雨完成了大部分文字的录入工作,在此,向他们表示感谢。本书成稿的最后几个月里,作者加班加点、夜以继日、无暇顾家,在此,感谢家人支持。

孟祥海
2017 年 7 月

目 录

第一篇 道路交通安全理论与技术

第一章 绪论 ·········· 3
第一节 道路交通系统和道路交通事故 ·········· 3
第二节 国内外的道路交通安全状况 ·········· 9
第三节 道路交通安全系统及战略 ·········· 13
第四节 道路交通安全研究阶段及内容 ·········· 19
本章参考文献 ·········· 22

第二章 交通事故数据分析 ·········· 23
第一节 事故数据收集与存储 ·········· 23
第二节 事故关联因素与事故风险 ·········· 28
第三节 事故率指标计算 ·········· 34
第四节 事故数据的统计分布特征 ·········· 37
本章参考文献 ·········· 43

第三章 事故多发点安全管理技术 ·········· 44
第一节 事故多发点鉴别技术 ·········· 44
第二节 事故多发点成因分析方法 ·········· 60
第三节 安全改善措施及其评价技术 ·········· 78
第四节 路网安全管理技术简介 ·········· 83
本章参考文献 ·········· 86

第四章 道路交通条件与交通安全 ·········· 88
第一节 交通条件与交通事故 ·········· 88
第二节 道路几何线形条件与交通安全 ·········· 94
第三节 主要交通设施的交通安全 ·········· 103
第四节 道路交通环境与交通安全 ·········· 117
本章参考文献 ·········· 124

第五章 运行速度与道路安全审计 ·········· 128
第一节 运行速度 ·········· 128
第二节 道路安全审计 ·········· 142
本章参考文献 ·········· 151

第六章 道路交通事故预测技术 ·········· 153
第一节 事故预测模型建模步骤及技术要求 ·········· 153

第二节　事故预测参数模型的建模方法 ··· 160
　　第三节　经典事故预测模型及安全服务水平 ··· 163
　　第四节　事故预测的时间序列法及非参数模型法 ···································· 171
　　本章参考文献 ··· 181

第七章　道路交通安全评价 ··· 183
　　第一节　道路交通安全模糊综合评价方法 ··· 183
　　第二节　基于聚类分析的安全评价技术 ··· 197
　　第三节　基于可靠度的高速公路安全评价与改善 ································· 203
　　本章参考文献 ··· 208

第八章　交通冲突技术 ··· 209
　　第一节　交通冲突技术基础 ··· 209
　　第二节　交通冲突衡量指标 ··· 211
　　第三节　交通冲突技术的应用 ··· 217
　　本章参考文献 ··· 223

第二篇　道路交通安全实践案例

第九章　道路交通安全管理工程实践案例 ··· 227
　　第一节　京珠高速公路粤北段交通安全保障技术研究 ························· 227
　　第二节　高速公路运行安全研究 ··· 248
　　本章参考文献 ··· 268

第十章　道路交通安全评价案例 ··· 269
　　第一节　高速公路设计方案安全评价研究 ··· 269
　　第二节　国道主干线对交通安全的贡献研究 ··· 278
　　本章参考文献 ··· 284

第十一章　道路安全审计案例 ··· 286
　　第一节　肇花高速公路施工图设计阶段安全审计 ································· 286
　　第二节　潮惠高速公路施工图设计阶段安全性评价 ····························· 304
　　本章参考文献 ··· 313

第一篇

道路交通安全理论与技术

道路交通安全法
う法本

第一章 绪 论

本章主要介绍道路交通系统、道路交通事故、国内外道路交通安全状况、道路交通安全系统、道路交通安全战略、道路交通安全理论研究阶段和道路交通安全研究内容等基础知识。

第一节 道路交通系统和道路交通事故

一、交通运输系统

交通运输系统有多种分类方法,按功能分类、按交通运输方式分类、按交通服务类型分类等。早期,从满足人类需求的角度出发,交通运输系统分为客运交通运输系统和货运交通运输系统两大类。这种分类方法强调了交通运输系统的基本功能,即实现人流和物流经济有序的流动。

近年来,对交通运输系多按交通运输方式来分类,可分为以下四类:

(1)陆路交通运输系统(Land Transportation)

包括道路交通系统(Highway Transport)和轨道交通系统(Railway Transport)。

(2)航空运输系统(Air Transportation)

包括国内航空运输(Domestic Air)和国际航空运输(International Air)。

(3)水路运输系统(Water Transportation)

包括内河水运(Inland Water Transport)、沿海水运(Coastal Transport)和远洋水运(Ocean Transport)。

(4)管道运输系统(Pipelines)

包括石油运输(Oil)、天然气运输(Gas)和其他管道运输(矿石、煤炭、建材、化学品、粮食等)。

我国多将交通运输系统按交通方式分为道路、铁路、水运、航空和管道运输五大类。

由于交通运输服务有租赁式和非租赁式两种形式,因此按照交通服务类型的不同,交通运输亦可分为私人交通和公共交通两类。

二、道路交通系统

1. 我国道路交通系统

(1)我国公路分类和分级

依据中华人民共和国行业标准《公路工程技术标准》(JTG B01—2014),我国公路分为三类五级。

公路按照交通功能分为干线公路、集散公路和支线公路3类。干线公路又细分为主要干线公路和次要干线公路两类,集散公路也细分为主要集散公路和次要集散公路两类。

主要干线公路:连接20万人口以上的大中城市、交通枢纽、重要对外口岸和军事战略要地,提供省际及大中城市间长距离、大容量、高速度的交通服务。

次要干线公路:连接10万人口以上的城市和区域性经济中心,提供区域内或省域内的中长距离、较大容量和较高速度的交通服务。

主要集散公路:连接5万人口以上的县(市)、主要工农业生产基地、重要经济开发区、旅游名胜区和商品集散地,提供中等距离、中等容量及中等速度的交通服务,与干线公路衔接并使所有的县(市)都在干线公路的合适距离内。

次要集散公路:连接1万人口以上的县(市)、大的乡镇和其他交通发生地,提供较短距离、较小容量、较低速度的交通服务,衔接干线公路、主要集散公路与支线公路交通,疏散干线公路交通,汇集支线公路交通。

支线公路:以服务功能为主,直接与用路者的出行源点衔接,连接集散公路并为地区出行提供接入与通达服务。

公路按照技术标准分为高速公路、一级公路、二级公路、三级公路和四级公路等5个等级。

高速公路:是专供汽车分向、分车道行驶并全部控制出入口的多车道公路,其年平均日设计交通量在15 000辆小客车以上。

一级公路:是供汽车分向、分车道行驶并可根据需要控制出入的多车道公路,其年平均日设计交通量宜在15 000辆小客车以上。

二级公路:是供汽车行驶的双车道公路,其年平均日设计交通量宜为5 000～15 000辆小客车。

三级公路:供汽车、非汽车交通混合行驶的双车道公路,其年平均日设计交通量宜为2 000～6 000辆小客车。

四级公路:供汽车、非汽车交通混合行驶的双车道或单车道公路,双车道四级公路的年平均日设计交通量宜在2 000辆小客车以下,单车道四级公路的年平均日设计交通量宜在400辆小客车以下。

公路类型与技术等级的匹配关系如下:主要干线公路应选用高速公路,次要干线公路应选用二级及二级以上公路,主要集散公路宜选用一级、二级公路,次要集散公路宜选用二级、三级公路,支线公路宜选用三级、四级公路。

(2)我国城市道路分级

依据中华人民共和国行业标准《城市道路设计规范》(CJJ37—2012),我国城市道路分为快速路、主干路、次干路和支路四级。

快速路:在城市路网中具有大交通量、过境及中长距离交通功能,并为机动车辆提供快速交通服务的城市道路。快速路应采用中间分隔、全部控制出入、控制出入口间距及形式,实现连续交通流,具有单向双车道或以上的多车道,并应设有配套的交通安全与管理设施。快速路两侧不应设置吸引大量车流、人流的公共建筑物的出入口。

主干路:在城市道路网中起骨架作用,连接城市各主要分区的交通性干路。主干路应采用机动车与非机动车分隔的形式,并控制交叉口间距。主干路两侧不宜设置吸引大量车流、人流的公共建筑物的出入口。

次干路:在城市路网中与主干路结合组成干道网,以集散交通功能为主兼有服务功能的区域性道路。次干路两侧可设置公共建筑物的出入口,但应设置在交叉口功能区之外。

支路:与次干路和居住区、工业区、交通设施等内部道路相连接,解决局部地区交通问题,以服务功能为主的城市道路。

2. 美国道路交通系统

(1) 道路分类及其功能

依据所提供的机动化水平和交通可达性的不同,美国的公路和城市道路均统一划分为主要干线道路、次要干线道路、主要集散道路、次要集散道路和地方道路(支路)5 类。高速公路、快速路等干线道路的主要功能是机动化,以提供大容量、长距离、不间断行车的交通服务为目标;地方道路的主要功能则是提高交通系统的可达性,即连接周边用地、连接出行源点。各类道路的机动化水平及其交通可达性。如图 1-1 所示。

(2) 城市道路交通系统

美国多数的州将人口超过 5 000 人的居民聚集区界定为城市,城市交通系统主要由城市主干线系统、城市次干线系统、城市集散道路系统和城市支路系统组成,如图 1-2 所示。

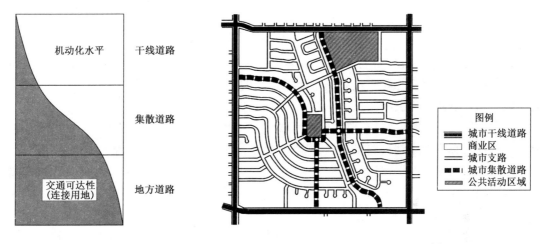

图 1-1 基于机动化水平和交通可达性的道路分类[1]

图 1-2 城市道路交通系统[1]

城市主干线系统:服务于城市主要活动中心,由大容量的交通大通道组成,能承担绝大多数的城市交通出行、起终点间直达交通出行和过境交通出行。该系统主要由州际高速公路、快速路和其他干线道路组成。州际高速公路是全部立交和全部控制出入的道路,快速路是全部控制出入但允许存在平面交叉的道路,其他干线道路则是部分控制出入或无控制出入的道路。

城市次干线系统:连接主干线并扩张主干线系统,提供中等距离的交通出行服务,可达性功能略大于机动化功能,可以通行公交线路,也可以连接社区,但很少穿过居民区。次干线间距不小于 1mile❶,绝大多数的间距在 2~3mile 之间。

城市集散道路系统:在干线系统与支路系统之间起到集、疏交通的作用,通常会直穿居民区并在居民区、商业区、工业区之间提供交通循环服务。

---

❶ 注:1mile = 1.609 344km,后同。

城市支路系统:将出行源点连接到集散道路系统中,支路上的直行交通会有意地受到限制,主要目的是降低车速、保障道路交通安全。

(3)公路交通系统

公路交通系统由主要干线公路、次要干线公路、主要集散公路、次要集散公路和地方公路组成,如图1-3所示。

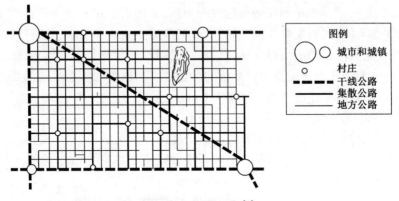

图1-3 公路交通系统[1]

主要干线公路系统:承担绝大多数的州际交通出行及大部分的州内交通出行,大城市间的全部出行以及人口在2 500人左右的中小城市间的绝大部分出行都是在该系统上完成的,主要干线公路系统由高速公路和其他主要干线公路组成。

次要干线公路系统:通过在路网中连通城市、大的城镇和其他主要交通源(如度假胜地),起到补充和加强主要干线公路系统的作用,交通出行速度与主要干线公路系统大体相当。

主要集散公路系统:主要是为县与大城市之间以及县内的交通提供出行服务,出行距离短于干线公路系统。

次要集散公路系统:集、疏地方公路上的交通,连通腹地与县内主要交通源。

地方公路系统:将分散的出行源点连接到集散公路上,提供短距离的交通出行服务。

三、道路交通事故

1. 道路交通事故定义

由于国情不同,世界各国的交通规则和交通管理规定也不同,对交通事故的定义也不尽相同。道路交通事故可以是由于特定的人员违反交通法规造成的,也可以是由意外造成的,如地震、台风、山洪、雷击等不可抗拒的自然灾害所造成的道路交通事故。

根据《中华人民共和国道路交通安全法》,道路交通事故是指车辆在道路上因过错或者意外造成的人身伤亡或者财产损失的事件。其中,道路是指公路、城市道路和虽在单位管辖范围内但允许社会机动车通行的地方,包括广场、公共停车场等用于公众通行的场所;车辆是指机动车和非机动车。

美国国家安全委员会(United States National Security Council,NSC)对道路交通事故的定义为:在道路上所发生的意料不到的、有害的或危险的事件。这些有害的或危险的事件妨碍交通运行,常常是由于不安全的行动、不安全的因素或者二者的结合所造成的。

日本对道路交通事故的定义为：由于车辆在交通中所引起的人的死伤或物的损坏,在道路交通中称为交通事故。

随着社会进步、旅客和货物运输量的增多,特别是随着机动车拥有量的扩大,道路交通事故日益严重,已成为和平时期严重威胁人类生命财产安全的重要社会问题。美国著名学者乔治·威伦研究了美国和世界上其他一些国家中的交通、消防与犯罪问题,在他的著作《交通法庭》中写道："人们应该承认,交通事故已成为今天国家最大的问题之一。它比消防问题更严重,这是因为每年因交通事故死伤的人数比火灾多,遭受的财产损失更大。它比犯罪问题更严重,这是因为交通事故跟整个人类有关,不管是强者还是弱者,富人还是穷人,聪明人或是愚蠢人,每一个男人、女人、孩子或者婴儿,只要他们在街道上或在公路上,每一分钟都可能死于交通事故"。

尽管定义不尽相同,但道路交通事故的构成要素一般会包括以下 6 个方面：有车辆参与、车辆在行驶过程中、发生在特定道路上、发生事态、事态的原因是人为的(有些国家也包括不可抗拒的自然灾害原因)、有财产损失或人员伤亡。

2. 道路交通事故分类

对道路交通事故进行分类,目的在于分析、研究、预防和处理交通事故,同时也便于统计和从各个角度寻找对策。根据分析的角度和方法的不同,对道路交通事故的分类也不同。

(1)按事故后果分类

可分为死亡事故、受伤事故和财产损失事故 3 类。

死亡事故(Fatal Accident,FA)：是指在事故中至少有 1 人死亡的事故。

受伤事故(Injury Accident,IA)：是指没有人员死亡但至少有 1 人受伤的事故。

财产损失事故(Property Damage Only,PDO)：是指仅有财产损失但没有人员伤亡的事故。

可对这 3 类事故通过分配权重的方法,来确定当量事故数。比如,设定财产损失事故的权重为 1、受伤事故的权重为 3、死亡事故的权重为 12,若某一地点发生了 1 起死亡事故、3 起受伤事故和 5 起财产损失事故,那么当量事故数为(12×1)+(3×3)+(1×5)=26 起。

欧美等西方国家多采用这种分类方法,我国近年来也有采用这种分类方法的意向,但目前,我国仍然依据事故后果将交通事故分为轻微事故、一般事故、重大事故和特大事故 4 类。

轻微事故：是指一次造成轻伤 1 至 2 人,或者财产损失机动车事故不足 1 000 元,非机动车事故不足 200 元的事故。

一般事故：是指一次造成重伤 1 至 2 人,或者轻伤 3 人以上,或者财产损失不足 3 万元的事故。

重大事故：是指一次造成死亡 1 至 2 人,或者重伤 3 人以上 10 人以下,或者财产损失 3 万元以上不足 6 万元的事故。

特大事故：是指一次造成死亡 3 人以上,或者重伤 11 人以上,或者死亡 1 人同时重伤 8 人以上,或者死亡 2 人同时重伤 5 人以上,或者财产损失 6 万元以上的事故。

(2)按事故形态分类

按事故形态分类,也就是按照事态分类,可分为碰撞事故、碾压事故、刮擦事故、翻车事故、坠车事故、爆炸事故、失火事故、抛落事故等 8 类。

碰撞事故是最常见的事故形态,又可细分为以下类别：

①正面碰撞(Head-on);②追尾碰撞(Rear-end);③直角侧面碰撞(Right-angle);④左转弯碰撞(Left-turn);⑤右转弯碰撞(Right-turn);⑥碰撞行人(Pedestrian-related);⑦碰撞自行车(Bicycle-related);⑧碰撞停放的车辆(Parked vehicle);⑨碰撞固定物(Fixed object)。

刮擦事故(Sideswipes)主要有:同向刮擦和对向刮擦两种事故形态。

(3) 按事故责任方分类

按事故责任方分类,可分为机动车事故、非机动车事故和行人事故3类。

机动车事故:是指事故当事方中,汽车、摩托车和拖拉机等机动车负主要责任以上的事故。在机动车与非机动车或行人发生的事故中,如果机动车负同等责任,由于机动车相对为交通强者,而非机动车或行人则属于交通弱者,也应视为机动车事故。

非机动车事故:是指自行车、人力车、三轮车和畜力车等按非机动车管理的车辆负主要责任以上的事故。在非机动车与行人发生的事故中,如果非机动车一方负同等责任,由于非机动车相对为交通强者,而行人则属于交通弱者,应视为非机动车事故。

行人事故:是指在事故当事方中,行人负主要责任以上的事故。

(4) 按交通参与者分类

可分为机动车之间的事故、机动车与行人之间的事故、机动车与非机动车之间的事故、机动车自身事故和车辆碰撞固定物的事故。

机动车之间的事故:是指发生在机动车辆之间的刮擦、碰撞等事故。

机动车与行人之间的事故:是指机动车对行人的碰撞、碾压和刮擦等事故,包括机动车闯入人行道及行人横穿道路时发生的交通事故。其中,碰撞和碾压常导致行人重伤、致残或死亡;刮擦事故相对前两者后果一般比较轻,但有时也会造成严重后果。

机动车与非机动车之间的事故:主要表现为机动车碰撞、碾压自行车。

机动车自身事故:是指机动车在没有发生碰撞、刮擦的情况下,由于自身原因导致的事故,如失火、爆炸等。

车辆碰撞固定物的事故:是指机动车与道路两侧的固定物相撞的事故。其中,固定物包括道路上的工程结构物、护栏、灯杆、交通标志等。

(5) 按事故原因分类

可分为因人的原因引发的事故、因车辆原因引发的事故和因交通环境因素引发的事故。前者可称之为因主观原因造成的事故,后两者可称之为因客观原因造成的事故。

主观原因:是指造成交通事故的当事人本身的原因,主要表现为违反规定、疏忽大意或操作不当,分别对应心理或生理方面的原因以及技术生疏、经验不足的原因。

客观原因:是指引发交通事故的车辆、环境和道路方面的不利因素。

(6) 按事故发生时间和地点分类

可按交通事故发生的时刻(以小时计)、日期及月份来对交通事故数据进行分类和统计分析,目的是确定交通事故的时间分布规律,比如交通事故的小时分布、周日分布及月份分布规律等。

可按交通事故发生的地点,如路段、交叉口、各类道路以及服务区、收费站等各类交通设施,对交通事故数据进行分类和统计分析,目的是确定交通事故的空间分布规律、鉴别事故多发点等。

第二节 国内外的道路交通安全状况

一、交通事故发展阶段

世界卫生组织（WHO）的统计数据表明，2007年以来全球每年交通事故死亡人数高达124万人，占全球每年死亡人数总数的2.5%，位列全球致死类疾病（创伤）的第八位。交通事故受伤人数亦高达2 000万~5 000万人，交通事故年均直接经济损失达数千亿美元，尤其是在中低收入水平的国家中，仅交通事故造成的经济损失占其国民生产总值（GNP）的比例高达1%~2%。

纵观全球各国家交通事故的发展历程，可将交通事故分为以下4个阶段。

初期阶段：该阶段机动化水平较低，事故数与伤亡人数均较少，且增速较慢，出现一定的波动性。

快速增长阶段：该阶段机动车交通快速发展，而公众交通安全意识、道路安全设施以及政府交通安全法规等跟不上机动化快速推进的节奏，导致该时期交通事故频发，事故数及伤亡人数逐年增长，直至最高水平。

稳步下降阶段：当交通事故愈加恶化时，公众及政府等皆意识到交通事故的危害性，纷纷加大对交通安全的投入。公众安全驾驶意识逐渐普及、道路安全设施显著加强、交通安全法制建设日益完善，再加上车辆安全性的日趋提高，虽然在该时期内机动化水平亦保持上升的趋势，但事故数及伤亡人数却稳步回落，交通安全水平得到很大改善。

稳定阶段：该阶段机动化水平已达到最高，公众安全驾驶意识、道路安全设施、法制建设以及车辆安全性能等均达到较高水平，交通事故整体趋于稳定水平。

以澳大利亚交通事故为例，说明交通事故发展的4个阶段，如图1-4所示。

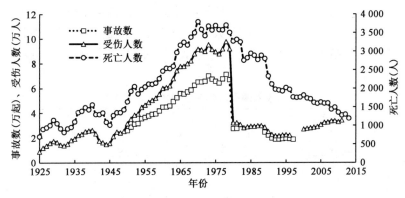

图1-4 澳大利亚交通事故发展趋势

1925年至1945年为初期阶段，交通事故总体较少。1945年至1978年，交通事故持续恶化，且在1978年达到顶峰，事故数、受伤人数及死亡人数分别为7.133 4万起、9.768 5万人和0.370 5万人。1979年至1991年，事故数及伤亡人数均处于下降阶段（由于澳大利亚在1980年修改了交通事故及受伤的判定标准，致使事故数和受伤人数在该时间段内有明显变化）。1992年至今，事故数基本维持稳定，年均2万起左右；而死亡人数继续逐年下降，受伤人数有小幅上升，总体上看事故严重程度在逐年降低。

二、国外的道路交通安全状况

1. 全球道路交通安全状况

目前,全球道路交通事故的10万人死亡率为18,最高和最低的地区分别为非洲和欧洲,其数值分别为24.1和10.3,如图1-5所示。

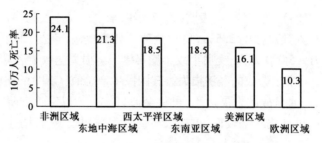

图1-5 全球各地区交通事故死亡率

在死亡人员组成方面,60%的人员为15～44岁,77%的为男性。此外,由于在中低收入国家的道路使用者中,摩托车、自行车以及行人占有很大比例,从而导致全球事故死亡人员中,这3类事故死亡人员所占比例高达50%;小汽车驾驶员占31%;其他人员占19%。

2. 高收入国家道路交通安全状况

统计数据表明,高收入国家(人均国内生产总值在12 275美元以上)与中低收入国家(人均国内生产总值在12 275美元以下)的道路交通安全状况有显著性差异。整体来看,中低收入国家事故率为高收入国家的两倍,高收入国家事故死亡率逐年下降,而中低收入国家死亡率仍处于快速增长阶段,全球道路交通事故死伤人数目前仍在逐年增加。

高收入国家交通事故10万人死亡率为8.7。高收入国家占据全球47%的机动车,而交通事故死亡人数仅占全球的8%,即高收入国家交通安全状况远高于全球平均水平。

从发展趋势看,高收入国家事故死亡人数普遍呈逐年减少趋势。部分高收入国家历年来交通事故死亡人数统计结果如表1-1所示。结果表明高收入国家死亡人数逐年减少,即事故严重程度在逐年降低。

部分高收入国家历年来交通事故死亡人数　　　　表1-1

国　家	2013年事故数据				历年死亡人数变化率(%)				
	死亡人数(人)	10万人死亡率	万车死亡率	亿车公里死亡率	2013—2011	2010—2001	2000—1991	1990—1981	1980—1971
美国	32 719	10.35	1.21	0.68	-0.3	-2.7	0.1	-1.1	-0.3
日本	5 152	4.05	0.57	0.69	-3.9	-5.9	-3.6	-2.8	-6.7
德国	3 339	4.15	0.61	0.46	-2.9	-7.0	-4.4	—	—
英国	1 770	2.76	0.49	0.35	-2.4	-6.8	-3.1	-1.3	-2.8
法国	3 268	5.13	0.84	0.58	-6.5	-7.6	-2.7	-2.3	-2.9
澳大利亚	1 187	5.13	0.69	0.50	-4.3	-2.7	-1.7	-3.9	-1.0
加拿大	1 923	5.47	0.84	0.56	-4.9	-2.3	-2.6	-3.3	-0.2
瑞典	260	2.72	0.45	0.34	-0.3	-2.7	0.1	-1.1	-0.3
荷兰	570	2.8	0.47	0.39	-3.8	-5.7	-1.0	-3.0	-5.0
意大利	3 385	5.7	0.66	—	-6.4	-5.9	-1.5	-2.2	-1.9
丹麦	191	3.4	0.63	0.39	-9.2	-5.7	-2.2	-0.5	-6.1

3. 中低收入国家道路交通安全水平

中低收入国家交通事故 10 万人死亡率为 20.1。中低收入国家机动车占全球的 53%，而事故死亡人数却占全球的 93%，中低收入国家的道路交通安全水平远低于高收入国家。

中低收入国家交通事故死亡人数居高不下的原因可归纳为以下几点：①机动车数量快速增长，机动化水平的跨越式提高导致事故绝对数较大；②道路安全设施不足，行车危险性较高；③驾驶员安全意识不高；④政府的法律法规建设不完备，缺少对交通安全的宣传、监督与约束；⑤医疗救援系统落后，事故发生后的紧急救援与高收入国家有不小的差距。

从发展趋势来看，世界卫生组织框架内的 132 个中低收入国家中，47 个国家的事故死亡人数呈现下降趋势，但仍处于较高水平（如土耳其）；85 个国家的事故死亡人数依旧保持上升势头（如印度），如图 1-6 所示。

图 1-6　中低收入水平国家交通事故死亡率发展趋势

三、我国的道路交通安全状况

1. 我国道路交通事故发展历程

据统计，自 1951 年至 2013 年（1968 年和 1969 年无统计数据），我国累计发生交通事故 1 173.3 万起，累计死亡 241.6 万人、受伤 904.0 万人次，年均事故数、死亡和受伤人数分别为 19.2 万起、4.0 万人和 14.8 万人次。我国道路交通事故发展历程如图 1-7 所示。

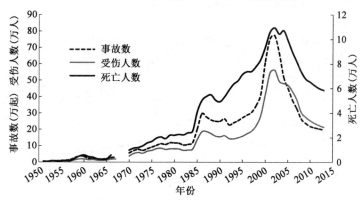

图 1-7　我国历年来的道路交通事故

我国道路交通事故也经历了由少到多、由增加到减少的发展历程,即已经经历了交通事故发展的初期阶段及快速增长阶段,目前来看正处于稳步下降阶段。初期阶段是指1951年至改革开放初期(1980年前后),事故总量较少,增量较慢;快速发展阶段是指改革开放初期至2002年,交通事故快速攀升,至2002年达到历史顶峰,年事故数、死亡人数和受伤人数分别为77.3万起、10.9万人和56.2万人次。2003年是我国道路交通安全发展的转折年,交通事故开始下降,道路交通安全进入新的发展阶段,即稳步下降阶段。

2. 我国道路交通事故的发展趋势

2013年,我国共发生道路交通事故19.8394万起,共造成5.8539万人死亡和21.3724万人受伤,万车死亡率和10万人死亡率分别为2.4和4.25。结合近十几年的事故发展规律不难看出,近些年来我国道路交通事故死伤人数显著下降,道路交通安全水平显著提升。

自2002年以后,我国政府加大了对交通安全的重视程度,加之交通安全法律法规的健全、交通参与者素质的提升、车辆安全性能的提高等,我国无论是事故数还是事故造成的人员伤亡数,均明显下降。2013年全国道路交通事故数、死亡人数和受伤人数比2002年分别下降了74%、46%和62%,即死亡人数为高峰年时死亡人数的近一半,事故数和受伤人数的减少更加明显。若保持2002年的交通安全水平不变,则2003年至2013年间,交通安全水平的提高已挽救了86.9万人的生命,同时避免了376.6万人次的人员伤害,如图1-8所示。

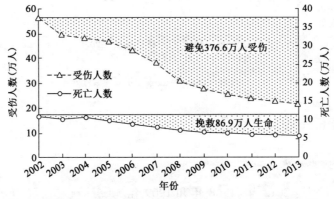

图1-8 2002年以来道路交通事故伤亡人数的减少量

同时,万车死亡率和10万人死亡率从2002年的13.71和8.52下降至2013年的2.40和4.25,降幅分别达到82.5%和50.1%,如图1-9所示。

图1-9 我国万车死亡率与10万人死亡率变化趋势

3. 与国外道路交通安全水平的对比

根据世界卫生组织统计的全球176个国家(其中高收入国家49个,中低收入国家127个)的2010年数据,全球10万人死亡率为18,万车死亡率为5.91;我国2010年10万人死亡率和万车死亡率分别为4.25和2.40。因此,近些年我国的这两项指标均优于全球平均水平。

在10万人死亡率方面,全球最低和最高的国家分别为圣马力诺(欧洲)和纽埃(大洋洲),死亡率分别为0.00和68.3,我国10万人死亡率位于全球第18位,即优于全球90%的国家。在万车死亡率方面,全球最低和最高的国家分别为圣马力诺(欧洲)和中非(非洲),死亡率分别为0.00和1 347,我国万车死亡率位于全球第48位,优于全球73%的国家。

从10万人死亡率和万车死亡率来看,我国近些年的交通安全水平处于全球中上水平。然而,与其他发达国家相比,我国万车死亡率和亿车公里死亡率仍然偏高,距瑞典、荷兰等国家的交通安全水平还有较大差距,如图1-10所示。

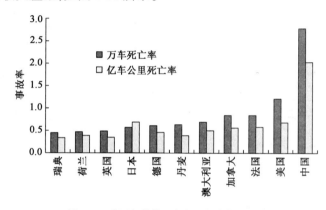

图1-10 我国与其他国家交通事故率的对比

第三节 道路交通安全系统及战略

一、道路交通安全系统

1. 道路交通安全系统构成

道路交通系统是一个由人、车、道路环境所构成的动态系统。人、车、道路环境三要素之间必须协调互动,才能实现交通系统安全、迅速、经济、高效的目标。作为道路交通系统的子系统,道路交通安全系统也是由人、车、道路环境所构成的动态系统,其中,交通事故就是其中某一要素或全部要素失调的结果。

某一交通事故案例如下:一个没有多少行车经验的20岁年轻人,为了去约会,驾车行驶在一条不熟悉的道路上。他的车辆很破旧,轮胎已严重变形。当行车至一半路途时,天开始下雨了。此时,在他前方遇到了一个曲线路段,这个曲线路段的半径较小且不满足道路设计规范要求。由于转向过度加之紧张,他失去了对车辆的控制,车辆驶出路外并撞到路侧1~2m内的大树上。这就是一个由人、车、道路环境交互作用而发生交通事故的典型案例,其原因分析结果,如表1-2所示。

交通事故案例成因分析　　　　　　　　　　　　　　　　　　表1-2

次序	系统构成	事　件	状　态
1	人的原因	出行	年轻、无经验、紧张
2	车的原因	车辆选择	轮胎破旧
3	天气原因	下雨	路面潮湿且光滑
4	道路原因	平曲线	半径不满足设计标准要求
5	人的原因	车辆行驶	转向过渡
6	人的原因与道路原因	车辆失去控制	驾驶员紧张，路肩不坚固
7	路侧环境原因	路侧条件	树木距行车道过近
8	结果	发生事故	驾驶员受伤

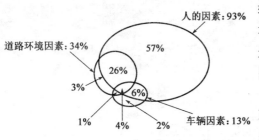

图1-11 交通事故成因构成

道路交通安全系统的三要素是人的因素、车辆因素和道路环境因素。美国的统计数据表明，在诱发交通事故的原因中，人的因素约占93%，道路环境因素约占34%，车辆因素约占13%，如图1-11[2]所示。

在道路交通安全系统中，威廉哈顿（William Haddon）将人、车、道路环境在交通事故中的相关关系用矩阵形式表示，成为著名的哈顿矩阵，如表1-3所示。

哈　顿　矩　阵　　　　　　　　　　　　　　　　　　表1-3

类别	车　辆	驾 驶 员	物理环境	社会环境
事故前	制动性能良好，车辆保养良好	视力良好，警惕性高	设计良好的道路	严禁酒后驾车
事故中	有安全气囊，采用了防抱死系统	戴头盔（摩托车），系安全带	路侧没有刚性的柱子，设有路侧防撞护栏	强制使用安全风挡玻璃
事故后	车内有阻燃物	紧急医疗救助	高效的交通应急救援系统	支持医疗、康复服务

2. 人的因素

在道路交通安全中，人的因素是主导因素。其中，行车过程中道路使用者与车辆、道路环境及其他道路使用者之间的相互作用关系是研究的重点。从更高的层面上看，驾驶能力可划分为控制能力、行驶能力和导航能力3个层次，如图1-12[3]所示。

控制能力是指在转向、加速、制动时驾驶员与车辆之间保持理想速度和方向的能力；行驶能力是指为了保持安全速度和行车路线，驾驶员适应道路环境（线形、纵坡）、交通环境（速度、相对位置、间距）和交通控制环境（交通标志与标线、交通信号）的能力；导航能力是指依据以往经验或

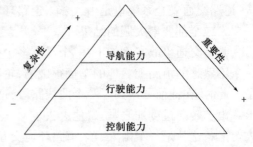

图1-12 驾驶能力

地图、导航、地标等信息,驾驶员能计划并实施完整出行活动的能力。控制能力是对驾驶员认知能力的最低要求,但它却是最重要的能力,控制能力的决策时间往往只有数秒钟。行驶能力的认知要高于控制能力,其决策时间一般在数秒至几分钟之间。导航能力是对驾驶员认知能力的最高要求,是最复杂且需要花费大量时间、精力来培养的能力。

影响道路使用者安全出行的因素一般包括道路使用者的生理因素、心理因素和认知能力,而人的交通失误行为则主要体现在技能、规则认识和知识水平3个方面。另外,有事故倾向和违章倾向的道路使用者群体以及交通活动中的弱势群体,也需引起关注。

3. 车辆因素

自从1885年第一个汽车安全带专利获得授权后,汽车工业界一直致力于提高车辆的安全性能。车辆上的安全设备可分为主动型和被动型两大类,主要作用是规避碰撞或降低事故严重程度。

在高档车辆上配备的主动安全设施一般包括防抱死系统(Anti-lock Braking System,ABS)、自适应巡航控制系统(Adaptic Cruise Control,ACC)、动态转向响应系统(Dynamic Steering Response,DSR)、智能速度适应系统(Intelligent Speed Adoption,ISA)、电子稳定控制(Electronic Stability Control,ESC)及转向灯控制等。被动安全设备的作用是降低事故严重程度,一般有安全带、安全气囊、车身侧面防撞梁、折叠式转向柱等。

随着无线电技术的发展,80%的车辆革新来自于电器方面。现代汽车上的电器线路总长已达4km以上,而1955年的汽车上只有45m。近年来,随着无线通信、车联网、车路协同技术的发展,车辆防碰撞系统的研发也得到了快速发展。依据规避行为需求和主、被动对策措施的不同,车辆防碰撞系统可由4种状态构成,如图1-13[4]所示。

图1-13 车辆防碰撞系统的状态

4. 道路环境

道路是道路交通的基础设施,是车辆行驶的载体。规划、设计、运营道路交通是交通工程师的主要任务之一。道路环境上的交通安全问题主要是路面材料、道路几何设计标准以及交通控制设施等3个方面。尽管在过去的100年间,路面材料性能及道路几何设计标准等均有显著提高,但是,对既有道路的几何线形条件进行改善仍是一项艰巨且费用昂贵的工作。道路几何线形及路面工程中面临的难题是在加宽车道、铺筑路肩、设置左转(或右转)专用车道、改建平面环形交叉口时,如何确定安全改善的效益。交通控制设施主要包括交通标志与标线、交通信号以及可变信息板(VMS)等。

在过去的20年间,随着电子系统在路侧环境监控上的应用,路侧安全状况已得到较明显的改善。目前,利用无线通信技术整合车内及路侧设备的研究,已成为研究热点。美国联邦公路局、加利福尼亚州、明尼苏达州、弗吉尼亚州等正在研究基于ITS的平面交叉口路径导航系统,被称之为平面交叉口决策支持系统(Intersection Decision Support,IDS)。该系统可用来分析轨迹中的潜在冲突,并可判断是否有足够的时间来通过交叉口。当车辆不能通过交叉口时,依据安全间隙准则,低优先级的驾驶员就会接收到"不准通行"的指令。

5. 风险行为与交通事故控制

由道路交通安全系统的构成可知,为了控制风险行为和道路交通事故,应从人、车、道路环境3个方面对道路交通进行综合治理,如图1-14所示。

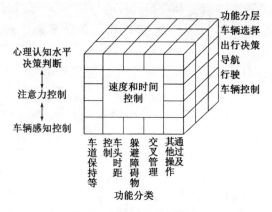

图1-14 风险行为及事故控制

二、道路交通安全战略

道路交通安全战略包括关联因素控制、事故防治、规范道路使用者行为和紧急救援4个方面。

1. 关联因素控制

关联因素(Exposure)是指引发交通事故或增加事故风险的各种交通环境因素,涉及人、车、路、交通出行等各个方面。关联因素控制的内容一般包括:

(1)合理控制区域机动车增长速度及保有量规模;

(2)合理布局区域人口分布,优化交通方式结构;

(3)科学增加交通供给,提高路网容量;

(4)减少不必要的出行,控制出行总量;

(5)鼓励合乘,鼓励使用大容量公共交通出行方式;

(6)控制交通密度,缓解交通拥堵,严格控制车速;

(7)减少交通流之间以及不同交通方式之间(机动车交通、行人交通、非机动车交通)的交通冲突;

(8)实施必需的交通限制,如车型限制(限制摩托车、机动车尾号限行)和道路限行(单向交通、城市道路白天货车禁行、高速公路汽车专用等)。

以最大限度地发挥现有道路交通系统潜能为目标的交通系统管理(Transportation System Management,TSM)和同时兼顾需求控制及交通供给的交通需求管理(Transportation Demand

Management,TDM)不仅是城市交通改善的两项重要策略,实际上也起到了关联因素控制的作用。因此,对保障道路交通安全也是十分有益的。

2. 事故防治

事故防治一直是各国道路交通安全领域的工作重点。道路基础设施的安全性、道路养护、交通控制、车辆的安全性设计、车辆及汽车修理厂检查等均属于事故防治的范畴。从广义上看,道路交通安全研究、道路交通安全评价、道路交通安全管理及道路安全审计等也是事故防治的内容。

道路基础设施的安全性主要包括以下几个方面:

①机动车道、非机动车道、人行道的交通安全;②平面交叉、立体交叉、公铁平交道口的交通安全;③事故多发点的交通安全治理与路网的交通安全管理;④道路横断面的安全改造与路侧安全;⑤道路几何线形及视距条件改善;⑥隧道、桥梁的交通安全性;⑦安全护栏与缓冲防撞设施的安全性;⑧道路改扩建施工路段及施工作业区的交通安全;⑨道路照明及休息区、服务区的交通安全。

道路养护的安全性主要包括以下几个方面:

①重铺路面;②治理车辙;③提高路面平整度;④提高路面抗滑性能;⑤提高路面反光性能;⑥实施冬季道路养护。

交通控制的安全性主要包括以下几个方面:

①区域交通控制;②出入口控制与优先权管理;③平面交叉口的停车控制与让行控制;④平面交叉口的信号控制和人行横道的信号控制;⑤限速及减速设施;⑥道路标识与人行控制设施;⑦停车管理与控制;⑧单向交通与往复变向车道;⑨公交车道与公交停靠站设计;⑩动态路线导航与可变信息板;⑪公铁平交道口交通控制及设施。

车辆的安全性设计主要包括以下几个方面:

①轮胎花纹深度与防滑轮胎;②防抱死制动系统与盘式制动;③高位制动灯与日间行车灯;④改良车辆前照灯;⑤转向悬架与车辆稳定性;⑥摩托车、自行车的头盔,安全带、安全气囊与儿童约束装置;⑦车辆的防撞性能;⑧行车控制设备与智能巡航控制;⑨车辆调节、发动机调节与最高车速调节;⑩重型车辆、摩托车、自行车的安全设备;⑪防火安全标准、危险物条例及电子稳定控制。

车辆及汽车修理厂检查主要包括以下几个方面:

①车辆安全行驶标准;②机动车定期车检;③路侧临时车检;④汽车修理厂规章制度及检查。

3. 规范道路使用者行为

道路使用者包括驾驶员、骑车人和行人。人的交通行为与多方面因素有关,如人的性格特征、知识和技能、出行目的、社会态度、工作状态以及生活状态等。通常采用教育与交通执法相结合的方式来规范道路使用者的行为,这里涉及驾驶员培训和职业驾驶员认定、公共教育与信息提供、交通执法与处罚等。

驾驶员培训和职业驾驶员认定的内容包括以下方面:

①行车执照年龄限制;②驾驶员的健康要求;③驾驶员行为标准;④汽车驾驶操作能力培训;⑤驾驶执照考试;⑥非机动车驾驶员培训与考核;⑦职业驾驶员培训与考核;⑧驾驶时间与

休息时间规定;⑨应急驾驶的安全标准;⑩校车的安全标准。

公共教育与信息提供的内容包括:

①学龄前儿童(0~6岁)的交通安全教育;②学生(6~18岁)的交通安全教育;③媒体、广播、广告等交通信息提供与交通宣传。

交通执法与处罚的内容包括:

①速度执法;②超速执法与闯红灯抓拍;③安全带执法;④交通巡逻;⑤违章处罚系统与执照吊扣;⑥酒驾立法及执法;⑦酒驾驾驶员的行政及刑事处理;⑧罚款与监禁;⑨机动车保险。

4. 紧急救援

紧急救援也称为紧急医疗服务(Emergency Medical Service,EMS),主要目的是减少交通事故发生后的人员伤亡,属于事故伤亡控制的范畴,也是交通安全的重要目标之一。

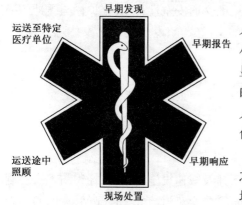

依据澳大利亚的研究结果,在所有交通事故死亡人员中,事故发生后几分钟内死亡的约占50%,1~2小时内死亡的约占35%,30天内死亡的约占15%。显然,紧急救援主要是针对事故发生后1~2小时内的受伤人员所进行的紧急救助行为。交通事故中的人员伤害主要是外伤,而外伤的最佳救援时间是"金色1小时"。

紧急救援应符合急救的基本原则,并满足"生命之星"的6个要素:早期发现、早期报告、早期响应、现场处置、运送途中照顾、运送至特定医疗单位,如图1-15所示。

图1-15 "生命之星"的6个要素

交通事故紧急救援的步骤包括求救呼叫、呼叫路由、紧急医疗服务派送、响应和医院分配4个步骤,如图1-16所示。

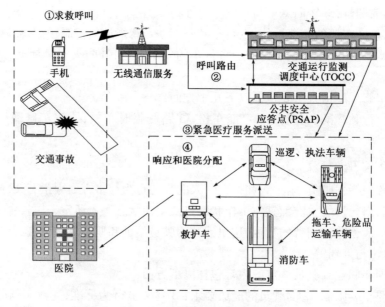

图1-16 交通事故紧急救援过程

第四节 道路交通安全研究阶段及内容

一、道路交通安全理论研究阶段

从1900年至2000年的100年间,道路交通安全理论研究经历了5个阶段,即交通事故随机理论研究阶段、事故倾向理论研究阶段、事故因果理论研究阶段、交通安全系统理论研究阶段和交通安全行为理论研究阶段,如图1-17所示。

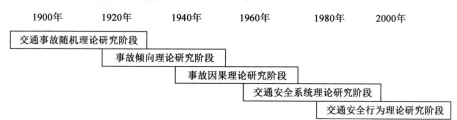

图1-17 道路交通安全理论研究阶段

1. 交通事故随机理论研究阶段

交通事故的研究可追溯到100年前的波特凯维茨,他曾为普鲁士军队研究战马踢伤士兵的事件,并于1898年出版了《小样本数据定律》(The Law of Small Numbers)一书。其研究结果表明,战马踢伤士兵的事件是随机事件,并近似地服从泊松分布。后来,人们接受了波特凯维茨的研究结果,认为交通事故是人们不能控制的纯粹的随机事件。

2. 事故倾向理论研究阶段

第一次世界大战期间,格林伍德发现军火厂发生的一些事故主要集中在少数的几个工人身上,这动摇了随机事件理论,同时负二项分布出现了。后来,人们更倾向于这样的理论,有些人确实要比另一些人更容易发生交通事故,而这种事故倾向理论恰好暗合了同一时期出现的弗洛伊德心理学学说,并成为弗洛伊德心理学学说的一个很好的案例。从1920年至1950年,事故倾向理论一直都是交通安全理论研究的主流。

3. 事故因果理论研究阶段

按照事故倾向理论,人们只要关注那些有事故倾向的驾驶员并控制其交通行为,就可以改善道路交通安全状况了。但事实并非如此,在19世纪30年代前,1%的驾驶员(即有事故倾向的驾驶员)引发的事故占事故总数的23%,但到了19世纪30年代初,1%的驾驶员引发的事故占事故总数的比例已不到4%,即大多数的交通事故是由普通驾驶员造成的。究其原因,是随着越来越多的普通人加入到驾驶员行列,有事故倾向的驾驶员已不再是发生交通事故的主体人群了。从19世纪40年代至50年代,随着机动化水平的快速发展,交通事故已广泛出现在任何驾驶员群体上了,此时,事故倾向理论已不再适用。

事故因果理论认为,必须找到事故发生的真实原因,否则就不能很好地预防交通事故,而这个真实的原因就是人的失误行为,这种理论仅取得了部分成功。因为,很快通过研究表明,即使找到了人的失误行为后还是不能很好地预防交通事故,必须找到是什么原因诱导驾驶员出现了失误行为,这样交通安全系统理论就应运而生了。

4. 交通安全系统理论研究阶段

交通安全系统理论出现于19世纪50年代,流行于60至70年代,其基本观点是,交通事故是复杂系统交互作用时系统失调的结果,也就是由人、车、路、环境所组成的交通系统失调的后果。交通系统是由人、车、路、环境所构成的动态系统也是在这一时期被明确提出的。为了预防交通事故,应从人、车、路、环境等各个方面对交通进行综合治理。此时,道路安全工程和车辆安全工程变得十分重要。通过对道路系统、交通控制方式和车辆性能的改善和提高,西方一些机动化水平较高的国家的亿车公里事故率得到了意想不到的显著下降,而交通安全系统理论也取得了巨大成功。

但是到了19世纪80年代以后,一个很明显的现象出现了,从人、车、路、环境对交通进行持续的综合治理后,交通事故减少的幅度已不是很大了,即不论怎样进行综合治理,交通事故再下降的空间已经很小了。

5. 交通安全行为理论研究阶段

对于交通事故,难道真的就束手无策了吗?19世纪80年代Gerald Wilde的风险平衡理论出现了,并被用于解决各种各样的交通安全行为问题。其基本观点是,在交通活动中,人的事故风险评估和事故风险接受才是最需要考虑的问题,只要有交通活动就会有事故风险,减少交通事故的唯一途径是改变事故风险目标,也就是达到期望的安全水平。

二、道路交通安全研究内容

世界银行曾经给出了一个在国际视野下道路交通安全研究应包括的内容,很有代表性[5],具体如下:

(1) 提升交通安全水平的道路设计技术研究

从短期行为上看,提高道路设计技术水平对保障交通安全的贡献,要大于车辆性能的提升和驾驶员测试技术的改进。良好的路网规划以及在道路设计中充分发挥其交通安全功能,可避免大量的交通事故,系统地识别和治理事故多发点也可明显地改善道路交通安全状况。

(2) 数据系统与数据分析研究

不论是道路交通安全问题的诊断还是交通安全改善措施的效果评估,数据都是这些交通安全研究工作的基础。数据可用来识别哪些道路使用者更倾向于发生交通事故,哪种交通行为方式或驾驶员操作方式更容易导致交通事故的发生,以及在什么样的人、车、路、环境下交通事故更容易发生。

(3) 道路安全研究

道路安全研究的主要目的是更好地理解交通事故发生规律和影响因素,掌握不同安全改善措施的效果,并能提出更先进、更高效的安全改善对策。不论是制定政策、分配资源,还是使用资源时,道路安全研究结论都是重要的准则。

(4)道路安全审计

道路安全审计是对现有的道路及其附属设施、交通管理所进行的系统的安全状况评估和安全治理工作。同时,对拟建和新建的道路工程项目,通过设计或建设阶段前瞻性地预估交通安全问题,并据此优化设计方案或变更建设方案,可消除未来可能出现的潜在的交通安全隐患。道路安全审计应贯穿道路交通项目的规划、设计、建设及运营管理的所有阶段,并将规范、标准等与交通安全理论有机结合。

(5)交通安全公共宣传研究

道路使用者的教育以及交通安全意识的提升是道路交通安全战略的重要组成部分。因此,如何开展交通安全公共宣传活动、如何制定宣传目标、如何形成宣传体系是十分重要的。

(6)青少年交通安全教育

使青少年掌握交通安全技能,对其本人而言是终身受益的,对全社会而言则是一个长期的战略目标。虽然青少年接受交通安全教育是短期的,但是通过一些核心课程或是一些义务教育项目和跨学科项目的合理设置,青少年的交通安全技能和安全意识会得到持续、积极、有效地提高。

(7)驾驶员培训和考核研究

绝大多数的交通事故是由驾驶员的失误引发的,在任何一个道路交通安全项目中,培养驾驶员事故预防能力和技巧都是重要目标之一。驾驶者必须接受正规的、专业的培训。

(8)交通法规与执法研究

高效、一致、具有连续性的交通法律与法规,对减少交通事故的发生会起到积极的促进作用。

(9)车辆安全水平与标准研究

改善车辆设计、加强乘员保护、定期对车辆进行维修与保养等均有利于减少交通事故或降低事故严重程度。驾驶员及车辆的乘员可通过安全带、安全枕、安全气囊、儿童安全座椅等得到保护。与安全有关的车辆设备定期保养,并接受行车过程中的随机抽查。超载的载重货车对所有的道路使用者而言都是一个巨大的威胁,应严格禁止。

(10)紧急医疗救助研究

准确、及时的紧急救助对减少事故中的人员伤亡是十分重要的,驾驶员培训中的急救程序以及如何处理伤员等都是至关重要的。一个简单的紧急救援电话,如"911",就会引起警察、救护车以及其他救援服务机构同时采取行动,显著地减少了紧急救援的响应时间。

(11)交通安全监督和评估研究

在跟踪交通安全活动并评估交通安全影响时,简单且有效的监督与评估系统是十分必要的,该系统应是安全计划和安全倡议的一个组成部分。

(12)非政府机构的作用研究

道路交通安全不仅是政府的职责,商业部门、服务机构以及非政府组织(Non-governmental Organizations,NGOs)在增强交通安全意识中均应起到应有的作用。

美国道路交通安全战略计划(Strategic Highway Safety Plan,SHSP)从交通参与者、车辆、道路及道路设施、紧急救援与管理4个方面,以减少事故死亡率为目标,给出了22个交通安全专项研究内容,如表1-4[6]所示。

SHSP 交通安全专项研究内容　　　　　表 1-4

编号	研 究 内 容	交通安全系统要素	工程	教育	执法	救援
1	制定年轻驾驶员的驾照分步发放制度	驾驶员及其他交通参与者			√	√
2	确保上路行驶的驾驶员持有合法驾照并且有充分的驾驶能力			√	√	√
3	老年驾驶员的驾驶能力保持			√	√	
4	控制侵略性驾驶行为			√	√	
5	减少使用酒精、药物等行车能力削弱条件的驾驶			√	√	
6	保持驾驶员在行车过程中处于清醒状态		√	√	√	
7	提升驾驶员的安全意识			√	√	
8	提高安全带使用率,加强对安全气囊的认识			√	√	
9	提高步行及横穿道路的安全性		√	√		
10	确保自行车出行者的安全		√	√		
11	改善摩托车安全状况并提升摩托车驾驶员安全意识	车辆		√	√	
12	提高货车的运营安全性			√	√	
13	提高车辆安全性能		√			
14	减少机动车与火车之间的碰撞事故	道路及道路设施	√	√	√	
15	确保车辆不偏离正常行驶车道		√			
16	减轻车辆驶出道路后的事故严重程度		√			
17	改善公路交叉口设计和交通管理水平		√		√	
18	减少正面碰撞以及车辆穿越中央分隔带驶到对向车道所引起的碰撞事故		√			
19	施工作业区的交通安全保障		√	√	√	
20	提升交通事故受伤人员存活率的医疗能力	紧急救援与管理				√
21	改进信息及决策支持系统		√		√	√
22	建立更有效的安全管理系统		√		√	√

本章参考文献

[1] A Policy on Geometric Design of Highways and Streets 2004. American Association of State Highway and Transportation Officials,2004.

[2] Evans L. Traffic Safety and the Driver. New York:Van Nostrand Reinhold,1991:92-93.

[3] A. R. A. van der Horst. A Time-based Analysis of Road User Behavior in Normal and Critical Encounters. PhD thesis,Delft University of Technology,1990.

[4] David L. ,Smith, Wassim G. Najim, Richard A. Feasibility of driver judgment as basis for a crash avoidance database,Transportation Research Record:Journal of the Transportation Research Board,2002,1784:9-16.

[5] World Bank,2004,http://www.worldbank.org/transport/roads/safety.htm#developing.

[6] AASHTO Strategic Highway Safety Plan. Washington D. C. :American Association of State Highway and Transportation Officials,2005.

第二章　交通事故数据分析

在传统的、基于交通事故历史数据的道路交通安全研究中，获取事故数据及事故关联因素数据，并在此基础上计算事故率指标、分析事故数据的统计分布特征，是开展交通安全研究的前提和基础。本章围绕交通事故数据收集与分析问题，介绍事故数据收集与存储、事故关联因素与事故风险、事故率指标计算、事故数据的统计分布特征等4个方面的内容。

第一节　事故数据收集与存储

一、交通事故信息管理系统

交通事故数据的来源主要有公安交警部门记录的事故、道路交通管理部门记录的事故、保险机构及医疗单位记录的事故、单位或个人报告的事故等。国际上比较有名的交通事故信息管理系统包括世界卫生组织（World Health Organization，WHO）的数据管理系统、国际道路交通和交通事故数据库（International Road Traffic and Accident Database，IRTAD）、英国道路交通事故统计表（STATS19 Road Accident Dataset，STATS19）、美国国家道路交通安全管理局死亡事故分析与报告系统（Fatality Analysis Reporting System，FARs）、国际道路联盟交通事故数据记录系统（Road Accident Data Recorder，RADaR）等。世界卫生组织是联合国系统内卫生问题的指导和协调机构，是著名的世界组织之一，本书对该组织不做介绍。

1. 国际道路交通和交通事故数据库（IRTAD）

经济合作与发展组织道路交通委员会于1988年建立了国际道路交通和交通事故数据库，用以收集、存储各成员国的交通事故和事故关联因素数据。目前，成员国数量已发展至29个。该数据库存储了从1970年至今每个成员国每年的交通事故数据（每起事故的数据信息在500条以上），并能提供最新的事故数据和关联因素数据。数据库能够提供的安全信息包括：①按道路网及道路分类的受伤事故；②按道路使用者年龄、年龄与性别组合或按道路网类型分类的事故死亡人员；③各年龄死亡的驾驶员或乘客；④按人员类型、年龄或道路网分类的道路使用者；⑤按道路使用者类型及事故死亡人员分类的事故；⑥基于人口或行驶里程的事故死亡率、住院率及伤亡事故率；⑦每月的事故数据；⑧按年龄分组的人口数；⑨按车辆类型分类的注册车辆数；⑩按道路网及道路类型分类的道路里程；⑪按道路类型或车辆类型分类的车辆行驶里程；⑫按交通方式分类的乘客出行里程；⑬按道路类型分类的驾驶员安全带使用率；⑭国家的国土面积。

2. 英国道路交通事故统计表（STATS19）

英国警察部门负责记录发生在公共道路上的有人员伤亡的事故，并形成事故统计表19。

统计表由事故记录表、车辆记录表、伤亡人员记录表、事故影响因素记录表等4个子表构成,记录了大量的与事故发生有关的信息。事故记录表的形式如表2-1所示,英国交通运输部全面负责统计表19的设计并收集表中的数据。

事 故 记 录 表　　　　　　　　　　　　表2-1

时间　　　　　　　　星期　　　　　　　　　　日期
主要道路等级　　　　　　　　　　道路名称
门牌号码　　　　　　　　　位于　　　　　　交叉口　北　南　东　西　侧或距离交叉口　米
次要道路等级　　　　　　　　　　道路名称
城市　　　　　　　　　　　　　　区/街道
乡镇
城区编号或名称　　　　　　　　　　　　　　本地认证编号
坐标参考　　E→　　　　　　　　　　　　　　N→
记录单位名称　　　　　　　　部门　　　　　　权利　　　　　电话

1.5 车辆数			1.20a 行人过街控制		1.21 光照条件		
1.6 伤亡人数			在50米外	0	白天:有路灯	1	
			学校交通安全员控制	1	白天:无路灯照明	2	
1.14 道路类型			交警指挥控制	2	白天:路灯照明状况未知	3	
环形交叉口	1		1.20b 行人过街设施		晚上:有路灯照明	4	
单行道	2		50米内无过街设施	0	晚上:有路灯但未点亮	5	
双幅路	3		斑马线	1	晚上:无路灯照明	6	
单幅路	6		非交叉口行人过街绿灯	4	晚上:路灯照明未知	7	
支路	7		行人信号灯相位	5	1.24 现场特殊情况		
未知	9		人行天桥或地下通道	7	无	0	
			无控制	8	自动交通信号失效	1	
1.15 永久限速值					自动交通信号部分损坏	2	
1.16 交叉口详情			1.22 天气		道路标识缺失	3	
距离交叉口20米外	00		无强风的晴天	1	道路施工	4	
环形交叉口	01		无强风的雨天	2	路面损坏	5	
微型环形交叉口	02		无强风的雪天	3	汽油或柴油污染路面	6	
T形或Y形交叉口	03		有强风的晴天	4	道路上有泥	7	
岔路	05		有强风的雨天	5			
十字交叉口	06		有强风的雪天	6	1.25 道路危险因素		
多路交叉口	07		大雾	7	无	0	
通往私人道路的交叉口	08		其他	8	抛锚车辆停在道路上	1	
其他交叉口	09		未知	9	其他物体在道路上	2	
交叉口事故			1.23 路面状况		之前出现过事故	3	
1.17 交叉口控制条件			干燥	1	车道上有行人	6	
交警指挥控制	1		潮湿	2	车道上有动物	7	
自动交通信号控制	2		积雪	3	1.26 是否有警官在现场并获得了这份报告的详细信息		
停车标志	3		结冰	4	是	1	
停车让行或无信号控制	4		积水(积水超过3cm)	5	否	2	

3. 美国国家道路交通安全管理局死亡事故分析与报告系统(FARs)

死亡事故分析与报告系统开发于1975年,是一个能够用来统计美国所有死亡事故的数据采集系统。该系统的数据不仅为国家道路交通安全改造项目提供了巨大支持,还被广泛应用于立法、执法和安全教育项目。依据国家道路交通安全管理局与50个州签署的合作协议,这些数据被无偿地提供给了管理局。系统中的数据涵盖了事故、涉事车辆及人员等3个方面的100余项事故信息,全部按州、警察记录的事故、医疗机构记录的事故、注册的车辆、驾驶执照类别等分别汇编成文件。安全管理局负责培训各州的系统管理员,并监督数据的编码。

4. 国际道路联盟交通事故数据记录系统(RADaR)

国际道路联盟针对发展中国家警察记录事故上存在的不足,于2012年推出了交通事故数据记录系统。这是一个基于平板电脑的可移动的事故记录系统,可实现事故现场事故信息的数字化、可视化传输,并且可直接提供给相关用户。系统的优点是,可使警察快速收集事故数据,有利于管理部门分析并得出事故的真实原因,有助于保险机构快速解决索赔问题,也可方便健康部门通过车辆的内部结构快速识别人员伤害的原因并采取相应的治疗措施。

二、事故数据存储与事故碰撞图

1. 事故数据存储

可采用两种技术手段来存储事故数据。第一种是手工填写的事故记录表,适用于每年发生的事故数量在500~1 000起之间的地区,填表时要明确事故发生的时间、所处的道路名称(或编号)以及能够识别出事故发生地点的交叉口名称等。第二种是使用计算机,即将事故记录表编码后存入计算机,这种方法适用于每年发生的事故数大于1 000起的地区。

2. 事故碰撞图

事故碰撞图能为特定地点提供直观的、图形化的事故信息。图中可采用不同的符号来描述车辆的运动状态、事故类型和事故严重程度,也可通过文字来描述事故发生的时间、天气状况及路表状况等信息。图2-1和图2-2分别给出了一段道路和一个交叉口上的事故碰撞图。

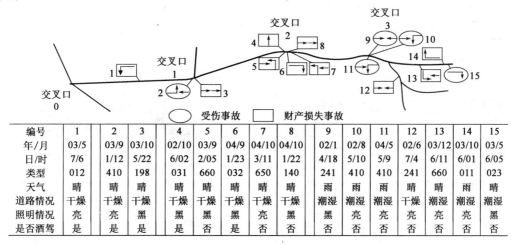

图2-1　道路路段事故碰撞图

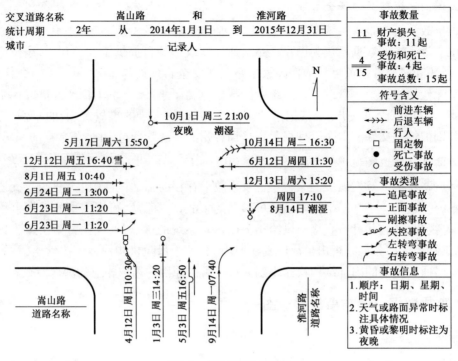

图 2-2 交叉口事故碰撞图

三、事故数据的不完整性

1. 事故数据缺失原因

众所周知,官方的事故统计数据是很不完整的,数据缺失或信息不准确现象可以发生在数据记录的所有阶段,如图 2-3 所示。以事故发生阶段为例,美国在 2010 年前后全年发生的交通事故约在 1 600 万起以上,而警察记录的事故仅仅只有 618 万起[1],如图 2-4 所示。在事故记录阶段,缺失人的信息或对该信息记录不完整的现象也很突出。以丹麦为例,死亡的驾驶员中是否系安全带,这一信息的缺失率高达 55%。

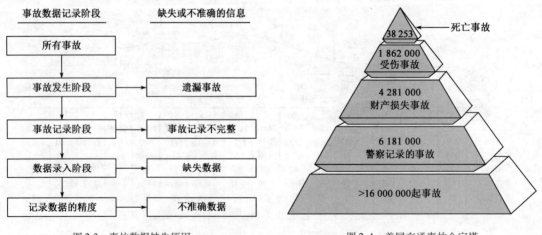

图 2-3 事故数据缺失原因　　　　　　　　图 2-4 美国交通事故金字塔

2. 事故记录水平

通常可用警察记录的事故次数、受伤人数与同辖区医院记录的事故次数、受伤人数来定义事故记录水平，如图 2-5 所示。此时，可有三种事故记录水平定义方法：

事故记录水平定义 1

$$\frac{B}{B+C} \tag{2-1}$$

事故记录水平定义 2

$$\frac{A+B}{B+C} \tag{2-2}$$

事故记录水平定义 3

$$\frac{A+B}{A+B+C} \tag{2-3}$$

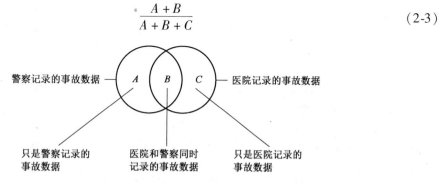

图 2-5 事故记录水平定义示例

定义 1 是基于医院事故数据定义的事故记录水平、定义 2 是警察记录的事故数与医院记录的事故数之比、定义 3 是警察记录的事故数占事故总数之比。采用不同的定义方式，得出的事故记录水平是不同的，比如，若 A 为 100 起、B 为 200 起、C 为 400 起，那么，定义 1 给出的事故记录水平为 33%（200/600）、定义 2 为 50%（300/600）、定义 3 为 43%（300/700）。

当然，有时也可用警察记录的事故数据与道路交通管理部门记录的事故数据来定义事故记录水平。图 2-6 给出了我国京珠高速公路粤北段在连续三年半的时间里，公安交警记录的事故数与高速公路路政管理部门记录的事故数的匹配情况[2]。

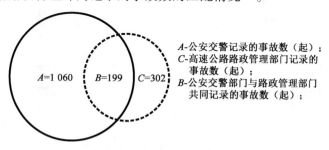

图 2-6 事故记录数据的匹配情况

3. 事故严重程度记录水平

事故严重程度是道路交通安全中的一项重要指标。但由于在事故记录中对人员死亡、重伤、轻伤等不同类型的伤害重视程度不同，事故记录水平差距较大。通过对 49 个研究成果应用元分析方法得出的事故严重程度记录水平，如图 2-7[3] 所示。显然，事故死亡人员的记录水平是最高的,而轻微伤害和财产损失事故的记录水平均较低。

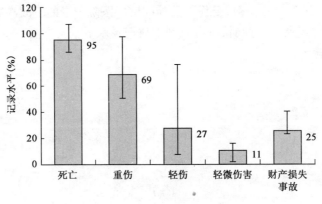

图 2-7　事故严重程度记录水平

第二节　事故关联因素与事故风险

一、事故关联因素与事故风险定义

交通安全研究不可避免地要涉及事故、关联因素和事故风险3个概念。一般而言,事故已经有了明确和具体的定义,即在公共道路上发生的至少有一辆机动车参与的且导致了人员伤亡或财产损失的交通事件。然而,关联因素和事故风险到目前为止尚没有统一的定义和界定。

1. 关联因素的定义

关联因素可定义为引发事故或增加事故风险的交通环境因素,涉及人、车、路、交通出行等多个方面。由于安全研究对象不同或采用的评价指标不同,因此选择并使用的关联因素也不尽相同,可考虑使用的关联因素包括:

①人口;②机动车保有量;③道路上的机动车交通量;④人行道上或人行横道上的行人交通量;⑤车公里运输量;⑥人公里运输量;⑦车小时出行量;⑧人小时出行量;⑨行人过街流量与机动车流量之积;⑩相交道路机动车交通量之积;⑪速度、密度等交通流参数。

2. 事故风险的定义

牛津词典里,风险被定义为"危险的,不利结果或损失出现的机会"。在道路交通安全领域,事故风险被定义为相对于事故关联因素的道路交通安全水平,也就是在某一固定事故关联因素下事故发生的可能性大小,是一个与事故次数、伤亡人数等事故绝对指标不同的相对指标。

在事故风险里要额外引入死亡人数、受伤人数等事故严重程度指标,这是十分必要的。很多人都坚信在俄罗斯轮盘赌中被手枪打死的概率要比投硬币正面朝上的概率低得多,但他们还是认为"轮盘赌"更具"危险"性。

二、道路交通安全问题的维度

道路交通安全问题的维度,即受伤或死亡人数,是关联因素、事故风险及伤亡风险的函数,具体见式 2-4 及图 2-8[4]。

$$I(orF) = E \times A/E \times I(orF)/A \quad (2-4)$$

式中：$I(orF)$——受伤(或死亡)人数；

E——关联因素大小；

A/E——一起事故发生的概率，即事故风险；

$I(orF)/A$——一起事故中人员受伤(或死亡)的概率，即受伤(或死亡)风险。

显然，改善道路交通安全状况的途径为，减少关联因素，降低事故风险及伤亡风险。若进一步考虑发展趋势(即时间因素)，道路交通安全问题的维度还可表示为：

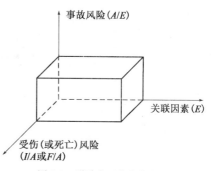

图 2-8　道路交通安全维度图

$$安全维度_{严重程度} = 风险_{趋势} \times 关联因素_{趋势} \quad (2-5)$$

三、事故关联因素与事故风险的量化

1. 基于出行时间的事故风险量化

在交通运输领域，广泛应用的关联因素是出行距离，然而出行距离受不同运输方式出行速度的影响较大。当出行距离(如车公里)除以速度(单位为公里/小时)时，关联因素即演变为出行时间。交通运输领域和其他领域中单位出行人小时、单位出行人公里的事故死亡风险见表 2-2[5]。

基于出行时间和出行距离的事故死亡风险　　　　表 2-2

交通运输及其他活动		死亡风险		交通运输及其他活动		死亡风险	
		人/亿出行人小时	人/亿出行人公里			人/亿出行人小时	人/亿出行人公里
交通出行方式	公共汽车	1.4	0.06	工作	所有工作	0.9	—
	长途客车	1.4	0.06		银行和金融业	0.17	—
	轨道交通	6.0	0.1		化工工业	1.1	—
	小汽车	12.4	0.4		建筑业	4.9	—
	水运	16.0	0.8		铁路建设	5.6	—
	航空	20.0	0.04		采矿业	13.0	—
	步行	27.0	7.0	待在家里	所有年龄的人	2.6	—
	自行车	64.0	4.6		65 岁以下的人	1.0	—
	两轮摩托车	342.0	11.4		65 岁以上的人	11.5	—

显然，相对于在办公室工作和待在家里，交通出行活动具有更高的事故死亡风险。不论是以出行时间还是以出行距离作为关联因素，巴士、长途客车和轨道交通的出行风险均是很低的。以出行距离计航空出行的风险是很低的，但由于出行速度快，以出行时间计的航空出行风险却是很高的。

2. 关联因素和事故风险的集计度量法

在进行国际上的交通安全状况对比时，人口和机动车拥有量是最常用的两个关联因素，而单位人口或单位车辆的事故死亡风险则被用来作为风险指标。这就是关联因素和事故风险的集计度量法。没有选择车公里运输量作为关联因素以及没有选择事故受伤风险指标的原因在于,许多国家无法得到准确的车公里运输量指标。另外,不同国家对人员受伤的界定和伤害分级也不尽相同。表2-3 给出了国际上一些著名数据库所能提供的事故风险指标。

可测的事故风险指标　　　　　　　　表2-3

风险指标	世界卫生组织（WHO）	国际道路联盟（IRF）	欧洲交通部长会议（ECMT）	国际道路交通和交通事故数据库（IRTAD）	欧洲急性高血压治疗研究中心（EURO-STAT）	美国国家道路交通安全管理局死亡事故分析与报告系统（FARs）
事故/人口				○		
事故/车公里			○			
事故/建成区车公里				○		
事故/不同等级道路的车公里				○		
死亡人员/人口	○		○	○	○	○
死亡人员/按年龄分组的人口				○		○
死亡人员/按年龄和性别分组的人口	○				○	○
死亡人员/有执照的驾驶员						○
死亡人员/百万辆车			○			○
死亡人员/按人员类型分类的百万道路使用者			○			
死亡人员/车公里			○	○		○
死亡人员/建成区车公里				○		
死亡人员/不同等级道路的车公里				○		
受伤人员/人口				○	○	○
受伤人员/按年龄分组的人口				○	○	○
受伤人员/按年龄和性别分组的人口					○	○
受伤人员/有执照的驾驶员						○
受伤人员/百万辆车						○
受伤人员/车公里				○		
受伤人员/建成区车公里		○		○		
受伤人员/不同等级道路的车公里				○		

注:○表示该项指标可测。

3. 典型地点的关联因素选择

对于道路网中的路段以及某种类型的车辆,在评价其事故风险时,可以采用某种形式的交通量作为关联因素,其中最常用的是车公里运输量。

对于道路平面交叉口,可以采用相交道路上交通量的组合作为关联因素。在许多交通安全研究中,相交道路日交通量之积和小时交通量之和常被用作关联因素。从逻辑上讲,交通量之积优于交通量之和。当一条道路上的999辆车与相交道路上的1辆车交叉行驶时,以及当一条道路上的500辆车与相交道路上的500辆车交叉行驶时,依据求和原则,关联因素均为

1 000辆车。但显然,第一种情况下冲突数量是999个,而第二种情况则为250 000个。当进一步考虑平面环形交叉口和信号控制平面交叉口时,如何选择关联因素将变得更加复杂。

当评估行人事故风险时,对于人行道采用人公里作为关联因素是比较适宜的,对于人行横道采用行人过街流量与机动车交通量之积可能更客观。

4. fN 图的使用

风险分析的结果可用 fN 图来描述,该图反映出了导致死亡 N 人及以上事件的发生频数 f 与死亡人数 N 之间的函数关系。美国高风险分析 fN 曲线见图 2-9[6]。美国航空风险是最高的,一次死亡 10 人以上的事故每年有 10 次以上。轨道交通风险是较低的,一次死亡 10 人以上的事故每两年发生一次。

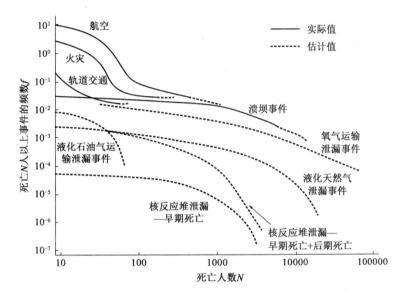

图 2-9 美国高风险分析 fN 图

在道路交通安全领域高风险分析技术中的 fN 图不是很有用。原因是,一次道路交通事故的死亡人数多数为 1 到 2 人,大量的死亡人员被分散到了整个道路交通系统中,能够引起媒体、政府关注的群死群伤事故发生频率较低。

四、事故关联因素与事故风险中的有关问题

1. 绝对安全与相对安全

安全的概念可分为绝对安全和相对安全两种。

在绝对安全的概念中,安全是指没有危险、不受威胁、不出事故,即不存在能导致人员伤害和财产损失的各种因素条件。显然,绝对安全是一种理想状态,在现实的交通运输系统中是不存在的。

在相对安全的概念中,安全是相对的,所谓安全系统是指能判定的危险性都在允许的限度内,并非绝对没有事故。事故与安全是对立的,但事故并不能包含不安全的全部内容。

依据相对安全的概念,交通安全是指在交通运输活动的过程中,能将人或者物的损失控制在某种可接受水平的状态。若遭受损失的可能性超过了可接受的水平,即可定义为不安全。

2. 均等风险和零风险

多数人支持这样的观点,即各种交通方式都应得到同等的安全政策和资金的支持,不同类型的道路使用者包括具有攻击性的道路使用者都应"享受"相同的事故风险。均等风险和零风险目标从政策层面上听起来是很诱人的。但从所有的可能性来看,这几乎是不会实现的。由于车速较低,城市道路上的事故死亡风险低于公路;高速公路由于采用了分隔行驶、汽车专用、全部互通等交通方式,其事故死亡风险也低于普通公路。在社会学领域也不能实现均等风险目标。银行和金融业员工每亿工作小时的工作死亡风险只有0.17,而建筑业和采矿业则高达4.9和13.0(见表2-2)。因此,真正有效的方法和目标是在效益—成本比的控制下使所有的道路和所有的出行者更加安全。

3. 国家安全水平和目标

许多国家仍然采用事故次数、受伤人数、死亡人数以及这些绝对指标的降低值作为国家安全水平的评价指标并给出了控制目标,并没有使用事故风险。其原因可能有以下两点,一是随着人口、出行活动(即关联因素)的增加,在事故绝对指标不增加或略有增加的情况下,事故风险也会降低,因此设置事故风险阈值或降低标准实际意义不大;二是从总体趋势上看,随着社会的进步和发展,事故风险也将呈现降低趋势。

五、道路安全风险管理基本原理

交通安全管理应该是风险管理的一个分支,因此,风险管理的一些基本原理也适用于道路交通安全管理。

1. 海恩法则与海因里希法则

海恩法则(Hain rules)是德国飞机涡轮机的发明者德国人帕布斯·海恩提出一个在航空界关于飞行安全的法则。海恩法则指出:每一起严重事故的背后,必然有29次轻微事故和300起未遂事故以及1 000起事故隐患,见图2-10。

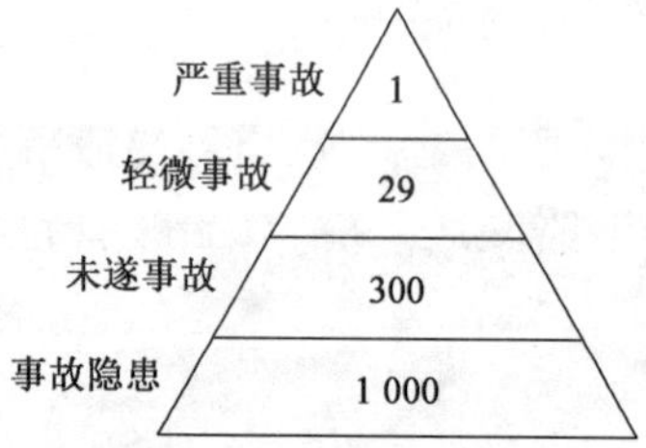

按照海恩法则分析,当一件重大事故发生后,我们在处理事故本身的同时,还要及时对同类问题的"事故征兆"和"事故苗头"进行排查处理,以此防止类似问题的重复发生。海恩法则强调两点:一是事故的发生是量的积累的结果;二是再好的技术,再完美的规章,在实际操作层面,也无法取代人自身的素质和责任心。

图2-10 海恩法则

海因里希法则(Heinrich's law)是美国著名安全工程师海因里希提出的300∶29∶1法则。这个法则意思是说,当一个企业有300个隐患或违章,必然要发生29起轻伤或故障,在这29起轻伤事故或故障当中,有一起重伤、死亡或重大事故。

海因里希把事故的发生、发展过程描述为具有一定因果关系的事件的连锁发生过程,即:

(1)人员伤亡的发生是事故的结果。

(2)事故的发生是由于:①人的不安全行为;②物的不安全状态。

(3)人的不安全行为或物的不安全状态是由人的缺点造成的。

(4)人的缺点是由于不良环境诱发的,或者是由先天的遗传因素造成的。

无疑,海恩法则与海因里希法则是可以适用于道路交通安全管理工作的。

2. 木桶理论

木桶理论(Cannikin law)又被称为"短板效应",是由美国著名管理学家 Laurence J. Peter 提出的。如果用一个木板参差不齐的木桶来装水,那么这个木桶盛水的容量既不是取决于这个木桶中最长的木板长度,也不是取决于组成这个木桶的全部木板长度的平均值,而是取决于最短的木板长度。木桶理论的两点启示是:①高于短板的那部分木板是没有意义的,并且高出越多,浪费也就越大;②想要提高整个木桶的容量,唯一的途径就是增加短板的长度。

很多年前,公众包括专业人士普遍认为道路基础设施落后是我国道路交通运输业的短板,也是道路交通事故多发的原因之一,见图 2-11。但是,经过近三十年的快速发展,我国的高速公路、城市道路已今非昔比,但每年仍有大量的交通事故发生,目前的短板是什么?确实是一个值得深入研究的问题。

3. ALARP 原则

ALARP(As Low As Reasonably Practicable)原则又称最低合理可行原则,其意义是:由于在理论上零风险事件是不存在的,因此任何活动都具有风险,不可能通过预防措施来彻底消除风险,并且当系统的风险水平越低时,进一步降低就越困难,其成本往往呈指数曲线上升,所以必须在系统的风险水平和成本之间做出平衡。ALARP 原则可用图 2-12 来描述。

图 2-11 道路交通运输业的短板

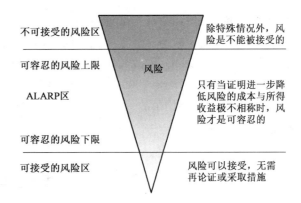

图 2-12 风险判别的 ALARP 原则

显然,当道路交通系统的事故风险处于不可接受的风险区时,应采取必要的措施改善其交通安全状况。当事故风险处于 ALARP 区时,应通过效益—成本比分析,来确定是否应采取安全改善措施。

六、事故与交通量的关系

事故风险是一个广泛应用于多领域的通用概念。在道路交通安全领域,事故风险可用更专业的术语"事故率"来替代。就具体的道路路段或交叉口而言,事故率(以 C_r 表示)是随时间而变化的事故绝对指标(如事故次数)与交通量(即关联因素)的动态关系反映,即:

$$C_r = \frac{某一时段内的事故次数或伤亡人数}{该时段内的交通量} \qquad (2-6)$$

一般而言,事故会随交通量的增长而增加,有线性增长和非线性增长两种情况。事故率就是连接原点与事故—交通量关系曲线上某一点的直线的斜率。如图 2-13 中的 A 点所示,当日交通量为3 000辆时,年均事故次数为1.05次,那么A点的事故率为1.05/(3 000×365)= 0.96×10^{-6}次/车。若道路的长度为1.7km,那么A点的事故率亦为1.05/(3 000×365×1.7)= 0.56×10^{-6}次/车公里。

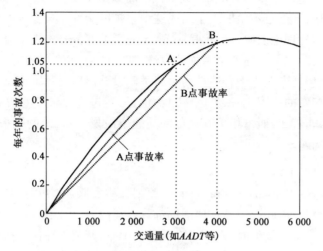

图2-13　事故次数与交通量关系曲线

值得注意的是,当事故与交通量不是线性关系时,采用事故率进行安全状况对比时会出现一点问题。比如,事故与交通量的关系曲线仍然是图2-13中的曲线,假定交通量由"未改善路面"前的3 000辆/日增至"改善路面"后的4 000辆/日,那么,按照线性关系,年均事故次数会由1.05次增至(1.05×4 000)/3 000 = 1.4次。然而实际情况是,当交通量为4 000辆/日且路面未被改善时的年均事故次数为1.2次。这样,一个悖论出现了,即改善路面使交通事故每年增加了0.2次。

第三节　事故率指标计算

一、亿车公里事故率

亿车公里事故率(Rate per 100 Million Vehicle Kilometers,简记为RMVK)是统计期内每亿车公里运输量下发生的事故次数或伤亡的人员数,可按下式计算确定:

$$RMVK = \frac{N}{VLT} \times 10^8 \tag{2-7}$$

式中:VLT——统计期内的亿车公里运输量,可按式(2-8)计算确定;
　　　N——统计期内的事故次数或受伤、死亡人数。

$$VLT = AADT(or ADT) \times D \times L \tag{2-8}$$

式中:AADT——年平均日交通量;
　　　ADT——平均日交通量;
　　　D——统计期内的天数;
　　　L——道路长度,多以公里计。

根据事故绝对指标的不同,亿车公里事故率可有亿车公里事故率(即全部事故的事故率)、亿车公里伤亡事故率(即有人员伤亡事故的事故率)、亿车公里受伤率(事故指标为受伤人数)、亿车公里死亡率(事故指标为死亡人数)等。当关联因素为人公里、自行车公里时,该事故率指标也适用于人行道和自行车道。

亿车公里事故率适用于有一定长度的道路路段,而车公路或人公里运输量的确定往往是难点。

【例2-1】 计算亿车公里事故率

某一17.5km长的道路路段上,年平均日交通量(即$AADT$)为5 000辆/日,在一年内共发生了40起交通事故,其中5%的事故是有人员伤亡的事故。试确定:(1)该路段的亿车公里事故率,(2)该路段的亿车公里伤亡事故率。

解:
$$VLT = 5\ 000 \times 365 \times 17.5 = 0.319\ 4 \times 10^8 (车公里)$$

$$RMVK_{全部事故} = \frac{40}{0.319\ 4 \times 10^8} \times 10^8 = 125.23 (次/亿车公里)$$

$$RMVK_{伤亡事故} = \frac{40 \times 0.05}{0.319\ 4 \times 10^8} \times 10^8 = 6.26 (次/亿车公里)$$

【例2-2】 亿车公里事故率的工程应用

京珠高速公路粤北段坪石互通(K11+840)至梅花互通(K23+210)间,2006年共发生交通事故67次、受伤19人、死亡7人。其中,北行方向发生交通事故50次、受伤15人、死亡4人,南行方向发生交通事故17次、受伤4人、死亡3人,人员伤亡的具体地点见表2-4。北行方向区间年平均日交通量为13 553辆小汽车/日,南行方向为13 397辆小汽车/日。试计算该区段的事故率并进行南北方向的安全状况对比分析。

人员伤亡的具体地点 表2-4

北行方向			南行方向		
桩号	人员受伤(人)	人员死亡(人)	桩号	人员受伤(人)	人员死亡(人)
K15+900	3	0	K12+000	1	0
K21+000	11	4	K16+000	2	1
K22+000	1	0	K21+850	1	2
合计	15	4	合计	4	3

解:
$$路段长度 L = 23.21 - 11.84 = 11.37 (km)$$

$$VLT_{北行方向} = 13\ 553 \times 365 \times 11.37 = 0.562 \times 10^8 (车公里)$$

$$VLT_{南行方向} = 13\ 397 \times 365 \times 11.37 = 0.556 \times 10^8 (车公里)$$

$$RMVK_{\substack{北行方向 \\ 全部事故}} = \frac{50}{0.562 \times 10^8} \times 10^8 = 88.9 (次/亿车公里)$$

$$RMVK_{\substack{北行方向 \\ 受伤人员}} = \frac{15}{0.562 \times 10^8} \times 10^8 = 26.7 (人/亿车公里)$$

$$RMVK_{\substack{北行方向 \\ 死亡人员}} = \frac{4}{0.562 \times 10^8} \times 10^8 = 7.1 (人/亿车公里)$$

$$RMVK_{\substack{南行方向\\全部事故}} = \frac{17}{0.556 \times 10^8} \times 10^8 = 30.6(次/亿车公里)$$

$$RMVK_{\substack{南行方向\\受伤人员}} = \frac{4}{0.556 \times 10^8} \times 10^8 = 7.2(人/亿车公里)$$

$$RMVK_{\substack{南行方向\\死亡人员}} = \frac{3}{0.556 \times 10^8} \times 10^8 = 5.4(人/亿车公里)$$

显然,南北行方向的亿车公里死亡率大体相当,但南行方向的受伤率和事故率均明显低于北行方向,即南行方向安全状况要好于北行方向。当然,这只是一个简单的分析和评价。

由例 2-1 和例 2-2 可知,在进行交通安全状况对比时,采用哪种事故率指标是首先应明确的。

二、百万辆车事故率

百万辆车事故率(Rate per Million Entering Vehicles,简记为 RMEV)是统计期内每通过一百万辆车时发生的事故次数或伤亡的人员数,可按下式计算确定:

$$RMEV = \frac{N}{V} \times 10^6 \tag{2-9}$$

式中:N——统计期内的事故次数或受伤、死亡人数;

V——统计期内道路设施上通过的车辆数,可按 $AADT$ 或 ADT 乘以统计期内的天数来确定。

百万辆车事故率也有百万辆车伤亡事故率、百万辆车受伤率、百万辆车死亡率之分,同样也可适用于步行和自行车交通。根据通过道路设施的交通量的规模不同,也可使用千万辆车事故率或十万辆车事故率。百万辆车事故率比较适用于道路交叉口或长度较短的道路路段。

【例 2-3】 计算百万辆车事故率

哈尔滨市某道路交叉口在一年内发生了 14 起交通事故,受伤 3 人,无人员死亡。该交叉口为规模较大的信号控制十字形平面交叉口,4 个入口的平均日交通量(即 ADT)分别为 31 535、27 590、22 785 和 19 790 辆小汽车/日。试计算该交叉口的百万辆车事故率。

解:全年交叉口通过的车辆数 $V = (31\ 535 + 27\ 590 + 22\ 785 + 19\ 790) \times 365 = 37.12 \times 10^6$ (辆)

$$RMEV_{全部事故} = \frac{14}{37.12 \times 10^6} \times 10^6 = 0.38(次/百万辆车)$$

$$RMEV_{受伤人员} = \frac{3}{37.12 \times 10^6} \times 10^6 = 0.08(人/百万辆车)$$

三、人口事故率

人口事故率(Rate on a Population Basis,简记为 RP)是统计期内每十万或百万人口的事故死亡人数或死亡事故数,可按下式计算确定:

$$RP = \frac{D}{P} \times 10^6 (或 \times 10^5) \tag{2-10}$$

式中:D——统计期内累计的事故死亡人数或死亡事故数;

P——统计期统计区域内的人口数。

根据统计区域内人口的多少或对比分析的需要,可在百万人口事故率和十万人口事故率两者之间做出选择。很少使用事故次数、受伤人数等事故指标的原因在于,不同国家对事故、人员伤害的界定等尚不统一。

四、车辆事故率

车辆事故率(Rate on a Vehicle Registration Basis,简记为RV)是统计期内每万或十万辆注册机动车的事故死亡人数或死亡事故数,可按下式计算确定:

$$RV = \frac{D}{V} \times 10^4 (或 \times 10^5) \tag{2-11}$$

式中:D——统计期内累计的事故死亡人数或死亡事故数;
V——统计期统计区域内的注册机动车数量。

五、综合事故率

欠发达国家与发达国家在单位人口的机动车拥有量上是存在较大差距的。此时,单独使用人口事故率或车辆事故率进行对比分析,由于关联因素的基础不同,会在一定程度上影响评价结果的客观公正性。此时,可考虑使用综合事故率指标。

综合事故率(简记为RVP)是万人事故率与万车事故率的几何平均值,即:

$$RVP = \sqrt{\left(\frac{D}{P} \times 10^4\right) \cdot \left(\frac{D}{V} \times 10^4\right)} = \frac{D}{\sqrt{P \cdot V}} \times 10^4 \tag{2-12}$$

第四节 事故数据的统计分布特征

一、事故次数的泊松分布

理论上看,一起交通事故就是一次贝努利试验的结果。每一辆车通过道路交叉口或路段时,它要么顺利通过(即"成功"),要么发生事故(即"失败")。依据贝努利试验,随机变量 X 可取值为:如果结果 w 是失败(即"事故"),那么 $X(w)=1$;如果结果 w 是成功(即"顺利通过"),那么 $X(w)=0$。因此,概率模型可由表2-5来描述。

贝努利概率模型　　　　表2-5

X	1	0
$P(x=X)$	p	q

注:p 是发生事故的概率,$q=(1-p)$ 是未发生事故的概率。

显然,在假定发生事故的概率 p 或未发生事故的概率 q 保持不变的前提下,N 辆车通过道路交叉口或路段时(即 N 次贝努利试验),发生 n 次事故的概率可按下式计算:

$$P(X=n) = \binom{N}{n} p^n (1-p)^{N-n} \tag{2-13}$$

式中,$n=0,1,2,\cdots,N$。贝努利分布的均值 $E(X)=Np$,方差 $Var(X)=Np(1-p)$。

对于道路交通而言,发生交通事故的概率是很低的,而贝努利试验的次数又是巨大的,常以百万辆车或亿辆车计。因此,贝努利分布可近似为泊松分布(Poisson Distribution)。令 $p = \lambda/N$,并令 $N \to \infty$,则:

$$P(X = n) = \binom{N}{n} \left(\frac{\lambda}{N}\right)^n \left(1 - \frac{\lambda}{N}\right)^{N-n} \approx \frac{\lambda^n e^{-\lambda}}{n!} \tag{2-14}$$

式中:λ——泊松分布的均值,亦即某道路设施上的平均事故次数。

泊松分布要求均值 $E(X)$ 和方差 $Var(X)$ 相等,且均等于 λ。$\lambda = N \cdot p$,也就是交通量与事故率之积,这也是交通安全领域普遍认可的观点。

这里有两个问题值得思考:

第一,既然交通事故的发生是随机事件,那么还有降低事故次数的可能性吗?

第二,泊松分布要求均值等于方差,如果不相等会出现什么情况?

现以表 2-6 显示的无信号控制平面交叉口和信号控制平面交叉口上的事故数据及其统计分析结果为例,解释上述两个问题。

平面交叉口上的事故数据及其统计分析结果　　　　表 2-6

事故次数 (次/年)	无信号控制平面交叉口(个)		信号控制平面交叉口(个)	
	实际分布	泊松分布	实际分布	泊松分布
0	108	105	71	68
1	48	54	13	16
2	17	14	1	2
3	3	3	2	1
合计	176	176	87	87
均值	0.515		0.241	
方差	0.545		0.344	

由表 2-6 中实际分布的均值可知,同样是平面交叉口,信号控制平面交叉口的事故次数均值(0.241)明显低于无信号控制平面交叉口(0.515),降低了约 50%。这说明,尽管交通事故的发生具有随机性,但通过改进交通管理与控制方式是可以降低交通事故的。

由表 2-6 中第 2 列可知,无信号控制平面交叉口的事故次数均值(0.515)大体上等于其方差(0.545),这说明实际分布非常接近于泊松分布。取 λ 等于 0.515 并代入式 2-14,则得到了由泊松分布估计出的平面交叉口分布情况,见表 2-6 第 3 列。很容易看出,实际分布与由泊松分布估计出的分布非常一致。

信号控制平面交叉口事故次数的方差(0.344)要比均值(0.241)大出许多,其原因是该事故次数样本中存在了较大的系统方差。方差可分解为随机方差和系统方差,见式 2-15。每当方差大于均值时,就会出现系统方差,也就是过度离散。数据样本中的过度离散问题可以由过度离散参数 k 来描述,其定义见式 2-16 和式 2-17。

$$方差 = 随机方差 + 系统方差 \tag{2-15}$$

$$Var(X) = \lambda \cdot (1 + k\lambda) \tag{2-16}$$

$$k = \left[\frac{Var(X)}{\lambda} - 1\right]/\lambda \tag{2-17}$$

由表2-6中的均值和方差通过计算可知,无信号控制平面交叉口的过度离散参数为0.113,而信号控制平面交叉口则高达1.773。在无信号控制平面交叉口的全部方差中,随机方差占95%,系统方差只占5%。在信号控制平面交叉口的方差中,随机方差占70%,而系统方差高达30%。

解决事故样本过度离散问题行之有效的方法之一是改用负二项分布来代替泊松分布。

二、事故次数的负二项分布

当事故次数服从负二项分布(Negative Binomail Distribution,简记为NB)时,某道路路段或交叉口上发生 n 起事故的概率 $P(X=n)$ 为:

$$P(X=n) = \frac{\Gamma\left(n+\frac{1}{k}\right)}{\Gamma\left(\frac{1}{k}\right) \cdot n!}\left(\frac{1}{1+k\lambda}\right)^{\frac{1}{k}}\left(\frac{k\lambda}{1+k\lambda}\right)^n \tag{2-18}$$

式中:λ——某道路设施上事故次数的平均值;

k——负二项分布的参数,即过度离散参数,$k>0$;

$\Gamma(\cdot)$——伽玛函数。

负二项分布的均值为 $E(X)=\lambda$,方差为 $Var(X)=\lambda+k\lambda^2$。显然,负二项分布允许方差大于均值。另外,当 k 接近0时,负二项分布就接近于泊松分布。因此,广义上泊松分布可以认为是负二项分布的一个特例。

某类道路路段上死亡事故的实际分布见表2-7第2列,事故次数的均值为0.064 6,方差为0.097 6,过度离散参数为7.91。取 λ 等于0.064 6,此时用泊松分布估计出的道路路段分布见第3列。取 λ 等于0.064 6且 k 等于7.91,此时用负二项分布估计出的道路路段分布见第4列。显然,用负二项分布估计出的路段分布情况要优于泊松分布,且更接近于实际分布。

道路路段上死亡事故的分布　　　　表2-7

死亡事故次数 (次/年)	道路路段数(个)			备注
	实际分布	泊松分布	负二项分布	
0	19 957	19 728[1]	19 974[2]	
1	895	1 274	854	
2	135	41	163	
3	43	1	39	$1.19728 = \frac{0.0646^0 e^{-0.0646}}{0!} \times 21044$
4	9	0	10	
5	3	0	3	$2.19974 = \frac{\Gamma\left(0+\frac{1}{7.91}\right)}{\Gamma\left(\frac{1}{7.91}\right) \times 0!}\left(\frac{1}{1+7.91 \times 0.0646}\right)^{\frac{1}{7.91}} \times$
6	1	0	1	
7	0	0	0	$\left(\frac{7.91 \times 0.0646}{1+7.91 \times 0.0646}\right)^0 \times 21044$
8	1	0	0	
合计	21 044	21 044	21 044	$= \left(\frac{1}{1+7.91 \times 0.0646}\right)^{\frac{1}{7.91}} \times 21044$
均值	0.064 6			
方差	0.097 6			
过度离散参数	7.91			

三、零堆积泊松分布与零堆积负二项分布

对于含零特别多的事故数据,比如短时段内道路交叉口或路段上的事故死亡人数或死亡事故数,可能已不再适合于泊松分布或负二项分布。此时,可考虑采用零堆积泊松分布或零堆积负二项分布来拟合。当然,也有学者认为,交通事故的发生是"双状态的",即稳定期的"0"状态和事故发生状态,而零堆积泊松分布和零堆积负二项分布能够描述出这种事故发生的机理。

在零堆积泊松分布(Zero-Inflated Poisson,简记为 ZIP)中,某道路设施上发生 n 起事故或伤亡 n 人的概率 $P(X=n)$ 为:

$$P(X=0) = p + (1-p)e^{-\lambda}, n=0 \tag{2-19}$$

$$P(X=n) = (1-p)\frac{\lambda^n e^{-\lambda}}{n!}, n=1,2,\cdots \tag{2-20}$$

式中:p——发生零次事故或导致零个事故伤亡人员的概率;

λ——零堆积泊松分布的参数。

显然,这是一个在零处的概率质量退化分布(见式 2-19)和一个参数为 λ 的泊松分布(见式 2-20)的混合。零堆积泊松分布的均值 $E(X) = (1-p)\lambda$,方差 $Var(X) = \lambda(1-p)(1+\lambda p)$。应用极大似然法估计出的参数 $\hat{\lambda}$ 和 $\hat{p}$ 为:

$$\hat{\lambda} + \overline{X}(e^{-\hat{\lambda}} - 1)/(1 - N_0/N) = 0 \tag{2-21}$$

$$\hat{p} = 1 - (1 - N_0/N)/(1 - e^{-\hat{\lambda}}) \tag{2-22}$$

式中:N——样本总数;

N_0——取值为零的样本总数;

$\overline{X}$——样本均值。

在零堆积负二项分布(Zero-Inflated Negative Binomial,简记为 ZINB)中,发生 n 起事故或伤亡 n 人的概率 $P(X=n)$ 为:

$$P(X=0) = p + (1-p)\left(\frac{1}{1+k\lambda}\right)^{\frac{1}{k}}, n=0 \tag{2-23}$$

$$P(X=n) = (1-p)\frac{\Gamma\left(n+\frac{1}{k}\right)}{\Gamma\left(\frac{1}{k}\right) \cdot n!}\left(\frac{1}{1+k\lambda}\right)^{\frac{1}{k}}\left(\frac{k\lambda}{1+k\lambda}\right)^n, n=1,2,\cdots \tag{2-24}$$

式中:p——发生零次事故或导致零个事故伤亡人员的概率;

λ、k——零堆积负二项分布的参数。

也可采用极大似然法来估计零堆积负二项分布的参数,具体应用时需要使用 Guass-Newton 迭代算法来计算参数值。

京珠高速公路粤北段 2008 年至 2010 年基本路段上的事故死亡人数为 231 人,以每年每 1km 长的路段为统计单元,事故死亡人数的分布及分布拟合结果见表 2-8。由拟合优度检验结果可知,事故死亡人数已不再服从泊松分布和负二项分布($P_值$ 均小于 0.05),而是更适合于零堆积泊松分布和零堆积负二项分布($P_值$ 均大于 0.05)。

事故死亡人数的统计分布及分布拟合[7] 表2-8

事故死亡人数(人)	路段数(个)					备注
	实际分布	泊松分布	负二项分布	零堆积泊松分布	零堆积负二项分布	
0	291	209	271	291	296	
1	30	126	58	24	25	
2	21	38	25	27	21	
3	17	8	14	20	18	1. 泊松分布的参数 λ 为0.60;
4	12	1	7	12	10	2. 负二项分布的参数 λ 和 k 分别为0.58和3.33;
5	7	0	4	5	8	3. 零堆积泊松分布的参数 p 和 λ 分别为0.73和2.28;
6	3	0	2	2	3	4. 零堆积负二项分布的参数 p、λ 和 k 分别为0.69、2.18和0.82
7	1	0	1	1	1	
合计	382	382	382	382	382	
均值	0.60	0.60	0.58	0.60	0.58	
方差	1.71	0.6	1.71	1.71	1.68	
拟合优度检验 自由度 v	—	6	5	5	4	
拟合优度检验 卡方统计量 χ_p^2	—	225.82	23.50	4.80	1.88	
拟合优度检验 $P_值$	—	<0.05	<0.05	0.48	0.76	

四、事故发生间隔时间的统计分布

事故发生间隔时间是指一条路线上或路网中,先后发生的两起事故之间的时间差值。在应用风险理论来研究道路系统的安全性问题时,往往需要知道事故发生间隔时间的统计分布特征。多数研究成果表明,当事故次数服从泊松分布时,事故发生间隔时间 T 服从负指数分布,此时,间隔时间 t(非负值)的概率密度 $f(t)$ 为:

$$f(t) = \lambda e^{-\lambda t}, t>0 \qquad (2-25)$$

式中:λ——负指数分布的参数,即期望 T 的倒数。

沈大高速公路上以及辽宁省高速公路网上事故发生间隔时间的分布及分布拟合结果见表2-9和表2-10[7]。

沈大高速公路上事故发生间隔时间的统计分布及分布拟合 表2-9

间隔时间区间(天)	实际事故数(起)	理论频率	负指数分布拟合的事故数(起)	备注
[0,1)	2 614	0.652 9	2 599	
[1,2)	871	0.226 6	902	1. 负指数分布的参数 λ 为1.058
[2,3)	338	0.078 7	313	2. 拟合优度检验结果:
[3,4)	104	0.027 3	109	自由度 $v=6$
[4,5)	29	0.009 5	38	卡方统计量 $\chi_p^2=9.54$
[5,6)	12	0.003 3	13	$P_值=0.16>0.05$
[6,7)	7	0.001 1	5	3. 统计期限为7年
[7,∞)	5	0.000 6	2	
合计	3 980	1	3 980	

辽宁省高速公路网上事故发生间隔时间的统计分布及分布拟合　　　表 2-10

间隔时间区间（小时）	实际事故数（起）	理论频率	负指数分布拟合的事故数（起）	备　注
[0,6)	8 807	0.628 5	8 862	1. 负指数分布的参数 λ 为 0.165 0 2. 拟合优度检验结果： 自由度 $v=6$ 卡方统计量 $\chi_p^2=11.79$ $P_{值}=0.07>0.05$ 3. 高速公路网由沈大高速公路、沈山高速公路、沈丹高速公路、铁阜高速公路等 4 条高速公路组成，统计期限为 7 年
[6,12)	3 356	0.233 5	3 292	
[12,18)	1 253	0.086 7	1 223	
[18,24)	425	0.032 2	454	
[24,30)	156	0.012 0	169	
[30,36)	77	0.004 4	63	
[36,42)	17	0.001 7	23	
[42,∞)	9	0.100 0	14	
合计	14 100	1	14 100	

五、平均事故次数的统计分布

对于平均化处理的事故数据，如每条道路上或高速公路各收费区间上平均每年每公里的事故数是一个连续型的事故数据。由于采用了平均化处理方式，事故次数 X 符合正态分布的可能性较大。此时，发生 x 次事故的概率密度 $f(x)$ 为：

$$f(x)=\frac{1}{\sigma\sqrt{2\pi}}e^{\frac{(x-\mu)^2}{2\sigma^2}} \qquad (2\text{-}26)$$

式中：μ、σ^2——正态分布的参数。

其中，μ 为分布的均值 $E(X)$，σ^2 为分布的方差 $Var(X)$。

以收费区间为划分标准，将辽宁省境内 6 条高速公路划分出 96 个区段，区段上共发生交通事故 13 161 起，平均每年每公里事故次数的最小值为 0.05 起，最大值为 6.45 起，平均事故次数的统计分布及拟合检验结果见表 2-11[7]。由拟合优度检验结果可知，平均事故次数服从正态分布。

平均事故次数的统计分布　　　表 2-11

平均事故次数区间 [起/(km/年)]	区段数（个）		备　注
	实际分布	正态分布	
[0,1.5)	6	6	1. 正态分布的参数： $\mu=3.135$ $\sigma^2=1.096$ 2. 拟合优度检验结果： 自由度 $v=3$ $\chi_p^2=1.459$ $P_{值}=0.708>0.05$
[1.5,2.5)	20	20	
[2.5,3.5)	33	35	
[3.5,4.5)	30	26	
[4.5,5.5)	6	8	
[5.5,6.5)	1	1	
合计	96	96	
均值	3.135		
方差	1.108		

本章参考文献

[1] Report to Congress NHTSA's Crash Data Collection Programs[R]. Washington, D. C. :NHTSA/NCSA Reports,2010.

[2] 孟祥海,覃薇.基于统计及假设检验的高速公路事故多发点分析[J].中国安全科学学报,2017,Vol 27(9):158-163.

[3] Elvik R., Mysen A. B. Incomplete Accident Reporting Meta-Analysis of Studies Made in 13 Countries[C]. Transportation Research Record 1665, TRB, National Research Council, Washington, D. C., 1999:133-140.

[4] Rumar K. Road Safety and Benchmarking[C]. Proceedings of the Paris Conference on Transport Benchmarking, Paris, 1999.

[5] Evans A. Older Road Users-the role of government and the profession[C]. Proceedings of Road Safety Conference, London, 1993.

[6] Poortvliet A. Van. Risks, disasters and management-A comparative study of three passenger transport systems. Ph. D. thesis, Technical University Delft, the Netherlands, 1999.

[7] 孟祥海,覃薇,霍晓燕.基于统计及假设检验的高速公路事故数据分布特性研究.交通运输工程学报.

第三章 事故多发点安全管理技术

事故多发点安全管理(Black Spot Management, BSM)在许多国家的交通工程领域已是一项长期的、具有常规性的交通安全管理工作，尤其在事故多发点的鉴别技术、成因分析方法、安全改善措施等方面均已取得了丰硕的理论研究成果并积累了较丰富的工程实践经验。近些年来，为了进一步提升道路交通系统的交通安全状况，部分国家扩展了事故多发点安全管理的内涵，循序渐进地开展了路网安全管理(Network Safety Management, NSM)的理论研究和工程实践探索活动。本章在系统归纳总结国内外研究成果的基础上，结合自身的理论研究和工程实践，详细介绍了事故多发点安全管理的有关技术和方法，并对路网安全管理的研究进展进行了简要介绍。

第一节 事故多发点鉴别技术

一、事故多发点安全管理工作阶段

完整的事故多发点安全管理工作由以下9个阶段构成。

阶段1：资料收集阶段，主要是收集道路、交通及交通事故数据资料。

阶段2：道路划分阶段，即将道路或路网划分成评价单元（各种路段及交叉口等）。

阶段3：鉴别阶段，即识别出道路上或路网中的事故多发点段。

阶段4：分析与调查阶段，包括多发点事故数据分析和现场调查两个按先后顺序进行的工作过程。

阶段5：对策制定阶段，主要是提出事故多发点的安全改善对策方案。

阶段6：方案评价阶段，即评估安全改善方案实施后可能产生的效果。

阶段7：排序阶段，就是对拟改造的事故多发点进行建设排序。

阶段8：实施阶段，就是实施并使用安全改善措施。

阶段9：后评价阶段，跟踪并评估安全改善措施实施后的安全效果。

在理论与技术层面上，大多数国家关注的重点是阶段2、阶段3、阶段4、阶段6和阶段9，尤其是阶段3和阶段4。

二、事故多发点定义与鉴别标准

1. 事故多发点定义

事故多发点(Hazardous location)，又称事故黑点(Black spot)，是指统计周期内在一条道路上或路网中具有较高事故发生频率的地点。可有数字定义法、统计定义法及模型定义法三种定义方法。

数字定义法依据的指标有3个，分别是事故次数、事故率、事故次数与事故率。我国公安部交通管理局曾经给过一个基于事故次数的定义,即"事故多发点是长度在 500m 范围内,一年之中发生 3 次重大以上交通事故的地点;长度在 2 000m 范围内或道路桥涵的全程,一年之中发生 3 次重大以上交通事故的路段"。挪威的数字定义是"事故多发点是一个在最近 5 年内至少发生 4 次及以上伤亡事故且最大长度不超过 100m 的地点"。按照事故率定义的例子可以是"事故多发点是一个在最近 4 年内百万辆车事故率超过了 1.5 起的地点"。

统计定义法依据的指标有 2 个,分别是临界事故次数和临界事故率。该方法通过统计学原理对某类道路或道路设施确定出了临界事故次数或临界事故率,并将事故次数或事故率大于临界值的地点定义为事故多发点。

模型定义法是依据多元事故预测模型来定义的事故多发点,主要有经验贝叶斯模型法[1]和离散值模型法[2]两种。

当然,各国对事故多发点的定义还是有所不同的。美国公路安全改进计划(Highway Safety Improvement Program,HSIP)明确规定,事故多发点并非一定是具有高事故率的地点,还可能是一些具有较高的事故发生潜在性但在历史数据上并未发生很多事故的地点,如存在狭窄桥梁、光滑路面和大量刚性路障的地点[3]。西澳大利亚"国家黑点计划"将事故黑点分为现有事故黑点和潜在事故黑点两种,并指出潜在事故黑点是在正式道路安全审计的基础上选择出的某些地点[4]。

2. 事故多发点鉴别标准

我国公安部、国家安全生产监督管理局《2002 年预防道路交通事故工作方案》中规定了事故多发点段的鉴别标准。其中,省、自治区、直辖市排查事故多发点段的标准为:2001 年以来发生一次死亡 5 人以上事故的公路点段;高速公路上发生一次 10 车以上相撞事故的路段;因缺乏电子显示牌、可变标志、报警电话等设施不能及时报警和提示后方车辆,导致发生连续追尾事故的高速公路路段。

奥地利的事故多发点须满足以下两个条件之一:在 3 年内发生了 3 起及以上相似的伤亡事故且危险系数至少达到 0.8 以上,或 1 年内发生包括财产损失事故在内的 5 起及以上相似事故。丹麦在鉴别事故多发点时要求使用泊松分布进行检验,并规定在 5 年内发生的事故次数不少于 4 次。匈牙利规定事故多发点 3 年内发生的事故不少于 4 次且长度不超过 1 000m(建成区外)或 100m(建成区内)。葡萄牙规定,事故多发点的长度不能超过 200m,统计期内发生 5 起以上事故且事故严重程度指数应大于 20。

三、技术要求与事故数据使用要求

1. 技术要求

事故多发点鉴别时的技术要求包括:是否参考大量相似地点、是否采用滑动窗口法、是否参考正常安全水平、是否采用记录或预测的事故数据、是否考虑事故严重程度和采用的事故数据年限等。欧洲部分国家事故多发点鉴别时的技术要求见表 3-1。

欧洲部分国家事故多发点鉴别时的技术要求　　　　　表 3-1

国家	是否参考大量相似地点	是否采用滑动窗口法	是否参考正常安全水平	是否采用记录或预测的事故数	是否考虑事故严重程度	采用的事故数据年限
奥地利	否	是	是	记录	否	3 年
丹麦	是	是	是	记录	否	5 年

续上表

国家	是否参考大量相似地点	是否采用滑动窗口法	是否参考正常安全水平	是否采用记录或预测的事故数	是否考虑事故严重程度	采用的事故数据年限
比利时	否	是	否	记录	是	3年
德国	否	否	否	记录	是	1或3年
匈牙利	否	是	否	记录	否	3年
挪威	否	是	是	记录	否	3年
葡萄牙	是	是	是	记录	是	1或5年
瑞士	是	否	是	记录	是	2年

2. 事故数据使用要求

在鉴别事故多发点时使用的事故数据最好是"期望事故次数"。期望事故次数实质上就是单位时间内平均发生的事故次数。如图3-1所示，在一个道路交叉口上记录了8年的事故数据，黑点代表每年记录的事故次数，白点代表移动的平均每年发生的事故次数（即期望事故次数）。第1年期望事故次数等于记录的事故次数，第2年期望事故次数为前两年记录事故次数的平均值，第3年则为前3年记录事故次数的平均值。显然，随着统计年限的增加，期望事故次数受某特定年记录事故次数的影响越小，这就越能反映出事故发生的真实水平。在交通事故预测中，预测结果往往就是期望事故次数，这就是所谓的"回归至均值"。

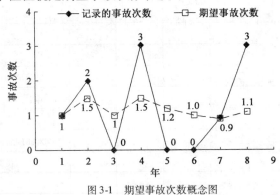

图3-1 期望事故次数概念图

3. 事故数据年限要求

有研究结果表明，3年及3年以上的事故数据就具有一定的代表性了[5]。

四、基本的事故多发点鉴别方法

1. 事故次数法

对拟开展鉴别工作的评价点集合，首先选取一个临界的事故次数作为鉴别标准，并对评价点按事故次数多少由高到低排序，若某一评价点的事故次数大于规定的临界值或排序靠前，则该点即为事故多发点。该方法适用于仅依据事故次数定义的事故多发点。

2. 事故次数概率分布法

该方法假定事故次数符合泊松分布或负二项分布，然后依据一定的置信水平确定临界事

故次数上、下限值。该方法适用于依据临界事故次数统计定义的事故多发点,其具体计算公式如下:

$$\begin{cases} F_c^+ = \overline{F} + k\sigma \\ F_c^- = \overline{F} - k\sigma \end{cases} \quad (3-1)$$

式中:F_c——临界事故次数,F_c^+ 为上限值,F_c^- 为下限值;

$\overline{F}$——相似评价地点的平均事故次数;

k——统计常数,取 1.96(95% 置信水平);

σ——评价地点事故次数的标准差。

【例 3-1】 应用事故次数概率分布法识别事故多发形态

某一道路平面交叉口在连续三年的时间里共发生 14 起追尾碰撞事故和 10 起左转弯碰撞事故,表 3-2 给出了道路及交通条件均与之相似的其他 10 个平面交叉口上的碰撞事故发生情况,试用事故次数概率分布法判断该交叉口上是否存在事故多发形态。

10 个平面交叉口连续三年内发生的追尾和左转弯碰撞事故　　　表 3-2

平面交叉口编号	1	2	3	4	5	6	7	8	9	10	均值	标准差
追尾碰撞事故(起)	8	5	7	8	6	8	9	10	6	7	7.40	1.50
左转弯碰撞事故(起)	11	12	4	5	8	3	4	9	7	6	6.90	3.07

解:由于 10 个平面交叉口追尾碰撞事故的平均值及标准差分别为 7.40 和 1.50,则临界事故次数上限值 F_c^+ 为

$$F_c^+ = 7.40 + 1.96 \times 1.5 = 10.34$$

显然,评价地点的追尾碰撞事故数大于临界事故次数上限值,即 14 > 10.34,因此该评价地点追尾碰撞事故是多发事故形态。

10 个平面交叉口左转弯碰撞事故的平均值及标准差分别为 6.90 和 3.07,临界事故次数上限值 F_c^+ 为 12.92,因 10 < 12.92,故该评价地点左转弯碰撞事故不是多发事故形态。

3. 事故率法

按照事故率大小对评价点进行排序并确定出可接受的临界事故率值,最后按照临界事故率值进行事故多发点鉴别。该方法适用于依据事故率数字定义的事故多发点,使用中应注意不要发生以下两种误判情况,即不要将低交通量、低事故次数的次要地点(可能事故率还不低)误判为事故多发点,又不要将高运输量、高事故次数的重要地点(此时事故率却不是很高)误判为非事故多发点。

4. 事故次数与事故率综合法

也称矩阵法。首先对每一个评价点根据事故次数和事故率给出其在矩阵中的位置,然后确定出可接受的事故次数临界值和事故率临界值,只有当某一评价点的事故次数和事故率均大于相应的临界值时,该点才被判定为事故多发点,鉴别方法示意如图 3-2 所示。该方法适用于基于事故次数和事故率数字定义的事故多发点,使用中要重点关注低事故次数高事故率的地点(图 3-2 中的区域 A)与高事故次数低事故率的地点(图 3-2 中的区域 B),这些地点容易出现误判。

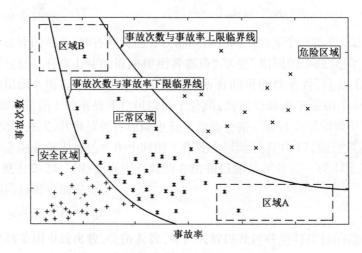

图 3-2 事故次数与事故率综合法示意图

5. 质量控制法

该方法是将特定地点的事故率与道路、交通条件相似的所有地点的平均事故率作比较,并根据显著性水平建立评价危险点的事故率上、下限值。当评价点的事故率大于上限值时,则该点即为事故多发点。该方法适用于基于临界事故率统计定义的事故多发点,具体计算公式为:

$$\begin{cases} R_c^+ = \bar{R} + k\sqrt{\dfrac{\bar{R}}{M}} + \dfrac{1}{2M} \\ R_c^- = \bar{R} - k\sqrt{\dfrac{\bar{R}}{M}} - \dfrac{1}{2M} \end{cases} \quad (3-2)$$

式中:R_c——临界事故率,R_c^+ 为上限值,R_c^- 为下限值;

$\bar{R}$——相似地点的平均事故率;

k——统计常数,取 1.96(95% 置信水平);

M——评价地点在统计期内的交通量或运输量,道路交叉口可取百万辆车,道路路段可取亿车公里。

【例 3-2】 应用质量控制法识别事故多发路段

某一长度为 0.32km 的城市主干道路段,年平均日交通量($AADT$)为 15 400 辆/日,在连续三年的时间内发生了 8 起伤亡事故和 15 起财产损失事故。在该城市所有与之具有相似道路及交通条件的主干道上,3 年期平均亿车公里伤亡事故率为 75 起,平均亿车公里财产损失事故率为 160 起。假定 1 起伤亡事故等价于 3 起财产损失事故,试判断该主干道路段是否为事故多发路段。

解:第一步,计算评价地点的亿车公里运输量。

$$M = \frac{\text{年数} \times AADT \times \text{路段长度} \times 365 \text{天/年}}{10^8} = \frac{3 \times 15\,400 \times 0.32 \times 365}{10^8} = 0.054 (\text{亿车公里})$$

第二步,计算相似地点的平均事故率(三年期)。

$$\bar{R} = 3 \times 75 + 160 = 385 (\text{起/亿车公里})$$

第三步,计算临界事故率上限值。

$$R_c^+ = 385 + 1.96\sqrt{\frac{385}{0.054}} + \frac{1}{2 \times 0.054} = 559(起/亿车公里)$$

第四步,计算待评价地点的事故率 R。

$$R = (3 \times 8 + 15)/0.054 = 722(起/亿车公里)$$

第五步,安全状况判别。

因 $R = 722$ 起/亿车公里 $> R_c^+ = 559$ 起/亿车公里,故该城市主干道路段交通安全状况较差,属于事故多发路段。

6. 当量财产损失事故法

该方法通过权重系数将死亡事故、受伤事故或伤亡事故转化为当量的财产损失事故,并依据累计的当量财产损失事故数对评价地点进行排序和事故多发点鉴别。权重系数及当量财产损失事故数的计算方法如下:

$$F_w = \frac{死亡事故的平均直接经济损失}{财产损失事故的平均直接经济损失} \quad (3-3)$$

$$I_w = \frac{受伤事故的平均直接经济损失}{财产损失事故的平均直接经济损失} \quad (3-4)$$

$$PDO_w = 1.0 \quad (3-5)$$

$$EPDO = N_f \cdot F_w + N_i \cdot I_w + N_{pdo} \cdot PDO_w \quad (3-6)$$

式中:F_w、I_w、PDO_w——分别为死亡事故、受伤事故、财产损失事故的权重;

$EPDO$——当量财产损失事故的数量;

N_f、N_i、N_{pdo}——分别为死亡事故、受伤事故、财产损失事故的数量。

【例3-3】 应用当量财产损失事故法鉴别事故多发路段[6]

某一条道路被划分成等长的 6 个路段,路段上的交通事故数据见表3-3。已知死亡事故、受伤事故、财产损失事故的直接经济损失分别为 680 万元、39 万元和 1.2 万元。试应用当量财产损失事故法来鉴别出一个事故多发路段。

路段上的交通事故数据　　　　　表3-3

路段编号	事故数（起）		
	死亡事故	受伤事故	财产损失事故
1	0	22	8
2	1	8	3
3	0	16	5
4	1	14	2
5	0	19	6
6	0	20	3

解: 第一步,计算权重系数。

$$F_w = \frac{680 \text{ 万元}}{1.2 \text{ 万元}} = 566.7$$

$$I_w = \frac{39 \text{ 万元}}{1.2 \text{ 万元}} = 32.5$$

$$P_w = 1.0$$

第二步,计算当量财产损失事故数,以路段 1 为例:
$$EPDO_1 = 0 \times 566.7 + 22 \times 32.5 + 8 \times 1 = 723$$
当量财产损失事故数量计算结果见表 3-4。

路段上的当量财产损失事故　　　　　　　　　　表 3-4

路段编号	死亡事故		受伤事故		财产损失事故		当量财产损失事故数(起)	总事故数(起)
	事故数(起)	权值	事故数(起)	权值	事故数(起)	权值		
1	0	0	22	715	8	8	723	30
2	1	567	8	260	3	3	830	12
3	0	0	16	520	5	5	525	21
4	1	567	14	455	2	2	1 024	17
5	0	0	19	618	6	6	624	25
6	0	0	20	650	3	3	653	23

第三步,鉴别事故多发路段。

由于路段 4 的当量财产损失事故数达到了 1 024 起,是 6 个路段中的最大者。因此,路段 4 是事故多发路段。

7. 基于事故预测模型的事故多发点鉴别法

该方法依据实际事故次数与预测事故次数的差值大小对评价地点进行排序并进而鉴别事故多发点,差值的计算公式如下:

$$D = \overline{O} - \overline{P} \tag{3-7}$$

式中:D——实际事故次数与预测事故次数的差值;

$\overline{O}$——年平均的事故次数或年平均每公里的事故次数;

$\overline{P}$——由事故预测模型计算出的年平均或年平均每公里的事故次数。

【例 3-4】 应用基于事故预测模型的事故多发点鉴别法鉴别事故多发交叉口[6]

有 4 个道路及交通条件均相似的信号控制十字形平面交叉口,近三年的交通事故及交通量数据如表 3-5 所示。对该类交叉口标定出的事故预测模型见式 3-8。试应用基于事故预测模型的事故多发点鉴别法,对上述 4 个交叉口按交通安全状况排序,并识别出一个事故多发交叉口。

$$P = e^{-3.47} \cdot AADT_{主}^{0.42} \cdot AADT_{次}^{0.14} \tag{3-8}$$

式中:P——预测的事故次数;

$AADT_{主}$——交叉口中主要道路上的年平均日交通量;

$AADT_{次}$——交叉口中次要道路上的年平均日交通量。

交叉口上的交通事故及交通量数据　　　　　　　　　　表 3-5

交叉口	第 1 年			第 2 年			第 3 年		
	AADT		事故数(起)	AADT		事故数(起)	AADT		事故数(起)
	主要道路	次要道路		主要道路	次要道路		主要道路	次要道路	
A	25 000	10 000	8	25 400	11 000	6	26 000	11 200	10
B	30 600	12 000	9	31 100	12 100	12	31 800	12 500	11
C	28 800	13 000	10	30 000	13 500	9	30 500	13 800	8
D	27 600	11 500	11	28 100	11 800	13	28 600	12 200	12

解: 第一步,计算交叉口实际发生的年平均事故次数,以交叉口 A 为例。

$$\overline{O}_A = (8+6+10) 起/3 年 = 8(起/年)$$

第二步,计算事故预测模型预测出的年平均事故数,仍以交叉口 A 为例。

第 1 年: $P = e^{-3.47} \times 25\,000^{0.42} \times 10\,000^{0.14} = 7.95(起)$

第 2 年: $P = e^{-3.47} \times 25\,400^{0.42} \times 11\,000^{0.14} = 8.11(起)$

第 3 年: $P = e^{-3.47} \times 26\,000^{0.42} \times 11\,200^{0.14} = 8.21(起)$

$$\overline{P} = (7.95+8.11+8.21) 起/3 年 = 8.09(起/年)$$

第三步,计算实际事故次数与预测事故次数的差值,仍以交叉口 A 为例。

$$D = \overline{O} - \overline{P} = 8.00 - 8.09 = -0.09$$

实际的年平均事故次数、预测的年平均事故次数及其差值计算结果见表3-6。

交叉口上的实际事故次数、预测事故次数及其差值　　　表3-6

交叉口	第1年		第2年		第3年		3年合计		年均实际事故数(起)	年均预测事故数(起)	差值
	实际事故数(起)	预测事故数(起)	实际事故数(起)	预测事故数(起)	实际事故数(起)	预测事故数(起)	实际事故数(起)	预测事故数(起)			
A	8	7.95	6	8.11	10	8.21	24	24.26	8.00	8.09	-0.09
B	9	8.87	12	8.94	11	9.07	32	26.89	10.67	8.96	1.70
C	10	8.75	9	8.95	8	9.04	27	26.73	9.00	8.91	0.09
D	11	8.45	13	8.54	12	8.64	36	25.63	12.00	8.54	3.46

第四步,排序及事故多发点鉴别。

按差值大小对交叉口进行排序,结果见表3-7。显然,交叉口 D 的差值最大,是事故多发交叉口。

交叉口的交通安全状况排序　　　表3-7

交叉口	实际事故次数与预测事故次数的差值
D	3.46
B	1.70
C	0.09
A	-0.09

8. 基于交通安全服务水平的事故多发点鉴别法[7]

该方法通过将实际的事故次数或伤亡人数等与交通安全服务水平分级标准进行对比,来判定评价点的交通安全状况并鉴别事故多发点。交通安全服务水平分为4级,一级服务水平代表交通安全状况良好,事故指标明显低于平均水平,事故指标再降低的可能性不大;二级服务水平代表安全状况较好,事故指标低于平均水平;三级服务水平代表安全状况较差,事故指标高于平均水平,需要采取措施改善其安全状况;四级服务水平代表安全状况差,事故指标明显高于平均水平,这类地点可认定为事故多发点。

【例3-5】 应用基于交通安全服务水平的事故多发点鉴别法鉴别事故多发点[8]

某山岭重丘区设计速度为100km/h的双向四车道高速公路上,有3个路段需要评定交通安全状况。路段上近三年的交通事故及交通量数据如表3-8所示,确定出的安全服务水平分级标准见图3-3。

路段上的交通事故与交通量数据　　　　　　　　　　　表3-8

路　段	第1年		第2年		第3年	
	AADT (pcu/d)	事故数 N (起/km)	AADT (pcu/d)	事故数 N (起/km)	AADT (pcu/d)	事故数 N (起/km)
路段 A	20 800	1.2	21 300	0.8	21 580	1.6
路段 B	17 600	2.7	18 300	2.2	18 800	1.9
路段 C	13 400	4.2	13 800	3.2	13 900	2.9

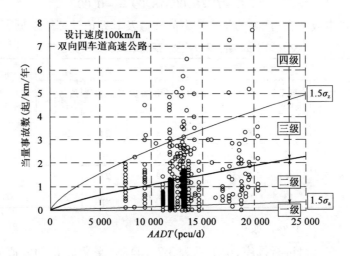

图3-3　高速公路交通安全服务水平

解:第一步,计算年平均事故数和年平均 AADT,以路段 A 为例。

$$\overline{N}_A = (1.2 + 0.8 + 1.6)/3 = 1.20(起/km/年)$$

$$\overline{AADT}_A = (20\ 800 + 21\ 300 + 21\ 580)/3 = 21\ 227(pcu/日)$$

第二步,依据交通量确定交通安全服务水平分级标准,仍以路段 A 为例。

由于 $\overline{AADT}_A$ 为 21 227,查图 3-3(可将 $\overline{AADT}_A$ 代入图中分级界限函数)可知:一级服务水平的年平均每公里事故数范围为[0,0.35],二级为(0.35,2.11],三级为(2.11,4.37],四级为(4.37,+∞)。

第三步,评定交通安全状况。

由于 $\overline{N}_A$ = 1.20,已落至(0.35,2.11]区间。因此,路段 A 的交通安全服务水平为二级,即交通安全状况较好。其他 2 个路段的评价结果见表3-9。由表3-9可知,路段 C 为事故多发路段。

路段交通安全状况评价结果　　　　　　　　　　　表3-9

路　段	A	B	C
年平均事故数 $\overline{N}$	1.20	2.27	3.43
年平均 AADT	21 227	18 233	13 700

续上表

路段		A	B	C
安全服务水平分级标准	一级	[0,0.35]	[0,0.30]	[0,0.23]
	二级	(0.35,2.11]	(0.30,1.87]	(0.23,1.49]
	三级	(2.11,4.37]	(1.87,3.92]	(1.49,3.20]
	四级	(4.37,+∞)	(3.92,+∞)	(3.20,+∞)
安全服务水平评价		二级	三级	四级

五、事故多发点鉴别时的路段划分

路段划分是事故多发点安全管理工作中的第二个阶段,其重点和难点是如何对道路路段尤其是公路路段进行合理的划分。

1. 路段长度

对于基于事故次数或临界事故次数定义的事故多发路段,当鉴别标准已知时,路段的长短将直接影响鉴别结果的准确性。当事故次数服从泊松分布时,路段长度可按下式计算:

$$P(N \geq N_c) = 1 - \sum_{N=0}^{N_c} \frac{(\lambda l)^N}{N!} e^{-\lambda l} = \alpha \tag{3-9}$$

式中： N——事故次数;

N_c——事故多发点鉴别时的临界事故次数;

λ——平均每公里的事故次数;

l——待确定的路段长度;

α——显著性水平,取5%;

$P(N \geq N_c)$——事故次数大于临界事故次数的概率。

当事故次数服从负二项分布时,路段长度可按下式计算确定:

$$P(N \geq N_c) = 1 - \sum_{N=0}^{N_c} \frac{\Gamma(N+1/k)}{\Gamma(1/k) \cdot N!} \left(\frac{1}{1+k \cdot \lambda \cdot l}\right)^{1/k} \left(\frac{k \cdot \lambda \cdot l}{1+k \cdot \lambda \cdot l}\right)^N = \alpha \tag{3-10}$$

式中: k——负二项分布的参数。

【例3-6】 应用泊松分布确定路段长度

事故多发点的鉴别标准是统计期内发生4次及以上的交通事故。现有两条道路A和B,平均每公里的事故次数分别为1.5次和10次,统计检验表明事故次数服从泊松分布。问:在进行事故多发点鉴别时,道路A和B的路段长度应取多长?

解: 由已知条件可知, $N_c = 4$, $\lambda_A = 1.5$ 次/km, $\lambda_B = 10$ 次/km,代入式3-9可得 $\lambda_A l_A = 1.366$ 次, $l_A = 1.366/1.5 = 0.909$ km,同理可得 $l_B = 1.366/10 = 0.137$ km。

2. 路段划分方法

路段划分有定长法和不定长法两种划分方法。定长法是指按固定的长度如0.1、0.2、0.5或1.0km等将路线划分为均匀、等长的若干个路段,一般须人为考虑事故点的分布状态。不定长法是指按事故点的集疏程度人为或通过算法(如聚类算法)等对路段进行划分,路段长度不尽相同[9]。

3. 滑动窗口法

滑动窗口法可归类为动态的定长法,是将一个按照规定长度[可由式(3-9)或式(3-10)计算得到]设置的窗口,沿着道路方向以一定的步幅移动,移动的同时提取事故指标,当某个窗口的事故指标达到了事故多发点的鉴别标准时,该窗口所对应的路段即为事故多发路段。滑动窗口法的使用原理如图3-4所示。

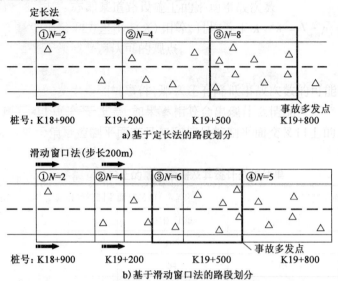

图3-4 滑动窗口法的使用原理

注:路段长度或窗口长度为300m,N为记录的事故次数,"①"为路段或窗口编号,事故多发点的鉴别标准为$N \geq 6$次。

滑动窗口法是很多西方国家推荐采用的方法。但该方法也存在着"夸大"事故多发点数量的倾向。现以表3-10基于定长法和滑动窗口法的事故多发点鉴别为例,说明该类现象。由表中第2列可知,若以1km定长法划分路段,共有100个路段,路段上的平均事故次数及方差分别为2.44和4.37,显然事故分布更接近于负二项分布。第3列表明,当以1km滑动窗口法划分路段时,共有65个路段,路段上的平均事故次数及方差分别为3.87和6.59。显然,分布的尾部变长了。

基于定长法和滑动窗口法的事故多发点鉴别[10] 表3-10

事故次数	路段长度1km,统计期4年		路段长度4km,统计期1年	
	定长法确定的路段数(个)	滑动窗口法确定的路段数(个)	定长法确定的路段数(个)	滑动窗口法确定的路段数(个)
0	19	—	11	—
1	19	9	25	9
2	19	13	23	12
3	18	11	16	16
4	10	11	11	12
5	7	7	6	8
6	3	4	5	5
7	3	3	3	5

续上表

事故次数	路段长度1km,统计期4年		路段长度4km,统计期1年	
	定长法确定的路段数(个)	滑动窗口法确定的路段数(个)	定长法确定的路段数(个)	滑动窗口法确定的路段数(个)
8	1	0		0
9	0	2		0
10	0	2		1
11	1	0		
12		0		
13		0		
14		1		
全部路段数	100	65	100	68
每个路段的平均事故次数	2.44	3.87	2.44	3.59
事故次数的方差	4.37	6.59	3.19	3.57

如果将发生4次以上事故的路段定义为事故多发路段,那么定长法鉴别出的事故多发段为15个,而滑动窗口法为19个。若将路段长度设定为4km、统计期为1年(见第4、5列),且事故多发路段的鉴别标准为发生5次及以上的交通事故,那么定长法和滑动窗口法鉴别出的事故多发路段分别为14和19个。显然,滑动窗口法人为地增加了事故多发点数量,从而使每个路段比它的实际安全情况看起来更危险。

六、对事故多发点鉴别本质的进一步认识[11]

虽然各种鉴别方法都针对某一或某几个评价指标给出了一套评判方法,但在有些情况下,使用不同方法得出的结论却相差很大。现以某市市区干道上11个路段的事故指标进行分析研究,有关数据见表3-11。

干道上的交通事故及统计分析表　　表3-11

1	2	3	4	5	6	7	8	9	10	11
编号	事故次数	事故率	平均事故次数	事故次数标准差	平均事故率	事故率标准差	事故次数与平均事故次数的差值	事故次数与平均次数差值程度	事故率与平均事故率的差值	事故率与平均事故率差值程度
i	N_0	R_0	E_N	σ_N	E_R	σ_R	Δ_N	Δ_N/σ_N	Δ_R	Δ_R/σ_R
1	25①	94.34	29.14	33.28	123.34	120.94	-4.14	-0.12	-29	-0.24
2	25①	36.99	21.18	18.53	62.11	55.76	3.82⑥	0.21	-25.12	-0.45
3	25①	186.94③	29.14	33.28	123.34	120.94	-4.14	-0.12	63.6⑦	0.53
4	23①	199.26③	23.24	16.15	100.34	87.08	-0.24	-0.01	98.92⑦	1.14
5	21	208.13②③	6.38④	5.76④	96.17	88.94	14.62⑥	2.54	111.96⑦	1.26
6	20	53.56	27.47	15.04	70.57	43.75	-7.47	-0.50	-17.01	-0.39
7	16	120.12	11.57	6.19	75.21	46.38	4.43⑥	0.72	44.91⑦	0.97

续上表

1	2	3	4	5	6	7	8	9	10	11
编号	事故次数	事故率	平均事故次数	事故次数方差	平均事故率	事故率方差	事故次数与平均事故次数的差值	事故次数与平均次数差值程度	事故率与平均事故率的差值	事故率与平均事故率差值程度
i	N_0	R_0	E_N	σ_N	E_R	σ_R	Δ_N	Δ_N/σ_N	Δ_R	Δ_R/σ_R
8	15	212.63②	6.38④	5.76④	96.17	88.94	8.62⑥	1.50	116.46⑦	1.31
9	6	306.51②	6.38	5.76	96.17⑤	88.94⑤	−0.38	−0.07	210.34⑦	2.36
10	3	230.53②	6.38	5.76	96.17⑤	88.94⑤	−3.38	−0.59	134.36⑦	1.51
11	2	244.56②	6.38	5.76	96.17⑤	88.94⑤	−4.38	−0.76	148.39⑦	1.67

注：①事故次数法鉴别出的多发路段；②事故率法确定出的多发路段；③矩阵法确定出的多发路段；④事故次数概率分布法确定出的多发路段；⑤质量控制法确定出的多发路段；⑥根据事故次数与平均次数差值应进一步判断的地点；⑦根据事故率与平均事故率差值应进一步判断的地点。

表中第2列给出了11个路段上的事故次数，并按事故次数进行了排序。若按照事故次数法来鉴别事故多发路段并假定临界的事故次数为22次，则编号为1、2、3和4号的路段应为事故多发路段。

表中第3列给出了11个路段上的事故率指标。如果按照事故率法来鉴别事故多发路段并假定临界事故率为200次/亿车公里，则编号为5、8、9、10和11号的路段应为事故多发路段。显然，由事故率法得出的事故多发路段没有一个与事故次数法重合。

综合考虑事故次数和事故率两项指标(表中第2和第3列)，并假定多发路段应同时具备事故次数不少于20次、事故率不小于150次/亿车公里两个条件，则3、4和5号路段应为多发路段，这就是矩阵法。矩阵法的鉴别结果是否一定可靠？表中第4和第6列列出了与上述11个路段分别具有相似道路交通条件的所有路段上的平均事故次数和事故率。显然，矩阵法中将3和4号路段作为多发路段也是值得怀疑的。因为，3和4号路段上的事故次数均不大于相似路段的平均值。

如果分别取平均事故次数、平均事故率加上1.5倍的事故次数标准差、事故率标准差作为临界事故次数上限(事故次数概率分布法)和临界事故率上限(质量控制法)，则事故次数概率分布法鉴别出的多发路段为5和8号，质量控制法鉴别出的多发路段为9、10和11号。显然，事故次数概率分布法与质量控制法得出的结论也不一致，若与前面几种方法对比，也存在较大不同。

第8列列出了各个评价点事故次数与相似路段平均事故次数的差值，第10列列出了事故率与相似路段平均事故率的差值。根据事故次数的差值，则2、5、7和8号路段值得考虑；根据事故率的差值，则3、4、5、7、8、9、10和11号路段值得去进一步判断。另外，还可进一步分析差值的变化率，见表中第9和第11列。

经过上述分析过程，可概括出以下几点结论：①不同的鉴别方法由于采用了不同的鉴别指标，得出的评价结果是不完全一致的，对有些评价地点会出现相互矛盾的情况；②目前的各种鉴别方法都有其明显的不足之处；③如何客观、公正的鉴别出事故多发点仍是一项需要进一步研究和探索的问题。

七、基于经验贝叶斯的事故多发点鉴别方法[6,10]

该方法适用于基于模型定义的事故多发点,其显著的特征是使用待评价点的期望事故次数来代替统计事故次数,并应用事故预测模型来计算所有相似地点的期望事故次数。

待评价点期望事故次数的确定原理见图 3-5,确定过程见图 3-6,计算公式如下:

$$E(\lambda/\gamma) = \alpha\lambda + (1-\alpha)\gamma \quad (3-11)$$

$$\alpha = \frac{1}{1+\lambda/k} \quad (3-12)$$

式中:$E(\lambda/\gamma)$——待评价点的期望事故次数;

λ——所有相似地点通过事故预测模型计算得到的期望事故次数;

γ——待评价点的统计事故次数;

α——权重;

k——事故预测模型的过度离散参数。

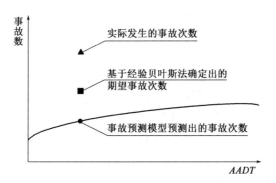

图 3-5　期望事故次数的计算原理

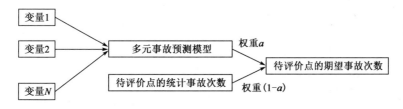

图 3-6　期望事故次数计算过程示意图

在得到待评价点的期望事故次数后,可进一步确定其危险系数,并由危险系数的大小来评定其交通安全状况。危险系数可由待评价点与所有相似地点期望事故次数的比值(危险系数比值)或绝对差值(危险系数差值)来描述。

另外,也可将基于经验贝叶斯的事故多发点鉴别方法与当量财产损失事故法、基于事故预测模型的事故多发点鉴别法相结合,形成两个新的鉴别法,即经验贝叶斯修正下的当量财产损失事故法、经验贝叶斯修正下的基于事故预测模型的事故多发点鉴别法。

【例 3-7】　应用经验贝叶斯法计算期望事故次数并鉴别事故多发点

某一待评价点发生了 8 次交通事故,由事故预测模型计算得到的所有相似地点期望事故次数为 3.73 次,事故预测模型过度离散参数为 2.99。试计算该评价点的期望事故次数并评价其交通安全状况?事故多发点的鉴别标准为危险系数比值大于 1.5。

解:由已知条件可知,$\gamma = 8, \lambda = 3.73, k = 2.99$ 则

$$\alpha = \frac{1}{1 + 3.73/2.99} = 0.445$$

$$E(\lambda/\gamma) = 0.445 \times 3.73 + (1 - 0.445) \times 8 = 6.09$$

$$危险系数比值 = \frac{E(\lambda/\gamma)}{\lambda} = \frac{6.09}{3.73} = 1.63$$

因危险系数比值 $1.63 > 1.5$,故该评价点为事故多发点。

八、基于神经网络技术的事故多发点鉴别

从本质上看,事故多发点的鉴别问题也可归结为一个模式识别问题。当考虑的评价指标较多时,一般的鉴别方法很难用一个具有明确形式的函数或一个能明确写出目标函数和约束条件的优化问题来解决。显然,处理上述两个问题正是神经网络技术的特长之一。

应用神经网络来鉴别事故多发点时,输入变量一般可包括交通事故变量(如事故次数、事故率等)、道路条件变量(如道路类型、几何线形条件等)和交通条件变量(如交通量、车速等),输出结果可以是事故多发点、正常点、安全点等。现以一个最简单的感知机网络为例,说明神经网络技术在鉴别事故多发点中的应用。

【例 3-8】 应用感知机网络确定事故多发点与安全点的分界线

安全评价指标采用事故次数和事故率,用向量表示为 $\boldsymbol{P} = [事故次数 \quad 事故率]^T$。评价结果有两个,即安全点和事故多发点,其取值分别为 $t = 0$ 和 $t = 1$。现有 4 个已知目标输出(评价结果)的样本(见图 3-7),分别为 $\{\boldsymbol{P}_1 = [1 \quad 1]^T, t_1 = 0\}$、$\{\boldsymbol{P}_2 = [2 \quad 2]^T, t_2 = 0\}$、$\{\boldsymbol{P}_3 = [6 \quad 8]^T, t_3 = 1\}$ 和 $\{\boldsymbol{P}_4 = [8 \quad 7]^T, t_4 = 1\}$,试设计感知机网络并通过样本训练确定出安全点与事故多发点的分界线。

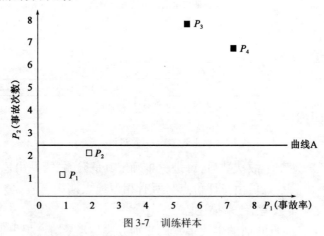

图 3-7 训练样本

解:第一步,确定感知机网络结构。

由已知条件可知,这是一个两输入一输出的模式识别问题。因此,设计的网络结构如图 3-8 所示。其中,P_1、P_2 分别是事故次数和事故率的取值,w_1 和 w_2 是相应 P_1 和 P_2 的权重,b 为偏置值,n 为净输入,a 为网络输出。传输函数采用硬极限传输函数,见图 3-9。

第二步,确定学习规则。

采用有监督的 Hebb 学习规则,即由目标输出与网络输出的误差 $e = t - a$ 来调整权值向量

W 和偏置值 b，具体调整方法是：

$$W^{new} = W^{old} + e \times P$$
$$b^{new} = b^{old} + e$$

W^{new}、b^{new} 代表调整后的权值向量和偏置值，W^{old}、b^{old} 代表调整前的权值向量和偏置值。

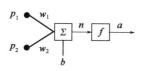

图 3-8　感知机网络结构

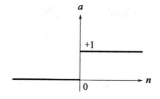

图 3-9　硬极限传输函数

第三步，训练网络，确定权值向量和偏置值。

首先给定权值向量和偏置值的初始值，分别为 $W = [1\ \ 1]$ 和 $b = -1$。

第一次迭代：输入样本 1，即 $P_1 = [1\ \ 1]^T$ 得

$$a = \text{Hardlim}\left([1\ \ 1]\begin{bmatrix}1\\1\end{bmatrix} - 1\right) = \text{Hardlim}(1) = 1$$

$$e = t - a = 0 - 1 = -1$$

$$W^{new} = W^{old} - eP_1 = [0\ \ 0]$$

$$b^{new} = b^{old} + e = -1 - 1 = -2$$

输入样本 2，即 $P_2 = [2\ \ 2]^T$，得 $e = 0$，$W^{new} = W^{old} = [0\ \ 0]$，$b^{new} = b^{old} = -2$。

输入样本 3，即 $P_3 = [6\ \ 8]^T$，得 $e = 1$，$W^{new} = [6\ \ 8]$，$b^{new} = -1$。

输入样本 4，即 $P_4 = [8\ \ 7]^T$，得 $e = 0$，$W^{new} = [6\ \ 8]$，$b^{new} = -1$。

第二次迭代：输入样本 1，得 $e = 1$，$W^{new} = [5\ \ 7]$，$b^{new} = -2$。

输入样本 2，得 $e = -1$，$W^{new} = [3\ \ 5]$，$b^{new} = -3$。

输入样本 3，得 $e = 0$，$W^{new} = [3\ \ 5]$，$b^{new} = -3$。

输入样本 4，得 $e = 0$，$W^{new} = [3\ \ 5]$，$b^{new} = -3$。

第三次迭代：输入样本 1，得 $e = -1$，$W^{new} = [2\ \ 4]$，$b^{new} = -4$。

输入样本 2，得 $e = -1$，$W^{new} = [0\ \ 2]$，$b^{new} = -5$。

输入样本 3，得 $e = 0$，$W^{new} = [0\ \ 2]$，$b^{new} = -5$。

输入样本 4，得 $e = 0$，$W^{new} = [0\ \ 2]$，$b^{new} = -5$。

第四次迭代：输入样本 1，得 $e = 0$，$W^{new} = [0\ \ 2]$，$b^{new} = -5$。

输入样本 2，得 $e = 0$，$W^{new} = [0\ \ 2]$，$b^{new} = -5$。

输入样本 3，得 $e = 0$，$W^{new} = [0\ \ 2]$，$b^{new} = -5$。

输入样本 4，得 $e = 0$，$W^{new} = [0\ \ 2]$，$b^{new} = -5$。

算法收敛，最终确定的权值向量为 $W = [0\ \ 2]$，偏置值为 $b = -5$。

第四步，确定事故多发点与安全点的分界线。

由 $[0\ \ 2]\begin{bmatrix}p_1\\p_2\end{bmatrix} - 5 = 0$，得分界线为 $P_2 = 2.5$，即图 3-7 中的曲线 A。

第二节 事故多发点成因分析方法

一、事故成因分析原理

事故成因分析原理主要有单事件原理、事件链原理、决定因素原理、多事件链原理和多线性事件序列原理等[12]。

单事件原理的基本假设是交通事故发生时只有一个事件是可能的事故诱导因素,除此之外再没有第二个事件。依据这一原理,只需找到这个事件并把它改正过来,就可用来预防同类事故的发生。显然,很多交通事故并不是单一因素造成的,这种方法不能全面地解释交通事故是如何发生的。

事件链原理,又可称之为多米诺骨牌效应原理,它将事故的发生看成是一副由一套不安全条件所组成的多米诺骨牌,当其中一个不安全行为发生后,整个骨牌就倒掉了。根据事件链原理,事故调查人员需要通过收集事故证据来重新构建事件链。由于不安全条件和不安全行为难于定义和判定,因此这种方法很难被重复使用,不具通用性。

决定因素原理认为通过分析事故及其关联因素数据,可找出突出的事故影响因素,这就是事故成因。事实上,当有大量、充分的事故及其关联因素数据时,该种方法确实有可能得出更准确、更接近实际的事故成因。

多事件链原理认为如果存在发生事故的途径(即多分枝的事件链),那么事故就有发生的可能性。多事件链原理虽然源于事件链原理,但它更关注的是各种可能的事故发生途径以及如何提高预测事故发生概率的能力。

多线性事件序列原理将交通事故现象看成是一个活动连续体的一个构成体,交通事故就是打破原有平衡状态并导致有害事件出现的转换过程。该原理主要依据的是交通状态以及改变状态的事件。因此,这就需要在多事件链的基础上,进一步考虑事件间的时间联系。

二、因果分析法

这里介绍的因果分析法均属于基于多事件链原理的事故成因分析方法。

1. 故障树分析法

故障树分析法(Fault Tree Analysis,FTA)是一种具有广阔应用范围和发展前途的系统安全分析方法,目的是找出事故发生的基本原因和基本原因的组合以及事故发生概率。

故障树是表示事故发生原因及其逻辑关系的逻辑树图,形似倒立的树。树的顶部(即树根)表示某个事故或某类事故,这是顶上事件。树的底部(即树梢)表示事故发生的最基本原因,这是基本事件。树的中部(即树杈)表示由基本原因促成的事故结果,即事故的中间原因,也就是中间事件。顶上事件、中间事件、基本事件间的因果关系由不同的逻辑门表示。故障树的主要符号及其意义见表3-12。

故障树的分析步骤如图3-10所示。其中,编制故障树的具体过程如下:确定要分析的事故,即顶上事件,作为第一层;然后,找出它的直接原因或构成它的缺陷事件,作为第二层;上下层用逻辑门连接;层层分析到最基本的原因事件,这就编制出了一个故障树。在故障树编制完成后,需要进行简化,特别是故障树的不同位置存在相同的基本事件时,可采用布尔代数进行故障树的简化和整理。对简化后的故障树方可进行定性和定量分析。

故障树的符号及意义　　　　　　　　　　表 3-12

类　别	名　称	图　形	意　义
事件符号	顶上事件	▭	需要进一步往下分析的事件
	中间事件	▭	需要进一步往下分析的事件
	基本事件	○	不能再往下分析的事件
	省略事件	◇	不能或者不需要再往下分析的事件
逻辑门符号	与门(AND gate)	(图形)	至少有两个输入,表示 B_1 与 B_2 同时发生时,A 事件才能发生,$A = B_1 \cdot B_2$(逻辑乘)
	或门(OR gate)	(图形)	至少有两个输入,表示 B_1 或 B_2 任一事件单独发生时,A 事件都可以发生,$A = B_1 + B_2$(逻辑和)

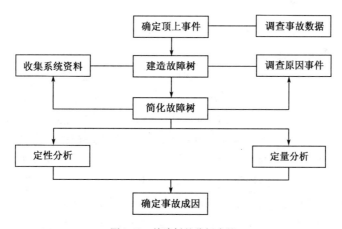

图 3-10　故障树的分析步骤

故障树的定性分析,是根据故障树确定其结构函数,求取其最小割集或最小径集,确定顶上事件发生的事故模式、原因及其对顶上事件的影响程度。

若故障树有 n 个相互独立的基本事件,X_i 表示基本事件 i 的状态变量,X_i 仅取 1 或 0 两种状态;φ 表示故障树顶上事件的状态变量,φ 也取 1 或 0 两种状态,则定义如下:

$$X_i = \begin{cases} 1 & \text{基本事件 } X_i \text{ 发生} \\ 0 & \text{基本事件 } X_i \text{ 不发生} \end{cases} \quad (i = 1, 2, \cdots, n) \quad (3\text{-}13)$$

$$\varphi = \begin{cases} 1 & \text{顶上事件发生} \\ 0 & \text{顶上事件不发生} \end{cases} \quad (3-14)$$

因为顶上事件的状态完全取决于基本事件 X_i 的状态,因此,φ 是 X_i 的函数,即:

$$\varphi = \Phi(X) \quad (3-15)$$

其中,$X = (X_1, X_2, \cdots, X_n)$,称 $\Phi(X)$ 为故障树的结构函数。

某一事故多发点发生了多起汽车坠崖事故,构建的故障树如图 3-11 所示。此时,结构函数可表示为 $\Phi(X) = X_1(X_2 + X_3)X_4X_5(X_6 + X_7 + X_8)$。

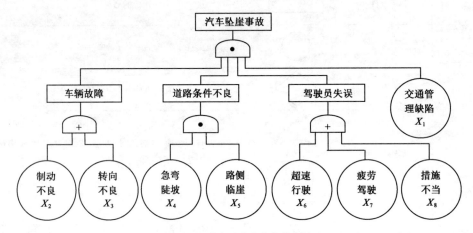

图 3-11 汽车坠崖事故的故障树

若取尽所有状态变量 $X_i(i = 1, 2, \cdots, n)$ 的所有状态 $Y_i(i = 1, 2, \cdots, n)$,则含有 n 个基本事件的故障树的结构函数可展开为:

$$\Phi(X) = \sum_{p=1}^{2^n} \Phi_p(X) \prod_{i=1}^{n} X_i^{Y_i}(1 - X_i)^{1 - Y_i} \quad (3-16)$$

式中:p——基本事件的状态组合序号,$p = 1, 2, \cdots, 2^n$;

$\Phi_p(X)$——第 p 个事件的状态组合所对应的顶上事件的状态值,取 1 或 0。

顶上事件发生与否是由各基本事件的状态决定的。显然,所有基本事件都发生时,顶上事件肯定发生。但在大多数情况下,只要有部分基本事件发生就可能导致顶上事件的发生。引起顶上事件发生的基本事件的集合称为割集。显然,一个故障树的割集一般不止一个。如果在某个割集中任意去掉一个基本事件就不再是割集了,那么这个割集就称为最小割集。最小割集就是导致顶上事件发生的最低限度的基本事件集合。最小割集一般也不止一个,每个最小割集就代表一种事故模式。根据最小割集可以发现事故发生中最薄弱的环节,并可直观判断出哪种模式最危险,哪些次之。最小割集的求解方法主要有行列法、布尔代数化简法、矩阵法等。

如果故障树中某些基本事件不发生,则顶上事件也不发生,这些事件的集合称为径集。如果在某个径集中任意去掉一个基本事件就不再是径集了,这样的径集就是最小径集。最小径集是不能导致顶上事件发生的最低限度的基本事件集合。求出最小径集后,就可以掌握要使顶上事件不发生则会有几种可能方案,这对制定安全改善对策是非常有帮助的。最小径集的求法是将故障树转化为对偶的成功树,成功树的最小割集就是故障树的最小径集。

弗吉尼亚交通运输局曾针对本州的货车事故构建了故障树及多个子故障树,货车单车事故的故障树见图3-12,驾驶员过错子故障树见图3-13,针对驾驶员过错故障树求解出的最小割集见图3-14[13]。

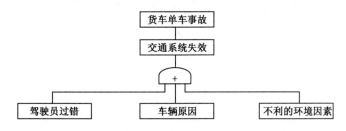

图3-12 货车单车事故故障树

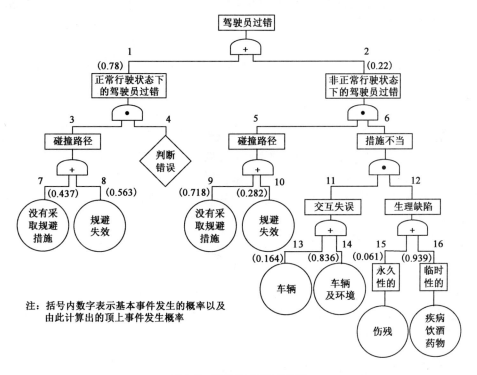

图3-13 驾驶员过错的故障树

事件编号			概率
1→3, 4→	7, 4	·················	0.340 0
	8, 4	·················	0.440 0
2→5, 6→	5, 11, 12		
	9, 13, 15	·················	0.001 5
	10, 13, 15	·················	0.000 7
5, 13, 15	9, 13, 16	·················	0.064 0
5, 13, 16→	10, 13, 16	·················	0.009 5
5, 14, 15	9, 14, 15	·················	0.008 1
5, 14, 16	10, 14, 15	·················	0.003 1
	9, 14, 16	·················	0.124 0
	10, 14, 16	·················	0.048 6

图3-14 货车单车事故中驾驶员过错的最小割集

故障树的定量分析,是在已知基本事件发生概率的前提下,定量地计算出顶上事件发生的概率。如果故障树中不含有重复的或相同的基本事件,各基本事件又是相互独立的,顶上事件发生概率可根据故障树的结构用以下公式求得。

用"与门"连接的顶上事件发生概率 $P(T)$ 为:

$$P(T) = \prod_{i=1}^{n} q_i \tag{3-17}$$

用"或门"连接的顶上事件发生概率 $P(T)$ 为:

$$P(T) = 1 - \prod_{i=1}^{n}(1 - q_i) \tag{3-18}$$

上述两式中,q_i 为第 i 个基本事件发生的概率,$i = 1,2,\cdots,n$。

如果故障树中含有重复的基本事件,或基本事件可能在多个最小割集中重复出现时,最小割集间是相交的,此时可通过状态枚举法、最小割集法、最小径集法、近似计算法等计算顶上事件发生的概率。故障树中各基本事件的发生对顶上事件的发生有着不同程度的影响,这主要取决于各基本事件发生概率的大小以及各基本事件在故障树模型结构中所处的位置。为了明确最易导致顶上事件发生的基本事件,还必须对基本事件进行重要度分析。

2. 事件树分析法

事件树分析法(Event Tree Analysis,ETA)是安全系统工程中常用的一种演绎推理方法。与故障树的由原因到结果的逆过程分析不同,事件树法根据事故发生的先后顺序,将事件分成若干个阶段,每个阶段的分析都从成功和失败两种可能后果考虑,最后绘制成近似水平的树形图。事件树可以事前预测事故及其不安全因素,并可在事故后分析事故原因,既可以定性地了解整个事件的动态变化过程,又可定量地计算出各个阶段的发生概率。

事件树某一后果的发生概率 P 可按下式计算:

$$P = \prod_{i=1}^{k} P_i \tag{3-19}$$

式中,P_i 为从风险事件出发到该后果的第 i 个事件树分支的概率,k 为该后果的分支数。以行人过街为例,行人在人行横道上过街时的事件树及其后果的发生概率见图3-15。

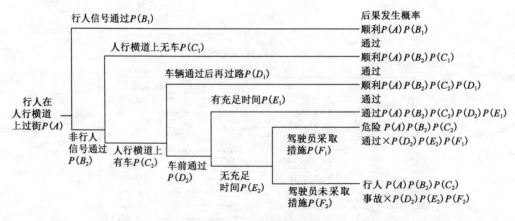

图3-15 行人过街事件树

3. 蝴蝶结分析法

蝴蝶结分析法(Bow-tie Analysis,BTA)是指用绘制蝴蝶结图的方式来描述事故、事故发生的原因、导致事故的途径、事故的后果以及预防事故发生的措施之间的关系,进而分析提出事故风险和事故控制方法。蝴蝶结图(Butterfly diagrams)来源于20世纪70年代的因果图(Cause consequence diagrams)。

Bow-tie模型综合了故障树和事件树的优点,其中故障树和事件树分别构成了"蝴蝶结"的左、右两翼,如图3-16所示。它能形象地表示引起事故发生的原因,直观地显示了从危险因素到事故再到事故后果的全过程,既可以清楚地展现引起事故的各种途径,又可利用屏障设置来获得预防事故发生的措施。在道路交通安全领域,部分学者也开展了基于BTA的事故分析研究,图3-17为某一道路交通安全研究的Bow-tie图[14]。

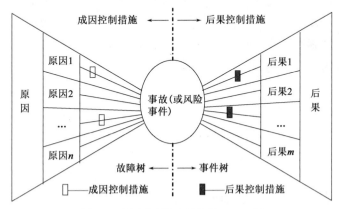

图3-16 风险分析与事故控制Bow-tie图

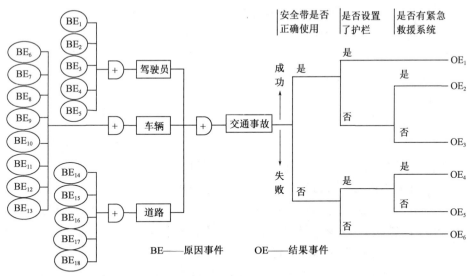

图3-17 道路交通事故Bow-tie图

三、工程实践方法

事故多发点成因分析最常用和最有效的方法是工程实践方法,一般包括事故数据处理、事故影响因素分析、事故形态分析、现场调查和事故多发点真伪鉴别等阶段。

1. 事故数据处理

通过深入检查和分析事故多发点上的事故数据,可以找出突出的事故影响因素和事故形态。检查和分析的事故数据,可以是具体的每起事故,也可以是统计的事故数据。一般要将事故数据归类统计并形成分析图表,主要有按照事故类型归类统计的事故列表、按事故影响因素归类统计的事故列表、事故形态描述和事故碰撞图。

2. 事故影响因素分析

事故影响因素分析就是对事故多发点处的道路交通条件、人为因素、车辆因素、环境因素进行全面的分析,目的是找出这些因素与事故发生的关联关系。

道路交通条件分析的内容包括出入口控制条件、速度、道路横断面、交通量和路面条件等。许多道路设施是根据出入口的数量和控制条件来分类的,比如高速公路和普通公路、信号控制平面交叉口和无信号控制平面交叉口等,改善出入口的控制条件可以减少潜在冲突点的数量。由于采取了出入口控制措施,高速公路和城市快速路上的事故率相对较低,但由于车速较快,会增加事故的严重程度。道路横断面包括车道宽度、路肩宽度、路侧净区、路拱横坡等,均会影响交通安全。交通量是重要的事故关联因素,一般而言,交通量越大时发生的交通事故就越多,但由于交通量大时车速会降低,因而事故严重程度不一定会提高。重新铺筑路面可以提高抗滑力,也可消除车辙、裂缝、坑洞等,同时起到改善交通安全状况的作用。

大多数交通事故会涉及一个或多个人为因素,人为因素一般包括年龄、性别、攻击性驾驶、危险驾驶、乘员保护等。就年龄而言,老年驾驶员和青年驾驶员往往是发生交通事故较多的群体。老年驾驶员面临的主要问题是反应力和感知力减退并容易疲劳,青年驾驶员的主要问题是经验不足和不成熟。关于性别,在死亡事故中涉及的男性多于女性,但也有研究成果表明女性更容易受伤。超速、跟车过近、违章变道等攻击性驾驶行为以及酒驾、醉驾、疲劳驾驶等危险行为均是引发交通事故的重要原因。在乘员保护方面,未系安全带的驾驶员和乘客以及未戴头盔的摩托车驾驶员都有非常大的事故死亡和受伤风险。

车辆设计是一个重要的安全因素。目前,车辆的安全性设计主要集中在规避事故和事故保护两个方面。为了规避事故,车辆上已经配置了大量的装备和安全操作系统。一般而言,越是灵活、机动的车辆越容易规避事故,轻、小、低的车辆要比重、大、高的车辆具有更大的机动灵活性。当事故发生时,车辆上的各种安全设备以及吸能性能就变得十分重要了。

诱发交通事故的交通环境一般包括雨、雪、雾、风和阳光等。潮湿的路面会降低道路摩擦系数,同时也会降低车辆的牵引力。汇集的雨水会导致车辆轮胎打滑,从而失去控制。下雨时会降低驾驶员的视觉可见度。道路上的冰和雪会使车辆的牵引力急剧下降,因此会严重危及行车安全。由于冰难以发现和不可预期,因此它比雪具有更大的行车危险。浓雾可将驾驶员的视觉可见度降低至几米,造成驾驶员行车时事实上的失明。大风对交通事故的发生也是有影响的,主要是对大型货车和摩托车等。阳光的主要问题是可能造成驾驶员眩光。

3. 事故形态分析

在分析事故多发点的事故数据时,应根据事故汇总表、事故碰撞图以及其他信息来确定事故形态。总结出一张统计期内事故多发点上的事故汇总表是十分有用的,表中应包括事故形态、事故成因、路面条件、照明条件、伤亡人数等以及与驾驶员有关的年龄、性别等信息。表3-13是我国某高速公路上某事故多发点处的事故汇总表,由表可初步判定追尾是该事故多发点的突出事故形态。另外,涉事车辆主要以半挂车为主。

事故多发路段事故汇总表　　　　　　　　　　　　　　　　　　　表 3-13

统计期:1/1/2005—12/31/2008　　数据来源:公安交通管理部门
公路名称:＊＊＊高速公路＊＊＊段　　方向:上行方向　　里程桩号:K17+000 至 K17+380

编号	日期	时间	事故形态	事故原因	死亡人数(人)	受伤人数(人)	白天/夜间	路表潮湿/干燥	涉事车辆
1	1/6/2005	7:30	追尾	车辆故障	0	1	白天	干燥	大货车、小客车
2	2/16/2005	13:20	侧翻	操作不当	1	0	白天	潮湿	大货车
3	2/28/2005	17:30	剐擦	制动失效	0	1	白天	干燥	半挂车、大客车
4	4/18/2005	14:30	追尾	制动失效	1	1	白天	干燥	半挂车、大客车
5	5/4/2005	18:20	碰撞护栏	制动失效	0	1	夜间	干燥	大货车
6	7/2/2005	10:30	追尾	未保持安全距离	1	1	白天	干燥	半挂车、半挂车
7	9/15/2005	19:30	追尾	制动失效	1	2	夜间	干燥	半挂车、大客车、大客车
8	11/25/2005	10:20	追尾	起火	0	0	白天	潮湿	大客车、大客车
9	12/20/2005	10:20	追尾	制动失效	0	1	白天	干燥	半挂车、大客车
10	2/8/2006	1:30	侧翻	操作不当	0	2	夜间	干燥	半挂车
11	4/6/2006	17:30	追尾	操作不当	0	1	白天	干燥	半挂车、小客车
12	6/7/2006	14:30	追尾	制动失效	2	1	白天	潮湿	半挂车、半挂车、半挂车
13	7/12/2006	13:00	车辆失火	失火	0	0	白天	干燥	小货车
14	8/24/2006	18:00	追尾	未保持安全距离	0	0	夜间	潮湿	半挂车、小客车
15	10/4/2006	9:40	剐擦	操作不当	0	0	白天	干燥	半挂车、小客车
16	11/18/2006	3:40	追尾	未保持安全距离	2	1	夜间	干燥	半挂车、大客车
17	12/22/2006	14:20	追尾	未保持安全距离	1	2	白天	干燥	半挂车、大客车、大货车
18	1/28/2007	5:00	碰撞护栏	疲劳驾驶	0	0	夜间	干燥	小客车
19	2/9/2007	7:00	剐擦	未保持安全距离	0	1	白天	干燥	半挂车、半挂车
20	4/2/2007	15:30	追尾	未保持安全距离	0	1	白天	干燥	大货车、小客车
21	6/12/2007	11:20	追尾	未保持安全距离	1	1	白天	潮湿	半挂车、半挂车、半挂车
22	7/24/2007	16:20	碰撞护栏	疏忽大意	0	0	白天	干燥	小客车
23	9/30/2007	1:30	追尾	疲劳驾驶	1	3	夜间	干燥	半挂车、大货车、大货车
24	10/16/2007	8:40	剐擦	操作不当	0	1	白天	干燥	大货车、半挂车
25	11/24/2007	10:40	追尾	车辆故障	0	0	白天	干燥	大货车、小客车
26	12/20/2007	13:20	追尾	未保持安全距离	0	0	白天	干燥	小客车、半挂车
27	1/8/2008	21:30	翻车	操作不当	0	1	夜间	干燥	大货车
28	3/2/2008	9:20	碰撞护栏	制动失效	0	0	白天	干燥	小客车
29	3/27/2008	16:20	追尾	起火	0	1	白天	干燥	半挂车、大货车
30	5/26/2008	12:00	碰撞行人	行人干扰	0	1	白天	干燥	半挂车
31	9/26/2008	14:00	追尾	未保持安全距离	0	2	白天	潮湿	小客车、大客车

续上表

编号	日期	时间	事故形态	事故原因	死亡人数(人)	受伤人数(人)	白天/夜间	路表潮湿/干燥	涉事车辆
32	10/22/2008	10:00	追尾	车辆故障	0	1	白天	干燥	小货车、小客车
33	11/3/2008	19:20	追尾	未保持安全距离	0	1	夜间	干燥	小客车、半挂车
34	12/16/2008	15:30	刮擦	操作不当	0	0	白天	干燥	小客车、半挂车
总计	死亡事故	受伤事故	夜间事故	追尾	涉事车辆—半挂车	涉事车辆—大货车	潮湿路面	制动失效	未保持安全距离
34	8	23	9	20	21	10	6	7	10
100%	23.5%	67.6%	26.5%	58.8%	61.7%	29.4%	17.6%	20.6%	29.4%

在事故汇总表的基础上，通过进一步细化事故发生地点以及车辆轨迹和方向等信息，可绘制出事故碰撞图，该图可更加直观地反映出事故形态等有关交通安全信息。事故汇总表及事故碰撞图对识别突出事故形态是非常有用和有效的，但它们还不能提供足够的信息来揭示事故成因。

4. 现场调查

最好选择在能够反映出事故多发点交通安全问题的时间段、时刻或季节开展现场调查工作，内容一般包括：

(1) 道路几何线形条件、交通控制条件、车道宽度等；

(2) 交通量大小，包括路段上分车型的交通量以及交叉口的转向交通量；

(3) 交叉口及道路路段上的视距条件；

(4) 道路路段或交叉口上道路使用者进入或离开的地点；

(5) 事故多发点周边的土地利用状况，如学校、大型商店、居民点的分布等；

(6) 交通运行状况以及道路使用者之间的相互影响；

(7) 未记录事故的新证据和新发现；

(8) 未来可能出现的交通安全问题，尤其是不同天气、不同照明条件和不同交通条件下可能出现的新的交通安全问题。

在现场调查前若有可用的航空摄影照片，将会非常有利于识别事故多发点周边的土地利用情况，甚至是掌握其变化情况。很多国家道路安全审计中给出的现场调查方法，也适用于事故多发点的现场调查，这样的调查可提供更丰富、更恰当的交通安全信息。

5. 事故多发点的真伪鉴别

由于交通事故的强随机性，由前述鉴别方法识别出的事故多发点很有可能是一个假的事故多发点，有4种信息可用来判断事故多发点的真伪。

信息一：事故多发点鉴别结果；信息二：事故成因分析结果；信息三：道路现场调查结果；信息四：交通条件和道路条件分析结果。

只有当上述4种结果都一致时，识别出的事故多发点才是真正的事故多发点。一般而言，事故成因分析主要用来提出可能的或假设的事故诱导因素，而道路现场调查则用来印证这些假设。为了避免调查者的人为因素影响，有些国家规定需要有两支相互独立的安全工程师队伍来完成事故成因分析和现场调查工作。

四、道路安全工程指南方法

许多国家都有相应本国的道路安全工程指南,可据此初步确定事故多发点的可能事故成因。正如许多指南所强调的一样,这些事故成因是在大量的工程实践经验中总结出来的,具有普遍指导意义,但对于具体的事故多发点而言还是要具体问题具体分析。表3-14给出了美国交通运输部道路安全工程程序指南中的部分事故成因分析列表[15]。

不同类型事故可能的事故成因　　　　表3-14

事 故 类 型	可能的事故成因
左转弯正面碰撞	1.左转弯交通量较大;2.视距受限;3.黄灯时间过短;4.缺少左转专用相位;5.入口车速过快
信号控制平面交叉口上的直角碰撞事故	1.视距受限;2.入口车速过快;3.信号灯可视性差;4.信号配时不充分;5.道路照明不充分;6.缺少先进的交叉口警告标志;7.交叉口整体交通量过大
无信号控制平面交叉口上的直角碰撞事故	1.视距受限;2.交叉口整体交通量过大;3.入口车速过快;4.道路照明不充分;5.缺少先进的交叉口警告标志;6.缺少交通控制设施
信号控制平面交叉口上的追尾事故	1.路面光滑;2.转弯交通量较大;3.信号灯可视性差;4.信号配时不充分;5.无保证的信号;6.道路照明不充分
行人与机动车碰撞事故	1.视距受限;2.行人缺少保护;3.穿过学校区;4.信号配时不充分;5.信号相位不足

五、基于二项分布检验的突出事故影响因素识别方法

该方法由两个阶段构成,第一阶段是计算事故多发点各种事故影响因素的概率;第二阶段是通过与相似地点平均水平对比确定各种事故影响因素组合下的实际事故数与期望事故数的比值。

1. 事故影响因素的发生概率

设在与事故多发点具有相似道路和交通条件的所有地点中,某种事故类型(即事故影响因素)发生的概率为 p,则不发生这种类型事故的概率为 $(1-p)$。显然,这是一个二项分布。那么,在事故多发点的 n 起事故中,发生 k 起该类事故的概率 $P(X=k)$ 为:

$$P(X=k) = \binom{n}{k} p^k (1-p)^{n-k} \tag{3-20}$$

显然,p 值越小发生这种事故的概率越小,即这种事故类型是事故多发点处"突出"的事故影响因素。

2. 实际事故数与期望事故数比值

对于第一阶段识别出的"突出"事故影响因素进行组合(即交叉分类),然后重新统计事故数(实际事故数)并依据相似地点的平均发生水平计算期望事故数,最后确定实际事故数与期望事故数的比值,该比值可直观地描述"突出"事故影响因素的突出程度。

突出事故影响因素的二项分布检验法是一个理论上比较严密的方法,目前应用于我国实际工程上尚有较大难度。但随着我国交通事故数据的不断完善,在有充分数据支持的条件下,未来该方法会有较强的工程适用性。

【例3-9】 基于二项分布检验的事故多发点突出事故影响因素识别[16]

现以京珠高速公路南行方向 K53+400~K53+700 段"事故多发点 A"及北行方向 K79+050~K79+350 段"事故多发点 B"两个事故多发点为例,进行方法应用。

解:第一步,确定事故影响因素的基础概率。

应用公安交通管理部门记录的连续3年发生的302起事故数据,统计并计算得到了京珠高速公路上各种事故影响因素的基础概率[即式(3-20)中的 p 值],结果见表3-15。

事故影响因素的基础概率　　　　表3-15

事故形态	总数(起)	基础概率	肇事车辆	总数(起)	基础概率	天气	总数(起)	基础概率
追尾	215	0.711	小汽车	178	0.589	阴	79	0.263
翻车	24	0.079	大客车	24	0.079	晴	189	0.626
碾压	3	0.011	中货车	13	0.042	雨	24	0.079
刮撞行人	5	0.016	大货车	87	0.289	雾	10	0.032
侧面碰撞	14	0.047						
碰撞静止车辆	16	0.053						
其他	25	0.084						
合计	302	1		302	1		302	1
照明条件	总数(起)	基础概率	能见度	总数(起)	基础概率	路表状况	总数(起)	基础概率
白天	114	0.379	<100m	10	0.032	潮湿	79	0.263
夜间无照明	181	0.600	100~200m	113	0.374	干燥	223	0.737
夜间有照明	6	0.021	>200m	180	0.595			
合计	302	1		302	1		302	1

第二步,识别事故多发点 A 的突出事故影响因素。

事故多发点 A 共发生7起交通事故,事故影响因素分布见表3-16。7起事故均发生在潮湿的路表状况下,而依据表3-15给出的基础概率,7起事故中按平均水平只会有2起事故($7 \times 0.263 \approx 2$)发生在潮湿路表状况下。依据式(3-20)计算得出7起事故全部发生在潮湿路表状况下的概率仅为 $C_7^7 \times 0.263^7 \times (1-0.263)^{(7-7)} = 8 \times 10^{-5}$,这说明这是一件发生概率极小的事件。同理,7起事故中有5起发生在能见度小于100m、5起发生在阴天,均是出现概率极低的小概率事件。因此,事故多发点 A 的突出事故影响因素是阴天、能见度小于100m 的潮湿路面上的交通事故。

事故多发点 A 的事故影响因素及统计检验结果　　　　表3-16

事故编号	事故形态	照明条件	路表状况	肇事车辆	能见度	天气
1	侧面碰撞	白天	潮湿	小汽车	>200m	雨
2	侧面碰撞	白天	潮湿	大货车	>200m	雨
3	追尾事故	夜间无照明	潮湿	小汽车	<100m	阴

续上表

事故编号	事故形态	照明条件	路表状况	肇事车辆	能见度	天气
4	追尾事故	夜间无照明	潮湿	小汽车	<100m	阴
5	追尾事故	夜间无照明	潮湿	小汽车	<100m	阴
6	追尾事故	夜间无照明	潮湿	小汽车	<100m	阴
7	追尾事故	夜间无照明	潮湿	大货车	<100m	阴
主要发现	追尾事故：5起	夜间无照明：5起	潮湿路面：7起	大货车：2起	能见度<100m：5起	阴天：5起
平均水平	追尾事故：4起	夜间无照明：4起	潮湿路面：2起	大货车：2起	能见度<100m：1起	阴天：2起
P（二项检验）	0.318 69	0.261 27	0.000 08	0.318 69	0.000 01	0.014 35
突出事故影响因素	阴天、能见度小于100m的潮湿路面上的交通事故					

进一步统计计算在天气、路表状况、能见度组合条件下事故多发点上的实际事故数及期望事故数，结果见表3-17。阴天、潮湿路表状况下能见度小于100m时期望事故数为 $7 \times 0.263 \times 0.263 \times 0.032 = 0.015\ 5$ 起。此时，事故多发点上的实际事故数高达期望事故数的322.6倍，这些因素确实是多发点上的突出事故影响因素。

事故多发点 A 上的实际事故数、期望事故数及其比值　　表3-17

天　气	路表状况	能见度是否<100m	期望事故数（起）	实际事故数（起）	比值（实际/期望）
阴	潮湿	是	0.015 5	5	322.6
阴	潮湿	否	0.468 7	0	0.0
阴	干燥	是	0.043 4	0	0.0
阴	干燥	否	1.313 4	0	0.0
其他	潮湿	是	0.0 434	0	0.0
其他	潮湿	否	1.313 4	2	1.5
其他	干燥	是	0.121 7	0	0.0
其他	干燥	否	3.680 5	0	0.0
合计			7	7	

第三步，识别事故多发点 B 的突出事故影响因素。

事故多发点 B 上的事故影响因素及统计检验结果见表3-18。实际事故数、期望事故数及其比值见表3-19。最终确定出的突出事故形态是潮湿路面上的翻车事故。

事故多发点 B 的事故影响因素及统计检验结果　　表3-18

事故编号	事故形态	照明条件	路表状况	肇事车辆	能见度	天气
1	追尾	白天	干燥	大货车	>200m	晴
2	追尾	白天	干燥	大货车	>200m	晴
3	追尾	白天	干燥	大货车	<100m	晴

续上表

事故编号	事故形态	照明条件	路表状况	肇事车辆	能见度	天气
4	追尾	白天	潮湿	大货车	>200m	晴
5	追尾	夜间无照明	干燥	大客车	>200m	晴
6	翻车	白天	潮湿	小汽车	>200m	阴
7	翻车	白天	潮湿	小汽车	>200m	阴
8	翻车	白天	潮湿	大货车	>200m	阴
9	翻车	夜间有照明	潮湿	小汽车	100~200m	阴
10	翻车	白天	潮湿	小汽车	>200m	阴
主要发现	翻车事故:5起	白天:8起	潮湿路面:6起	大货车:5起	能见度>200m:8起	阴天:4起
平均水平	翻车事故:1起	白天:4起	潮湿路面:3起	大货车:3起	能见度>200m:6起	阴天:3起
P(二项检验)	0.000 51	0.007 39	0.020 50	0.092 31	0.115 595	0.161 01
突出事故影响因素	白天潮湿路面上的翻车事故					

事故多发点 B 上的实际事故数、期望事故数及其比值 表3-19

事故形态	路表状况	是否为白天	期望事故数(起)	实际事故数(起)	比值(实际/期望)
翻车	潮湿	是	0.078 7	4	50.8
		否	0.129 0	1	7.8
	干燥	是	0.220 7	0	0.0
		否	0.361 6	0	0.0
其他	潮湿	是	0.918 0	1	1.6
		否	1.504 1	0	0.0
	干燥	是	2.572 6	3	1.7
		否	4.215 1	1	0.3
合计				10	10

六、基于"突出性"原理的事故多发点成因分析方法[17,18]

成因分析方法是基于"突出性"概念建立起来的,即事故多发点上的某些事故诱导因素或组合因素所引发的事故数量与相似地点的平均水平相比很突出,这些事故诱导因素或组合因素就是事故多发点的突出事故影响因素。事故成因分析模型包括变量选择和模型建立两个步骤。

1. 变量选择

变量可分为道路交通条件变量和交通参与者行为变量两类,前者有利于从道路工程及交通工程方面提出事故预防措施,后者可用于交通执法和交通法规的制定。

变量选择的目的是将事故多发点处累计起来的、众多的事故影响因素缩减到只对多发点事故发生有显著影响的那些因素,即显著性变量。对显著性变量,在建模时要进行进一步的分析,对不显著性变量,则从进一步的研究中删除。变量选择的算法如下:

第一步,每个变量(事故影响因素)与因变量(事故数)是交叉分类的(即事故多发点的事故数对所有相似地点上的平均事故数),从而形成一个以事故数为基础的偶然事件二元表。对每个表计算 Pearson χ^2 统计值,并从中选择 P 值最低(即显著性水平最高)的变量作为主要变量,不显著的变量则被淘汰。

第二步,对于剩下来的每个变量,在这个变量本身与因变量及第一步中确定的主要变量三者之间形成一个偶然事件三元表。对每一个表计算统计值,并从中选择显著性水平最高的变量作为次要变量,同样淘汰掉不显著的变量。

第三步,对剩下来的每个变量重复第二步的过程,再在每一步中加入一个未被淘汰的变量。上述过程重复进行,直到所有变量被选择完或被删除完,或者数据用完为止。

第四步,如果因数据过少以至于在偶然事件中许多单元的样本量不足以进行正常的分析,此时还尚有既未被选择又未被删除的变量时,这些变量即作为稀有变量。此时去掉最后一个已选变量,用每个稀有变量来重复前述计算过程。如果某个稀有变量还是显著的,则在建模时还应包括这个稀有变量。

上述变量选择的算法保证了所选变量对评价点(事故多发点)事故的发生具有显著的影响,但变量间的内部组合情况还须由模型来查明和分离。

2. 模型建立

列出所有相似地点事故次数的偶然因素表,包括已查明的所有显著性变量。计算偶然因素表中所有单元的事故发生概率,第 $(i,j,\cdots,k)$ 单元的事故发生概率 $P_{i,j,\cdots,k}$ 为:

$$P_{i,j,\cdots,k} = \frac{Y_{i,j,\cdots,k}}{\sum Y_{i,j,\cdots,k}} \tag{3-21}$$

式中:$i,j,\cdots,k$——所选显著性变量的坐标;

$Y_{i,j,\cdots,k}$——单元 $(i,j,\cdots,k)$ 上的事故数。

计算确定评价点的单元预测事故数 $E_{i,j,\cdots,k}$,公式如下:

$$E_{i,j,\cdots,k} = NP_{i,j,\cdots,k} \tag{3-22}$$

式中:N——评价点在统计期内实际发生的事故总数。

将评价点的实际事故数 $X_{i,j,\cdots,k}$ 与预测事故数 $E_{i,j,\cdots,k}$ 进行比较,按下式计算单元残差 $Z_{i,j,\cdots,k}$,即:

$$Z_{i,j,\cdots,k} = (X_{i,j,\cdots,k})^{1/2} + (X_{i,j,\cdots,k})^{1/2} - (4E_{i,j,\cdots,k} + 1)^{1/2} \tag{3-23}$$

$Z_{i,j,\cdots,k}$ 值大于 1.5 的单元即作为明显突出的单元。

【例 3-10】 基于"突出性"原理的事故多发点成因分析

某设计速度为 120km/h 的平原区高速公路,总里程 227km,一年内累计发生了 1 118 起事故。其中一处位于弯坡组合路段上的事故多发点,平曲线半径为 1 000m、纵坡为 3%,一年内累计发生了 125 起事故,试应用基于"突出性"原理的事故多发点成因分析方法来识别突出事故影响因素。

解:第一步,变量选择。

通过对 1 118 起事故发生原因的初步统计分析并结合高速公路建设条件,选择了 10 个潜在变量,见表 3-20。对 1 118 起事故应用变量选择算法选择变量,结果见表 3-21。

潜在变量及等级标准 表3-20

变量分类	序号	变量名称	等级标准
一类变量	1	平曲线半径(m)	三级:$R\leq2\ 000/2\ 000<R\leq5\ 500/R>5\ 500$
	2	公路纵坡(%)	两级:$i_{纵}\geq2/i_{纵}<2$
	3	事故类型	四级:追尾/撞固定物/翻车/其他事故类型
	4	天气与路面状况	两级:恶劣/不恶劣
	5	视距条件	两级:良好/不良
二类变量	6	超速行驶	两级:是/否
	7	肇事驾驶员驾龄	三级:3年以下/3年~6年/6年以上
	8	酒后驾驶	两级:是/否
	9	疏忽大意	两级:是/否
	10	驾驶员使用本道路的次数	两级:初次/多次

变量选择结果 表3-21

变量分类	显著性变量	被淘汰的变量
一类变量	平曲线半径 公路纵坡 视距条件 天气与路面状况	事故类型
二类变量	超速行驶 驾驶员使用本道路的次数	肇事驾驶员驾龄 酒后驾驶 疏忽大意

第二步,确定事故影响因素单元的事故发生概率。

对显著变量进行交叉组合形成事故影响因素单元,按单元重新统计1 118起事故,结果见表3-22。

事故影响因素单元上的事故数 表3-22

平曲线半径(m)	公路纵坡(%)	视距条件	超速行驶 是	超速行驶 否	天气与路面状况 恶劣	天气与路面状况 不恶劣	驾驶员使用本道路的次数 初次	驾驶员使用本道路的次数 多次
$R\leq2\ 000$	$i_{纵}\geq2$	良好	36	18	15	9	36	18
		不良	45	12	21	24	54	24
	$i_{纵}<2$	良好	18	18	45	6	12	36
		不良	27	33	27	15	15	6
$2\ 000<R\leq5\ 500$	$i_{纵}\geq2$	良好	9	18	18	21	3	12
		不良	18	24	24	6	15	18
	$i_{纵}<2$	良好	6	42	33	6	18	24
		不良	12	18	18	12	21	18
$R>5\ 500$	$i_{纵}\geq2$	良好	10	4	5	2	3	5
		不良	11	3	6	3	4	7
	$i_{纵}<2$	良好	9	4	12	7	3	3
		不良	7	8	7	6	1	4

依据式(3-21)计算事故影响因素单元的事故发生概率,结果见表3-23。

事故影响因素单元上的事故发生概率 表3-23

平曲线半径(m)	公路纵坡(%)	视距条件	超速行驶 是	超速行驶 否	天气与路面状况 恶劣	天气与路面状况 不恶劣	驾驶员使用本道路的次数 初次	驾驶员使用本道路的次数 多次
$R \leq 2\,000$	$i_{纵} \geq 2$	良好	0.032	0.016	0.013	0.008	0.032	0.016
		不良	0.040	0.011	0.019	0.021	0.048	0.021
	$i_{纵} < 2$	良好	0.016	0.016	0.040	0.005	0.011	0.032
		不良	0.024	0.030	0.024	0.013	0.013	0.005
$2\,000 < R \leq 5\,500$	$i_{纵} \geq 2$	良好	0.008	0.016	0.016	0.019	0.003	0.011
		不良	0.016	0.021	0.021	0.005	0.013	0.016
	$i_{纵} < 2$	良好	0.005	0.038	0.030	0.005	0.016	0.021
		不良	0.011	0.016	0.016	0.011	0.019	0.016
$R > 5\,500$	$i_{纵} \geq 2$	良好	0.009	0.004	0.004	0.002	0.003	0.004
		不良	0.010	0.003	0.005	0.003	0.004	0.006
	$i_{纵} < 2$	良好	0.008	0.004	0.011	0.006	0.003	0.003
		不良	0.006	0.007	0.006	0.011	0.001	0.004

第三步,确定事故多发点事故影响因素单元的事故数。

按事故影响因素单元重新统计事故多发点上的125起事故,结果见表3-24。由式(3-22)计算事故多发点处事故影响因素单元上的预测事故数,结果同样见表3-24。

事故多发点事故影响因素单元上的实际及预测事故数 表3-24

平曲线半径(m)	公路纵坡(%)	视距条件	超速行驶 是 实际事故数	超速行驶 是 预测事故数	超速行驶 否 实际事故数	超速行驶 否 预测事故数	天气与路面状况 恶劣 实际事故数	天气与路面状况 恶劣 预测事故数	天气与路面状况 不恶劣 实际事故数	天气与路面状况 不恶劣 预测事故数	驾驶员使用本道路的次数 初次 实际事故数	驾驶员使用本道路的次数 初次 预测事故数	驾驶员使用本道路的次数 多次 实际事故数	驾驶员使用本道路的次数 多次 预测事故数
$R \leq 2\,000$	$i_{纵} \geq 2$	良好	29	4.0	17	2.0	2	1.7	1	1.0	5	4.0	3	2.0
		不良	23	5.0	15	1.3	3	2.3	16	2.7	8	6.0	3	2.7
	$i_{纵} < 2$	良好	0	2.0	0	2.0	0	5.0	0	0.7	0	1.3	0	4.0
		不良	0	3.0	0	3.7	0	3.0	0	1.7	0	1.7	0	0.7
$2\,000 < R \leq 5\,500$	$i_{纵} \geq 2$	良好	0	1.0	0	2.0	0	2.0	0	2.3	0	0.3	0	1.3
		不良	0	2.0	0	2.7	0	2.7	0	0.7	0	1.7	0	2.0
	$i_{纵} < 2$	良好	0	0.7	0	4.7	0	3.7	0	0.7	0	2.0	0	2.7
		不良	0	1.3	0	2.0	0	2.0	0	1.3	0	2.3	0	2.0
$R > 5\,500$	$i_{纵} \geq 2$	良好	0	1.1	0	0.4	0	0.6	0	0.2	0	0.3	0	0.6
		不良	0	1.2	0	0.3	0	0.7	0	0.3	0	0.4	0	0.8
	$i_{纵} < 2$	良好	0	1.0	0	0.4	0	1.2	0	0.7	0	0.3	0	0.4
		不良	0	0.8	0	0.9	0	0.8	0	0.7	0	0.1	0	0.4

第四步,计算单元残差并识别突出事故影响因素。

由式(3-23)计算事故影响因素单元残差,识别出的突出事故影响因素单元见表3-25。

事故多发点上突出的事故影响因素　　　　　表3-25

平曲线半径（m）	道路纵坡（%）	视距条件	超速行驶		天气与路面状况		驾驶员使用本道路的次数	
			是	否	恶劣	不恶劣	初次	多次
$R \leqslant 2\,000$	$i_纵 \geqslant 2$	良好	☆	☆				
		不良	☆	☆		☆		
	$i_纵 < 2$	良好						
		不良						
$2\,000 < R \leqslant 5\,500$	$i_纵 \geqslant 2$	良好						
		不良						
	$i_纵 < 2$	良好						
		不良						
$R > 5\,500$	$i_纵 \geqslant 2$	良好						
		不良						
	$i_纵 < 2$	良好						
		不良						

注:☆为突出的事故影响因素单元。

七、基于"事故风险"的突出事故形态识别方法

事故多发点的成因分析方法往往需要将事故多发点上各种事故影响因素引发的事故数与所有相似地点的平均事故数发生水平对比来确定突出事故影响因素或突出事故形态。但在很多情况下,相似地点的平均水平是未知的。此时,可基于风险理论,找出事故多发点自身上相对危险的事故形态,从而为事故成因分析和对策制定提供一定的借鉴和参考。

1. 基本假设

现以信号控制十字形平面交叉口为例,如图3-18所示,说明所需要的基础数据。已知平面交叉口在统计期年内累计发生的单车事故 N_s、追尾事故 N_r、对撞事故 N_o、直角碰撞事故 N_g 及侧面剐擦事故 N_t 等各种事故形态的事故数,已知或调查得到每个入口 $i = A、B、C、D$ 的平均小时交通量 f_i 和入口的平均车速 v_i,已知信号周期长 C,已知各入口道路的宽度 $W_A、W_B、W_C、W_D$(此处假设入口宽度均相等,即 $W_A = W_B = W_C = W_D$),并已知交叉口的影响范围 l(此处假定4个入口的影响范围均相等)。

2. 事故形态的机会数

在一定的道路、交通和信号控制条件下,平面交叉口各种事故形态的发生概率是不同的。

(1) 单车事故的机会数

单车事故是指单一车辆驶出路外或撞到固定物上或两者同时发生的事故,其前提条件是:有一辆车

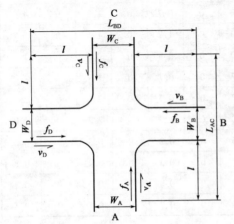

图3-18　典型信号控制十字形平面交叉口

出现在交叉口范围内就有一次单车事故机会。因此,单车事故的机会数 O_s 就等于统计期内进入交叉口的车辆数,即:

$$O_s = T \times 8\,760 \times (f_A + f_B + f_C + f_D) \qquad (3\text{-}24)$$

式中:T——统计期,年。

(2)追尾事故的机会数

交叉口追尾事故发生的前提条件是:两辆车行驶方向相同且同时出现在交叉口范围内。以路口 A 为例,路口 A 直行方向上每小时内追尾事故的机会数 O_r^A 等于入口 A 的小时交通量 f_A 乘以该交通流中两辆车同时出现在交叉口范围内的概率,即:

$$O_r^A = T \times 8\,760 \times f_A [1 - e^{-(f_A/v_A) \cdot L_A}] \qquad (3\text{-}25)$$

式中:L_A——直行车辆在交叉口内驶过的距离,取相交道路宽度 W_B 与 2 倍的交叉口影响范围 l 之和。

统计期内交叉口上累计的追尾事故机会数 O_r 为:

$$O_r = T \times 8\,760 \times \sum_{i=A}^{D} f_i [1 - e^{-(f_i/v_i) \cdot L_i}] \qquad (3\text{-}26)$$

(3)对撞事故的机会数

对撞事故是指一辆车迎头撞上另一辆对向驶来的车辆,其前提条件是:两辆车对向行驶且同时出现在交叉口范围内。以入口 A 交通流与入口 C 交通流之间的对撞事故为例,每小时内车辆照面的总数为 $f_A \times f_C$。此时,再乘以两照面车辆同时出现在交叉口范围内的概率 P_{AC},即可确定入口 A 与入口 C 之间的对撞事故机会数 O_o^{AC}。

$$O_o^{AC} = T \times 8\,760 \times f_A \times f_C \times P_{AC} \qquad (3\text{-}27)$$

同理,可确定入口 B 与入口 D 之间的对撞事故机会数 O_o^{BD}。此时,总的对撞事故机会数 O_o 为:

$$O_o = O_o^{AC} + O_o^{BD} \qquad (3\text{-}28)$$

(4)直角碰撞事故的机会数

直角碰撞事故是指交叉口范围内相互成直角行驶的车辆之间所发生的碰撞事故。显然,其前提条件是:两辆车以相互成直角的方向行驶且同时出现在交叉口的范围内。机会数 O_g 可按下式确定:

$$O_g = T \times 8\,760 \times (f_A \times f_B \times P_{AB} + f_B \times f_C \times P_{BC} + f_C \times f_D \times P_{CD} + f_D \times f_A \times P_{DA}) \qquad (3\text{-}29)$$

式中,P_{AB} 为入口 A 直行车流与入口 B 直行车流中两辆车同时出现在交叉口范围内的概率。P_{BC}、P_{CD}、P_{DA} 的含义同 P_{AB}。

(5)侧面刮擦事故的机会数

侧面刮擦事故是指同一方向相邻车道上行驶的两辆车,因其中一辆驶入另一辆车的车道上而发生的侧面碰撞事故。该类事故发生的前提条件是:两车并排行驶,车体有部分重合,且两车均出现在交叉口的范围内。

3. 事故形态的事故风险

第 j 种事故形态的实际事故数 N_j 与其机会数 O_j 之比,即为该事故形态的事故风险 R_j(可按百万分之一次计),即:

$$R_j = \frac{N_j}{O_j} \times 10^6 \qquad (3\text{-}30)$$

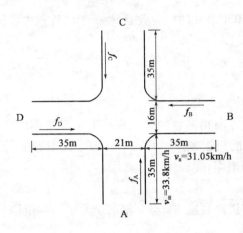

图 3-19 平面交叉口的道路与交通条件

将各种事故形态的事故风险由高到低排序,其中风险最高者就是评价地点突出的事故形态。

【例 3-11】 应用基于"事故风险"的突出事故形态识别方法识别突出事故形态

某十字形平面交叉口(见图 3-19)上一年内共发生了 15 起交通事故。其中,单车事故、追尾事故、对撞事故各为 5 起。交叉口为单点定周期信号控制交叉口,信号周期长 C 为 60s。入口 A 与入口 C 的道路宽度相等,均为 21m;平均车速相等,均为 33.8km/h。入口 B 与入口 D 的道路宽度相等,均为 16m;平均车速相等,均为 31.05km/h。交叉口的影响范围 l 均为 35m。入口 A、B、C、D 的平均小时交通量分别为 1 840pcu/h、1 230pcu/h、1 793pcu/h 和 1 316pcu/h。试计算上述 3 种事故形态的事故风险,并找出突出的事故形态。

解:第一步,计算事故形态的机会数。

单车事故的机会数 $O_s = 8\,760 \times (1\,840 + 1\,230 + 1\,793 + 1\,316) = 54.13 \times 10^6$(次)

入口 A 追尾事故的机会数 $O_r^A = 8\,760 \times 1\,840 \times [1 - e^{-(1\,840/33.8) \times 0.086}] = 16.00 \times 10^6$(次)

入口 B 追尾事故的机会数 $O_r^B = 10.50 \times 10^6$(次)

入口 C 追尾事故的机会数 $O_r^C = 15.60 \times 10^6$(次)

入口 D 追尾事故的机会数 $O_r^D = 11.30 \times 10^6$(次)

追尾事故的总机会数 $O_r = O_r^A + O_r^B + O_r^C + O_r^D = 53.40 \times 10^6$(次)

入口 A 与入口 C 之间对撞事故的机会数 $O_o^{AC} = 0.056 \times 10^6$(次)

入口 B 与入口 D 之间对撞事故的机会数 $O_o^{BD} = 0.04 \times 10^6$(次)

对撞事故的总机会数 $O_o = O_o^{AC} + O_o^{BD} = 0.096 \times 10^6$(次)

第二步,计算事故风险。

$$单车事故的事故风险\ R_s = \frac{5 \times 10^6}{54.13 \times 10^6} = 0.09$$

$$追尾事故的事故风险\ R_r = \frac{5 \times 10^6}{53.40 \times 10^6} = 0.09$$

$$对撞事故的事故风险\ R_o = \frac{5 \times 10^6}{0.096 \times 10^6} = 52.08$$

第三步,识别突出的事故形态。

显然,对撞事故的风险明显高于单车事故和追尾事故,是该交叉口突出的事故形态。

第三节 安全改善措施及其评价技术

一、事故多发点的安全改善措施

识别出事故多发点的道路交通条件、人为因素、车辆因素、环境因素等事故成因后,即可制定可能的安全改善措施。这是一项十分复杂的工作,有时需要考虑工程建设方面的可行性。对识别出的突出事故形态,在制定安全改善对策时,需要考虑以下3个方面的问题:

(1)道路使用者的哪些交通行为导致了交通事故的发生?

(2)诱导道路使用者采取这些危险交通行为的影响因素各是什么?

(3)如何改善道路交通环境才能尽可能地减少道路使用者的这些危险交通行为?

事故多发点安全改善措施的制定具有个体性,同时也是一项经验性很强的工作。但许多国家都会有相应的道路安全工程指南,可对各种事故形态提出具有通用性的安全改善对策建议,可供借鉴。表3-26给出了美国交通运输部道路安全工程程序指南中交叉口左转弯正面碰撞事故的安全改善对策[15]。

交叉口左转弯正面碰撞事故的安全改善对策　　表3-26

事故成因	通用的安全改善对策
左转弯交通量较大	1.设置单向交通;2.拓宽路口;3.提供左转弯信号相位;4.禁止左转弯;5.改变左转交通路径;6.渠化交叉口;7.设置信号与标志;8.改变信号显示次序;9.调整信号配时
视距受限	1.清除障碍物;2.提供充足的渠化;3.提供左转单独相位;4.设置警告标志;5.入口限制
黄灯时间过短	1.增加黄灯时间;2.提供全红相位
缺少左转专用相位	提供左转专用相位
入口车速过快	降低入口车速限制值

另一种有效的方法是依据哈顿矩阵来制定安全对策[19]。哈顿矩阵(见表3-27)通过一个二维模型描述了交通事故伤害中的公共健康问题。第一维是人的伤害,分为事故前、事故中和事故后3个阶段。第二维是人员伤害的4个影响因素,即人的因素、车辆或设备因素、道路交通条件和社会经济环境。

哈顿矩阵　　表3-27

阶段	人的因素	车辆/设备因素	道路交通条件	社会经济环境
事故前	视觉和反应不良,饮酒,超速,冒险	制动失效,灯光失效,警告系统失效	窄路肩,不正确的信号	允许超速、闯红灯、酒后驾车的习俗
事故中	乘员约束系统失效	安全带故障,设计不良的安全气囊	护栏设置不正确	车辆设计规范的缺失
事故后	极度刺激,酗酒	设计不好的油箱	没有效果的吸能系统	创伤救治系统缺失

二、安全改善措施的事故预防能力

安全改善措施的事故预防能力,也就是实施安全改善措施后的成效,可用事故降低系数(Crash Reduction Factors,CRF)、事故修正系数(Crash Modification Factor,CMF)以及工程实践法来量化计算。

1.事故降低系数

事故降低系数是指实施了某个安全改善措施后可预期减少的交通事故百分比。此时,预防的事故数可按下式计算:

$$CR = N \times CRF \times \frac{ADT_{\text{after}}}{ADT_{\text{before}}} \qquad (3\text{-}31)$$

式中： CR——可预防的事故数；

N——在交通量不变的条件下，没有实施安全改善措施时的事故数；

CRF——事故降低系数；

ADT_{after}、ADT_{before}——实施安全改善措施之后和之前的平均日交通量。

当在事故多发点采用了多个安全改善措施时，这些措施共同产生的事故降低系数可按下式计算：

$$CRF_{\text{combined}} = CRF_1 + (1 - CRF_1) \times CRF_2 + (1 - CRF_1) \times (1 - CRF_2) \times CRF_3 + \cdots +$$
$$(1 - CRF_1) \times (1 - CRF_2) \cdots (1 - CRF_{m-1}) \times CRF_m \qquad (3\text{-}32)$$

式中：CRF_{combined}——多个安全改善措施共同产生的事故降低系数；

CRF_i——第 i 个安全改善措施的事故降低系数，其中，CRF_1 对应的是事故降低系数最大的安全改善措施，CRF_2 对应的是降低系数第二大的措施，依此类推；

m——安全改善措施的数量。

【例3-12】 安全改善措施可预防的事故数

某一安全改善措施的事故降低系数 CRF 为 0.30，实施安全改善前 3 年平均的日交通量为 7 850pcu/d，实施安全改善措施后预测的平均日交通量为 9 000pcu/d。在实施安全改善前的 3 年时间里，每年分别发生了 12、14 和 13 起交通事故。试确定实施安全改善措施后每年可预防的事故数。

解： 安全改善措施实施前年平均事故数：

$$N = \frac{12 + 14 + 13}{3} = 13(\text{起})$$

实施安全改善措施后每年可预防的事故数：

$$CR = 13 \times 0.3 \times \frac{9\ 000}{7\ 850} = 4.47(\text{起})(\text{取整为 4 起})$$

【例3-13】 计算多个安全改善措施共同产生的事故降低系数

在某一事故多发点上同时采取了 3 项安全改善措施，事故降低系数分别为 0.40、0.28 和 0.20，试计算 3 个安全改善措施共同产生的事故降低系数。

解： 取 $CRF_1 = 0.40$，$CRF_2 = 0.28$，$CRF_3 = 0.20$，共同产生的事故降低系数：

$$CRF_{\text{combined}} = 0.4 + (1 - 0.4) \times 0.28 + (1 - 0.4)(1 - 0.28) \times 0.2 = 0.66$$

2. 事故修正系数

事故修正系数是实施某一安全改善措施后预期的事故数与没有实施安全改善措施时预期的事故数之比，计算公式如下：

$$CMF = \frac{\text{采取安全改善措施 } t \text{ 时预期的事故数}}{\text{在条件 } a \text{ 下没有采取安全改善措施时预期的事故数}} = \frac{E_t}{E_a} \qquad (3\text{-}33)$$

式中：CMF——在条件 a 下采取安全改善措施 t 时的事故修正系数；

E_t——实施安全改善措施 t 时预期的事故数；

E_a——在条件 a 下没有实施安全改善措施时预期的事故数。

在基于安全运行函数（SPF）的基础上，应用经验贝叶斯（EB）方法，可确定出事故修正系数。CMF 的值小于 1.0 时，安全改善措施起到了减少交通事故的作用。对于同时采取多个安全改善措施的地点，组合的事故修正系数 $CMF_{combined}$ 可取各措施事故修正系数之积，即 $CMF_{combined} = CMF_1 \times CMF_2 \times \cdots \times CMF_m$（此处假设安全改善措施的效果是相互独立的）。$CRF$ 和 CMF 在本质上是一样的，其关系是 $CMF = 1 - CRF$。

3. 工程实践方法

事故降低系数及事故修正系数在来源上、可移植性上、方法的使用上以及变化性上均存在较大的局限性。因此，更好的工程实践方法是通过引入趋势修正系数、交通量修正系数和回归到均值修正系数来估算实施安全改善措施后可预防的事故数。此时，预防的事故数可按下式计算：

$$CR = N \times C_{trend} \times C_{traffic} \times C_{reg} \quad (3-34)$$

式中：CR——可预防的事故数；

N——在交通量不变的条件下，没有实施安全改善措施时的事故数；

C_{trend}——趋势修正系数，反映安全措施的实施、新型安全车辆的出现、交通安全战略的使用、道路使用者素质的提高对事故的综合影响；

$C_{traffic}$——交通量修正系数，与具体安全改善措施无关，只是根据传统的事故预测模型来估计交通量变化对事故的影响；

C_{reg}——回归到均值修正系数，一般取 0.7~0.8。

三、安全改善措施的效果分析

安全改善措施的效果仍然是一项值得研究和不断发展完善的问题。不同措施对不同类型的事故以及在不同的国家、地区其效果是不同的。Rune Elvik 应用元分析方法系统总结了各种安全改善措施的效果，足以证明上述观点。表 3-28 为摘录其中的部分分析结果。显然，有些安全改善措施只对特定类型的事故有效，而对其他类型事故无效，甚至是起到加剧事故发生的负面作用。

安全改善措施的效果 表 3-28

安全改善措施	影响的事故类型	死亡事故 估计值	死亡事故 估计区间（95% CI）	受伤事故 估计值	受伤事故 估计区间（95% CI）	财产损失事故 估计值	财产损失事故 估计区间（95% CI）
新建干线道路	所有事故	-14	(-50, +50)	-1	(-9, +8)	无效	无效
增加车道和中间带	所有事故	-71	(-91, +35)	-51	(-65, -32)	+15	(+8, +22)
建设绕城道路	所有事故	-17	(-56, +57)	-25	(-33, -16)	-27	(-38, -13)
建设入口让行的环形交叉口	交叉口处的事故	-81	(-93, -50)	-47	(-56, -34)	+1	(-19, +25)
增设道路照明	夜间事故	-64	(-74, -50)	-30	(-35, -25)	-18	(-22, -13)
设置路侧安全护栏	驶出路外事故	-44	(-56, -32)	-47	(-52, -41)	-7	(-35, +33)
设置中央分隔带护栏	穿越中间带事故	-43	(-53, -31)	-30	(-36, -23)	+24	(+21, +27)
改善危险曲线	曲线上的事故	无效	无效	-16	(-35, +9)	-18	(-44, +21)
速度控制（降速5%）	所有事故	-6	(-11, -2)	-10	(-11, -9)	无效	无效
速度控制（降速10%）	所有事故	-24	(-32, -15)	-17	(-19, -15)	无效	无效
速度控制（增速5%）	所有事故	+17	(+13, +22)	+19	(+16, +21)	无效	无效

四、安全改善方案评价与排序

1. 安全改善方案评价方法

安全改善方案的评价方法主要有净现值法、效益成本比法和成本效益法。

(1) 净现值法

净现值(Net Present Value, NPV)是安全改善方案的收益与成本之差(收益与成本均需贴现),即:

$$NPV = PVB - PVC \tag{3-35}$$

式中:PVB——安全收益的贴现值;

PVC——改善方案成本的贴现值。

只有当 NPV 大于 0 时,安全改善方案在经济上是可行的。这种方法可对某一个地点找出最理想的方案,也可用于评价多个地点上的多个安全改善方案。

(2) 效益成本比法

效益成本比(Benefit Cost Ratio, BCR)是安全改善方案的收益与成本之比值,即:

$$BCR = \frac{PVB}{PVC} \tag{3-36}$$

只有当 BCR 大于 1 时,安全改善方案在经济上才是可行的。但对有多个方案可供选择时或对多个地点有多个方案时,这种方法并不适用。此时,需采用增量加载的效益成本比法。

(3) 成本效益法

当无法计算或不能得到安全改善方案的效益时,此时可采用成本效益法来评价安全改善方案。主要是基于成本效益指数(Cost Effectiveness Index, CEI)来评价,其计算公式为:

$$CEI = \frac{PVC}{AR} \tag{3-37}$$

式中:AR——安全改善方案可减少的事故总数。

显然,某个方案的 CEI 值越小,该方案的排序就应更靠前。但该方法不能给出判断某一方案是否有效的准则,也没有考虑事故严重程度的差异。

2. 安全改善方案排序

安全改善方案排序时需要考虑的经济效益指标一般包括:

①安全改善方案的成本;②安全改善方案的收益;③减少的事故总数;④减少的死亡或受伤事故数;⑤净现值;⑥成本效益指数。

究竟选择哪个或哪几个指标来排序,主要取决于决策者的综合考量。当采用不同的经济效益指标时,排序结果是有所不同的。比如,对同样的 4 个安全改善方案分别应用净现值和成本效益指数进行排序,其结果是不同的,见表 3-29 和表 3-30[3]。

表 3-29 基于净现值的安全改善方案排序

安全改善方案	收益的贴现值 (PVB)	成本的贴现值 (PVC)	净现值 (NPV)	排序
A	1 800.268	500.000	1 300.268	3
B	3 255.892	1 200.000	2 055.892	1
C	3 958.768	2 100.000	1 858.768	2
D	2 566.476	1 270.000	1 296.476	4

注:NPV^A = 1 800.268 - 500.000 = 1 300.268。

基于成本效益指数的安全改善方案排序　　　　　　　　　表3-30

安全改善方案	成本的贴现值 （PVC）	减少的事故数 （AR）	成本效益指数 （CEI）	排　序
A	500.000	43	11.628	1
B	1 200.000	63	19.048	3
C	2 100.000	70	30.000	4
D	1 270.000	73	17.397	2

注：CEI^A = 500.000/43 = 11.628。

对于上述4个安全改善方案，还可运用增量加载的效益成本比法来排序，具体步骤如下。

第一步，对效益成本比大于1的方案，按成本的贴现值对方案进行由低到高的排序，结果见表3-31。

按成本贴现值排序　　　　　　　　　表3-31

安全改善方案	收益的贴现值 （PVB）	成本的贴现值 （PVC）	效益成本比 （BCR）
A	1 800.268	500.000	3.60
B	3 255.892	1 200.000	2.71
D	2 566.476	1 270.000	2.02
C	3 958.768	2 100.000	1.89

第二步，对于方案A和方案B，计算增量加载的效益和成本。

$$增量加载的效益 = 3\,255.892 - 1\,800.268 = 1\,455.624$$
$$增量加载的成本 = 1\,200.000 - 500.000 = 700.00$$
$$增量加载的 BCR = 1\,455.624/700.00 = 2.08$$

第三步，因增量加载的 BCR 大于1，方案B需与方案D进行比较。

第四步，计算方案B与方案D的增量加载的 BCR。由于此时增量加载的效益为负值，因此方案B应与方案C进行比较。方案B与方案C的增量加载的 $BCR = 0.78$。因 BCR 小于1，方案B应排在第一位。

第五步，重复上述过程，直到所有的方案均被排序。最终的排序结果见表3-32。

基于增量加载效益成本比的安全改善方案排序　　　　　　　　　表3-32

安全改善方案	效益成本比（BCR）	排　序
A	3.60	3
B	2.71	1
C	1.89	2
D	2.02	4

第四节　路网安全管理技术简介

一、路网安全管理概述

自2000年以来越来越多的国家采用路网安全管理（Network Safety Management，NSM）来代替事故多发点安全管理(Black Spot Management,BSM)。路网安全管理不同于事故多发点安全管理的最大之处在于,它关注的重点是长度在2~10km的路段而不是事故多发点上长度小于0.5km的路段。事实上,欧洲一些交通安全状况较好的国家,如芬兰、瑞典等早在20世纪60年代就用路网安全管理来代替事故多发点安全管理,原因是在那个年代事故多发点已经全部被治理过。法国也准备停止事故多发点安全管理工作,从而转向路网安全管理。采用路网安全管理来代替事故多发点安全管理的最大理由是,随着大量事故多发点被有效治理,交通事故会明显减少,但却仍然存在着(只是不那么集中),这就需要有新的技术来继续推动交通安全的发展。

道路交通安全管理的阶段划分如图3-20所示。目前欧美许多国家同时开展着事故多发点安全管理和路网安全管理两项工作。

图3-20 道路交通安全管理阶段

在处理路网安全管理与事故多发点安全管理的关系上,有三种可能的做法:一是路网安全管理依赖事故多发点安全管理;二是路网安全管理部分依赖事故多发点安全管理;三是路网安全管理独立于事故多发点安全管理。在三种条件下,路网安全管理中的事故多发路段的鉴别结果是有所不同的,如图3-21所示。若路网安全管理依赖事故多发点安全管理,那么图3-21a)中,路段1和2应为事故多发点路段,因为它们均含有一个事故多发点。若位于交叉口上的事故多发点被有效治理了,见图3-21b),那么路段1就不能作为事故多发点路段。若两个事故多发点均被有效治理了,那么路段2也不能作为事故多发路段了。

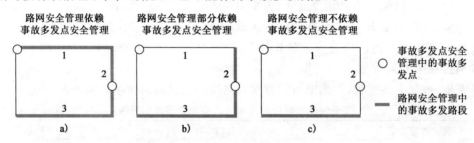

图3-21 事故多发路段鉴别概念图

路网安全管理的工作范围往往是几百公里或数千公里的道路,而且各条道路的交通量及设计参数差距也较大。

二、路网安全管理与事故多发点安全管理的区别

路网安全管理与事故多发点安全管理的区别主要体现在以下4个方面:

目的不同:事故多发点安全管理的目的是以补救为主,针对的是已出现的交通安全问题。而路网安全管理既有补救的目的,更有预防的目的,即要消除潜在的行车危险。

是否考虑事故严重程度:事故多发点安全管理在鉴别事故多发点时,是可以不考虑事故严重程度的。而路网安全管理在鉴别事故多发路段时,必须要考虑事故严重程度。

评价的路段长度不同:事故多发点安全管理中评价的路段长度一般在0.5km以下。路网

安全管理中评价的路段长度一般在 2~10km,平均在 5~6km。

工作频次不同:在欧美等国,事故多发点安全管理工作每年或每隔 1 年开展一次,路网安全管理每隔 2 年到 4 年开展一次。

三、事故多发路段的定义与鉴别指标

1. 事故多发路段定义

目前,在路网安全管理中对事故多发路段尚无统一的定义。广义上可将事故多发路段界定为:在路网中与相似路段相比,具有较多事故和较高事故严重程度的长度在 2~10km 的道路路段。

2. 事故多发路段鉴别指标

目前,不同的国家在事故多发路段鉴别时采用的评价指标是不尽相同的。

丹麦采用事故潜在降低指数(Reduction Potential Index,RPI)作为鉴别指标,并将 RPI 大于 4 的路段作为事故多发路段[20]。事故潜在降低指数的计算公式如下:

$$RPI = RWACD - AWACD \qquad (3-38)$$

式中:$RWACD$、$AWACD$——分别为评价路段按事故密度加权的记录事故成本和平均事故成本。

按事故密度加权的事故成本(Weighted Accident Cost Density,WACD)可按下式计算:

$$WACD = W_{ser} \times ACD_{ser} + W_{min} \times ACD_{min} + W_{prop} \times ACD_{prop} \qquad (3-39)$$

式中: W_{ser}、W_{min}、W_{prop}——分别为死亡及重伤事故的权重,轻伤事故的权重,财产损失事故的权重;

ACD_{ser}、ACD_{min}、ACD_{prop}——分别为记录的或平均的死亡及重伤事故密度、轻伤事故密度和财产损失事故密度。

权重的计算式为:

$$W_{ser} = \frac{AC_{ser}}{AC_{prop}}, W_{min} = \frac{AC_{min}}{AC_{prop}}, W_{prop} = \frac{AC_{prop}}{AC_{prop}} = 1 \qquad (3-40)$$

式中:AC_{ser}、AC_{min}、AC_{prop}——分别为死亡及重伤事故的成本,轻伤事故的成本,财产损失事故的成本。

事故成本的计算公式如下:

$$\begin{cases} AC_{ser} = CP_{killed} \times x_{killed} + CP_{ser} \times x_{ser} + CP_{min} \times x_{min} \\ AC_{min} = CP_{min} \times x_{min} + CP_{prop} \\ AC_{prop} = CP_{prop} \end{cases} \qquad (3-41)$$

式中:CP_{killed}、CP_{ser}、CP_{min}、CP_{prop}——分别为单位死亡人员、单位重伤人员、单位轻伤人员、单位财产损失事故的成本;

x_{killed}、x_{ser}、x_{min}——分别为每起事故的死亡人数、重伤人数及轻伤人数。

德国在鉴别事故多发路段时,首先将路网按相似的交通量、横断面形式及环境条件等划分成一个个长度在 3~10km 的路段。考虑的 4 个事故指标是[21]:

事故密度:每年每公里的事故数;事故成本:每年每公里的事故成本;事故率:采用亿车公里事故率;事故成本率:采用亿车公里的事故成本。

然后,运用 4 个指标来计算安全潜力(Safety Potential,SAPO),并根据安全潜力的大小来

鉴别事故多发路段。

挪威在鉴别事故多发路段时,引入了伤害程度密度(Injury Severity Density,ISD)概念并据此鉴别事故多发路段。ISD 的计算公式如下:

$$ISD = \frac{33.20 \times FAT + 22.74 \times CRI + 7.56 \times SER + 1.00 \times SLI}{年 \times km} \quad (3\text{-}42)$$

式中:FAT、CRI、SER、SLI——分别为事故死亡人数、重伤人数、较严重伤害的人数、轻伤人数。

四、事故多发路段鉴别时的技术要求

部分国家事故多发路段鉴别时的有关技术要求见表3-33。另外,由于在交通安全基本理论上具有相通性,事故多发点安全管理中的许多方法,如基于经验贝叶斯的事故多发点鉴别方法、事故碰撞图的运用等均可适用于路网安全管理。

事故多发路段鉴别时的技术要求 表3-33

国家	是否考虑评价地点数量	路段长度	是否考虑正常安全水平	使用记录或期望事故数	是否考虑事故严重程度	事故年限
丹麦	是	2~10km	是,采用类别分析法	记录事故数	是,采用4种事故严重程度	5年
德国	是	3~10km	是,采用类别分析法	记录事故数	是,采用3种事故严重程度	3年
挪威	是	最小1km,然后再合并相邻路段	是,基于事故预测模型	期望事故数	是,采用4种事故严重程度	8年
美国	是	数英里	是,基于事故预测模型	期望事故数	是,可能仅选择最严重的事故	不确定

本章参考文献

[1] Persaud B., C. Lyon, T. Nguyen. Empirical bayes procedure for ranking sites for safety investigation by potential for safety improvement[C]. Transportation Research Record, 1999:7-12.

[2] Vistisen D. Models and methods for hot spot safety work [D]. Department for Informatics and Mathematical Models, Technical University of Denmark, 2002.

[3] Highway safety improvement program[R]. http://www.fhwa.dot.gov/.

[4] Meuleners L. B., Hendrie D., Lee A. H., etal. Effectiveness of the black spot programs in Western Australia [J]. Accident Analysis and Prevention, 2008, 40(3):1211-1216.

[5] Nicholson, A. J. The variability of accident counts. Accident Analysis and Prevention, 1985, 17(1):47-56.

[6] Joseph S., Toole. Highway safety improvement program manual [R]. Washington D. C., Federal Highway Adimination, U. S. Department of Transportion, 2010.

[7] 孟祥海,李昕,郑来. 基于事故数据与安全服务水平的高速公路路段安全性评价方法[J]. 交通运输工程学报,2014,14(6):83-91.

[8] 孟祥海,覃薇. 基于CPMS及LOSS的高速公路安全性评价[J]. 中国安全科学学报,2016,

26(3).151-156.

[9] 孟祥海,李梅,麦强,等.高速公路事故多发点鉴别及诱导因素识别[J].交通运输系统工程与信息,2011,11(1):114-120.

[10] Michael Sorensen,Rune Elvik. Black spot management and safety analysis of road networks-Best Practice Guidelines and Implementation Steps [M]. Oslo,2007.

[11] 孟祥海,盛洪飞,陈天恩.事故多发点鉴别本质及基于BP神经网络的鉴别方法[J].公路交通科技,2008,25(3):124-129.

[12] Brenner,F. L. Accident theory and accident investigation. Proceedings of Air Safety Investigatiors,Annual Seminar. Ottawa,Canada,1975.

[13] Nicholas J. G.,Srath C. J. Accident characteristics and fault tree analysis. Final Repot of Traffic and Gometric Characterities Affecting the Invovement of Large Trucks in Accident,1991.

[14] Ute Christine Ehlers,Eirin Olaussen Ryeng,Edward McCormack,Soren Ehlers. Assessing the safety affects of cooperative intelligent transport systems-A bowtie analysis approach. Accident Analysis and Prevention 99(Pt A):125-141,2017.

[15] Highway Safety Engineering Studies Procedural Guide [M]. U. S. Department of Transportation,Federal Highway Administration,Washington,D. C.,1981.

[16] 孟祥海,覃薇.基于统计及假设检验的高速公路事故多发点分析[J].中国安全科学学报,2017,27(5):158-163.

[17] 孟祥海.高等级公路交通事故分布规律的研究.哈尔滨建筑大学硕士学位论文,1997.

[18] 裴玉龙,孟祥海,丁建梅.寒冷地区道路交通事故分布的研究[J].中国公路学报,1998,11(1):89-94.

[19] Haddon W. A logical framework for categorizing highway phenomena and citivity. Ten[th] International Study Week in Traffic and Safety Enineering,Word Touring and Automobile Organization/Permanent International Association of Road Congresses,Rptterdam,1970.

[20] Sorensen M. Best practice guidelines on black spot management and safety analysis of road networks. Report 2 of work package 6 of RIPCORD-ISEREST,2007.

[21] German Road and Transportation Research Association. Guidelines for Safety Analysis of Road networks,Work Group Traffic Engineering and Safety,2003.

第四章 道路交通条件与交通安全

交通事故的发生不仅取决于道路的平、纵、横线形条件,也会受到交通量、速度、交通密度等交通运行状态的直接影响。平面交叉、立体交叉、公铁平交道口、隧道、施工作业区等交通设施,不仅具有不同的交通功能,在这些设施上所发生的交通事故同样也具有不同的规律和特点。道路照明、道路养护以及路侧状态等交通环境因素,亦是道路交通安全研究中不可忽视的因素。本章主要介绍交通条件与交通事故、道路几何线形条件与交通安全、主要交通设施的交通安全、道路交通环境与交通安全等4个方面的内容。

第一节 交通条件与交通事故

一、交通量与交通事故

1. 交通量对交通事故的影响

交通量是交通事故的重要影响因素,可以说没有交通量就不会发生交通事故。可通过分析多元事故预测模型的方差中交通量方差所占的比例,来量化确定交通量对交通事故的影响程度。图4-1为挪威多元事故预测模型中各事故影响因素的方差占总方差的百分比,事故预测结果为全国每年每月发生的受伤事故数[1]。显然,交通量对受伤事故的影响程度是所有其他影响因素总和的2倍。

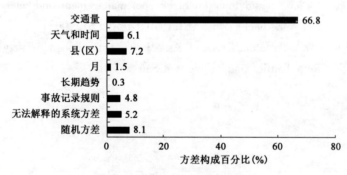

图4-1 事故预测模型中的方差构成

2. 道路路段交通量与交通事故的关系

对于道路路段上的单车事故,依据贝努利试验结果,即每一辆车通过该路段时发生单车事故的概率为 P_1,则不发生单车事故的概率为 $1-P_1$。那么,单车事故数与路段交通量的关系可描述为:

$$AF_{单车} = P_1 \cdot Flow \tag{4-1}$$

式中:$AF_{单车}$——单车事故数量;

$Flow$——道路路段上的交通量。

显然,式(4-1)适用于低交通量的状态。因为,当交通量增加时,发生单车事故的概率是交通量的函数,即 $P_1 = P_1(Flow)$。一般的规律是,发生单车事故的概率会随交通量的增加而减少,原因是两车相撞事故增多了。此时,单车事故数与路段交通量的关系可描述为:

$$AF_{单车} = P_1(Flow) \cdot Flow \tag{4-2}$$

对于两车之间的事故,同样依据贝努利试验原理可知,事故数与路段交通量的关系为:

$$AF_{两车} = P_2 \cdot Flow^2 \tag{4-3}$$

式中:$AF_{两车}$——两车相撞事故的数量;

P_2——道路路段上发生两车相撞事故的概率。

对于式(4-3)中的交通量,需要考虑如何取舍成队列行驶的车辆数。

综合式(4-1)~式(4-3),在不考虑三辆及三辆以上多车事故的前提下,路段上的事故数与交通量的关系可描述为:

$$AF = a \cdot Flow^2 + b \cdot Flow \tag{4-4}$$

式中:AF——道路路段上的单车事故数与两车相撞事故数之和;

a、b——待标定的参数。

就所有的机动车事故而言,事故数与路段上交通量的关系可用幂函数的关系来表示,即:

$$AF = \alpha \cdot Flow^\beta \tag{4-5}$$

式中:α、β——待标定的参数。

有学者建议,在式(4-5)中,当事故为单车事故时,β 取 1.0;当事故为两车相撞事故时,β 取 2.0;既有单车事故又有两车相撞事故时,可采用多项式的函数形式[2]。图 4-2 给出了事故数与交通量的幂函数关系。

由式(4-5)可知,路段上机动车交通事故与交通量之间不一定是线性关系。基于 28 项研究成果,应用元分析方法得到的事故数与交通量的关系,见图 4-3。显然,交通量增加了 10%,而事故数只增加了 8.8%(95%置信区间为 7.7%~9.9%),即交通事故的增长速度要低于交通量的增长速度。

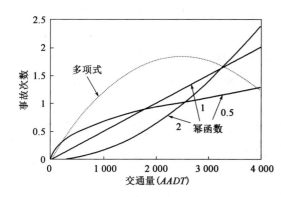

图 4-2 机动车事故数与交通量的幂函数关系

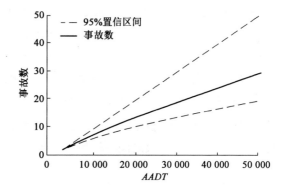

图 4-3 路段上机动车事故数与交通量的关系

对于有多个车道的道路(现以双车道道路为例),交通事故与交通量的关系也可细化为:

$$AF = \alpha_1 \cdot Flow_1^{\beta_1} \cdot \alpha_2 \cdot Flow_2^{\beta_2} \tag{4-6}$$

式中：$Flow_1$、$Flow_2$——分别为第一条和第二条车道上的交通量；

α_1、β_1、α_2、β_2——待标定的参数。

由于道路几何线形条件的不同，在同样交通量条件下，不同路段上所发生的事故数量是不同的。因此，为了更准确地反映交通事故与交通量的关系，还需要引入道路路段的几何线形条件。因此，近些年来，路段上机动车交通事故与交通量的关系多以下述形式出现：

$$AF = \alpha \cdot Flow^{\beta} \cdot e^{\sum b_i \cdot x_i} \tag{4-7}$$

式中：x_i——几何线形指标 i 的取值；

b_i——待标定的几何线形指标 i 的系数。

式(4-7)也是在建立道路路段事故预测模型时，首选的事故与影响因素之间的函数关系形式。

3. 交叉口交通量与交通事故的关系

早在1953年Tanner、McDonald等人就分析并研究了平面交叉口上交通事故与交叉口机动车交通量之间的关系[3,4]。Tanner给出的关系模型见式(4-8)，McDonald给出的关系模型形式见式(4-9)。McDonald的关系模型形式得到了较普遍的认可，成为确定平面交叉口交通事故与交通量关系的基本模式之一。

$$AF = 0.0045 q_r^{0.56} Q^{0.62} + 0.0075 q_1^{0.36} Q^{0.88} \tag{4-8}$$

式中：AF——平面交叉口上的事故数；

Q——T形平面交叉口的总交通量；

q_r——平面交叉口上右转驶离主要道路和左转驶入主要道路的交通量之和；

q_1——平面交叉口上左转驶离主要道路和右转驶入主要道路的交通量之和。

$$AF = \alpha \cdot Q_1^{\beta_1} \cdot Q_2^{\beta_2} \tag{4-9}$$

式中：Q_1——平面交叉口上主要道路上的交通量；

Q_2——平面交叉口上次要道路上的交通量；

α、β_1、β_2——待标定的参数。

近些年来，为了考虑平面交叉口几何线形条件、交通控制方式等对交通事故发生的影响程度，在关系模型中还引入了几何线形及交通控制条件修正系数，即：

$$AF = \alpha \cdot Q_1^{\beta_1} \cdot Q_2^{\beta_2} \cdot e^{\sum b_i \cdot x_i} \tag{4-10}$$

式中：x_i——平面交叉口几何线形指标或交通控制条件 i 的取值；

b_i——待标定的几何线形指标或交通控制条件 i 的系数。

4. 其他交通方式交通量与交通事故的关系

当行人、自行车、机动车等交通流之间存在相关关系时（尤其是冲突关系时），不同交通方式的交通量与交通事故之间一般也会表现出幂函数关系，即：

$$\begin{cases} AF_{cp} = \alpha_1 \cdot CYC^{\beta_1} \cdot PED^{\beta_2} \\ AF_{mp} = \alpha_2 \cdot MV^{\beta_3} \cdot PED^{\beta_4} \\ AF_{mc} = \alpha_3 \cdot MV^{\beta_5} \cdot CYC^{\beta_6} \end{cases} \tag{4-11}$$

式中：AF_{cp}、AF_{mp}、AF_{mc}——分别为自行车与行人之间、机动车与行人之间、机动车与自行车之间的事故数；

CYC、PED、MV——分别为相关的自行车、行人、机动车交通量；

α、β——待标定的参数。

二、速度与交通事故

速度影响交通事故最有利的证据是1973年石油危机期间限速措施对各国交通事故死亡人数的影响。此时，限速的主要目的不是解决交通安全问题，而是应对能源危机。由于采取了全国性的限速措施，美国仅在1974年的一年时间里全国所有道路上的交通事故死亡人数就降低了15%，而洲际公路上更是降低了32%。

当交通事故发生时，事故的后果与速度更是有直接关系，符合基本的动能关系，即碰撞能量与速度的平方成正比。速度不仅影响事故严重程度，也与事故发生风险有关。

1. 绝对速度与事故的关系

通过自我报告法（Self-report study）和案例对照法（Case-control study），部分学者研究了事故与事故发生时肇事车辆速度（称之为绝对速度）的关系。多数研究结果表明，事故数与绝对速度之间符合幂函数关系，即：

$$A = \alpha \left(\frac{v}{\bar{v}} \right)^{\beta} \tag{4-12}$$

式中：A——自我报告的或案例中的事故数；

v——事故发生时（之前）的肇事车辆速度；

$\bar{v}$——平均车速；

α、β——待标定的参数。

在Maycock的研究成果中，α取0.265、β取13.1，依据经验法则（亦即大拇指规则），速度每增加1%，事故数增加13.1%[5]。在Quimby的研究成果中，α取0.215、β取7.8，即速度每增加1%，事故数增加7.8%[6]。

当然，也有研究成果表明，事故数与速度之间也可能符合指数函数关系。

2. 平均速度与事故的关系

由于事故发生时肇事车辆的速度是很难获取的，而绝对速度与事故的关系在工程应用上的意义也不是很大。因此，部分学者转向来研究平均速度与事故的关系，研究方法主要是前后对比法（Before-after study）。

Nilsson依据动能公式[$E_k = (1/2)mv^2$]，并概念性地提出在动能公式中质量m和速度变化量Δv均可以消除，建立了平均速度与事故数的3个关系模型，见式(4-13)至式(4-15)[7]。

$$A_{after} = A_{before} \left(\frac{\bar{v}_{after}}{\bar{v}_{before}} \right)^{2} \tag{4-13}$$

$$I_{after} = I_{before} \left(\frac{\bar{v}_{after}}{\bar{v}_{before}} \right)^{3} \tag{4-14}$$

$$F_{after} = F_{before} \left(\frac{\bar{v}_{after}}{\bar{v}_{before}} \right)^{4} \tag{4-15}$$

式中：A_{after}、I_{after}、F_{after}——分别为改变后（如限速后）的事故数、受伤事故数和死亡事故数；

A_{before}、I_{before}、F_{before}——分别为改变前的事故数、受伤事故数和死亡事故数；

$\bar{v}_{after}$、$\bar{v}_{before}$——分别为改变后和改变前的平均速度。

显然,随着速度的增加,死亡事故的增长速度要高于受伤事故,而受伤事故要高于所有事故类型合计的事故。后来,许多研究成果都证实了上述模型的有效性,并建议可用这些模型依据速度的变化来预测交通事故的变化。

3. 绝对速度差异与事故率的关系

Solomon 应用案例对照法研究了双车道公路绝对速度差异(个体车辆速度与平均水平之差)与交通事故的关系,结果表明个体速度比平均车速过高或过低都增加了发生事故的几率,绝对速度差异与事故率之间呈抛物线关系,这就是著名的 U 形曲线(见图4-4 和图4-5)[8]。

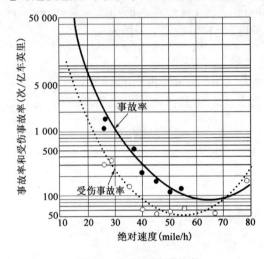

图4-4 绝对速度与事故率

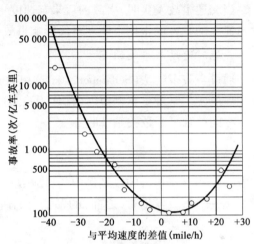

图4-5 绝对速度差异与事故率

4. 速度方差与事故率的关系

较多研究结果表明,速度方差较大的道路比速度方差较小的道路具有更高的事故率,而平均速度较低的道路上更会出现较大的速度方差。Taylor 给出的平均速度、速度标准差与事故率的关系如下[9]:

$$CR = 0.000\,435\, \bar{v}^{-2.252} \exp\left(5.893 \frac{SD}{\bar{v}}\right) \tag{4-16}$$

式中:CR——受伤事故的事故率;

　　　$\bar{v}$——平均车速;

　　　SD——车速的标准差。

另外,设计速度、限速值等都与事故率有关。有研究结果表明,当限速值比设计速度低 8~16km/h 时,事故率和速度方差均是最低的[10]。

5. 限速与伤亡人数的关系

Fieldwick 和 Brown 通过横向比较研究(Cross-sectional study)给出了一个针对发达国家的限速值与伤亡人数的关系模型[11]:

$$\begin{cases} D = 0.000\,972 \cdot P^{1.022} \cdot Ur^{1.786} \cdot Ru^{1.064} \\ C = 0.035\,8 \cdot N^{1.074} \cdot Ur^{1.591} \cdot Ru^{1.395} \end{cases} \tag{4-17}$$

式中:D、C——分别为事故死亡人数和受伤人数;

P、N——分别为人口数和注册机动车数;
Ur、Ru——分别为公路限速值和城市道路限速值。

6.速度对事故严重程度的影响

当交通事故发生时,碰撞能量与速度的平方成正比。因此,速度越高事故严重程度也就越高。早期的一项研究成果表明,事故财产损失程度及人员受伤率均随车速的增加而增加,尤其是当车速超过60mile/h时[8],见图4-6。对于机动车碰撞行人的事故,机动车的速度更是导致行人伤亡的主要因素,见图4-7和图4-8。

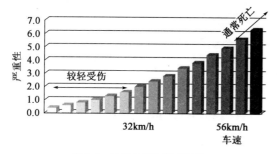

图4-6 速度与事故严重程度

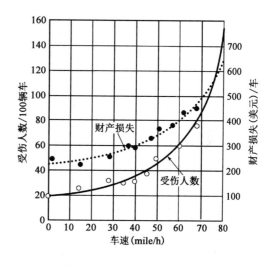

图4-8 车速与行人伤亡的关系

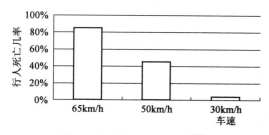

图4-7 车速与行人死亡几率[12]

三、交通密度与交通事故

由于缺乏交通事故发生时的交通密度数据(交通密度可用每公里每车道上的车辆数来描述,反映交通拥挤程度),因此交通密度与交通事故关系的研究相对较少。但也有部分学者利用交通密度的相关指标,如交通量与通行能力之比(即 V/C 比),分析了交通密度与事故率的关系。

Zhou等分析了小时事故率(次/亿车公里)与 V/C 比的关系,发现所有事故的事故率、多车事故的事故率以及财产损失事故的事故率均与 V/C 比之间呈 U 形曲线关系,而单车事故以及伤亡事故的事故率随 V/C 比的增加而减少,Zhou 的研究成果见图4-9~图4-11[13]。

Ivan 等人也调查了单车、多车事故的事故率与 V/C 比的关系,发现较低 V/C 下(交通密度较低时)单车事故的事故率是最高的[14]。Lord 分析了高速公路基本路段事故率与交通密度(车辆数/km/车道)、V/C 比之间的关系,发现全部事故以及

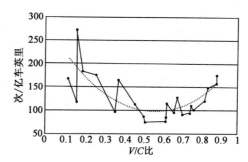

图4-9 事故率与 V/C 比

单车事故的事故率与交通密度及 V/C 比之间呈 U 形曲线关系,而多车事故的事故率则与之呈正相关关系[15]。

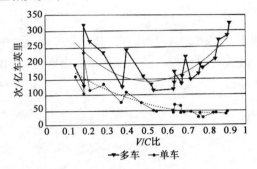

图 4-10 单车及多车事故的事故率与 V/C 比

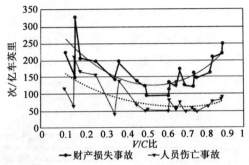

图 4-11 财产损失事故及伤亡事故的事故率与 V/C 比

第二节 道路几何线形条件与交通安全

一、平面线形与交通安全

道路平面线形要素包括直线和平曲线,平曲线又分为带缓和曲线的平曲线和不带缓和曲线的平曲线两类。道路平面线形就是由多个直线和平曲线按照一定规律和要求组合而成的。直线的线形指标就是直线段长度。其中,具有控制性的两个指标值是长直线的最大长度和两相邻曲线间直线段的最短长度。平曲线的线形指标包括平曲线半径、平曲线偏角、平曲线长度、缓和曲线长度或参数和平曲线超高等。在承担同样交通量的条件下,平曲线上的交通事故要多于正常的直线路段,这是基本的事实。

1. 平曲线半径对交通事故的影响

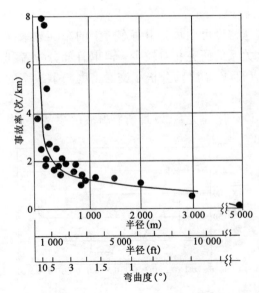

图 4-12 平曲线半径与事故率

平曲线的弯曲程度可用弯曲度 D(单位为°)和平曲线半径 R(单位为 m)来度量,D 与 R 的关系是 $D = 18\,000/(R \cdot \pi)$。近些年来,许多国家已不再采用弯曲度指标了,我国从来就没有正式使用过弯曲度指标。很早的研究结果就表明,平曲线上单位里程中的事故数随着平曲线半径的增大(即弯曲度的减小)而减小,即半径越小或弯曲度越大,曲线上的事故率越高,见图 4-12[16]。近些年来的大量研究结果均证实了这一点,但不同之处在于,有些研究结果显示事故率随着平曲线半径的减小而线性增加,有的则是曲线性增加,还有阶梯性增加的。

小半径平曲线上事故率较高的原因是在小半径平曲线上行车时驾驶难度增大了。若车速过快、道路横向摩擦系数不足或平曲线超高度不足

（或过渡），都可能导致驾驶员在行车过程中出现割线行驶、摇摆行驶、漂移行驶等不正常的行车现象，因而危及行车安全。平曲线上常见的车辆行驶状态见图4-13。

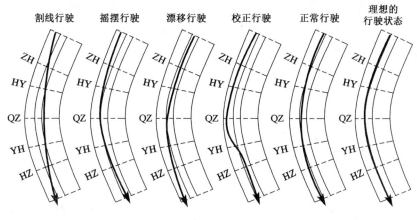

图4-13　平曲线上车辆的行驶状态

2. 平曲线偏角对交通事故的影响

平曲线偏角的大小与平曲线半径、平曲线长度等密切相关。但就平曲线偏角本身而言，由于它的大小会影响到驾驶员获取道路交通信息的难易程度以及对平曲线的识别程度，因而也会对平曲线上的交通事故产生影响。

有研究结果表明，当平曲线偏角为20°左右时，平曲线上的事故率相对较低，见图4-14[17]。分析其原因可归纳为[18]：偏角为20°左右的平曲线能最好地满足驾驶员的视觉特性要求，驾驶员在正常行车状态下（坐直、头正、目视前方），其视点一般均会集中前车窗10cm×16cm（高×宽）的清晰视距矩形范围内。若平曲线偏角为20°，则驾驶员看到的曲线正好落于上述矩形范围内（如图4-15所示），从而使驾驶员在不需要移动视线或转动头部时即可充分了解前方道路及交通情况。当平曲线偏角较大时，部分曲线已落于矩形之外，导致驾驶员看到的路线不连续（如图4-16所示），这无疑增加了行车难度。

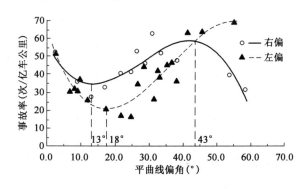

图4-14　平曲线偏角与事故率

当平曲线偏角小于或等于7°时，称之为小偏角平曲线。大量研究结果表明，在小偏角平曲线上事故率是极高的，且随着偏角的减小事故率迅速增加。另外，小偏角平曲线路段经常会是一条路线上的事故多发路段。小偏角平曲线上事故多发的主要原因可归纳为"急弯错觉"。由于过小的偏角超出了人眼的认知能力，驾驶员在行车过程中会误将之视为直线段，但当车辆行驶至曲线中部时,由于车辆偏离了车道驾驶员才发现平曲线的存在。此时,往往因驾驶员打转向盘过急或转向过度而导致交通事故的发生。改变小偏角平曲线交通安全状况的主要方法是增大偏角至正常水平,或在偏角保持不变的条件下增加平曲线的内移植。美国的野外试验表明,对于120km/h、100km/h的公路,当平曲线的内移植(也就是外距)分别达到了2.04m和1.73m时,驾驶员已能将这样的曲线正确地识别出来了。

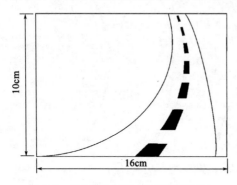

图4-15 平曲线全部落入清晰视距矩形内

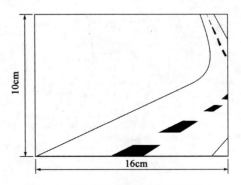

图4-16 平曲线部分落入清晰视距矩形内

3. 平曲线线形指标与交通事故的关系模型

在许多平曲线半径与事故率的关系研究中,一个默认的前提条件是平曲线上的交通事故与平曲线长度成正比关系。但是反过来,很多人并不认为窄桥上的交通事故与桥长成正比关系,因为窄桥的进口段事故风险更高。平曲线上的交通事故依然存在着类似的问题。因此,有学者给出了如下的平曲线与交通事故关系模型[19]:

$$N_A = (R \times L + 0.0336 \times D) \times V \tag{4-18}$$

式中:N_A——平曲线上的事故数,次;

R——亿车英里事故率,次/亿车英里;

L——平曲线长度,mile;

D——平曲线上的弯曲度,°;

V——平曲线上通过的车辆数,以百万辆车计。

虽然作者没有明确解释该公式,但很显然,式(4-18)由两部分组成。第一部分为($R \times L \times V$),这是将平曲线长度转化为等长度的直线路段上的事故数(R为直线路段上的事故率),它与平曲线的长度有关而与弯曲度无关。另一部分为($0.0336 \times D \times V$),这是由平曲线弯曲度而引发的事故,而它又与平曲线长度无关。

受式(4-18)的启发,一个更好的模型出现了[20]。这个模型被认为是目前描述双车道道路平曲线与交通事故关系的最好的模型。该模型如下:

$$N_A = (0.965L + 0.014D - 0.012S) \times V \times 0.978^{(3.3W-30)} \tag{4-19}$$

式中:N_A——平曲线上的事故数,次/年;

L——平曲线的长度,km;

D——平曲线上的弯曲度,°;

S——缓和曲线系数,若设有缓和曲线,则$S=1$;若没有设置缓和曲线,则$S=0$;

V——每年道路上累计的双向交通量,以百万辆车计;

W——路基宽度,即行车道与路肩宽度之和,m。

近些年来,一些针对多车道道路和高速公路的平曲线与交通事故关系模型也相继被建立起来。

根据笔者的理解,车辆行驶在道路平面线形上,前方出现的一个个平曲线就像是一个个行车障碍。如果在某个平曲线上驾驶员能够较容易地控制车辆并安全地通过,那么这个平曲线上的行车难度就小;那些半径较小或偏角较大的平曲线就是行车难度较大、危险性较高的行车障碍。关于交通事故与平曲线长度的关系,笔者认为"平曲线半径越小,单位出行距离的事故风险就越大,而这个风险在平曲线上是均匀分布的"和"平曲线半径越小,越接近平曲线终点处的事故风险就越大"这两种观点均有其可取之处。

4. 影响平曲线上交通事故发生的其他因素

影响平曲线上交通事故发生的其他因素还包括平曲线之前的平曲线状态及直线段长度。

英国的一项研究结果显示,当平面线形中平均曲线半径均较大时,某个较小半径的平曲线上就会有更高的事故率[21]。法国的一项研究结果显示,平曲线上的事故率会随平曲线半径的减小以及该平曲线前直线段长度的增加而增大。美国的研究结果也显示,当直线段长度超过了某个阈值后,该直线段长度就会明显地增加其后面平曲线上的事故率[22]。另外,对半径越小的平曲线该直线段长度的影响也就越突出。

另外一个事实是,对于较长直线接平曲线的平面线形组合,在交通量不大时,由于直线的加速效应,车辆进入平曲线前超速的可能性是很大的,这对平曲线上的安全行驶是很不利的。因此,有些国家在道路设计规范或指南中,给出了如下建议(图4-17):高速公路上当直线段长度超过4.8km(即3mile)时,其后的平曲线半径宜在规定值的基础上增加25%;对于设计速度为100km/h的公路,当直线段长度达到2km时,其后的平曲线半径宜按140km/h的速度来设计。这些宽容性的道路设计理念很有借鉴意义,我国道路设计规范对此尚无明确要求。

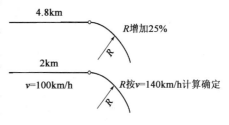

图4-17 较长直线段后平曲线半径选择示意图

5. 直线段长度对交通事故的影响

对于曲线间直线段长度的一般规定是,反向曲线间的直线段长度要大于或等于$2V$(单位为m,V为设计速度),同向曲线要大于或等于$6V$。前者的目的是使驾驶员在直线段上有充足的时间保持直线行驶状态;而后者采用较长直线段长度的目的则是尽可能地消除前一个曲线对后一个曲线的影响。因为,驾驶员驶过一个曲线之后前方若出现同方向的曲线往往是不符合驾驶员心理预期的。曲线间直线段长度过短对行车安全也是十分不利的。

长直线的突出问题是行车单调,容易导致驾驶员注意力下降或诱导超速行驶。大量的研究结果表明,长直线的末端往往是交通事故的高发区域。前苏联B.Φ巴布可夫的研究结果表明,事故率会随长直线长度的增加而增大,当直线长度超过某一范围后,事故率会随着直线长度的继续增加而快速增大;另外,在长度为10km到12km的长直线上,直线末端的事故占直线段上事故总数的80%以上。

另一项来自英国早年的驾驶员反应时间试验显示,驾驶员反应时间会随着直线段长度的增加而增加,见式4-20。这说明直线段越长驾驶员的反应越迟钝;这也间接证实了长直线长度对交通安全的不利影响。

$$\begin{cases} 平原区: t_6 = t_2 + 0.07 & t_{15} = t_2 + 0.32 \\ 重丘区: t_6 = t_2 + 0.02 & t_{15} = t_2 + 0.12 \\ 山岭区: t_6 = t_2 + 0.04 & t_{15} = t_2 + 0.15 \end{cases} \quad (4\text{-}20)$$

式中:t_6、t_2、t_{15}——分别为直线段长度为6km、2km、15km时驾驶员的反应时间,s。

因此,很多国家的公路设计规范或指南中,对最大直线段长度都有明确的规定,如最大直线段长度不宜超过8~10km(高速公路)、3mile(高速公路)、1.5~4km(各等级公路合计)、70s行程、20V(V为设计速度)等。

6. 平曲线出现频率对交通事故的影响

虽然平曲线上的事故率要高于正常的直线路段,但就一条路线总体而言,随着平曲线出现频率的增加(以每公里上的平曲线个数计),事故率会有所下降,尤其是在双车道公路上,见图4-18[23]。德国的研究结果也显示,路线延长系数为1.18(60%为曲线路段)的乌尔姆—卡尔斯鲁厄公路,事故率为32.5次/亿车公里;而几乎为直线的卡尔斯鲁厄—曼海姆公路,事故率却高达88次/亿车公里。上述研究成果也间接说明,用大而缓的平曲线代替长直线等,对道路交通安全是有利的。

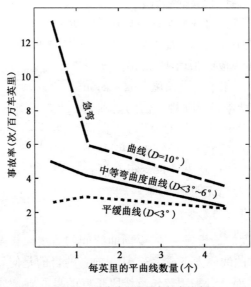

图4-18 平曲线出现频率与事故率

二、纵断面线形与交通安全

纵断面线形要素包括纵坡路段和竖曲线路段。纵坡路段的线形指标就是纵坡坡度,包括上坡和下坡。在纵坡变化处设置的竖曲线有凸型竖曲线和凹型竖曲线两大类,每类又可细分为两种,见图4-19。

1. 纵坡对交通事故的影响

纵坡坡度的大小主要影响车速和停车距离,对载重型车辆的影响尤为明显。在机动车和非机动车混行的城市道路里,道路纵坡普遍不大。因此,道路路段上纵坡对交通事故的影响相对较小,但平面交叉口进出口道上的纵坡坡度会对交叉口上的交通事故有着较大的影响。以机动车交通为主的公路上,为了克服高差,会采用较大的道路纵坡,此时纵坡对交通事故的影响较大。大量研究结果表明,事故率会随着道路纵坡(不论是上坡还是下坡)的增大而增加。也有许多研究结果证实,在同等纵坡坡度时,下坡比上坡具有更高的事故率,如图4-20[17]所示。多数情况下,平坡或坡度较小时,事故率普遍较低,但也有个别研究结果显示,在山区高速公路上,平坡路段并不是事故率最低的路段,而坡度较小的上坡路段事故率最低[17]。

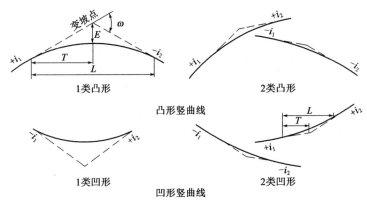

注:i_1,i_2为竖曲线前后纵坡,ω为坡差,E为竖距,T为竖曲线切线长,L为竖曲线曲线长

图4-19 竖曲线的形式

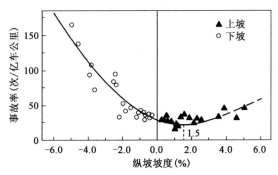

图4-20 道路纵坡与事故率

2. 竖曲线对交通事故的影响

与直坡路段相比,凸形及凹形竖曲线路段均属于视距条件受限制的路段。另外,车辆行驶在竖曲线上还会经历加载(凹形竖曲线上)或减载(凸形竖曲线上)等荷载变化过程。因此,竖曲线上的事故率要高于一般的直坡路段。早期的一项研究结果显示,若设定直坡路段的事故率为1.0,则凹形竖曲线路段为2.1,凸形竖曲线路段为2.5。有研究结果显示,凸形竖曲线上的事故率略高于凹形竖曲线,但也有研究结果表明,凹形竖曲线上的事故率略高于凸形竖曲线。唯一一致的结论是,事故率会随着竖曲线半径的增大而减小,见表4-1[17]。

山区高速公路竖曲线上的事故率(次/亿车公里)　　　　表4-1

竖曲线类型	竖曲线半径(m)					
	$R \leq 10\,000$	$10\,000 < R \leq 15\,000$	$15\,000 < R \leq 20\,000$	$20\,000 < R \leq 30\,000$	$R > 30\,000$	平均
凸形	39.62	37.61	29.52	27.04	22.94	31.26
凹形	74.61	43.59	38.02	32.74	25.55	43.13

三、平纵线形组合与交通安全

1. 纵坡与平曲线的组合路段

在纵坡与平曲线的组合路段上,事故率会随着纵坡坡度的增加和平曲线半径的减小而增大,见表4-2[24],平曲线半径越小、道路纵坡越大事故率越高。当下陡坡的坡底处接小半径的平曲线后,这样的组合路段上事故率还会更高。因此,在德国早年的道路设计指南中,明确给出了不同纵坡下坡底处平曲线半径的建议值,见表4-3,这是一个很好的道路设计方法(我国对此尚无明确规定)。

高速公路上纵坡与平曲线组合路段的事故率   表4-2

平曲线半径(ft)❶	纵 坡 (%)			
	0~1.9	2~3.9	4~5.9	6~8.0
≥13 000	0.45	0.33	1.69	2.13
980~13 000	0.68	0.40	2.10	2.50
660~980	0.65	0.33	2.42	2.74
336~660	0.81	1.14	3.00	3.24
130~330	1.18	1.72	3.11	3.78

注:事故率为次/百万车英里。

纵坡坡底处平曲线的半径   表4-3

纵坡(%)	1	2	3	4	5
坡底处的平曲线半径(m)	400	1 000	2 000	3 000	4 000

2. 平曲线与竖曲线的组合路段

平曲线与竖曲线的组合路段,简称为弯坡组合路段,是道路上几何线形复杂且交通安全问题较突出的道路路段之一,尤其是半径较小的平曲线与竖曲线组合路段。在弯坡组合路段上纵向视距不足和横向视距不足的问题会同时出现,而行驶车辆所受到的复杂力学变化也增加了驾驶员的操纵难度。因此弯坡组合路段事故率普遍较高,其中部分线形指标较低的弯坡组合路段就是该条道路上的事故多发路段。由于道路类型不同、等级不同、交通量及交通组成的不同,弯坡组合路段上的交通事故及事故率会存在较大差异。笔者研究了竖曲线与平曲线半径之比与事故率的关系,图4-21[17]。结果显示,当竖曲线半径为平曲线半径的10倍时,事故率是最低的。

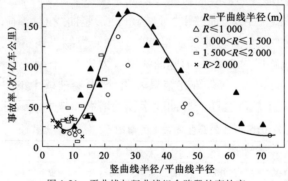

图4-21 平曲线与竖曲线组合路段的事故率

❶ 注:1ft=0.304 8m,后同。

四、平纵线形指标的事故修正系数

近年来美国的 AASHTO 以及各州的交通运输管理部门,极力推荐使用事故修正系数 (Crash/Accident Modification Factors, CMFs/AMFs) 来量化描述道路设施几何条件与交通控制方式对交通事故的影响。事实上,AMFs 就是事故预测模型中的几何条件与交通控制方式修正系数。在基本条件下,AMF 取值为 1.0。若在某种几何条件或交通控制方式下,道路设施上的事故多于基本条件下的事故,则 AMF 的取值就大于 1.0,反之 AMF 就小于 1.0。美国道路安全信息系统(Highway Safety Information System, HSIS)给出的双车道公路上平面、纵断面及其组合线形的事故修正系数,见表 4-4。

平纵线形指标的事故修正系数　　　　表 4-4

修正系数	修正系数计算公式
平曲线半径的事故修正系数 AMF_{HC}	$AMF_{HC} = \dfrac{1.55L_C + \dfrac{80.2}{R} - 0.012S}{1.55L_C}$
公路纵坡事故修正系数 AMF_G	$AMF_G = 1.016^{|G|}$
平曲线、直线与纵坡组合路段的事故修正系数 AMF_{SG}	$AMF_{SG} = \begin{cases} \exp\left[0.040G + 0.13\ln\left(2 \times \dfrac{5\,730}{R}\right) + 3.80\left(\dfrac{1}{R}\right)\left(\dfrac{1}{L_C}\right)\right] & \text{平曲线} \\ \exp(0.040G) & \text{纵坡路段} \\ 1.0 & \text{平直路段} \end{cases}$
平曲线、直线与 1 类凹形竖曲线组合路段的事故修正系数 AMF_{CI}	$AMF_{CI} = \begin{cases} \exp\left[0.004\,6\left(\dfrac{5\,730}{R}\right)\dfrac{L_{VC}}{R}\right] & \text{平曲线} \\ 1.0 & \text{直线与 1 类凹形竖曲线组合路段} \\ 1.0 & \text{平直路段} \end{cases}$
平曲线、直线与 1 类凸形竖曲线组合路段的事故修正系数 AMF_{SI}	$AMF_{SI} = \begin{cases} \exp\left[8.62\dfrac{1}{K} + 0.010\left(\dfrac{5\,730}{R}\right)\dfrac{L_{VC}}{R}\right] & \text{平曲线} \\ \exp\left[8.62\dfrac{1}{K}\right] & \text{直线与 1 类凸形竖曲线组合路段} \\ 1.0 & \text{平直路段} \end{cases}$

注:R-平曲线半径(ft);L_C-平曲线长度(ft);S-缓和曲线系数,当设有缓和曲线时,$S=1$,无缓和曲线时,$S=0$;G-公路纵坡坡度(%);L_{VC}-竖曲线长度(mile);K-竖曲线半径的倒数(1/ft)。

五、横断面与交通安全

道路横断面主要由行车道和路肩组成,此外还包括边坡、边沟、截水沟等。多车道道路还可能设有中间带、紧急停车带、爬坡车道等,城市道路还可能设有专门的自行车道和人行道,这些也都是横断面的组成部分。

1. 行车道宽度对交通事故的影响

行车道宽度是影响交通事故发生的重要因素之一,尤其是对伤亡事故和那些与雨雪天气有关的事故。行车道宽度与事故率之间的关系,见图 4-22[25] 及表 4-5[26]。显然,事故率会随着车道宽度的增加而减少。就具体事故形态而言,在双车道公路上,行车道宽度越窄,驶出路

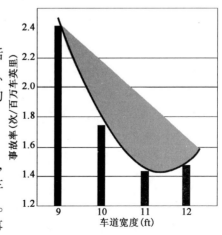

图 4-22　行车道宽度与事故率

外的事故以及正面碰撞、对向剐擦、同向剐擦的事故就越多。主要原因是,在车道宽度较窄的双车道公路上,车辆会车或超车时的侧向余宽已经很小了。当一条车道宽度接近或大于4m时,小客车在同一车道内超越前面另一辆小客车的现象就很突出了,这对交通安全是十分不利的,也不符合"各行其道"原则。因此,许多国家的最大车道宽度都不超过4m。

不同车道宽度上的事故率　　　　　　　　　　　　　　　　　　　　　　　　　　表4-5

车道宽度(m)	样本路段里程(km)	事故数(次)	平均AADT	事故率(次/百万车公里)
2.1	637	123	205	2.58
2.4	4 518	1 143	304	2.28
2.7	13 273	6 652	729	1.88
3.0	4 082	4 947	1 862	1.78
3.4	1 268	2 017	3 410	1.28
3.7	981	1 743	3 970	1.23
4.0	61	135	4 483	1.35
合计	24 820	16 760	1 099	1.68

2. 路肩宽度对交通事故的影响

路肩的主要作用是支撑和保护路面、提供行车时的侧向余宽和供故障车辆临时停放使用,其他作用还包括非机动车通行使用和设置交通设施等。路肩宽度与事故率的关系见表4-6[26]。事故率会随着路肩宽度的增加而减少,但3.0~3.7m的路肩会使事故率略有增加。虽然从整体上看事故率随着路肩宽度增加而减小的幅度不是很大,但就具体事故形态而言,驶出路外的事故以及与对向车辆之间的事故会随着路肩宽度的增加而显著减少。

路肩宽度与事故率　　　　　　　　　　　　　　　　　　　　　　　　　　　　表4-6

路肩宽度(m)	样本路段里程(km)	事故数(次)	平均AADT	事故率(次/百万车公里)
0	17 887	8 790	751	1.79
0.3~0.9	6 661	6 610	1 578	1.72
1.2~1.8	163	370	3 566	1.74
2.1~2.7	138	188	3 693	1.01
3.0~3.7	553	964	4 088	1.17
合计	25 402	16 922	1 074	1.70

3. 加宽道路对交通事故的影响

近些年来,美国和一些西方国家十分重视加宽车道或加宽路肩对交通事故的影响问题,而这个问题恰恰是道路改扩建项目决策时的依据之一。由于交通事故是各种影响因素综合作用的结果,因此加宽车道或加宽路肩等只能对与车道宽度和路肩宽度密切相关的事故起到预防作用。美国联邦公路局给出的双车道公路加宽车道后的事故降低系数(即CRF)见表4-7,加宽路肩后的事故降低系数见表4-8[27]。

加宽车道后的事故降低系数(CRF)　　　　　　　　　　　　　　　　　　　　表4-7

车道加宽值(ft)	CRF	车道加宽值(ft)	CRF
1	0.12	3	0.32
2	0.23	4	0.40

加宽路肩后的事故降低系数(CRF)　　　表 4-8

路肩加宽值(ft)	CRF		路肩加宽值(ft)	CRF	
	路肩上有铺装	路肩上无铺装		路肩上有铺装	路肩上无铺装
2	0.16	0.13	6	0.40	0.35
4	0.29	0.25	8	0.49	0.43

第三节　主要交通设施的交通安全

一、平面交叉口的交通安全

由于汇集了两条以上道路的交通量,加之交通冲突点的存在,平面交叉口上通行能力不足的问题、排队及行车延误过大的问题以及交通事故多发的问题均十分突出。平面交叉口的交通安全问题与交叉口的几何设计、交通控制方式、交通流特性等均密切相关,见表4-9。

平面交叉口交通事故的影响因素　　　表 4-9

几何设计特征	交通控制方式	交通流特性
左转专用车道	交通控制类型	平均日交通量(ADT)
右转专用车道	1. 无控制	转向流量
交叉口渠化	2. 让行控制	高峰小时入口流量
交叉口类型(如十字形、T形、Y形等)	3. 停车控制	交通组成
交叉角度	4. 信号控制	平均入口车速
缘石转弯半径	5. 绕岛环形行驶	自行车交通量
视距	禁止转向	行人交通量
1. 视距三角区	人行横道设置	
2. 停车视距	入口限速	
3. 距交通控制设施的视距		
入口宽度		
入口车道数		
中间带宽度		
入口平面线形		
入口纵断面线形		

1. 交叉口几何设计与交通安全

(1)左转专用车道对交通事故的影响

在信号控制、无信号控制、四路交叉、三路交叉等各类平面交叉口上设置左转专用车道后的安全效果是许多交通安全研究所重点关注的问题。较多的研究结果表明,在双车道公路平面交叉口上设置左转专用车道可减少与直行交通有关的事故,在平面交叉口上设置左转专用车道可减少左转弯事故、追尾事故和侧面刮擦事故,设置左转专用车道后事故率可减少18%到77%[28]。但也有研究表明,许多平面交叉口上的多车事故、多车参与的伤亡事故都与左转专用车道的设置有关。左转专用车道设置后的事故修正系数见表4-10。

双车道公路平面交叉口主路入口设置左转专用车道时的事故修正系数　　表4-10

交叉口类型	交通控制方式	主路上一个入口设置了左转专用车道	主路上两个入口均设置了左转专用车道
三路平面交叉	停车控制	0.78	—
	信号控制	0.85	—
四路平面交叉	停车控制	0.76	0.58
	信号控制	0.82	0.67

(2) 右转专用车道对交通事故的影响

与左转专用车道相比,针对右转专用车道开展的交通安全研究较少。但也有研究结果显示,在公路停车控制的平面交叉口上,只要一个入口设置了右转专用车道,就可使交叉口的交通事故减少5%;若主路上的两个入口均设置了右转专用车道,交通事故可减少10%。对于公路上的信号控制平面交叉口,当主路上的一个入口设置了右转专用车道后,交通事故可减少2.5%;当主路上的两个入口均设置了右转专用车道时,交通事故可减少5%。

(3) 交叉口渠化对交通事故的影响

从交通安全的角度上看,交叉口渠化的作用应包括限制冲突点、简化交通冲突区域、减少冲突率和降低冲突的严重程度等4个方面。渠化岛的设置规范了机动车的行驶路径,为行人过街提供了物理上和空间上的保护,并为交通控制设施的布设提供了场所。因此,这对改善交叉口的交通安全状况是十分有利的。

有研究结果表明,平面交叉口入口道上凸起的中间带要比平的中间带更安全,事故率可减少40%以上[29];凸起的行人过街安全岛可使行人事故减少10%以上[30]。

(4) 交叉口类型对交通事故的影响

对于三路平面交叉,Y形交叉口的事故率要比T形交叉口高出50%以上[31]。四路平面交叉的事故率普遍高于三路平面交叉,这主要与四路平面交叉上的冲突点较多有关。对于四路平面交叉,虽然错位交叉的交通条件不如普通的十字形或X形平面交叉,但是当次要道路上的直行交通量不大时,错位交叉的事故率反而比普通的四路平面交叉更低,也就是错位交叉中的两个T形交叉的安全状况要好于一个普通的四路平面交叉。

(5) 交叉角度对交通事故的影响

交叉角度可分为正交(交角在90°±20°之间)和斜交(交角大于110°或小于70°)两种。交叉角度越接近正交时,对交通安全越有利。交通事故会随着斜交角度的增大(大于110°时)或减小(小于70°时)而增加。

(6) 缘石转弯半径对交通事故的影响

交叉口缘石转弯半径的大小主要影响右转车辆的车速,对于右转的大型货车确实需要有较大的缘石转弯半径。

(7)视距对交通事故的影响

平面交叉中的停车视距、距交通控制设施的视距以及交叉口视距三角区(见图4-23)对交通安全均有十分重要的影响。有研究结果表明,在视距不良的交叉口中,因视距不良引发的事故率为1.33次/百万辆车,而其他所有原因引发的事故率只有1.13次/百万辆车[31];当平面交叉口中影响视距的障碍物被清除后,交通事故可减少60%以上[32]。

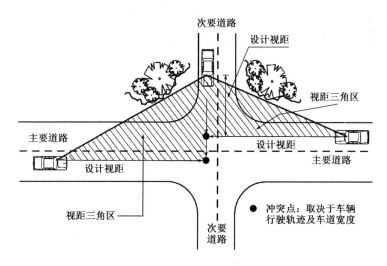

图4-23 平面交叉口中的视距三角区

也有研究机构给出了次要道路停车控制平面交叉口上视距对交通事故影响的系数(即AMFs)。这些系数的取值如下:当平面交叉口中一个象限的视距受限时,$AMF=1.05$;当平面交叉口中两个象限的视距受限时,$AMF=1.10$;当平面交叉口中三个象限的视距受限时,$AMF=1.15$;当平面交叉口中四个象限的视距都受限时,$AMF=1.20$。

(8)入口宽度对交通事故的影响

增加入口车道宽度或公路上的路面宽度,可减少该入口上的事故率。在公路平面交叉中,增加入口路面宽度,可为规避碰撞事故提供空间,因此有利于道路交通安全。

(9)入口车道数对交通事故的影响

交叉口入口车道数的多少主要取决于交通需求和要求的交通服务水平。从直观上看,增加入口车道数会增加交通冲突区域的面积,因此这不利于交通安全。但事实并非如此,在信号控制平面交叉口上,入口车道只有一条时事故率是很高的,要明显高于入口车道数为2条或3条时。

(10)中间带宽度对交通事故的影响

双幅路的中间带宽度会在一定程度上影响交叉口的交通安全状况。有研究表明,在公路信号控制四路平面交叉口上,事故数会随着中间带宽度的增加而减少,但在城市平面交叉口上,事故数会随着中间带宽度的增加而增加。

(11)入口纵断面线形对交通事故的影响

从交通安全的角度上看,将平面交叉口设置在视距有限的凸形或凹形竖曲线上是很不理想的。车辆行驶在进入交叉口的上陡坡路口时,加速性能变差,因而增加了在冲突区域内的停留时间。在进入交叉口的下陡坡路口上,停车距离加长,这也是不利于交通安全的。

(12) 入口平面线形对交通事故的影响

从交通安全的角度上看,交叉中相交的两条道路采用直线线形是最理想的。若采用平曲线,会增加驾驶员选择路线的难度,同时也不利于驾驶员获取视觉信息。平面交叉不仅不宜设在平曲线上,而且距平曲线应有一定的安全距离,这已被很早以前的研究成果所证实。

2. 交通控制方式与交通安全

(1) 交通控制类型对交通事故的影响

平面交叉口的交通控制类型主要有无控制、让行控制、停车控制、信号控制以及绕岛环形行驶等。

用让行控制方式来代替无控制方式时,绝大多数研究结果表明,受伤事故和财产损失事故均减少了3%左右,事故减少量不多的原因可能是让入口上的车速依然较高。

用停车控制来代替无控制时,三路和四路平面交叉口上的受伤事故可分别减少20%和35%。若将停车控制改为让行控制,受伤事故和财产损失事故会分别增加45%和15%。

信号控制确实可有效地减少交通事故的发生,但具体减少的数量还与事故类型以及信号配时方案有关。

平面环形交叉口的交通控制方式就是车辆绕中心岛环形行驶,其显著的特点是改变了交通冲突的形式、降低了车速差以及进出交叉口的车速。多数研究结果表明,绕岛环形行驶的交通控制方式,对减少死亡事故和受伤事故的效果是明显的。

(2) 禁止转向对交通事故的影响

有研究结果显示,不论是信号控制还是无信号控制,平面交叉口上禁止了部分转向交通均会显著地减少交通事故的发生。

(3) 人行横道设置对交通事故的影响

平面交叉口划设人行横道的目的是引导行人在指定的地点通过交叉口并能引起驾驶员的注意。有一些研究结果表明,在平面交叉口划设人行横道后可使交通事故减少50%[33]。影响人行横道上交通事故发生的因素还与人行横道的可视性、交叉口类型以及信号配时方案等有关。人行横道的设置不仅影响过街行人的安全,也会对机动车事故产生一定的影响。有研究显示,划设了人行横道后,会增加机动车的追尾事故。因此,要综合考虑行人安全和车辆安全来科学设置人行横道。

(4) 入口限速对交通事故的影响

尽管直接相关的研究成果很少,但从理论上看,降低交叉口入口的车速是可以降低事故严重程度及交通事故发生概率的。入口车速越高,需要的停车距离就越长,这就要求驾驶员在交叉口内遇到潜在冲突时必须能做出快速的反应,这对驾驶员的要求是很高的。

3. 交通流特性与交通安全

(1) 年平均日交通量对交通事故的影响

许多研究结果发现,平面交叉口上的入口交通量是导致交叉口交通事故发生的主要影响因素。因此,入口交通量之和常被用来作为计算平面交叉口事故率的关联因素。当然,也有研究结果认为,分别采用两条道路上的交通量或取其交通量之积作为关联因素可能更适宜。

(2) 转向流量对交通事故的影响

在某些特定类型的事故中,转向流量起着主导作用,如左转弯事故中的左转弯流量。

(3) 其他交通特征对交通事故的影响

虽然相关研究成果很少,但高峰小时入口流量、交通组成、平均入口车速、自行车交通量、行人交通量等亦会对平面交叉口交通事故或某种类型事故的发生产生一定的影响。

二、立体交叉的交通安全

此处,介绍的立体交叉均指互通式立体交叉,包括全互通式立体交叉和部分互通式立体交叉。

1. 互通式立体交叉的分类及组成

互通式立体交叉是指相交道路建设在不同标高上,不同流向的车辆可以进行转向过渡的道路基础设施。互通式立体交叉是对平面交叉交通问题进行有效处理的一种工程手段,通过交通流的空间分离,减少或全部消除了交通流中的冲突点,提高了交叉口的道路通行能力并改善了交通安全状况。

互通式立体交叉,按照其交通流线之间的位置关系不同,可分为完全互通型立体交叉、交织型立体交叉和不完全互通型立体交叉(即立体交叉中存在平面冲突区);按照平面几何形状的不同,可分为苜蓿叶式立体交叉、喇叭形立体交叉、环形立体交叉、菱形立体交叉等;按照左转弯匝道布置形式的不同,可分为非定向式立体交叉、定向式立体交叉和半定向式立体交叉;按照服务的对象不同,又可分为公路立体交叉、城市道路立体交叉等。立体交叉的组成一般包括正线、跨越构造物、匝道、变速车道、出(入)口以及斜带。匝道是立体交叉中不同流向的车辆进行转向过渡的道路设施,是立体交叉的重要组成部分。基本的立体交叉形式及匝道形式见图 4-24 和图 4-25。

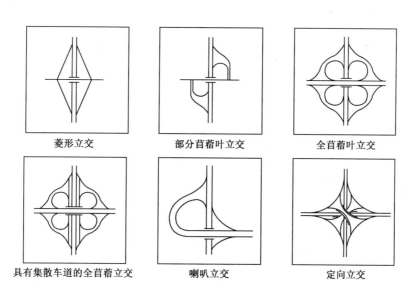

图 4-24 基本的立体交叉形式

2. 立体交叉上的交通事故概况

美国国家道路交通安全管理局死亡事故分析与报告系统(FARs)统计出了 2000 年—2004 年美国全国立体交叉上的死亡事故数,见表 4-11。

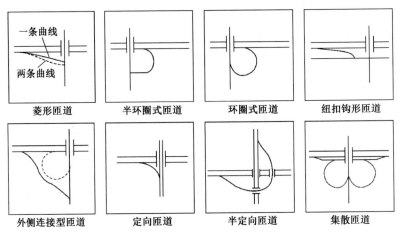

图 4-25 基本的立交匝道形式

与立体交叉有关的死亡事故　　　　表 4-11

区域	与立体交叉无关的事故	与立体交叉有关的事故					
		与平面交叉有关的事故	与匝道有关的事故	主线上跨或下穿路段上的事故	其他事故	小计	合计
郊区	108 616(98.1)	1 044(0.9)	395(0.4)	62(0.1)	553(0.5)	2 054(1.9)	110 670(100.0)
城区	74 552(95.1)	850(1.1)	1 452(1.9)	62(0.1)	1 494(1.9)	3 856(4.9)	78 408(100.0)
未知	1 045(87.3)	85(7.1)	29(2.4)	2(0.2)	36(3.0)	152(12.7)	1 197(100.0)
合计	184 213(96.8)	1 979(1.0)	1 876(1.0)	124(0.1)	2 083(1.1)	6 062(3.2)	190 275(100.0)

来源：FARs，2000—2004。

FARs 的统计结果显示，与立体交叉有关的死亡事故占事故总数的 3.1%。其中，1% 的死亡事故发生在立体交叉中的平面交叉区域，如匝道起点或终点与相交道路连接处的平面交叉等；1% 发生在匝道及与匝道有关的区域；1% 发生在立交中的其他区域，主要可能的区域是加减速车道上；只有 0.1% 的死亡事故发生在主线上跨或下穿路段上。由于 FARs 不能对立体交叉的各组成部分进行更细致的划分，因此交通事故在立体交叉各组成部分上的分布情况尚需单独研究。

3. 立体交叉与平面交叉的交通安全状况对比

欧洲许多国家研究了平面交叉改造为立体交叉后的交通安全效果，经过分析得出的主要结论如下[34]：

（1）将 T 形平面交叉改造为完全互通式立体交叉后，在平均水平下，交通事故可减少 16%。其中，受伤事故可减少 24%。

（2）将十字形平面交叉改造为完全互通式立体交叉后，在平均水平下，交通事故可减少 42%。其中，财产损失事故可减少 36%，受伤事故可减少 57%。

（3）将信号控制平面交叉改造为完全互通式立体交叉后，在平均水平下，交通事故、受伤事故分别可减少 27% 和 28%。

（4）将不完全互通式立体交叉改造为完全互通式立体交叉，可使交通事故减少 15%。

（5）将十字形平面交叉改造为不完全互通式立体交叉，可使交通事故减少 26%。

（6）将信号控制平面交叉改造为不完全互通式立体交叉可使交通事故减少 22%。

（7）将带有超速检测装置的十字形平面交叉改造为不完全互通式立体交叉后，交通事故反而会增加115%。

至于将一种立体交叉形式改造为另一种形式后的交通安全效果问题,由于工程案例较少,研究成果不多且结论也很不一致。

4. 立体交叉各组成部分上的事故率

1968年的一项研究成果给出了立体交叉各组成部分上的事故率(次/亿车英里),见图4-26[35]。这一成果被后来的许多研究报告所引用并得到了进一步的认证。在城市立体交叉中进入主线的上匝道是事故多发区域,而公路立体交叉中驶离主线的下匝道安全问题较突出。

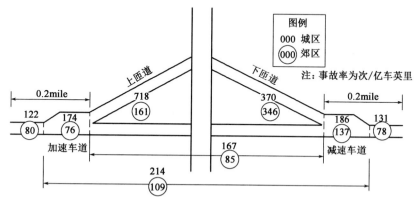

图4-26 立体交叉各组成部分上的事故率

立体交叉跨越构造物处的交通事故不多,主要是车辆碰撞桥墩、墙面及护栏等。其中,构造物处的桥墩、墙面、护栏等设施对下匝道的影响要大于上匝道。

匝道上的交通事故较多,这不仅与匝道类型及建设条件有关,还与匝道上的交通量、主线上的交通量、匝道长度、加减速车道长度等有关。多数研究结果表明,菱形立交中直线形的匝道上事故率最低,而弯曲度较大的环圈式匝道上往往事故率较高,事故率最高的匝道发生在两条匝道平面交叉通过的剪刀形区域以及主线左侧驶出的匝道。有研究成果给出了各种类型匝道上的百万辆车事故率,见表4-12[36]。

匝道上的事故率　　　　　　　　　表4-12

匝道类型	百万辆车事故率	
	上匝道	下匝道
菱形	0.40	0.67
带集散车道的苜蓿叶外侧连接匝道(右转匝道)	0.45	0.62
定向匝道	0.50	0.91
带集散车道的苜蓿叶环圈式匝道(左转匝道)	0.38	0.40
纽扣钩形匝道	0.64	0.96
带集散车道的其他环圈式匝道	0.78	0.88
不带集散车道的苜蓿叶外侧连接匝道	0.72	0.95
喇叭形	0.84	0.85
剪刀形	0.88	1.48
主线左侧驶出匝道	0.93	2.19
平均	0.59	0.95

合流前的加速车道长度与事故率的关系见图4-27[37]。当加速车道长度超过800ft(约

243.84m)时，事故率已低于平均水平，尤其是主线合流处要求的速度较高时。带有减速车道的下匝道比不带减速车道的下匝道具有更低的事故率。分流前减速车道长度与事故率的关系见图 4-28[37]，当减速车道长度长于 800 或 900ft(243.84~274.32m)时，事故率就已经很低了。

在分流或合流的交织区域以及其他交织区域，存在交通冲突是必然的，而且从理论上看，冲突数量也是与交织区长度无关的。但交通安全研究结果表明，随着交织区长度的增加，事故率却显著下降，见图 4-29[38]。因此，在立体交叉设计中，设置满足交通安全要求的交织区长度是十分必要的。

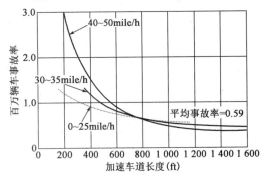

图 4-27　加速车道长度与事故率

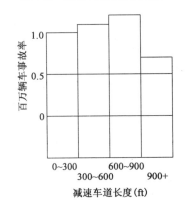

图 4-28　减速车道长度与事故率

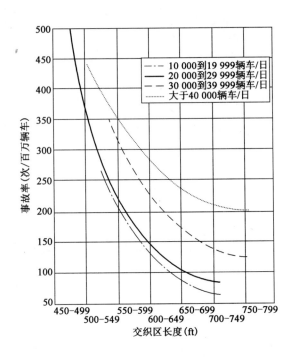

图 4-29　交织区长度与事故率

三、公铁平交道口的交通安全

1. 公铁平交道口交通安全概况

公铁平交道口的特别之处在于它是两种不同交通方式之间的平面交叉。2005 年美国全国仍有 147 805 个公铁平交道口。其中，城市内 57 531 个，城市间 90 274 个。自 1920 年至 2004 年美国公铁平交道口上的机动车事故死亡人数已累计达 94 890 人，见表 4-13。

美国公铁平交道口上的事故死亡人数　　表 4-13

年份	所有死亡人数(人)	机动车死亡人数(人)	年份	所有死亡人数(人)	机动车死亡人数(人)
1920	1 791	1 273	1923	2 268	1 759
1921	1 705	1 262	1924	2 149	1 688
1922	1 810	1 359	1925	2 206	1 784

续上表

年份	所有死亡人数(人)	机动车死亡人数(人)	年份	所有死亡人数(人)	机动车死亡人数(人)
1926	2 491	2 062	1966	1 780	1 657
1927	2 371	1 974	1967	1 632	1 520
1928	2 568	2 165	1968	1 546	1 448
1929	2 485	2 085	1969	1 490	1 381
1930	2 020	1 695	1970	1 440	1 362
1931	1 811	1 580	1971	1 356	1 267
1932	1 525	1 310	1972	1 260	1 190
1933	1 511	1 305	1973	1 185	1 077
1934	1 554	1 320	1974	1 220	1 128
1935	1 680	1 445	1975	978	788
1936	1 786	1 526	1976	1 114	978
1937	1 875	1 613	1977	944	846
1938	1 517	1 311	1978	1 021	929
1939	1 398	1 197	1979	834	727
1940	1 808	1 588	1980	788	708
1941	1 931	1 691	1981	697	623
1942	1 970	1 635	1982	580	526
1943	1 732	1 396	1983	542	483
1944	1 840	1 520	1984	610	543
1945	1 903	1 591	1985	537	480
1946	1 851	1 575	1986	578	507
1947	1 790	1 536	1987	598	533
1948	1 612	1 379	1988	652	594
1949	1 507	1 323	1989	757	682
1950	1 576	1 410	1990	648	568
1951	1 578	1 407	1991	565	497
1952	1 407	1 257	1992	536	466
1953	1 494	1 328	1993	584	517
1954	1 303	1 161	1994	572	501
1955	1 446	1 322	1995	524	455
1956	1 338	1 210	1996	449	377
1957	1 371	1 222	1997	419	378
1958	1 271	1 141	1998	385	325
1959	1 203	1 073	1999	363	309
1960	1 364	1 261	2000	369	306
1961	1 291	1 173	2001	386	315
1962	1 241	1 132	2002	316	271
1963	1 302	1 217	2003	300	249
1964	1 543	1 432	2004	330	252
1965	1 534	1 434	合计	109 612	94 890

来源:美国联邦铁路管理局安全数据网站(safetydata. fra. dot. gov/officeofsafety)。

2. 公铁平交道口交通冲突概率模型

在绝大多数的公铁平交道口上，火车与汽车之间的碰撞事故是十分稀少的。1955 年的一项研究结果表明，平均到每个道口上，每 56.3 年才会发生一起汽车与火车的碰撞事故。因此，传统的基于事故数据的安全分析方法并不是很适用于公铁平交道口。

汽车与火车试图同时通过公铁平交道口时，就会产生冲突。冲突主要来自于以下三种情景：情景一，火车在即将到达道口时，道口上正好有汽车；情景二，汽车在即将到达道口时，火车正在道口上通行；情景三，汽车和火车即将同时到达道口。对于情景一，道口上有滞留车辆的原因可能是：①车辆因故障而抛锚在道口上；②排队等待的车辆，因既不能前进又不能后退（后面有车）而停留在道口内。对于出现情景一的两种情况，是很难用交通流理论来预测的。因此，公铁平交道口交通冲突概率模型主要是针对情景二和情景三而建立起来的。

对于情景二，在假定汽车到达道口服从泊松分布的前提下，若再已知火车占用道口的时间（可用列车长度和火车速度计算得出）和汽车的日交通量时，那么冲突概率 P_c 可按下式计算：

$$\begin{cases} P_c = \dfrac{1-e^{-am}}{TPD} \\ am = ADT\left(\dfrac{L_t}{1.47S_t}\right)/\text{sec/day} \end{cases} \tag{4-21}$$

式中：TPD——每天通过的火车列车数；

ADT——汽车的平均日交通量；

L_t——火车列车的长度；

S_t——火车的速度；

sec/day——取 86 400，即每天有 86 400s。

对于最有可能导致碰撞事故发生的情景三，在同样假定汽车到达服从泊松分布的前提下，冲突概率 P_t 可按下式计算：

$$\begin{cases} P_t = \dfrac{1-e^{-am}}{ADT} \\ am = TPD\left[R_t + \dfrac{1.47S_v}{32.2(f+g)}\right]/\text{sec/day} \end{cases} \tag{4-22}$$

式中：R_t——汽车驾驶员的判断时间；

S_v——汽车的速度；

f——道路摩擦系数；

g——道路纵坡坡度。

将上述两个公式合并，即可得到公铁平交道口交通冲突概率 P 为：

$$\begin{cases} P = \dfrac{1-e^{-am}}{TPD} \\ am = ADT\left(\dfrac{L_t}{1.47S_t} + R_t + \dfrac{1.47S_v}{32.2(f+g)}\right)/\text{sec/day} \end{cases} \tag{4-23}$$

3. 公铁平交道口事故风险指数

公铁平交道口的事故风险指数（Hazard lndex, HI）可用来对道口事故风险进行排序，计算

出的风险指数越大,道口就越危险。风险指数 HI 的计算式如下:
$$HI = (V)(T)(P_t) \tag{4-24}$$
式中:V——机动车的年平均日交通量;

T——火车列车的年平均日交通量;

P_t——道口保护系数,对于仅设有交通标志的道口,P_t 取 1.0;对于设有闪光灯的道口,P_t 取 0.6;对于安装有自动大门的道口,P_t 取 0.1。

为了能够更充分地反映出道口上的一些不安全因素,美国许多州还在风险指数计算公式中引入了一些其他参数,如火车速度、机动车速度、视距、交叉角度、道口宽度、轨道类型、客车数量、校车数量、道路类型以及道口线形条件等。

4. 美国交通运输部道口事故预测模型[39]

美国交通运输部建立了一个用于量化计算公铁平交道口事故数的预测模型,包括初始事故数预测和最终事故数预测两个阶段。在后来的模型改进中,又引入了一个标准化常数。

初始事故预测与事故风险指数很相似,就是根据道口的特征提供一个初始的事故预测结果,其计算式如下:
$$a = K \times EI \times MT \times DT \times HP \times MS \times HT \times HL \tag{4-25}$$
式中:a——初始事故预测值,道口上每年发生的事故数;

K——常数;

EI——以道路交通量与火车列车交通量之积作为关联因素时的系数;

MT——主轨道数量系数;

DT——白天直通列车数量系数;

HP——道路有无路面铺装的系数;

MS——火车列车时刻表中最高列车速度的系数;

HT——道路类型系数;

HL——道路车道数系数。

利用已有相似道口的历史事故数据对初始事故预测值进行修正,就可得到最终的事故预测值,即:
$$B = \frac{T}{T_0 + T}(a) + \frac{T_0}{T_0 + T}\left(\frac{N}{T}\right) \tag{4-26}$$
式中:B——最终事故预测值,道口上每年发生的事故数;

a——初始事故预测值;

N/T——历史事故数据修正值,次/年。其中,N 为该类道口上 T 年内发生的事故数。

在预测得到事故总数后,还可进一步预测死亡事故数和受伤事故数。一起事故为死亡事故的概率 $P(FA/A)$ 和一起事故为受伤事故的概率 $P(IA/A)$ 计算公式如下:
$$P(FA|A) = \frac{1}{1 + CF \times MS \times TT \times TS \times UR} \tag{4-27}$$
式中:CF——常数,取 695;

MS——火车列车时刻表中最高列车速度的系数;

TT——直通列车数系数;

TS——换道列车数系数；

UR——公路或城市道路等道路类型系数。

$$P(\text{IA}|\text{A}) = \frac{1 - P(\text{FA}|\text{A})}{1 + CI \times MS \times TK \times UR} \quad (4\text{-}28)$$

式中：CI——常数，取 4.280；

TK——轨道数系数。

5. NCHRP 道口事故预测模型

美国道路合作研究组织（National Cooperative Highway Research Program，NCHRP）的报告中给出了一个道口事故预测模型，即：

$$EAF = A \times B \times 日火车列数 \quad (4\text{-}29)$$

式中：EAF——道口上预测的事故数，次/年；

A——机动车交通量系数，见表 4-14；

B——道口上交通设施修正系数，见表 4-14。

系数 A 及修正系数 B 表 4-14

系 数 A		系 数 A		修 正 系 数 B	
机动车日交通量（辆/日）	系数 A 的取值	机动车日交通量（辆/日）	系数 A 的取值	交通设施类型	修正系数 B 的取值
250	0.000 347	9 000	0.011 435	道口指示标志，交通量小于 500 辆/日	3.89
500	0.000 697	10 000	0.012 674	道口指示标志，道口位于城区内	3.06
1 000	0.001 377	12 000	0.015 012	道口指示标志，道口位于城区外	3.08
2 000	0.002 627	14 000	0.017 315	停车标志，交通量小于 500 辆/日	4.51
3 000	0.003 981	16 000	0.019 549	停车标志	1.15
4 000	0.005 208	18 000	0.021 736	值班道班	0.61
5 000	0.006 516	20 000	0.023 877	闪光灯，道口位于城区内	0.23
6 000	0.007 720	25 000	0.029 051	闪光灯，道口位于城区外	0.93
7 000	0.009 005	30 000	0.034 757	大门，道口位于城区内	0.08
8 000	0.010 278			大门，道口位于城区外	0.19

若城区内某个公铁平交道口上只设置了道口指示标志，机动车日交通量为 5 000 辆/日，每天通过 5 趟列车。此时，依据式 4-29 及表 4-14 中的系数和修正系数，$EAF = 0.006\ 516 \times 3.06 \times 5 = 0.1$ 次/年，即每 10 年发生一起事故。若将道口指示标志改为闪光灯，则 $EAF = 0.006\ 516 \times 0.23 \times 5 = 0.01$ 次/年，即每 100 年发生一次事故。

6. 公铁平交道口的视距保证

公铁平交道口范围内汽车驾驶员与火车司机之间的相互通视是十分重要的。因此，在视距三角形内（见图 4-30）是不允许有影响视线的障碍物存在。

四、隧道的交通安全

与建设在大地表面上的公路或城市道路相比，建设在地表下的隧道既有交通安全方面的优势又存在不利于交通安全的因素。安全优势主要体现在以下几个方面：

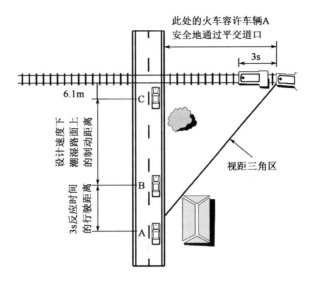

图 4-30　公铁平交道口的视距三角区

(1) 隧道里很少有交叉口或出入口道路；
(2) 隧道里很少有或几乎没有行人和自行车交通；
(3) 与存在急弯、陡坡的地面道路相比，隧道往往拥有更好的线形条件；
(4) 隧道里几乎不会遭遇雪崩、山体滑坡等自然灾害；
(5) 隧道里不会存在下雨或常规冬季条件下的行车状态，也不会面临除雪问题。

影响隧道交通安全的不利因素一般包括：
(1) 隧道里交通空间有限，紧急情况下规避事故的机会不多；
(2) 隧道里没有日光，车辆进出隧道时会产生急剧的光线变化；
(3) 隧道里新鲜空气不充足或流通不畅，雾、尾气等降低了驾驶员的视觉可见度；
(4) 事故或火灾发生时，隧道里的逃生路径易被阻挡，救援工作难度较大。

依据 Amundsen 和 Engebretsen 的研究成果，隧道的受伤事故率为 0.12 次/亿车公里，见图 4-31[40]。隧道中，事故率最高的地点是进入隧道洞口前的 50m 范围内和驶出隧道洞口后的 50m 范围内，其次是隧道内接近洞口的 50m 范围内。隧道外洞口前(后)事故率较高的原因是该区段位于隧道的阴影区，相对于日光照射的路段，该区段上行驶的车辆更容易出现打滑现象。隧道内洞口处事故率较高的原因是驾驶员行驶至该处时易出现暗适应(进入洞口后)或眩光(即将驶出隧道时)现象。

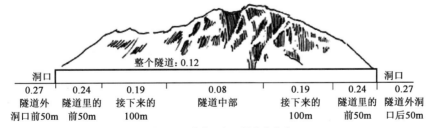

图 4-31　隧道上各区段的事故率

关于隧道交通安全问题的其他有关研究结论有：
(1) 城市里的隧道比其地面道路更安全；

(2) 采用比地面道路大两倍的平曲线半径,有利于降低隧道的事故率;
(3) 增设隧道照明、降低隧道纵坡及增加车道宽度等均有利于改善隧道的交通安全状况;
(4) 公路上的双洞隧道要比单洞隧道更安全;
(5) 由于比陆地上隧道的纵坡大,海底隧道的事故率高于陆地上的隧道。

五、施工作业区的交通安全

施工作业区(Work Zone)是指道路改扩建施工作业地点或道路养护作业地点等单独设置的交通管理区域,根据施工作业持续时间的长短,可分为长期施工作业区、短期施工作业区、临时施工作业区以及移动施工作业区等。

对于边通车边施工作业或养护作业的施工区,其标准的交通管理区域一般包括警告区、上游过渡区、纵向缓冲区、横向缓冲区、工作区、下游过渡区及终止区等组成部分,见图4-32。显然,施工作业区的存在会成为通行道路上的瓶颈,道路通行能力[41]、交通效率、交通管理[42]以及交通安全问题[43,44]都是很突出的。

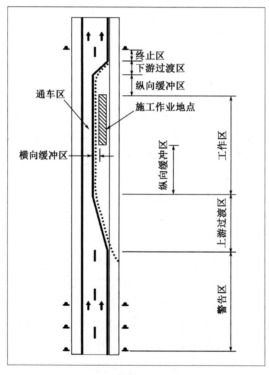

图 4-32 施工作业区的交通管理区域

依据美国国家道路交通安全管理局死亡事故分析与报告系统(FARs),美国施工作业的死亡人数在1994年达到了最高的833人,见图4-33。

尽管许多研究结果并不是一致的,但还是可以归纳总结出施工作业区上的如下事故特征:
(1) 施工作业区上的交通事故要多于非施工作业区,公路上的施工作业区尤其是长期施工作业区事故率较高。
(2) 虽然没有明显的证据证明施工作业区上的事故严重程度一定要高于非施工作业区,但许多研究结果表明,施工作业区夜间发生的事故和涉及货车的事故,其事故严重程度均高于

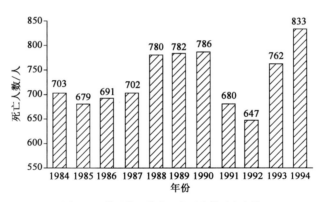

图 4-33 美国施工作业区交通事故死亡人数

非施工作业区。

(3)施工作业区突出的事故形态是追尾、同向剐擦和斜碰撞,但在作业区发生的死亡事故中,事故形态则是单车事故和正面碰撞事故。

(4)施工作业区涉及货车的事故较多,且事故严重程度较高。

(5)施工作业区绝大多数的事故发生在白天,但夜间事故的严重程度要高于白天事故,也高于非施工作业区上的事故。

(6)对于交通事故在施工作业区交通管理区域各组成部分上的分布特征,很多研究结论并不是十分的一致。但有部分研究结果显示,发生在工作区、过渡区上的交通事故要多于其他区域,见图4-34。

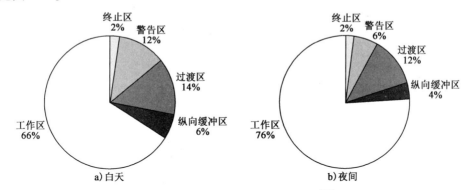

图 4-34 施工作业区上的交通事故分布[45]

(7)超速和交通管理不充分是施工作业区交通事故发生的主要原因,不利的环境因素对施工作业区和非施工作业区没有显著性影响。

第四节 道路交通环境与交通安全

一、道路照明与交通安全

1. 道路照明的功能[46]

道路照明的主要功能是:①通过为驾驶员和行人提供快速、准确、舒适的视觉环境,保障道路交通安全;②在车辆不使用前照灯的前提下提供人工照明,使驾驶员能够自身定位、获取前方道路线形与构造物信息并认清前方障碍及各类标志,从而改善交通运行状态,提高行车速度和道路利用率;③在隧道及地下通道上设置的照明系统,可提供全日照明,从而保证车辆不论是夜间还是白天均可安全行驶,同时明显改善上述设施进出口处的视觉环境。

道路照明的其他功能包括:①降低夜间街道上的犯罪率,提高市民的社会安全感;②刺激夜间交通出行,缓和白天的交通拥堵;③通过吸引夜间顾客及观众,促进商业尤其是零售业的发展,活跃夜间的社会活动;④有助于驾驶非机动车、自行车等自身照明设备薄弱的出行者更好地完成夜间出行活动;⑤改善城市景观,美化城市夜间空间环境。

2. 道路照明对交通事故的影响

尽管白天的死亡事故数与夜间大体相当,但夜间的交通出行量却只有白天的四分之一至三分之一。因此,夜间的事故死亡率可高达白天的 3 倍。FARs 和 NHTS 的统计结果见图 4-35。

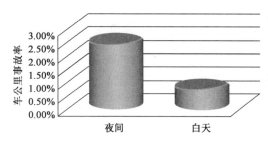

图 4-35　白天和夜间的车公里事故率

设置道路照明是改善夜间交通出行环境和交通安全状况的有效方法。很早以前的研究结果表明,若将白天的事故风险设定为 1.0,那么夜间无照明道路上的事故风险为 2.0,见表 4-15[47]。最近的一些研究成果表明[48]:

(1) 设置道路照明后,许多国家的交通事故减少了 20% 到 30%。

(2) 在信号控制平面交叉口上设置道路照明后,交通事故可减少 50%,死亡事故可减少 43%。

(3) 在无照明的道路上设置照明后,死亡事故可减少 64%,受伤事故可减少 28%,财产损失事故可减少 17%。

不同照明条件下的事故风险　　　　表 4-15

照明条件	事故风险	照明条件	事故风险
白天	1.0	不良的夜间照明	1.8
良好的夜间照明	1.3	夜间无照明	2.0
中等的夜间照明	1.6		

3. 夜间白天事故比

由于事故发生时,现场环境下的照度(Illuminance,单位 lx)或亮度(Luminance,单位 cd)几乎是无法获得的,因此很难直接来分析交通事故与照度或亮度的关系。在分析夜间事故或照明条件对交通事故的影响时,广泛采用的指标是夜间白天事故比 $R_{\text{night to day}}$,即:

$$R_{\text{night to day}} = \frac{N}{D} \tag{4-30}$$

式中:N——夜间某一时间段内的事故数;

D——白天具有可比性的某一时间段内的事故数。

夜间白天事故比大于 1,说明夜间的事故多于白天;事故比等于 1,说明交通事故在白天和夜间无差异;事故比小于 1,夜间反而比白天更安全。如果打算通过人工照明的方式使夜间和白天具有同样的行车视觉环境,那么期望的夜间白天事故比就应该为1。表4-16示出了美国某州各种事故形态下的夜间白天事故比[49]。

各种事故形态下的夜间白天事故比　　　　表4-16

事故形态	夜间	白天	小计	夜间白天事故比
儿童行人事故	349	252	601	1.38
成年人行人事故	1 635	243	1 878	6.73
老年人行人事故	845	126	971	6.71
碰撞动物	61	11	72	5.55
追尾碰撞	440	198	638	2.22
斜碰撞	1 507	1 239	2 746	1.22
正面碰撞	1 058	748	1 806	1.41
其他	522	460	982	1.13
对向剐擦	46	35	81	1.31
碰撞路上的停止车辆	82	58	140	1.41
撞固定物	480	517	997	0.93
驶出路外并撞固定物	955	1 088	2 043	0.88
同向剐擦	50	61	111	0.82
翻车	492	691	1 183	0.71
爆胎	3	3	6	1.00
合计	8 525	5 730	14 255	1.49

为了进一步分析有无道路照明条件下的交通安全状况,还可提出相类似的夜间白天事故比,如:

$$\left[\left(\frac{N}{D}\right)_w - \left(\frac{N}{D}\right)_{wo}\right] / \left(\frac{N}{D}\right)_{wo} \tag{4-31}$$

式中:w——表示现状道路上有道路照明;

wo——表示现状道路上没有道路照明。

二、道路养护与交通安全

道路养护一般包括重铺路面、治理车辙、提高路面平整度、提高道路抗滑性能、提高路面反光性能、实施冬季道路养护等。

1. 路面类型对交通事故的影响

瑞典的一项研究表明,沥青及水泥路面上的事故率均低于砾石路面,沥青碎石路面和沥青混凝土路面上的受伤事故率要比砾石路面分别低20%和40%,而财产损失事故则分别低15%和35%。但也有研究认为,这不全是路面的原因,还与道路宽度、几何线形、视距条件等有关。由于沥青路面改善了排水条件,因此在高速公路上沥青路面的事故率要明显低于水泥混凝土路面,但在其他类型的道路上这种关系并不明显[50]。

2. 重铺路面

车辙、裂缝、坑槽等路面病害不仅降低了行车舒适度,也会对交通安全产生不利影响。坑槽内的积水会导致行车时出现水滑现象,坑槽和裂缝本身降低了行车稳定性,而大一些的坑洞不仅会损坏车辆,更容易导致车辆失控。因此,重铺路面可减少这些路面病害。但许多研究结果表明,沥青罩面等重铺路面的方式可减少的交通事故并不多,重铺路面与减少事故的统计关系并不显著。甚至有研究结果显示,重铺路面后的最初一段时间内,由于车速的提高交通事故反而会有所增加,在此之后,重铺路面的交通安全效果才会慢慢出现[51,52]。

3. 治理车辙和提高路面平整度

路面不平整度就是路表上的大的纹理,即路表上 50mm 到 500mm 起伏的变化值。路面不平整度可用国际平整度指数(International Roughness Index,IRI)来度量,IRI 是四分之一车在速度为 80km/h 时的累计竖向位移值。

部分国家开展了不平整度与交通事故的关系研究,但研究结论很不一致。比如,挪威的一项研究表明,IRI 从 4 减小至 2 时,交通事故增加了 7%,从 8 减小至 2 时,事故增加了 23%;而瑞典的研究成果表明,路面越不平整交通事故就越多。只有一个研究结论是一致的,那就是随着不平整度的增加,正面碰撞和多车碰撞事故增加了。其原因可能是,越不平整的路面上越会导致更多的紧急制动行为[53]。挪威和美国的研究结果表明,随着车辙深度的增加交通事故在增多,但事故数量并不是随着车辙深度的增加而呈线性增长的,当车辙深度超过了 10~30mm 后,事故数量的增加速度就更快了。

4. 提高道路抗滑性能

充足的道路摩擦系数对保证安全行车是十分必要的,它既是车辆行驶的充分条件,又决定着车辆制动距离的长短。道路摩擦系数的值在 0 至 1 之间,干燥沥青路面的道路摩擦系数一般为 0.7~0.9,潮湿沥青路面为 0.4~0.7,冰雪和泥泞路面为 0.1~0.4。若道路摩擦系数从 0.5 降至 0.3,那么 80km/h 车速下的停车距离就会从 73m 增至 106m,这就相当于驾驶员的反应时间被延长了 1s。

大量的研究结果表明,在干燥路面上摩擦系数与车速之间无明显的相关关系,但在潮湿路面上摩擦系数会随车速的增加而减小,见图 4-36。因此,潮湿路面上的事故率要高于干燥路面。如果将干燥路面上的受伤事故率设定为 1.0,那么白天潮湿路面上的受伤事故率为 1.2,夜间为 1.4。

有以下几种方法可用来提高道路摩擦系数。较常用的方法是铺设摩擦系数较高的路面,或在旧路面上加设具有排水功能的面层,如透水沥青面层。透水沥青面层可在多雨天气提高道路通行能力,并减少交通噪声。另外,还可在路面上通过刻槽的方式,来提高道路的抗滑能力。

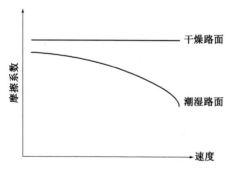

图 4-36 车速与摩擦系数的关系

尽管许多研究结果并不是完全一致的,但是道路抗滑性能与交通事故的关系还是可以归纳总结为以下几点:

(1)道路抗滑性能对交通事故的影响程度要大于路面平整度。

(2)高宏观纹理路面上的事故率要低于低宏观纹理路面。

(3)与大半径平曲线路段或直线段相比,小半径平曲线路段上的道路摩擦系数对交通事故的影响程度更大。

(4)从预防交通事故的角度而言,在潮湿路面上刻槽比在干燥路面上刻槽更有效,而路面刻槽方式能预防的财产损失事故要多于伤亡事故。

5. 提高路面反光性能

夜间路面的反光性能会影响驾驶员的视觉环境,尤其是夜间在无照明的道路上。有研究结果表明,用反光性能好的亮路面代替暗路面,在夜间可使驾驶员的视距增加10%~20%。在路面面层上掺入颜色明亮的石料可提高路面的反光性能。

6. 冬季道路养护

冬季道路的摩擦条件和视觉环境均明显不如夏季。路面上的冰和雪降低了道路摩擦系数,从而增加了停车距离并导致车辆失控。道路上的积雪使驾驶员的视觉环境变差,同时又会导致路面宽度变窄。有研究表明,若干燥路面上的事故风险设定为1.0,那么松散雪路面和冰路面上的事故风险为4.4,见表4-17。

不同路表状态下的事故风险　　　　表4-17

路 表 状 态	事 故 风 险
干燥路面	1.0
潮湿路面	1.3
泥泞路面	1.5
压实雪路面	2.5
松散雪路面和冰路面	4.4

冬季道路养护措施主要有清雪、撒砂或撒盐等。下雪时及时清雪、撒砂、撒盐或依据气象预报采取事前的预防性撒盐均是十分必要的,否则随着道路摩擦系数的降低,事故率会迅速增加。在冬季道路养护措施实施前后的24h里,事故率的变化情况如图4-37所示。显然,在采取措施前,由于行车条件变差,事故率较高且快速增加。但一旦实施了养护措施,事故率立刻下降且降幅显著,之后缓慢降至常态下的事故率。因此,何时开始养护以及养护持续的时间长短就变得十分重要了。至于整个冬季的道路养护效果则主要取决于降雪量和养护的及时性。冬季道路养护措施对交通事故的影响程度见表4-18。

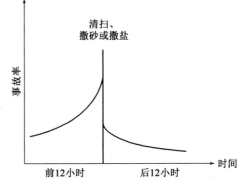

图4-37　冬季道路养护措施实施前后24h的事故率

挪威有75%的行人摔伤事故发生在冬季的11月、12月、1月和2月,大多数的原因均与路滑有关,其中冰和雪的原因占据了35%以上。因此,加强人行道、自行车道以及其他公共活动区域的冬季道路养护对保障行人、自行车的交通安全也是十分重要的。

冬季道路养护对交通事故的影响　　　　　　　　　　　　表 4-18

	事故率的变化(%)	
	最佳估计值	95% 置信区间
冬季道路养护等级增加一个级别		
受伤事故	-12	(-14, -10)
财产损失事故	-30	(-32, -29)
冬季撒盐		
受伤事故	-15	(-22, -7)
财产损失事故	-19	(-39, +6)
冬季道路快速养护		
无指定	-8	(-14, -1)
撒盐后的 24h 内		
无指定	-35	(-59, +3)
撒砂后的 24h 内		
无指定	-62	(-85, -5)

三、路侧安全

对于车辆驶出路外的事故,路侧环境不仅决定着事故发生的形态,更是直接影响着事故的严重程度。

1. 路侧危险等级

路侧危险等级(Roadside Hazard Rating,RHR)是一种定量描述路侧危险程度的方法,最早由 Zeeger 等人提出[54],后来被用于路侧风险分析。RHR 将路侧环境对交通安全的影响程度划分为从 1 到 7 的 7 个危险等级,1 级代表路侧风险等级最低,7 级代表风险等级最高。路侧危险等级划分标准见表 4-19,部分典型路侧环境见图 4-38。

路侧危险等级划分标准　　　　　　　　　　　　表 4-19

路侧危险等级	划 分 标 准
1 级	1. 从路面边缘开始的路侧净区宽度大于等于 9m; 2. 边坡坡度缓于 1:4; 3. 路侧净区内行车是可恢复的,即驾驶员可以控制驶出路外的车辆并重新驶回道路
2 级	1. 从路面边缘开始的路侧净区宽度在 6m 到 7.5m 之间; 2. 边坡坡度为 1:4; 3. 路侧净区内行车是可恢复的
3 级	1. 从路面边缘开始的路侧净区宽度为 3m; 2. 边坡坡度在 1:3 到 1:4 之间; 3. 路侧表面粗糙; 4. 在路侧边缘近距离内行车是可恢复的

续上表

路侧危险等级	划 分 标 准
4级	1. 从路面边缘开始的路侧净区宽度在1.5m到3m之间; 2. 边坡坡度在1:3到1:4之间; 3. 距路面边缘1.5m到2.0m内有路侧护栏; 4. 距路面边缘3m处有树木、杆柱或其他障碍物; 5. 在路侧边缘近距离内行车是可恢复的,但碰撞护栏或障碍物的概率较大
5级	1. 从路面边缘开始的路侧净区宽度在1.5m到3m之间; 2. 边坡坡度为1:3; 3. 距路面边缘0m到1.5m处有路侧护栏; 4. 距路面边缘2m到3m处有刚性障碍物; 5. 行车是不能恢复的
6级	1. 路侧净区宽度小于或等于1.5m; 2. 边坡坡度为1:2; 3. 没有路侧护栏; 4. 距路面边缘0m到2m处有裸露的刚性障碍物; 5. 行车是不能恢复的
7级	1. 路侧净区宽度小于或等于1.5m; 2. 边坡坡度等于或陡于1:2; 3. 路侧为悬崖或直立的岩壁; 4. 没有路侧护栏; 5. 发生路侧伤亡事故的几率很高,行车是不能恢复的

a) 危险等级1的典型路侧状况

b) 危险等级3的典型路侧状况

c) 危险等级4的典型路侧状况

d) 危险等级7的典型路侧状况

图4-38　部分典型路侧环境的实况图

2. 路侧风险评估方法

路侧风险评估方法主要有基于事故数据的评估方法和基于车辆侵入概率的评估方法。此处仅介绍一种基于车辆侵入概率的风险评估方法,即路侧风险的侵入概率模型[55]。

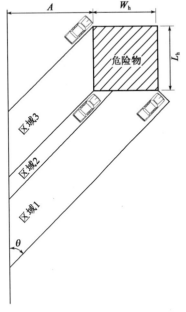

图 4-39 危险边界

如图 4-39 所示,如果失控车辆侵入了路侧危险物的危险边界,且横向侵入的距离较大时,就有可能发生碰撞危险物的事故,即路侧事故。

危险边界是车辆的尺寸和定位、危险物的尺寸和距道路边缘的横向距离以及车辆侵入角度的函数。当给定车辆尺寸 w、侵入速度 v、侵入角度 θ 和车辆定位角 ψ 时,侵入车辆(用定位函数 $E_{v\psi}^{w\theta}$ 表示)进入危险边界(用函数 $H_{v\psi}^{w\theta}$ 表示)的概率 $P(H_{v\psi}^{w\theta}|E_{v\psi}^{w\theta})$ 为:

$$P(H_{v\psi}^{w\theta}|E_{v\psi}^{w\theta}) = \left(\frac{1}{5\,280}\right) \times \left[L_h + \left(\frac{W_e}{\sin\theta}\right) + W_h\cot\theta\right] \quad (4\text{-}32)$$

式中:L_h——危险物长度,m;

W_e——车辆的有效宽度,m,$W_e = L_v\sin\psi + W_v\cos\psi$;

L_v——车辆长度,m;

W_v——车辆宽度,m;

W_h——危险物宽度,m。

当侵入车辆进入危险边界后,若侵入的横向距离较大或车辆不能停下来时,就有可能与危险物发生碰撞。由图 4-39 可知,危险物的正面(区域 3)、上游边角(区域 2)和侧面(区域 1)到路面边缘的横向距离是不同的。因此,侵入车辆与危险物碰撞的概率 $P(C_{v\psi}^{w\theta}|E_{v\psi}^{w\theta})$ 为:

$$P(C_{v\psi}^{w\theta}|E_{v\psi}^{w\theta}) = \left(\frac{1}{5\,280}\right) \times \left[L_h \cdot P(L_e \geq A) + \sec\theta \cdot \csc\theta \sum_{j=1}^{W_e\cos\theta} W_e P(L_e \geq B)\right] + \cot\theta \sum_{j=1}^{W_h} P(L_e \geq C)$$

(4-33)

式中:B——危险物上游边角处的横向距离(区域 2),$B = (A+j-2)$,j 为 1 到 $W_e\cos\theta$ 之间的变量;

C——危险物侧面的横向距离(区域 1),$C = (A + W_e\cos\theta + j - 2)$,$j$ 为 1 到 W_h 之间的变量。

此时,若再已知车辆发生侵入事件的概率 $P(E_{v\psi}^{w\theta}|E)$,则某一侵入事件下的路侧事故概率 $P(C|E)$ 为:

$$P(C|E) = \sum_w\sum_v\sum_\theta\sum_\psi P(E_{v\psi}^{w\theta}|E) \cdot P(C_{v\psi}^{w\theta}|E_{v\psi}^{w\theta}) \quad (4\text{-}34)$$

本章参考文献

[1] Fridstrom L. Explaining the variation in road accident counts. Report Nord 1993:35. Nordic Council of Ministers, Copenhagen, 1993.

[2] Satterthwaite S. P. A survey of research into relationships between traffic accidents and traffic volumes. Department of the Environment Department of Transport, TRRL Supplementary Report

692. Crowthorne: Transport and Road Research Laboratory, 1981.

[3] Tanner J. C. Accidents at rural highway junctions. J. Inst. of Highway Engrs. Vol II (11), pp56-57, 1953.

[4] McDonald J. W. Relation between number of accidents and traffic volume at divided-highway intersections. Bulletin 74, 7-17 (Highway Research Board), 1953.

[5] Maycock G., Brocklebank P. J., Hall R. D. Road layout design standards and driver behavior. TRL Report, No. 332. Transport Research Laboratory TRL. Crowthorne, Berkshire, 1998.

[6] Quimby A., Maycock G., Palmer C., Buttress S. The factors that influence a driver's choice of speed: a questionnaire study. TRL Report, No. 325. Transport Research Laboratory TRL, Crowthorne, Berkshire, 1999.

[7] Nilsson G. Traffic safety dimensions and the power model to describe the effect of speed on safety. Bulletin 221, Lund Institute of Technology, Lund, 2004.

[8] Solomon D. Crashes on main rural highways related to speed, driver and vehicle. In: Bureau of Public Roads. U. S. Department of Commerce. United States Government Printing Office, Washington D. C., 1964.

[9] Taylor M. C., Lynam D. A., Baruya A. The effects of driver's speed on the frequency of road accidents. TRL Report, No. 421. Transport Research Laboratory TRL, Crowthorne, Berkshire, 2000.

[10] Garber N. J., Gadiraju R. Factors affecting speed variance and its influence on accidents. 1989-01-01. 1213. Transportation Research Record, Washington D. C., 1989.

[11] Fieldwick R., Brown R. J. The effect of speed limits on casualties. Traffic Engineering and Control, Vol 28, pp 635-640, 1987.

[12] Leaf W., Preusser D. Literature review on vehicle travel speeds and pedestrian injuries among selected racial/ethnic groups, NHTSA (USA), 1999.

[13] Zhou M., Sisiopiku V. Relationship between volume-to-capacity ratios and accident rates. Transportation Research Record: Journal of the Transportation Research Board 1581, 47-52, 1997.

[14] Ivan J. N., Wang C., Bernardo N. R. Explaining two-lane highway crash rates using land use and hourly exposure. Accident Analysis and Prevention 32(6), 787-795, 2000.

[15] Lord D., Manar A., Vizioli A. Modeling crash-flow-density and crash-flow-v/c ratio relationships for rural and urban freeway segments. Accident Analysis and Prevention 37(1), 185-199, 2005.

[16] Babkov V. F. Road design and traffic safety. Report from USSR Traffic Engineering and Control. 1968, Vol10 (5): 236-239.

[17] 孟祥海,关志强,郑来.基于几何线形指标的山区高速公路安全性评价[J].中国公路学报.2011,Vol24 (2):103-108.

[18] 孟祥海.高等级公路交通事故分布规律的研究.哈尔滨建筑大学硕士学位论文.1997:27-28.

[19] Deacon J. Relationship between accidents and horizontal curvature. Appendix D in Designing Safer Roads. Special Report 214, TRB, National Research Council, Washington, D. C., 1986.

[20] Zegeer C. V., Stewart R. J., Council F. M., Hamilton E. Safety effects of geometric improvements on horizontal curves. Transportation Research Record 1356, TRB, Washington D. C., 1992:11-19.

[21] Research on Road Traffic. Road Research Laboratory, HMSO London, 1965.

[22] Zegeer C. V., Newman T., Leish J. Safety and operational considerations for design of rural curves. Report No. FHWA/RD- 86/035, Federal Highway Administration, Washington D. C., 1985.

[23] Baldwin D. M. The relation of highway design to accident experience. AASHTO Convention Group Meetings, Papers and Discussions 1946:103-109.

[24] Bitzel I. F. Effect of motoway design on accidents in Germany. Highways and Bridge and Engineering Works. 1956, Vol24 (1161):1-4.

[25] Dart, Olin k., Mann Lawrence. Rural highway geometry relationship to accident rates in Louisana offered for presentation at Annual Meeting of the Highway Research Board, 1970.

[26] Charles V. Zegeer, Robert C. Deen, Jesse G. Mayes. The effect of lane and shoulder widths on accident reduction on rural, two-lane roads. Transportation Research Record, 1981.

[27] Safety effectiveness of highway design features, Volume III, U. S. Department of Transportation. Federal Highway Administration, Washington D. C., 1992.

[28] Gluck J., H. S. Levinson, V. Stover. Impact of access management techniques NCHRP Report 420, Transportation Research Board, 1999.

[29] Washington S. P. Evaluation of high speed isolated intersections in California, Report NO. FHWA/CA/TO/91-2, Federal Highway Administration, 1991.

[30] Forrestel R. R. Design and safety of pedestrian facilities, prepared by: ITE Technical Council Committee 5A-5, 1994.

[31] Hanna J. T., E. Flynn, L. T. Webb. Characteristics of intersection accidents in rural municipalities. Transportation Research Record 601, Transportation Research Board, 1976.

[32] Mitchell R. Identifying and improving highway accident locations, Public Works, 1992.

[33] Hauer E. The safety of older persons at intersections, Transportation in an Aging Society: Improving Mobility and Safety for Older Persons, Volume 2, Special Report 218, Transportation Research Board, 1988:194-252.

[34] Rune Elvik, Alena Hoye, Truls Vaa, Michael Sorensen. The handbook of road safety measures- Second Edition. 2009.

[35] Cirillo, Julie Anna. Interstate system accident research study II, Interim Report II Public Roads. 1968, 35(3):71-75.

[36] K. M. Bauer, D. W. Harwood. Statistical models of accidents on interchange ramps and speed-change lanes. FHWA Technical Report NO. FHWA-RD-97-106:1997.

[37] Lundy, Richard A. The effect of ramp type and geometry on accidents. Highway Research Board Record 163. 1967:80-117.

[38] Cirillo, Julie Anna. The relationship of accidents to length of speed-change lanes weaving areas of interstate highways. Highway Research Record 312. 1970:17-32.

[39] Brent D. Ogden. Railroad-highway grade crossing handbook-Revised Second Edition. U. S. Department of Transportation, 2007.

[40] Amundsen F. H., Engebretsen A. Traffic accidents in road tunnels. An analysis of traffic accidents on national roads for the period of 2001-2006. Nowegian Public Administration (NPPA). 2008.

[41] 孟祥海,祁文浩,王浩,等.高速公路半幅封闭施工作业区的通行能力[J].公路交通科技.2012,29(5):109-113.

[42] 孟祥海,史永义,王浩,等.高速公路施工作业区车速分布特征及限速研究[J].交通运输系统工程与信息.2013,V13(1):149-155.

[43] 孟祥海,郑来,毕海峰,等.高速公路半幅封闭施工区交通特性与交通冲突特性研究[J].中国公路学报.2013,26(2):140-146.

[44] 孟祥海,徐汉清,史永义.高速公路施工作业区追尾风险及突出影响因素识别[J].公路交通科技.2012,29(2):133-138.

[45] Nicholas J., Garber, Ming Zhao. Crash characteristics at work zone final report. Virginia Transportation Research Council, 2002.

[46] 孟祥海,李洪萍.交通工程设施设计[M].哈尔滨:哈尔滨工业大学出版社,2008.

[47] Tanner J. C., Harris A. T. Street lighting and accidents: some British investigation. Proceedings of the International Commission on Illumination, CIE, Vol2, 1955.

[48] Paul Lutkevich, Don Mclean, Joseph Cheung. FHWA Lighting Handbook, August 2012.

[49] Johnom Sulliran, Michael J. Flannagan. Implications of fatal and nonfatal crashes for adaptive headlighting. Report No. UMTRI-2006-1, 2006.

[50] Strathman J. G., Duecker K. J., Zhang T., Williams T. Analysis of design attributes and crashes on Oregon highway system. Report FHWA-OR0RD-02-1, 2001.

[51] Hauer E., D. Terry, M. S. Gittith. Effect of resurfacing on safety of two-lane rural roads in New York State. Transportation Research Record, 1467, 1994:30-37.

[52] Harwood G. W., Rabbani E. R. K., Richard R., McGee H. W., Gittings G. L. System wide impact of safety and traffic operations design decisions for 3R projects. NCHRP Report 486, 2003.

[53] AI-Masaeid H. R. Impact of pavement condition on rural road accidents. Canadian Journal of Civil Engineering, 1997, 24:523-531.

[54] Zegeer C. V., J. Herf, D. Reinfurt, W. Hunter. Safety effects of cross-section design for two-lane roads. Report FHWA-RD-008. Federal Highway Administration. Washington D. C., 1986.

[55] King K. Mak. Road safety analysis program (PSAP) engineer's manual. Transportation Research Board, 2003.

第五章 运行速度与道路安全审计

在与道路交通有关的速度指标中,运行速度是一个很重要的指标,它既能真实地描述出驾驶员实际的速度选择行为,又是评估道路设计质量、确定限速标准的依据。近十几年来,世界上包括我国在内的许多国家,都先后开展了道路安全审计工作,这对完善道路基础设施、改善交通安全环境、提升道路安全水平起到了重要作用。由于基于运行速度的协调性和一致性评价是道路安全审计中的重要技术手段之一,因此本书将运行速度和道路安全审计整合为一章。

第一节 运 行 速 度

一、道路交通中常用的速度

不论是对于道路交通主管部门、道路交通规划设计人员、交通执法者还是交通出行者,速度都是一个十分重要的指标。它不仅涉及出行时间节约、燃油消耗、尾气排放、交通噪声污染等问题,更是与交通安全密切相关。因此,速度经常被用来评估不同交通方式之间的交通运行效果、机动化程度和交通安全水平。道路交通中常用的速度有行程速度(Running speed)、平均行程速度(Average running speed)、平均速度(Average speed)、设计速度(Design speed)、指定设计速度(Designated design speed)、推断设计速度(Inferred design speed)、法定限速值(Statutory speed)、标牌限速值(Posted speed)、推荐限速值(Advisory speed)以及超速值等,这些速度指标在道路交通中均有着不同的用途。

1. 行程速度和平均行程速度

行程速度是指个体车辆驶过一段道路时的速度,是道路长度与行驶时间之比,可用来描述某段道路的行驶难易程度。

平均行程速度是指在特定的一段时间内,如交通早高峰、晚高峰、平峰等,在道路路段上所有车辆的行驶距离之和与所有车辆的行驶时间之和的比值,可用来评价特定时间段内该路段上的交通服务水平和使用成本。

2. 平均速度和速度分布

平均速度是指在道路的特定位置上,所有车辆的地点车速或瞬时车速之和与观测到的车辆数的比值,通常用来度量车速的总体趋势。车速的大小主要是由驾驶员来决定的,而不同的驾驶员也会针对具体的道路交通条件来选择不同的车速。因此,没有哪一个速度值能准确地描述道路上的所有车速。但是,车速分布会提供一些有用的信息。道路上的车速一般都会服从正态分布,也就是钟形分布,如图5-1所示。在图5-1中,虽然A类车和B类车的速度分布都是正态分布,但有理由相信 B 类车的速度要普遍高于 A 类车。在图 5-2 所示的车速分布中,虽然道路 A 和道路 B 上车辆的平均速度大体相当,但道路 B 上车速的离散程度要大于道路 A。一般而言,在同时存在上限、下限限速控制的高等级道路上,车速会趋于集中;而在仅有上限限速控制或无限速控制的低等级道路上,车速会趋于离散。

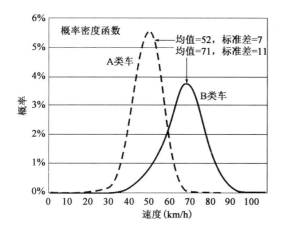

图 5-1 速度的正态分布

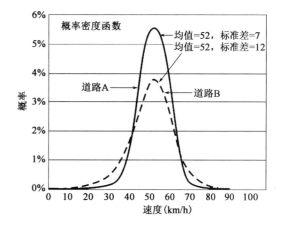

图 5-2 均值相同而标准差不同的速度分布

3. 85%位车速和 15%位车速

85%位车速表示全部车辆的 85%是在该车速及以下行驶的,而 15%位车速则表示全部车辆的 15%是在该车速及以下行驶的,见图 5-3。85%位车速是确定运行速度和最高限速值的依据,在高速公路上 15%位车速可用来作为确定最低限速值的依据。

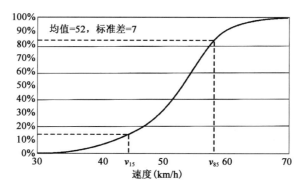

图 5-3 85%位车速和 15%位车速

4. 设计速度

设计速度是道路几何设计中的一项重要控制性指标,最早于 1936 年提出,当时的定义是"设计速度是车速较快的驾驶员群体可接受的最大合理车速",1938 年美国的 AASHTO 将设计速度修改为"车速较快的驾驶员群体可能采用的最大车速",1954 年的公路几何设计政策又将设计速度的定义修订为"道路交通条件良好时,在道路几何受限地点上,车辆可安全行驶的最高车速,即最大安全车速"。从 1997 年的 NCHRP Report 之后,设计速度最终被定义为"设计速度是道路几何设计的控制性指标",此时"最大安全车速"的概念已不再被使用。

5. 指定设计速度与推断设计速度

为了更明晰设计速度的用途,近些年来美国及其他一些西方国家更倾向于使用指定设计速度来代替设计速度。指定设计速度就是用来确定道路几何设计中的一些临界值或控制性指标的,如最小视距长度、最小平曲线半径、最大纵坡坡度、最小竖曲线半径、最小车道宽度、最短加减速车道长度等。

当道路几何设计中实际采用的设计指标值不同于规范或指南等给定的临界指标(如最大值或最小值)时,此时的速度可用推断设计速度来描述。比如,当平曲线半径大于设计速度或指定设计速度所给定的最小值时,推断设计速度可由曲线内侧驾驶员行车位置距曲线内侧障碍物的横向距离来确定。再比如,竖曲线上的推断设计速度就是在竖曲线上通过可获得的停车视距来确定出的最大车速。推断设计速度可大于、等于甚至是小于设计速度。

6. 限速

限速是指在一条道路或道路的局部特殊路段上,法律或交通法规所允许的交通个体的最高车速,高速公路上还包括最低车速。限速值主要有标牌限速值、法定限速值和推荐限速值三种。

标牌限速值是指在一条道路或路段上,根据道路交通条件并通过交通工程研究所确定出的限速值,如图 5-4 所示。该限速值适用于整条道路或较长的一段道路,并通过多次重复设置的限速标志来提示驾驶员要按规定的车速行车。

当道路上没有设置限速标志来规定车速时,即在无标牌限速的情况下,道路上默认的限速值就是法定限速值。比如,我国高速公路上的法定限速值是最低车速不得低于 60km/h,最高车速不得超过 120km/h。

当道路前方为急弯曲线路段、连续转弯曲线路段、长大下坡路段或存在窄路窄桥等设施时,对这样的特殊路段,在标牌限速的基础上还可能设置推荐限速,此时车辆应按推荐限速要求行车,过了这样的路段之后再按标牌限速行车。在限速标志设置上,推荐限速与标牌限速的不同之处在于,推荐限速的限速标志上必须明确告之限速的原因,如图 5-5 所示。

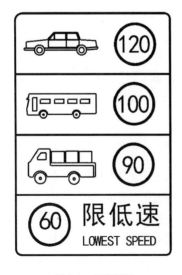

图 5-4 标牌限速

图 5-5 推荐限速

7.超速

当驾驶员的个体车速超过了限速值时,称之为超速。在道路交通管理中,超速比例以及超速者的平均车速是两个比较有用的指标,如图5-6所示。

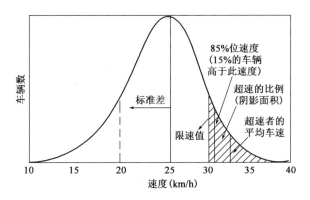

图5-6 超速比例及超速者的平均车速

8.各种速度的关系

设计速度、推断设计速度、平均速度、85%位速度、15%位速度、限速等速度指标有着各自不同的用途,但又是相互关联的,这些速度的关系如图5-7所示。

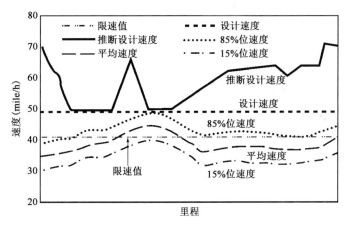

图5-7 各种速度之间的关系

二、运行速度及其测定

运行速度是指在良好的气候和天气条件下,中等技术水平的驾驶员根据实际的道路条件和交通条件所采取的行车速度。通常采用在道路特定地点上实测出的自由流条件下的85%位车速做为运行速度,即运行速度就是自由流下的85%位车速(可用v_{85}表示)。运行速度能很好地反映出驾驶员个体对道路几何线形的理解,也能真实地描述出驾驶员实际的速度选择结果。

对于现有的道路可通过实测车速来统计出运行速度,对于拟建的道路可用运行速度模型计算出运行速度。在基于实测车速的运行速度统计计算中,首先应得到自由流条件下个体车辆的车速样本,然后绘制车速的累计频率曲线,最后由累计频率曲线得到85%位车速,即为运行速度。

【例 5-1】 基于实测车速的运行速度统计计算实例一[1,2]

鹤大高速公路宁安至复兴段设计速度为80km/h,其中K47+600至K48+200段长600m,属于凹型竖曲线路段,竖曲线半径较小(仅有4 500m),是宁安至复兴段全线最小值。该路段共划分出了3个调查区段,区段一(K47+600~K47+800)为凹形竖曲线的前半段,区段二(K47+800~K48+000)为凹型竖曲线的后半段,区段三(K48+000~K48+200)为直线上坡路段。区段划分及测速点分布见图5-8,调查时段及自由流下的车速样本见表5-1。

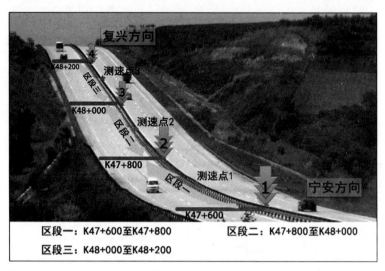

图 5-8 区段划分及测速点分布

调查时段及车速样本数 表 5-1

时 段	宁安至复兴方向			复兴至宁安方向		
	小型车车速样本数(个)	中型车车速样本数(个)	大型车车速样本数(个)	小型车车速样本数(个)	中型车车速样本数(个)	大型车车速样本数(个)
10:00~11:00	71	15	12	122	28	4
11:00~12:00	58	16	22	109	19	18
12:00~13:00	69	27	23	86	18	20
13:00~14:00	75	15	15	77	24	16
14:00~15:00	118	37	10	99	39	18

解:按行驶方向及区段划分分别统计小型车、中型车、大型车的速度分布直方图,然后绘制出相应的累计频率分布曲线,见图5-9。由图5-9截取出85%位车速,即为运行速度,见表5-2。

运行速度一览表(单位:km/h) 表 5-2

区 段	宁安至复兴方向			复兴至宁安方向		
	小型车运行速度	中型车运行速度	大型车运行速度	小型车运行速度	中型车运行速度	大型车运行速度
区段一(K47+600~K47+800)	138.17	107.13	110.44	116.06	91.15	90.02
区段二(K47+800~K48+000)	128.04	96.77	99.85	129.99	103.60	102.35
区段三(K48+000~K48+200)	115.47	87.42	85.95	114.77	90.76	88.75
区段平均	127.23	97.11	98.75	120.27	95.17	93.71

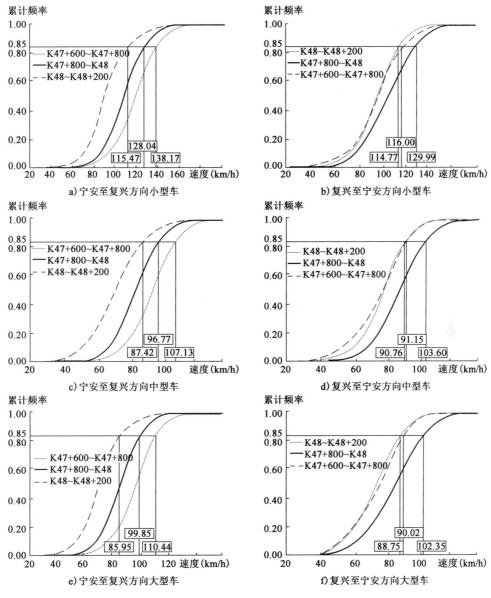

图 5-9 速度的累计频率分布曲线

分析该路段的运行速度可知:该路段的运行速度普遍较高。其中,小型车运行速度高出设计速度,平均在 40km/h 以上,有明显的超速现象。在接近凹型竖曲线底部路段,即宁安至复兴方向的区段一和复兴至宁安方向的区段二,各车型的运行速度均较高,大中型车的速度也高出设计速度 20km/h 以上。

【例 5-2】 基于实测车速的运行速度统计计算实例二[3]

哈尔滨市机场高速公路上的一个临时施工作业区,如图 5-10 所示,这是一个超车道封闭施工作业区。通过测定作业区外上游正常路段、施工区上游过渡区段、施工区路段、作业区外下游正常路段的车速,通过累计频率曲线(略)得到了施工作业区各主要区段小客车的运行速度,见图 5-11。

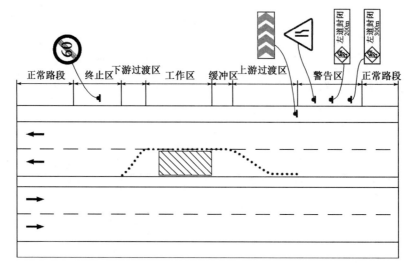

图 5-10 超车道封闭施工作业区

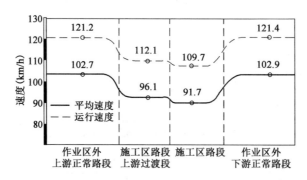

图 5-11 单向超车道封闭施工作业区各主要区段的运行速度

在利用实测车速来统计计算运行速度时,实测的车速应是自由流下的车速或称之为不受其他车辆干扰下的车速。因此,可通过车头时距的大小判断后一辆车是否受到前车的干扰。有研究结果显示,当后车距前车的车头时距大于 6s 时,该车的运行就会很少受到前车的干扰,如图 5-12 所示,这样的车速样本就可用于运行速度计算[4]。

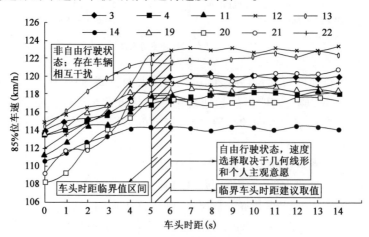

图 5-12 车头时距与 85% 车速的关系[4]

三、运行速度模型

对于运行速度模型研究的历史,笔者将其归纳总结为:先"欧洲"后"美洲";先"双车道公路"后"多车道公路"和"其他道路";先"平曲线"后"其他线形条件"和"交通条件"。

1. 欧美的运行速度模型

德国 1973 年在"German Guide for the Highways"中首次提出了运行速度概念。最早的运行速度模型主要有 Dilling 模型和 Lamm 模型,分别见式 5-1 和式 5-2,均是 1973 年提出的[5,6]。

$$\begin{cases} v_{85} = 5.32 + 1.12 \times v_{avg} \\ v_{avg} = 25.10 + 5.57 \times b + 0.05 \times R - 0.05 \times CCR \end{cases} \quad (5\text{-}1)$$

式中:v_{85}——平曲线上的 85% 位车速,即运行速度,km/h;

v_{avg}——曲线上的平均车速,km/h;

b——车道宽度,m;

R——平曲线半径,m;

CCR——曲率变化率,gon/km,$1G = 0.9° = 0.005\pi$。

$$\begin{cases} 新建道路 \quad v_{85} = 84.19 + 37.80 \times e^{-sp/152} \quad 路面宽度 B \geq 8.50m \\ 旧路 \quad v_{85} = 69.75 + 36.80 \times e^{-sp/201} \quad 6.00m \leq 路面宽度 B \leq 7.50m \\ SP = [\sum_{i=1}^{n}(|L_i|/|R_i|) \times 63.7 \times k_i + \sum_{j=1}^{n}(|L_j|/|R_j|) \times 63.7 \times k_j]/(S_1 + S_2) \end{cases} \quad (5\text{-}2)$$

式中:SP——特定参数,gon/km;

$L_{i/j}$——圆曲线 i 和缓和曲线 j 的长度,m;

$k_{i/j}$——曲率系数,取 $v_0/v_{i/j}$;

v_0——半径 500m 时圆曲线上的理论速度,km/h;

$v_{i/j}$——半径小于 500m 时圆曲线 i 和缓和曲线 j 的理论速度。此时,缓和曲线的半径 $R_j = 2 \times R_j$;

S_1、S_2——分别为到达参考断面前的视距和参考断面后的视距。

早期运行速度模型存在的主要问题是:

(1)样本量普遍不大;

(2)CCR、SP 等参数指标不易度量;

(3)模型中假定线形指标是连续的,这在很大程度上限制了模型的有效性;

(4)主要依据的是设计参数,考虑驾驶员的速度选择行为因素不够充分,也没有考虑交通量条件等。

美国最早的运行速度模型也是由 Lamm 于 1987 年提出的,见式 5-3[7]。

$$v_{85} = 34.70 - 1.00DC + 2.081LW + 0.174SW + 0.0004AADT \quad (5\text{-}3)$$

式中:v_{85}——平曲线上的 85% 位车速,mile/h;

DC——平曲线上的弯曲度,°;

LW——车道宽度,ft;

SW——路肩宽度,ft;

$AADT$——年平均日交通量,辆/日。

美国运行速度模型研究经历了由双车道公路到多车道公路两个发展阶段,道路类型也由公路发展到城市道路和郊区道路。近些年来美国以及美国各州的交通研究机构和科研人员标定了大量的运行速度模型。其中,Fitzpatrick 标定的双车道运行速度模型[8],已被美国联邦公路局 Report FHWA-RD-99-171 所引用,见表 5-3。美国联邦公路局推出的交互式道路安全设计模型(Interactive Highway Safety Design Model,IHSDM)中设计一致性模块(Design Consistency Module,DCM)使用的运行速度模型,就是对 Fitzpatrick 模型改进后得到的。

双车道公路运行速度模型　　　　表 5-3

公式编号	线形条件	计算公式	路段样本数量(个)	R^2	均方误差
1	纵坡路段上的平曲线:$-9\% \leq g \leq -4\%$	$v_{85} = 102.10 - 3\,077.13/R$	21	0.58	51.95
2	纵坡路段上的平曲线:$-4\% \leq g \leq 0\%$	$v_{85} = 105.98 - 3\,709.90/R$	25	0.76	28.46
3	纵坡路段上的平曲线:$0\% \leq g \leq 4\%$	$v_{85} = 104.82 - 3\,574.51/R$	25	0.76	24.34
4	纵坡路段上的平曲线:$4\% \leq g \leq 9\%$	$v_{85} = 96.61 - 2\,752.19/R$	23	0.53	52.54
5	平曲线与凸形竖曲线组合路段	$v_{85} = 105.32 - 3\,438.19/R$	25	0.92	10.47
6	平曲线与无视距限制的凹形竖曲线组合路段($K \geq 43\,\text{m}/\%$)	取公式 1 或 2 以及公式 3 或 4 的最低值	13	—	—
7	平曲线与视距受限的凹形竖曲线组合路段($K \leq 43\,\text{m}/\%$)	$v_{85} = 103.24 - 3\,576.51/R$	22	0.74	20.06
8	凸形竖曲线与平面直线组合路段	$v_{85} = $ 初定的期望车速	7		
9	无视距限制的凹形竖曲线与平面直线组合路段	$v_{85} = $ 初定的期望车速	6		
10	视距受限的凹形竖曲线与平面直线组合路段	$v_{85} = 105.08 - 149.69/K$	9	0.60	31.10

注:V_{85}-曲线中部小客车的运行速度,km/h;R-平曲线半径,m;K-竖曲线的曲率,m/%;g-公路纵坡坡度,%。

在使用 IHSDM 的 DCM 模块时,首先选择直线段上的期望车速;然后根据平曲线线形要素及有关数据,预测平曲线上的运行速度并假定运行速度在平曲线上是保持不变的;接下来,根据平曲线间可提供的加减速路段长度,确定由直线进入曲线的减速度和由曲线进入直线的加速度;再次,预测纵坡及竖曲线上的运行速度;最后,将基于平面线形的运行速度与基于纵断面线形的运行速度合并,得到了最终的运行速度。期望车速、平曲线上的运行速度及加减速度的确定示意见图 5-13a),纵断面上运行速度的确定示意见图 5-13b),平面线形的运行速度与纵断面线形的运行速度合并见图 5-13c),最终确定的运行速度见图 5-13d)。

对于城市道路、多车道公路、郊区道路的运行速度本书不做过多介绍,仅归纳总结了这些道路上运行速度的特点,而这些特点就是建立运行速度模型时需要重点考虑的问题。

城市道路运行速度的特点是:

(1)城市道路设置了中央分隔带后,会明显提高运行速度;

(2)运行速度会随着平曲线半径的减小、道路纵坡坡度的增大而降低;

(3)运行速度会随着道路上出入口数量的增多、停车地点的增多以及路侧人行道的设置而降低。

多车道公路运行速度的特点是:

（1）自由流下的运行速度会随着公路上出入口数量的增多而降低；
（2）设置了硬路肩后可提高运行速度；
（3）增加平曲线半径和长度有利于提高运行速度，而运行速度会随着纵坡的增大而降低。

郊区道路运行速度的特点是：
（1）运行速度会随着视距的减小、道路上进出口数量的增多而降低；
（2）设置硬路肩和增大平曲线半径均可提高运行速度；
（3）增大平曲线的偏角以及增大连续曲线的曲率变化率均会导致运行速度的降低。

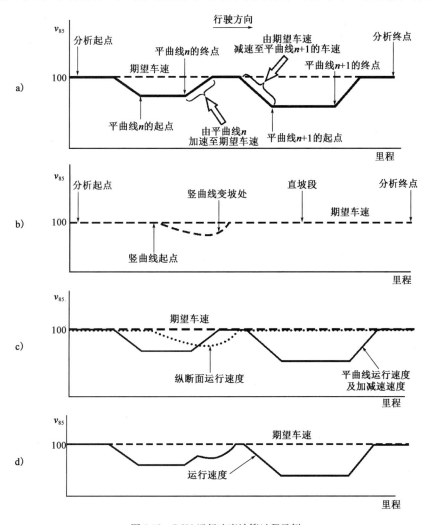

图 5-13 DCM 运行速度计算过程示例

2. 我国的公路运行速度模型

我国《公路项目安全性评价指南》（JTG/T B05—2004）（以下简称《指南》），给出了适用于高速公路和一级公路的设计速度为 60km/h 至 120km/h 的运行速度计算公式。在 2015 年发布实施的《公路项目安全性评价规范》（JTG B05—2015）（以下简称《规范》）中，补充完善了高速公路和一级公路的运行速度计算方法，并新增了二级公路和三级公路的运行速度计算公式。现以高速公路和一级公路为例，简要介绍小型车运行速度计算方法（大型车略）。

(1)路段划分

高速公路、一级公路宜划分为平直路段、小半径平曲线路段、纵坡路段、短直线路段和弯坡组合路段等五种运行速度计算单元，笔者将这五种类型的路段编号为路段单元Ⅰ至路段单元Ⅴ。2015年的《规范》又增加了隧道路段和互通式立体交叉路段单元。

平直路段是指纵坡小于3%的直线路段，或纵坡小于3%且半径大于1 000m的平曲线路段。小半径平曲线路段是平曲线半径小于1 000m的平曲线路段。纵坡路段是指纵坡坡度大于3%且坡长大于300m的路段。短直线路段是位于两个小半径平曲线之间的且长度小于300m的直线路段。弯坡组合路段包括平曲线半径小于1 000m且纵坡大于3%的平曲线与纵坡组合路段，或平曲线半径小于1 000m且纵坡大于3%的平曲线与竖曲线组合路段。

(2)确定初始速度

初始运行速度v_0选用的就是高速公路、一级公路上的设计速度。设计速度为100km/h或120km/h时，期望车速为120km/h；设计速度为80km/h和60km/h时，期望车速分别为110km/h和90km/h。小型车最低运行速度为50km/h。

(3)平直路段上的运行速度

平直路段上的运行速度，就是路段单元Ⅰ上的运行速度，其计算式如下：

$$v_{终点} = 3.6\sqrt{\left(\frac{v_{起点}}{3.6}\right)^2 + 2as} \tag{5-4}$$

式中：$v_{终点}$——平直路段终点处的运行速度，km/h；

$v_{起点}$——平直路段起点处的运行速度，km/h，由上个路段单元提供；

s——平直路段的长度，m；

a——车辆加速度，m/s²。

(4)小半径平曲线路段上的运行速度

就是路段单元Ⅱ上的运行速度，计算点是曲线中部和曲线出口，曲线入口的运行速度由上一个路段单元提供。依据小半径平曲线路段前后所连接的平面线形的不同，该类路段又可细分为该曲线前后均为直线的小半径平曲线路段（单元编号Ⅱ$_{直直}$）、曲线前为直线曲线后为曲线的小半径平曲线路段（编号Ⅱ$_{直曲}$）、曲线前为曲线曲线后为直线的路段（编号Ⅱ$_{曲直}$）和曲线前后均为曲线的路段（编号Ⅱ$_{曲曲}$）。

路段单元Ⅱ$_{直直}$、Ⅱ$_{直曲}$上曲线中部的运行速度$v_{Ⅱ_{直直},Ⅱ_{直曲}}^{曲中}$的计算式为：

$$v_{Ⅱ_{直直},Ⅱ_{直曲}}^{曲中} = -24.212 + 0.834v_{入口} + 5.729\ln R \tag{5-5}$$

式中：$v_{入口}$——小半径平曲线路段起点处（即入口处）的运行速度，km/h；

R——平曲线半径，m。

路段单元Ⅱ$_{曲直}$、Ⅱ$_{曲曲}$上曲线中部的运行速度$v_{Ⅱ_{曲直},Ⅱ_{曲曲}}^{曲中}$的计算式为：

$$v_{Ⅱ_{曲直},Ⅱ_{曲曲}}^{曲中} = 1.277 + 0.924v_{入口} + 6.19\ln R - 5.959\ln R_{前} \tag{5-6}$$

式中：$R_{前}$——该小半径平曲线路段前面曲线的平曲线半径，m。

路段单元Ⅱ$_{直直}$、Ⅱ$_{曲直}$上曲线出口的运行速度$v_{Ⅱ_{直直},Ⅱ_{曲直}}^{出口}$的计算式为：

$$v_{Ⅱ_{直直},Ⅱ_{曲直}}^{出口} = -11.946 + 0.908v^{曲中} \tag{5-7}$$

式中：$v^{曲中}$——该平曲线曲线中部的运行速度，km/h。

路段单元 $II_{直曲}$、$II_{曲曲}$ 上曲线出口的运行速度 $v_{II_{直曲},II_{曲曲}}^{出口}$ 的计算式为：

$$v_{II_{直曲},II_{曲曲}}^{出口} = -11.299 + 0.936v^{曲中} - 2.060\ln R + 5.203\ln R_{后} \tag{5-8}$$

式中：$R_{后}$——该小半径平曲线之后所接曲线的平曲线半径，m。

(5) 纵坡路段上的运行速度

就是路段单元Ⅲ上的运行速度。该类路段又可细分为上坡纵坡路段（单元编号 $III_{上}$）和下坡纵坡路段（单元编号 $III_{下}$），纵坡路段上的运行速度见表5-4。

纵坡路段上的运行速度（小型车） 表5-4

路段单元类型	纵 坡	运行速度
$III_{上}$	坡度≥3%且≤4%	每1 000m 降低5km/h，直至最低运行速度
	坡度>4%	每1 000m 降低8km/h，直至最低运行速度
$III_{下}$	坡度≥3%且≤4%	每500m 增加10km/h，直至期望速度
	坡度>4%	每500m 增加20km/h，直至期望速度

(6) 短直线路段上的运行速度

就是路段单元Ⅳ上的运行速度。在短直线路段上，运行速度保持不变。

(7) 弯坡组合路段上的运行速度

就是路段单元Ⅴ上的运行速度，计算点为路段中部和路段出口，路段入口的运行速度由上一个路段单元提供。该类路段又可细分为曲线前后均为直线的弯坡组合路段（单元编号 $V_{直直}$）、曲线前为直线曲线后为曲线的弯坡组合路段（编号 $V_{直曲}$）、曲线前为曲线曲线后为直线的路段（编号 $V_{曲直}$）和曲线前后均为曲线的路段（编号 $V_{曲曲}$）。

路段单元 $V_{直直}$、$V_{直曲}$ 上路段中部的运行速度 $v_{V_{直直},V_{直曲}}^{中部}$ 的计算式为：

$$v_{V_{直直},V_{直曲}}^{中部} = -31.669 + 0.574v_{入口} + 11.714\ln R + 0.176I_1 \tag{5-9}$$

式中：$v_{入口}$——弯坡组合路段起点处（即入口处）的运行速度，km/h；

R——弯坡组合路段上平曲线的半径，m；

I_1——弯坡组合路段前半段的纵坡坡度，%，上坡为正，下坡为负。

路段单元 $V_{曲直}$、$V_{曲曲}$ 上路段中部的运行速度 $v_{V_{曲直},V_{曲曲}}^{中部}$ 的计算式为：

$$v_{V_{曲直},V_{曲曲}}^{中部} = 0.750 + 0.802v_{入口} + 2.717\ln R - 0.281I_1 \tag{5-10}$$

路段单元 $V_{直直}$、$V_{曲直}$ 上路段出口的运行速度 $v_{V_{直直},V_{曲直}}^{出口}$ 的计算式为：

$$v_{V_{直直},V_{曲直}}^{出口} = 27.294 + 0.720v^{中部} - 1.444I_2 \tag{5-11}$$

式中：$v^{中部}$——弯坡组合路段中部的运行速度，km/h；

I_2——弯坡组合路段后半段的纵坡坡度，%，上坡为正，下坡为负。

路段单元 $V_{直曲}$、$V_{曲曲}$ 上路段出口的运行速度 $v_{V_{直曲},V_{曲曲}}^{出口}$ 的计算式为：

$$v_{V_{直曲},V_{曲曲}}^{出口} = 1.819 + 0.839v^{中部} + 1.427\ln R - 0.48I_2 + 0.782\ln R_{后} \tag{5-12}$$

式中：$R_{后}$——该弯坡组合路段之后所接曲线的平曲线半径，m。

以鹤大高速公路杏山至复兴 K6+004.264 至 K18+840 段为例，应用上述方法计算得到的运行速度见表5-5。该路段设计速度为80km/h，进行运行速度计算时，选用的初始运行速度和期望车速均为110km/h，选用的小型车最低运行速度为50km/h。

表 5-5 鹤大高速公路杏山至复兴 K0+000 ~ K18+840 段的运行速度

路段单元编号	起点桩号	终点桩号	路段单元类型	直线段长度(m)	平面曲线半径(m)			纵坡(%)			小客车运行速度(km/h)		
					前接曲线 ($R_前$)	当前曲线 (R)	后接曲线 ($R_后$)	前接段 ($i_前$)	当前段 (i)	后接段 ($i_后$)	$v_{入口}$	$v_{曲中}$ 或 $v_{中部}$	$v_{出口}$
1	K6+004.264	K7+300	I	1 295.736	∞	∞	∞	2.568	2.568	3.000	110		110
2	K7+300	K7+500	Ⅲ上	200	∞	1 504	∞	2.568	3.000	3.000	110		109
3	K7+500	K8+085	V直	585	806	806	∞	3.000	3.000	4.875	109	109.8	99.3
4	K8+085	K8+700	Ⅲ上	615	806	∞	∞	3.000	4.875	2.809	99.3		94.4
5	K8+700	K8+946.008	Ⅱ	246.008	∞	∞	∞	2.809	2.809	2.256	94.40		110
6	K8+946.008	K9+630	Ⅱ	683.992	∞	∞	∞	2.256	2.256	2.256	110		110
7	K9+630	K10+820	Ⅲ下	1 190	∞	1 016	∞	2.256	3.268	-2.700	110		104.05
8	K10+820	K10+918.271	I	98.271	1 016	∞	502	-2.700	-2.700	-2.700	104.05		110
9	K10+918.271	K11+180	I	261.729	∞	∞	502	-2.700	-2.700	1.480	110		110
10	K11+180	K11+850	Ⅱ直	670	∞	502	∞	-2.700	-	3.860	110	103.1	81.7
11	K11+850	K12+050	Ⅳ	200	502	∞	601	1.480	1.480	2.446	81.7		81.7
12	K12+050	K12+870	V直	820	∞	601	601	1.480	3.860	2.446	81.7	90.4	88.8
13	K12+870	K13+200	Ⅱ直	330	601	601	∞	3.860	2.446	2.446	88.8	86.5	66.6
14	K13+200	K13+350	Ⅳ	150	601	∞	1 004	2.446	2.446	3.812	66.6		66.6
15	K13+350	K14+040	Ⅲ下	690	∞	1 004	∞	2.446	-3.000	3.812	66.6		80.4
16	K14+040	K14+800	Ⅲ上	760	1 004	1 004	∞	-3.000	3.812	3.812	80.4		76.6
17	K14+800	K15+230	I	430	1 004	∞	∞	3.812	1.824	5.000	76.6		106.9
18	K15+230	K16+120	Ⅲ上	890	∞	∞	599	1.824	5.000	-1.917	106.9		99.8
19	K16+120	K16+284.026	Ⅱ直	164.03	∞	∞	599	5.000	-1.917	-1.917	99.8		110
20	K16+284.026	K16+500	I	215.97	∞	599	∞	-1.917	-1.917	0.702	110		110
21	K16+500	K17+200	Ⅱ直	700	599	∞	609	-1.917	—	0.702	110	104.1	82.6
22	K17+200	K17+600	I	400	∞	609	∞	0.702	0.702	-1.826	82.6		109.6
23	K17+600	K18+050	Ⅱ直	450	609	∞	∞	0.702	—	-1.862	109.6	103.9	82.4
24	K18+050	K18+459.448	I	409.45	∞	∞	501	-1.826	-1.862	-1.862	82.4		110
25	K18+459.448	K18+600	I	140.55	∞	501	∞	-1.862	-1.862	-1.862	110		110
26	K18+600	K18+840	Ⅱ直	240	501	∞	∞	-1.862	—	3.018	110	103.1	81.7

四、运行速度协调性评价及线形指标优化

测定或计算运行速度的一个重要目的是对既有道路或拟建道路进行运行速度协调性评价,包括相邻路段运行速度协调性评价和运行速度与设计速度一致性评价两个方面。

1. 相邻路段运行速度协调性评价

采用相邻路段运行速度的差值(用 Δv_{85} 表示)来评价相邻路段运行速度的协调性。我国推荐的评价标准是:

(1) $|\Delta v_{85}| < 10 \text{km/h}$ 时,运行速度协调性好。

(2) $|\Delta v_{85}|$ 为 10~20km/h 时,运行速度协调性较好,条件允许时宜适当调整相邻路段技术指标,使运行速度的差值小于或等于10km/h。

(3) $|\Delta v_{85}| > 20 \text{km/h}$ 时,运行速度协调性不良,相邻路段需调整平、纵线形指标。

美国 IHSDM 的 DCM 模块中,对双车道公路的运行速度协调性评价,主要是评价平曲线路段前后的运行速度差值,包括直线接平曲线时的运行速度差值和平曲线接平曲线时的运行速度差值等。比如,对于直线接平曲线的组合路段,DCM 给出了三种运行速度差值条件,供用户来评估在该平曲线上的运行速度协调性,这三种条件是:

条件 1:直线上的 v_{85}—平曲线上的 $v_{85} \leqslant 10 \text{km/h}$

条件 2:$10 \text{km/h} < $ 直线上的 v_{85}—平曲线上的 $v_{85} \leqslant 20 \text{km/h}$

条件 3:直线上的 v_{85}—平曲线上的 $v_{85} > 20 \text{km/h}$

2. 运行速度与设计速度一致性评价

我国规定,当同一路段设计速度与运行速度的差值大于 20m/h 时,应对该路段的相关技术指标进行安全性验算。

IHSDM 中的 DCM 模块也给出了三种条件,供使用者评估运行速度与设计速度的一致性,这三种条件是:

条件 1:$v_{85}—v_{设计速度} \leqslant 10 \text{km/h}$

条件 2:$10 \text{km/h} < v_{85}—v_{设计速度} \leqslant 20 \text{km/h}$

条件 3:$v_{85}—v_{设计速度} > 20 \text{km/h}$

3. 基于运行速度的线形指标调整

当需要用运行速度来调整线形指标时,最常用的方法是在线形指标计算公式中用运行速度来代替设计速度。比如,平曲线半径、停车视距和超高的调整等,可按下式来计算确定:

$$R = \frac{v_{85}^2}{127(u+i)} \tag{5-13}$$

式中:R——按运行速度要求的平曲线半径,m;

u、i——分别为横向力系数和路拱横坡度(%)。

$$S_T = \frac{v_{85} \cdot t}{3.6} + \frac{(v_{85}/3.6)^2}{2g(f+i)} \tag{5-14}$$

式中:S_T——按运行速度要求的停车视距,m;

t——驾驶员反应时间,s;

g——重力加速度,9.8m/s²;

f——道路纵向摩擦系数;
i——道路纵坡坡度,%。

$$i_y = \frac{v_{85}^2}{127R} - f \tag{5-15}$$

式中:i_y——按运行速度要求的超高值,%;
R——原有的或按设计速度确定的平曲线半径,m。

五、运行速度在速度管理中的应用

运行速度的另一项应用就是用来确定限速值,尤其是标牌限速的限速值。通常将运行速度上下浮动5km/h的速度范围做为限速值的取值范围。设计速度、运行速度和限速值之间比较理想的关系如图5-14所示,不理想的关系如图5-15所示。

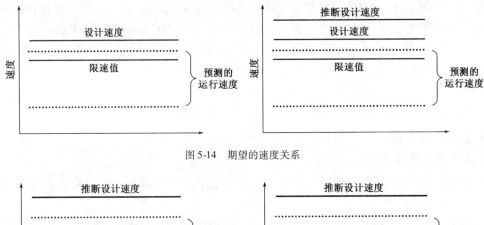

图5-14 期望的速度关系

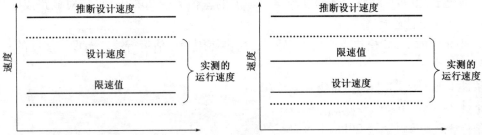

图5-15 不理想的速度关系

第二节 道路安全审计

一、道路安全审查

笔者经归纳总结发现,在交通安全管理中与道路安全审查有关的工作可包括事故多发点安全管理(即事故黑点管理,Black Spot Management,BSM)、路网安全管理(Network Safety Management,NSM)、道路安全检查(Road Safety Inspection,RSI)、道路安全审计(Road Safety Audit,RSA)、道路交通安全评价(包括宏观安全评价和微观安全评价等)以及道路交通安全影响评价等。这些道路安全审查工作均是道路交通安全管理的重要组成部分,如图5-16所示。

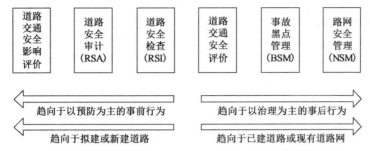

图 5-16　交通管理中的道路安全审查工作

上述各项道路安全审查工作针对的对象以及审查的目的是有着很大区别的,有些是针对已建道路或现有道路网开展的安全评估,目的是对现有道路及其交通管理提出安全改善对策或是给出具体的安全改善措施,这是以补救或治理为主,事后的安全审查工作;有些是针对拟建项目开展的事前的安全审查,目的是提升拟建项目的设计、建设质量,从而保证在其通车运营后能达到较高的交通安全水平,这是一种更积极主动的道路安全审查工作。

二、道路安全检查与审计的发展[9]

本书仅介绍道路安全检查与审计的发展概况。其中,欧洲国家主要以道路安全检查为主,而美国、加拿大、澳大利亚、新西兰等则是道路安全审计。

1. 欧洲的道路安全检查

公路安全审计最早产生于英国,1985 年英国开始研究并推广公路安全审计技术,1991 年起对新建高速公路和汽车专用公路实施公路安全审计。进入 21 世纪以来,欧洲各国先后开展了道路安全检查工作或相似工作。部分欧洲国家已编制出道路安全检查手册,提出道路安全检查项目清单,并开始定期进行道路安全检查工作。欧洲各国道路安全检查工作开展情况见表 5-6。

欧洲主要国家的道路安全检查　　　　表 5-6

国　家	RSI 是否 被定期使用	RSI 从何时起 开始使用	是否存在 RSI 的手册	是否存在 明确的清单	是否有 法律依据	是否为 强制性
奥地利	是	2003 年	是	是	是	否
比利时	是	—	—	是	否	否
保加利亚	否	—	否	否	否	否
塞浦路斯	是	2006 年	—	是	否	否
捷克	否	—	是	—	否	否
丹麦	是	—	—	是	否	否
爱沙尼亚	是	2008 年	否	否	否	否
芬兰	否	2009 年	否	否	否	否
法国	是	—	是	是	—	—
德国	是	—	是	否	是	是
希腊	否	1988 年	否	否	—	否
匈牙利	是	—	—	否	否	是	否
冰岛	是	2005 年	是	—	否	否
意大利	是	—	是	是	否	否

续上表

国　家	RSI是否被定期使用	RSI从何时起开始使用	是否存在RSI的手册	是否存在明确的清单	是否有法律依据	是否为强制性
爱尔兰	否	2000年	—			
拉脱维亚	是	—		否		
卢森堡	否	—				
荷兰	部分	2004年	是	是	是	是
挪威	是	—	是	是		
波兰	是					
葡萄牙	是			是	否	否
罗马尼亚	否	1995年	否	否	否	否
西班牙	是	—	是	否	—	—
瑞士	否	1990年	—	—		
英国	是		是	是	—	—

2008年11月19日,欧盟议会道路基础设施安全管理理事会发布2008/96/EC欧盟指令,该指令成为欧盟道路安全检查的法律基础。指令中要求各成员国应对现有道路开展安全检查工作,排查道路安全隐患,提高道路交通安全水平。

欧洲各国道路交通安全检查程序不尽相同。最具代表性的是四步程序,分别为室内准备、室外现场考察、起草道路安全检查报告以及提出改善措施建议,主要工作流程,如图5-17所示。

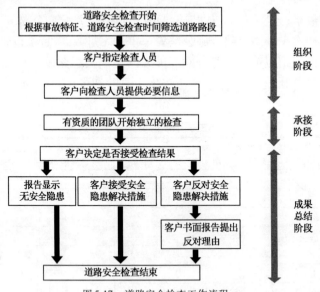

图5-17　道路安全检查工作流程

客户通常是指道路管理机构或私人道路运营公司,检查员是一个独立的引导开展RSI工作的道路安全专家团队或组织机构。专家团队有责任从安全角度认真的引导并开展RSI工作。在一个正规的书面报告中,检查者必须说明成果、不足之处和参考文献。

世界道路协会道路安全指南(PIARC RSI GUIDELINES)中指出道路安全检查是一项对现有道路的全面性的安全检查,包括大量的准备工作、带有详细检查清单的现场考察、问题分析以及提出解决对策等步骤,并明确指出道路安全检查可不需要交通事故数据。

2. 美国和加拿大的道路安全审计

美国和加拿大的道路安全审计,包括拟建道路的安全审计、建设阶段的道路安全审计和运营阶段的安全审计三类。其中,运营阶段的安全审计与欧洲道路安全检查相类似,属于对已建道路开展的以预防为主的事前检查。

1996年,美国联邦公路局派遣一个考察团赴澳大利亚和新西兰,评价道路安全审计程序,考察道路安全审计的应用情况,以便决定道路安全审计是否有应用价值。考察团通过积极的道路安全审计实践和广泛的应用,意识到道路安全审计的实践价值。随后,考察团建议在美国进行道路安全审计试点。1998年,美国联邦公路局开始道路安全审计试点项目,审计道路工程。2004年,13个州已明确地将道路安全审计作为交通安全管理的重要工作内容之一。

加拿大也是逐步引入和完善道路安全审计的。1998年英属哥伦比亚保险公司首先发起了道路安全审计倡议,从而引发了是否需要开展道路安全审计工作的大讨论。1999年新布伦斯瑞克大学发布了道路安全审计指导文件,详细总结了新布伦斯瑞克省开展道路安全审计的经验。2001年,加拿大国家道路安全审计指南发布。

3. 澳大利亚和新西兰的道路安全审计

在澳大利亚和新西兰,对现有道路的安全审计是道路安全审计的组成部分之一。审计指南分别于1993年、1994年在新西兰和澳大利亚出版。

新西兰要求在全国路网实行道路安全审计,而澳大利亚只在国道网中进行。在澳大利亚和新西兰,审计人员必须经过培训并且要有丰富的经验。澳大利亚的各州都有注册的国家道路安全审核员。决定审计质量的关键因素是审核员的经验,越有经验的审核员,越能更好地进行审计工作。道路安全审计项目清单也在这两个国家中被普遍使用。

三、道路安全审计的内容和实施步骤

1. 道路安全审计的定义

美国联邦公路局给出的道路安全审计定义是:道路安全审计是一个由独立的、有资质和经验的、由多学科人员组成的审计队伍或团队,对一个拟建道路工程项目或已投入使用的道路交通设施,所进行的正式的以主动安全为主的交通安全审查工作。

道路安全审计与其他交通安全评估或检查是有着本质区别的,见表5-7。

道路安全审计的本质 表5-7

道路安全审计	非道路安全审计
1. 关注道路交通安全; 2. 正式的安全检查工作; 3. 以主动安全为主要目标; 4. 由专业审查团队实施审计,该团队应由多学科的人员组成,要独立于道路设计和道路交通管理部门,同时,也不是道路交通设施的业主单位; 5. 要有足够的广度和视角,关注所有道路使用者的交通安全问题; 6. 是以定量分析为主的安全审查工作	1. 评估道路交通设施设计的合理性; 2. 通过与规范、标准对照,检查设计的符合性; 3. 对建设项目排序和选择; 4. 对建设方案排序和比选; 5. 建设项目的再设计; 6. 对现有道路上的交通事故进行调查并给出简单的安全评估

2. 道路安全审计的内容

对任何类型的道路交通设施,不论是正在设计中的、正在建设中的、还是已投入使用的,均

可开展道路安全审计,即道路安全审计适用于任何阶段、任何类型的道路交通设施。

对于机动车交通安全问题,道路安全审计也需要关注行人、自行车出行者等特殊用户。对于已投入使用的道路交通设施,安全审计关注的重点是事故多发区域、多发事故形态、交通运行特性的明显变化以及政策影响等。另外,安全审计的任务也包括识别潜在的交通安全危险。对于设计、建设中的道路交通设施,安全审计也需要考虑新颖方案的可行性以及建设项目周边土地利用的可能影响等。

3.道路安全审计的实施步骤

一般要包括以下 8 个步骤[10]。

步骤 1:识别并选定拟实施安全审计的道路或交通设施项目;
步骤 2:选择道路安全审计团队;
步骤 3:召开道路安全审计预备会议;
步骤 4:现场考察和现场调查;
步骤 5:安全审计分析,准备安全审计报告;
步骤 6:向客户提交安全审计报告;
步骤 7:客户提出正式的响应报告;
步骤 8:形成最终的安全审计报告并列入实施计划。

在选择安全审计团队时,团队应由以下几个方面的专业人员构成:①道路安全专业人员;②道路设计人员;③交通规划人员;④交通运营管理人员;⑤交通执法和紧急医疗服务人员;⑥公共健康人员;⑦道路养护人员;⑧人类学专业人士;⑨环境保护专业人士;⑩社区机构人员等。

在步骤 3 召开的预备会议中,主要是审查项目信息。步骤 4 的现场考察和现场调查中,应有明确的调查项目清单和具体的调查表。步骤 6 和步骤 7 是安全审计团队与客户间的交流与互动活动,这里的客户是指安全审计的主管部门或设计单位等。在步骤 8 的列入实施计划,是安全审计的最终目的。

四、道路安全审计中的技术问题与对策措施

在道路安全审计中所遇到的安全技术问题无外是工程问题和行为因素问题两个方面。比如,由于对道路功能定位的不准确,或没有充分考虑沿线的土地利用情况,交通组成和交通量就会与道路设计时所预期的结果出现较大的偏差,这就是一个工程问题。从行为方面看,当上述工程问题出现后,驾驶员也不会很好地按照道路设计的要求来行车。

道路安全审计团队需要同时考虑基础设施建设和交通行为两个方面的需求来确定安全问题,见表 5-8。表 5-8 同时也给出了安全问题的通用解决措施。

安全问题及通用解决措施　　　　　表 5-8

主题	常见问题	问题发现	通 用 对 策
横断面	路面宽度不足	路面较窄且没有带铺装的路肩	改善或加固未设铺装的路肩
	路面边缘沉降	垂直沉降超过了 2in❶	1.增设有铺装的路肩或加宽现有的有铺装的路肩 2.在道路中心线或路面边缘设置震动带

---

❶ 注:1in = 0.025 4m,后同。

续上表

主题	常见问题	问题发现	通用对策
危险平面线	急弯曲线	视距受限,超高不足	1. 设置平曲线提示标志 2. 在道路中心线和路面边缘设置交通标线 3. 设置轮廓标
	轮廓描述混乱	有不统一、旧的交通标志,路面标线褪色,无路面边缘标线	1. 更新现有交通标志 2. 提高道路摩擦系数,改善路面抗滑性能
路侧危险	路侧有危险物	树木、岩石、杆柱,高填方路堤,涵洞进出口及端墙处排水不良,有大面积水域,有墙体或护栏	按照危险性由高到低来清理危险物,如: 1. 移走危险物或障碍物 2. 重新设置障碍物,使之可被安全穿越 3. 重新安置障碍物到另一个不易被撞到的地点 4. 采用适当的解体消能设施,降低冲突严重程度 5. 用护栏或碰撞垫隔离障碍物

注:限于篇幅,此处略去了交叉口、道路照明、人行道、自行车道、速度管理、交通组成等其他主题。

对于发现的交通安全问题,可依据事故或潜在事故的严重程度和发生频率,进行排序,见表5-9。

安全问题排序矩阵 表5-9

事故发生频率	事故严重程度			
	轻伤	中等伤害	重伤	死亡
经常发生	中高	高	最高	最高
偶尔发生	中等	中高	高	最高
不经常发生	低	中等	中高	高
很少发生	最低	低	中等	中高

五、我国的公路安全审计

我国交通运输部分别于2004年和2015年发布实施了中华人民共和国推荐性行业标准《公路项目安全性评价指南》(JTG/T B05—2004)[11]和中华人民共和国行业标准《公路项目安全性评价规范》(JTG B05—2015)[12],这对完善公路设施、改善交通安全环境、提升公路安全水平起到了重要作用。虽然,我国将之命名为"公路项目安全性评价",但其实质上就是我国的道路安全审计。

1. 适用范围

我国的公路项目安全性评价可适用于高速公路、一级公路、二级公路和三级公路的工程可行性研究阶段、初步设计阶段、施工图设计阶段、交工阶段和后评价阶段。

2. 评价内容

我国公路项目安全性评价的内容,见表5-10。尽管在很多阶段的安全性评价中都会包含总体评价、路线安全性评价、桥梁安全性评价、互通式立体交叉安全性评价、平面交叉安全性评价等,但事实上这些评价内容的评价深度、侧重点、评价方法和评价要求等在不同的阶段是不同的,详见《公路项目安全性评价规范》(JTG B05—2015)。

公路项目安全性评价内容　　　　　　　　　　　　　　　表 5-10

评价内容	工程可行性研究阶段	初步设计阶段	施工图设计阶段	交工阶段	后评价阶段
工程方案评价	√	×	×	×	×
气象条件对交通安全的影响评价	√	×	×	×	×
应急救援和紧急疏散能力评价	√	×	×	×	×
动物迁徙路线和设置动物通道的必要性	√	×	×	×	×
总体评价	×	√	√	√	√
方案比选评价	×	√	×	×	×
运行速度协调性评价	×	√	√	√	√
路线安全性评价	×	√	√	√	√
路侧安全性评价	×	√	×	√	√
桥梁安全性评价	×	√	√	√	√
隧道安全性评价	×	√	√	√	√
互通式立体交叉安全性评价	×	√	√	√	√
平面交叉安全性评价	×	√	√	√	√
交通工程及沿线设施评价	×	√	√	√	√
路基路面安全性评价	×	×	√	√	√
公路安全状况评价	×	×	×	×	√
养护维修作业区安全性评价	×	×	×	×	√

注：表中"√"表示包含本项评价内容，"×"表示不包含本项评价内容。

3. 评价方法

安全性评价方法主要包括：

方法一：经验分析法；方法二：安全检查清单法；方法三：基于运行速度协调性评价的方法；方法四：驾驶模拟法；方法五：现场踏勘和实地驾驶法；方法六：交通事故统计分析法。

公路项目所处的阶段不同，在安全性评价时所采用的评价方法也有所不同，工程可行性研究阶段宜以方法一和方法二为主，初步设计阶段宜采用方法一、方法二与方法三的组合，施工图设计阶段可采用方法二、方法三与方法四的组合，交工阶段可采用方法三和方法五，后评价阶段宜采用方法二、方法三和方法六。

4. 我国开展道路安全审计的几点建议

笔者对我国开展道路安全审计工作，提出如下几点建议：

（1）建议尽快出台针对城市道路的安全审计指南或规范。

（2）建议尽快完善道路安全审计项目清单，这是实施道路安全审计的有力保障。笔者在承担"珠江三角洲环线高速公路黄岗至花山段"、"潮惠高速公路 K123+000～K247+900 段"安全性评价项目中，借鉴国外的经验，编制了部分安全性评价清单（检查清单），包括设计符合性评价表、直线段长度评价表、平曲线线形指标评价表、主线相邻平曲线半径的协调性评价表、平曲线超高评价表、主线纵坡坡度与坡长评价表、竖曲线要素评价表、平曲线与竖曲线组合评价表、平曲线内侧最大横净距及视距检查表、防眩设施处的最大横净距及视距检查表、竖曲线处的实际视线距离及视距检查表、路侧净区以及潜在障碍物检查表、边沟及排水沟审查表、涵洞洞口安全性审查表、桥梁墩台安全性评价表、桥下净空评价表、互通式立体交叉服务水平分析表、互通式立体交叉出入口匝道及变速车道审查表、互通式立体交叉主线及匝道线形评价表和护栏设置审查表等。现摘取部分检查表样单,见表 5-11~表 5-17,供参考。

设计符合性评价表 表 5-11

项　　目	规范推荐值	项目采用值	评价	备　　注
1. 主线几何线形				
□圆曲线最小半径(m)			√	
□平曲线最小长度(m)			×	
□缓和曲线最小长度(m)				
□最大纵坡(%)				
□最短坡长(m)				
□凹形竖曲线最小半径(m)				
□凸形竖曲线最小半径(m)				
□竖曲线最小长度(m)				
□路拱横坡(%)				
□超高(%)				
2. 互通式立体交叉				
2.1　互通式立体交叉主线				
□圆曲线最小半径(m)				
□最大纵坡(%)				
□凹形竖曲线最小半径(m)				
□凸形竖曲线最小半径(m)				
2.2　互通式立体交叉匝道				
□圆曲线最小半径(m)				
□分流点处圆曲线最小半径(m)				
□出口匝道最大纵坡(%)				
□入口匝道最大纵坡(%)				
□凹形竖曲线最小半径(m)				
□凸形竖曲线最小半径(m)				
□竖曲线最小长度(m)				
3. 路基路面				
□设计洪水频率				
□路面弯沉(1mm/100)				
4. 桥涵				
□特大桥设计洪水频率				
□中小桥、涵洞设计洪水频率				
□设计荷载				

注:"√"代表满足设计要求,即审查合格;"×"代表不满足设计要求,即审查不合格。

主线相邻平曲线半径的协调性评价表

表 5-12

编号	相接平曲线	平曲线半径 (m)	曲线关系	半径比 $R_大/R_小$（S 型） $R_小/R_大$（C 型）	评价标准 $R_大/R_小$（S 型） $R_小/R_大$（C 型）	评价结果	备注
1	JD_1		S 形曲线		<2.0		
	JD_2						
2	JD_3		C 形曲线		0.2~0.8		
	JD_4						
…							

平曲线超高评价表

表 5-13

曲线编号	平曲线半径 (m)	路段类型	设计超高值 (%)	理论超高值(%)		评价结果及建议	
				理论超高值 1 (按小客车计)	理论超高值 2 (按货车计)	评价结果	建议
JD_1							
JD_2							
JD_3							
…							

平曲线与竖曲线组合评价表

表 5-14

编号	路段范围		平曲线		竖曲线				线形组合描述	评价与建议
	起点桩号	终点桩号	交点编号	半径(m)	编号	半径(m)	形式	长度(m)		
1					1					
					2					
					…					
2					1					
					2					
					…					
…					…					

竖曲线处的实际视线距离及视距检查表

表 5-15

序号	变坡点桩号	竖曲线半径 (m)	坡差 ω(%) $\omega = i_2 - i_1$	实际视线视距 (m)	检查视距 (m)	检查结果
1						
2						
…						

路侧净区及潜在障碍物检查表　　　　　　　　　　　　　　　　表 5-16

编号	起终点桩号	路基类型	路侧净区		障碍物编号	障碍物类型	障碍物距行车道边缘距离(m)	是否危险	已采取的安全措施	建议
			调整系数	宽度(m)						
1										
2										
…										

涵洞洞口安全性审查表　　　　　　　　　　　　　　　　　　　表 5-17

编号	中心线桩号	涵洞结构	涵洞功能	进出口型式		进出口是否位于安全净区内		是否有护栏保护		安全评价
				右	左	右	左	右	左	
1										
2										
…										

（3）建议尽快培养专业的道路安全审计人员，可考虑实行注册工程师制度，优秀的审计人员需要具有在道路设计、交通工程、道路养护、交通事故调查方面的专业教育；在道路管理方面的实践经验；在道路交通法律法规方面的丰富知识；有较强的沟通能力和报告撰写能力；能提出满足各方要求的解决方案。

（4）建议进一步细化安全审计的检查范围和检查周期等规定和要求。

本章参考文献

[1] 孟祥海,张树和."一级公路高速化后线形适应性评价及改善措施研究"研究报告[R].黑龙江省交通运输厅科技项目.2011-2012.

[2] 孟祥海,史永义,徐汉清,张志召,张树和.一级公路高速化后的交通适应性分析[J].中国公路学报,2014,27(7):98-104.

[3] 孟祥海,幺晖."高速公路施工建设中的交通控制与安全保障技术研究"研究报告[R].黑龙江省交通运输厅科技项目.2011-2012.

[4] 孟祥海,王丹丹,张志召.高速公路平纵组合路段运行速度分析与预测[J].交通运输系统工程与信息,2014,(02):150-157.

[5] Dilling T. Fahrerhalten von kraftfahrzeugen auf kurrigen strecken. Research Report, Strassenbau und strassenverkehrstechnik, Vol151, Bonn-Bad Godesberg, Germany, 1973.

[6] Lamm R. Fahrdynamik und Streckencharakteristik: ein Beitrag zum Entwurf von Straßen unter besonderer Berücksichtigung der Geschwindigkeit. Publications of Institute of Highway and Railway Engineering of the University of Karlsruhe, Vol. 11, Karlstruhe, Germany, 1973.

[7] Lamm R., E. M. Choueiri. Recommendations for Evaluating Horizontal Alignment Design Consistency Based on Investigations in the State of New York. In Transportation Research Record 1122, TRB, National Research Council, Washington D. C., 1987. PP. 68-78.

[8] Fitzpatrick k., Elefteriaclou, D. Harwood, J. collins, J. Mc Fadden, I. B. Anderson, R. A. Krammes, N. lrizarry, K. parma, K. Bauer, K. Passetti. Speed Prediction for Two-lane Rural Highways. Report FHWA-RD-99-171. Federal Highway Administration, U. S. Department of Transportation, 2000b.

[9] 孟祥海,李昕,林兰平,完善道路交通安全隐患排查制度研究,道路交通管理,2015(3).

[10] Dan Nabors, Kevin Moriarty, Frank Gross. Road safety audit toolkit for Federal Land Management Agencies and Tribal Governments. Report NO. FHWA-FLH-10-0011, 2010.

[11] 中华人民共和国推荐性行业标准.JTG/T B05—2004 公路项目安全性评价指南[S].北京:人民交通出版社,2004.

[12] 中华人民共和国行业标准.JTG/T B05—2015 公路项目安全性评价规范[S].北京:人民交通出版社股份有限公司,2015.

第六章 道路交通事故预测技术

交通事故预测就是通过对交通事故历史和现实状态的分析,并考虑事故关联因素的影响,对未来可能发生的事故做出估计和推测。这种估计和推测可以是事故发展趋势,也可以是量化的事故指标,甚至是事故严重程度。事故预测的主要目的是识别和控制危险,以便预先采取对策,最大限度地减少事故发生的可能性。事故预测的核心是建立事故预测模型。本章主要介绍事故预测模型建模步骤及技术要求、事故预测参数模型的建模方法、经典事故预测模型及安全服务水平、事故预测的时间序列法及非参数模型法。

第一节 事故预测模型建模步骤及技术要求

一、事故预测模型建模步骤

事故预测模型通常是指一个能很好拟合事故数据的多变量模型,可用来估计事故指标与事故影响因素之间的统计或量化关系。事故预测模型建模一般包括以下 11 个步骤:
第一步,模型设定;第二步,选择解释变量;第三步,模型形式选择;第四步,确定模型层次;第五步,设定函数关系;第六步,指定残差项;第七步,拟合优度检验;第八步,控制内生性;第九步,因果关系分析;第十步,模型的可预测能力分析;第十一步,模型中的潜在误差分析。

二、模型设定

建立事故预测模型的第一项工作就是模型设定,即对建模步骤中第二至第六步的有关内容进行总体把握和控制,模型设定的具体内容包括选择和定义因变量、选择和定义自变量、确定模型的层次结构、确定因变量和自变量之间的函数关系、指定残差项形式等。

1. 选择和定义因变量

在建立事故预测模型时,可选择的因变量有:事故次数、死亡或受伤人数、事故率或伤亡率。

由于事故次数或伤亡人数与交通量之间在很多情况下是非线性的关系,因此不要轻易采用事故率或伤亡率作为事故预测时的因变量。使用受伤或死亡人数时,会出现"有相互依赖关系的问题",即事故中出现一个伤亡人员,其他参与人员也会伤亡。因此,采用死亡或受伤人数作为因变量时,需要在自变量中补充描述人员伤亡分布的变量,或采用两阶段的事故预测模型,第一阶段预测事故次数,第二阶段预测伤亡人数。

2. 选择和定义自变量

选择和定义自变量就是选择和定义解释性变量。由事故率的定义可知,事故率等于单位关联因素下的事故次数,或期望事故次数 λ 等于关联因素 N 乘以事故率 P。显然,应采用关联因素作为解释性变量。

解释性变量应具有的特征是:
(1)对事故发生有显著性影响;
(2)有有效和可靠的方法来度量;
(3)不是内生的,即不依赖其他解释性变量或是模型中的独立变量。

经常使用的解释性变量一般包括:
(1)描述运输量的指标,如机动车车公里;
(2)描述道路功能的指标,如机动车道路、主干路、次干路、支路等;
(3)横断面指标,如车道数、车道宽度、路肩宽度、中间带宽度等;
(4)交通控制指标,如速度值、交叉口的交通控制方式等。

不经常使用的解释性变量一般包括:
(1)线形指标变量;
(2)行人或自行车交通量,原因是该类指标不易度量;
(3)道路使用者行为变量,如超速、违章倾向等。

三、模型形式选择

近年来绝大多数事故预测模型的形式是:

$$E(\lambda) = \alpha \left[\prod_{i=1}^{N} Q_i^{\beta_i} \right] \cdot e^{\sum_{j=1}^{n} b_j \cdot x_j} \tag{6-1}$$

式中:$E(\lambda)$——期望事故次数;

Q、x——道路及交通属性变量,即解释性变量,如 $AADT$、车道数、路段长度、行人交通量等;

α、β、b——模型参数。

对于道路路段及道路交叉口,事故预测模型的常见形式是:

道路路段

$$E(\lambda) = \alpha Q^{\beta} \cdot e^{\sum_{j=1}^{n} b_j \cdot x_j} \tag{6-2}$$

道路交叉口

$$E(\lambda) = \alpha Q_1^{\beta_1} Q_2^{\beta_2} \cdot e^{\sum_{j=1}^{n} b_j \cdot x_j} \tag{6-3}$$

式中:Q——道路路段上的交通量;

Q_1、Q_2——道路交叉口中两条相交道路的交通量。

预测事故次数,即期望事故次数,是交通量 Q 和一组危险因素 $x_j(j=1,2,\cdots,n)$ 的函数。事故次数与交通量 Q 之间是常数项为 β 的幂函数关系,当 β 等于 1 时事故次数与交通量呈正比关系(即通常意义下的事故率关系),当 β 大于 1 时事故次数的增长速度大于交通量的增长速度,当 β 小于 1 时事故次数的增长速度小于交通量的增长速度。事故次数与危险系数之间通常是以 e 为底数的指数函数关系。从严格的数学上看,事故预测模型可等同于一个指数函数模型:

因

$$Q^{\beta} = e^{\ln Q^{\beta}} \tag{6-4}$$

$$\alpha = e^{\ln\alpha} \tag{6-5}$$

所以

$$E(\lambda) = e^{\ln\alpha} \cdot e_i^{\sum_{i=1}^{N}\ln Q_i^{\beta_i}} \cdot e_j^{\sum_{j=1}^{n}b_j \cdot x_j} = e^{[\ln\alpha + \sum_{i=1}^{N}\ln Q_i^{\beta_i} + \sum_{j=1}^{n}b_j \cdot x_j]} \tag{6-6}$$

这等同于一个对数线性模型：

$$\ln[E(\lambda)] = \ln\alpha + \sum_{i=1}^{N}\beta_i \cdot \ln Q_i + \sum_{j=1}^{n}b_j \cdot x_j \tag{6-7}$$

由于期望事故次数不能是负数，因此采用指数函数形式是符合逻辑的，而线性模型则会存在一定的逻辑性问题。

四、模型的层次

可按以下 3 个层次来建立事故预测模型[1]：①事故层次的预测模型；②车辆层次的预测模型；③道路使用者层次的预测模型。

由于大多数的交通事故会涉及一辆以上的车辆或多个道路使用者，这就需要建立分层次的事故预测模型，每一层次的模型所需要的解释性变量是不同的。以表 6-1 中的事故数据为例，若要建立道路使用者层次的事故预测模型，除了事故类型和涉及的车辆数外至少还需要 3 到 4 个关于道路使用者属性的解释性变量，如性别、年龄、是否系安全带、伤亡程度等；若要建立车辆层次的事故预测模型则需要有事故类型和涉及的车辆数两个变量；而事故层次的模型只需要事故类型一个变量。显然，只预测事故类型（正面碰撞事故、追尾碰撞事故等）是不能很好地评价道路使用者的伤亡程度的。因此，建立由事故层次至道路使用者层次的分层事故预测模型，在很多情况下是合理可行的。

交通事故数据的层次特征　　　　　　　　　　　　　　表 6-1

事故层次	车辆层次	道路使用者层次
正面碰撞	1 辆车	男性,19 岁,未系安全带,死亡
正面碰撞	1 辆车	女性,18 岁,系安全带,重伤
正面碰撞	1 辆车	女性,17 岁,系安全带,轻伤
正面碰撞	2 辆车	男性,38 岁,系安全带,重伤
正面碰撞	2 辆车	女性,34 岁,系安全带,轻伤
正面碰撞	2 辆车	儿童,3 岁,儿童安全系统,未受伤
变量/变量数（个）:事故类型/1	变量/变量数（个）:车辆数/1	变量/变量数（个）:性别、年龄、是否系安全带、伤亡程度/4

五、设定函数关系

设定函数关系就是确定事故次数与一个或多个解释性变量的函数形式。如前所述，事故次数与交通量可有幂函数关系，而事故次数与危险因素之间可有指数函数关系，但幂函数和指数函数也会有多种形式，如图 6-1 所示。

这些函数形式的主要缺陷是，它们是单调的，不允许出现拐点，也不能有最大值或最小值。更加复杂一些的函数形式可采用 Box-cox 变换来拟合，或采用样条平滑技术来拟合出多项式函数[2,3]。

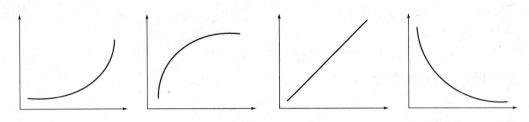

图 6-1　幂函数或指数函数的函数形式

六、指定残差项形式

事故次数的方差由随机方差和系统方差构成。系统方差只能借助于事故预测模型来解释，一个完美的事故预测模型应能解释全部的系统方差。由于残差是部分系统方差与随机方差之和，因此在建立事故预测模型时设定残差的形式很重要。

如果事故预测模型解释了全部的系统方差，那么残差就只包含随机方差了，此时残差应服从泊松分布。但现实情况是，事故预测模型不能解释全部的系统方差，残差会出现过度离散现象。因此，将残差项指定为负二项分布是适宜的。另外，在有些情况下，依据具体事故数据的特点，将残差项指定为零堆积泊松分布或零堆积负二项分布有时也是适宜的。

七、预测模型的拟合优度检验

1. 基本的检验方法

由于基于交通量和危险因素的非线性事故预测模型（即式 6-1 所示的模型）一般可转化为一个对数线性模型，因此，可用多重样本决定系数 R^2 和 F 检验来评价事故预测模型的拟合优度。

事故次数的总方差 SST、回归方差 SSR、残差方差 SSE 的关系如图 6-2 所示，计算公式如下：

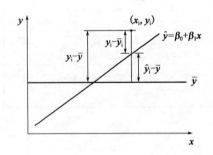

图 6-2　总方差、回归方差及残差方差的关系

$$SST = \sum_{i=1}^{n}(y_i - \bar{y})^2 \tag{6-8}$$

$$SSR = \sum_{i=1}^{n}(\hat{y}_i - \bar{y})^2 \tag{6-9}$$

$$SSE = \sum_{i=1}^{n}(y_i - \hat{y}_i)^2 \tag{6-10}$$

式中：y_i——第 i 个样本点的实际事故次数；

$\bar{y}$——样本点事故次数的平均值；

$\hat{y}_i$——第 i 个样本点的预测事故次数。

多重样本决定系数 R^2 的计算公式如下：

$$R^2 = SSR/SST = 1 - SSE/SST \tag{6-11}$$

一般情况下，多重样本决定系数值越大，预测模型的拟合优度越好，但这往往还需要进行 F 检验来验证。

回归均方 MSR、残差均方 MSE 及 F 统计量的计算式如下：

$$MSR = \left[\sum_{i=1}^{n}(\hat{y}_i - \bar{y})^2\right]/k \quad (自由度为 k) \tag{6-12}$$

式中:k——自变量个数。

$$MSE = \left[\sum_{i=1}^{n}(y_i - \hat{y}_i)^2\right]/(n-k-1) \quad (自由度为 n-k-1) \tag{6-13}$$

$$F = (MSR/k)/[MSE/(n-k-1)] \tag{6-14}$$

2. 基于过度离散参数的检验方法

有研究表明,多重样本决定系数并不适用于非线性事故预测模型的拟合优度检验[4]。另外,对于均值较小的事故数据,标准化偏差也不能用来作为检验指标[5]。

基于过度离散参数的检验方法,是通过比较模型预测结果与原始数据(模型标定时使用的数据)的过度离散参数(计算公式见第二章),来量化预测模型所解释的系统方差的多少,进而对拟合优度进行检验。

表6-2给出了道路路段上事故死亡人数的分布及标定出的事故预测模型,现应用基于过度离散参数的方法来评价事故预测模型的拟合优度。

道路路段上事故死亡人数的分布及标定的事故预测模型 表6-2

死亡人数	道路路段事故死亡人数分布			事故预测模型	
	实际值	泊松分布	负二项分布	解释性变量	系数
0	19 957	19 728	19 974	常数项	-7.154
1	895	1 274	854	Ln(AADT)	0.842
2	135	41	163	限速50km/h	参考类型
3	43	1	39	限速60km/h	-0.02
4	9	0	10	限速70km/h	0.385
5	3	0	3	限速80km/h	0.172
6	1	0	1	限速90km/h,公路	0.09
7	0	0	0	限速90km/h,B类道路	0.61
8	1	0	0	限速90km/h,A类道路	0.879
路段数合计	21 044	21 044	21 044	车道数	-1.967
				交叉口数量/km	0.082
				干线道路虚拟变量	0.255
均值	0.064 6				
方差	0.097 6			估计值方差	0.074 5
过度离散参数	7.91			过度离散参数	2.39

死亡人数样本的均值为0.064 6,方差为0.097 6,过度离散参数为7.91。

模型预测结果的方差为0.074 5,过度离散参数为2.39。

随机方差 = 0.064 6/0.097 6 = 0.662 = 66.2%的总方差。

系统方差 = (0.097 6 - 0.064 6)/0.097 6 = 33.8%的总方差。

模型解释的系统方差 = (0.097 6 - 0.074 5)/0.097 6 = 23.7%。

未被模型解释的系统方差 = (0.074 5 - 0.064 6)/0.097 6 = 10.1%。

模型解释了 0.237/0.338 = 0.701 = 70.1% 的系统方差。

八、控制内生性

内生性是指模型中因变量会影响一个或多个解释性变量的趋势。若不控制内生性，在模型中会错误地估计一些变量的作用。

如表6-3所示的平面交叉口事故预测模型[6]。在没有控制内生性前，左转专用车道变量的系数为正值，即事故次数随左转专用车道的设置而增加，显然这是不符合已知的交通安全理论的。出现这种情况的原因是在建模时没有将有左转专用车道的交叉口与无左转专用车道的交叉口区分开来。

没有控制内生性和控制内生性的事故预测模型　　　表6-3

所选变量的系数	没有控制内生性	控制内生性
主干道 AADT 的 log 值	0.322 7	0.128 9
次干道 AADT 的 log 值	0.286 8	0.275 6
左转专用车道变量	0.689 7	-0.165 3
车道数变量	0.114 2	0.158 3
照明条件变量	-0.592 5	-0.652

通过建立一个两阶段的模型，即确定一个含有左转专用车道交叉口的概率模型，然后将概率模型结果代入主模型。此时，左转专用车道变量的系数已经为负值，而其他变量的系数没有出现方向性的变化，也没有产生较大的数值变化，这就是控制内生性。

九、因果关系分析

首先应明确，在建立统计关系模型时，相关性不能等同于因果关系。判断事故预测模型是否符合因果关系的原则是：

(1) 内部一致性。在不同的模型设定条件及数据子集（另一组数据）下，估计出的系数大体保持不变。

(2) 恒定性。即模型关系在潜在混合因素控制下保持不变。

(3) 符合基本原理或已知的基本关系。即符合交通安全理论上的基本原理或关系，如事故次数会随交通量的增长而增加、事故率会随平曲线半径的增大而减小等。

(4) 支持反事实推理。若标定模型时的数据特征是交通量都较大且相应的事故次数又较多，这是事实。那么，符合因果关系的模型会支持这样的反事实推理：交通量较小时事故次数也会较小。

十、模型的可预测能力分析

所建立的模型是预测模型还是解释模型，这是值得讨论的问题。事实上，很多所谓的事故预测模型实质上是解释模型或关系模型，不具备预测能力。

评价事故预测模型可预测能力的方法有两种。

第一种方法：预测未来年份的事故数据，等待实际发生的结果，然后评价可预测能力。

第二种方法：将数据分成两组，一组用来标定模型，另一组用来检验模型的可预测能力。

现以 Partyka 事故死亡人数预测模型为例,说明模型的可预测能力[7]。Partyka 应用美国 1960 年至 1982 年的事故死亡人数、劳动力、非劳动力等数据标定出了死亡人数预测模型(见图 6-3),模型的多重样本决定系数高达 0.98。但 1983 年至 1989 年实际发生的死亡人数明显少于模型预测结果。其中,仅 1989 年一年预测死亡人数就比实际死亡人数多了 2 万人。那么,Partyka 模型是否是一个可预测的模型呢?

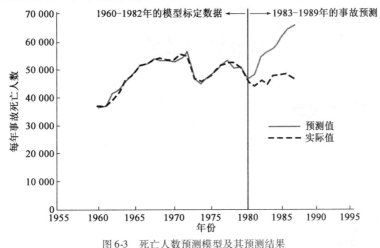

图 6-3 死亡人数预测模型及其预测结果

模型预测结果与实际结果出现较大偏差的原因是没有预见到美国 1983 年至 1989 年酒驾人数的大量减少,但这却恰恰支持了反事实推理。增加 1983 年至 1989 年的数据后,劳动力变量的系数由之前的 -1.8569 变为之后的 -1.3686,非劳动力变量的系数由之前的 0.9616 变为之后的 1.2934,这也符合内部一致性和恒定性。另外,模型符合基本原理和已知的基本关系。因此,该模型是一个可用的且具有预测能力的模型,出现偏差的原因是偶然的。

十一、模型中的潜在误差分析

预测模型中的误差可能来源于以下 3 个方面:①被忽视变量的偏差;②解释性变量之间的共线性问题;③参数平均和函数平均问题。

Brude 和 Larsson 曾建立了一个行人事故预测模型[8]:

$$行人事故次数 = 0.0000734 \cdot MV^{0.5} \cdot PED^{0.72} \tag{6-15}$$

式中:MV——机动车交通量;

PED——行人交通量。

对该模型进行敏感性分析发现:行人交通量从 500 增至 1 000,同时机动车交通量从 5 000 增至 10 000 时,行人事故增加 2.33 倍;若机动车交通量不变,行人交通量从 100 增至 1 000 时,行人事故率降低 50%,行人交通量从 1 000 增至 2 000 时,行人事故率降低至 17%。敏感性分析表明,行人事故确实与机动车交通量及行人交通量两个指标有关。如无行人交通量数据,预测模型变为:

$$行人事故次数 = 0.0000734 \cdot MV^{0.90} \tag{6-16}$$

由于机动车交通量与行人交通量具有相关性,因此式(6-16)中机动车交通量的系数 0.90 就含有一部分行人交通量的影响,这是有偏差的。事实上,所谓的"最好的模型"也会存在"被忽视变量的偏差"问题。

参数平均问题的典型例子是 AADT 的使用,它本身就是一个参数平均值。因为,每月、每日的交通量都会有较大差别。

函数平均问题的例子是交通量与交通事故的模型,比如白天和晚间这个模型应该是不同的,若采用同一个模型就会产生较大误差。因此,采用两个函数的预测模型或在同一模型中加入照明条件变量,就能很好地解决函数平均问题。

第二节 事故预测参数模型的建模方法

一、事故预测参数模型

依据事故密度、事故严重程度或事故类型分布等事故指标与道路交通条件、几何线形指标、交通控制方式等的统计学关系所建立的事故预测模型,均可称之为事故预测参数模型。事故预测参数模型就是基于统计学原理建立的事故预测回归模型。许多国家尤其是美国,采用了安全运行函数(Safety Performance Function,SPF)来代替事故预测参数模型,也就是说安全运行函数就是事故预测参数模型。

建立事故预测模型的主要目的是评估或预估道路交通安全状况,识别道路上突出的安全影响因素,鉴别事故多发点或潜在行车危险点段。事故预测模型是许多道路交通安全分析系统的重要工具和基础模块,如 IHSDM 模型(Interactive Highway Safety Design Model,交互式道路安全设计模型)中的事故预测模块。

二、参数模型的参数估计方法

1. 普通最小二乘法

普通最小二乘法(Ordinary Least Squares,OLS)是一种计算参数估计值并使残差平方和最小的线性回归参数估计方法。

设拟建立的事故预测多元线性回归模型为:

$$Y = \beta_0 + \beta_1 x_1 + \beta_2 x_2 + \cdots + \beta_k x_k \tag{6-17}$$

式中:Y——交通事故指标;

x_i——第 i 个事故影响因素变量,即道路及交通属性变量,$i=1,2,\cdots,k$;

β_i——第 i 个模型参数,即待标定的系数。

在已知事故指标和事故影响因素的 n 组样本数据时,即:

$$(Y_i, x_{1i}, x_{2i}, \cdots, x_{ki}) \quad (i=1,2,\cdots,n) \tag{6-18}$$

如果模型的参数估计值已经得到,则有:

$$\hat{Y}_i = \hat{\beta}_0 + \hat{\beta}_1 x_{1i} + \hat{\beta}_2 x_{2i} + \cdots + \hat{\beta}_k x_{ki} \tag{6-19}$$

根据最小二乘原理,参数估计值应该是下列方程组的解:

$$\frac{\partial Q}{\partial \hat{\beta}_0} = 0, \frac{\partial Q}{\partial \hat{\beta}_1} = 0, \cdots, \frac{\partial Q}{\partial \hat{\beta}_k} = 0 \tag{6-20}$$

其中:

$$Q = \sum_{i=1}^{n}(Y_i - \hat{Y}_i)^2 = \sum_{i=1}^{n}[Y_i - (\hat{\beta}_0 + \hat{\beta}_1 x_{1i} + \hat{\beta}_2 x_{2i} + \cdots + \hat{\beta}_k x_{ki})]^2 \quad (6\text{-}21)$$

最小二乘法参数估计就是使模型能最好地拟合样本数据,参数估计过程中不需要考虑事故数据的统计分布特征,或者说仅仅是限定在事故数据服从正态分布的条件。

2. 最大似然估计法

最大似然估计法(Maximum Likelihood Estimation,MLE)的基本思路是:当从事故预测模型总体随机抽取 n 组样本观测值后,最合理的参数估计值应该是使从模型中抽取该 n 组样本观测值的概率最大,而不是像最小二乘法那样旨在得到使模型能够最好地拟合样本数据的参数估计值。

设总体 X(如事故次数)为离散型或连续型随机变量,其概率函数或概率密度为:

$$P(X = x) = p(x;\beta) \quad (6\text{-}22)$$

式中:β——待标定的参数。

设 $X_1, X_2, \cdots, X_n$ 是取自总体 X 的一个样本,则其联合概率函数(离散型)或联合概率密度(连续型)$f(x_1, x_2, \cdots, x_n;\beta)$ 为:

$$f(x_1, x_2, \cdots, x_n;\beta) = \prod_{i=1}^{n} p(x_i;\beta) \quad (6\text{-}23)$$

其中,$x_1, x_2, \cdots, x_n$ 为 $X_1, X_2, \cdots, X_n$ 的一组样本值。

定义事件 $(X_1 = x_1, X_2 = x_2, \cdots, X_n = x_n)$ 的概率函数(或概率密度)为似然函数,即:

$$L(\beta) = f(x_1, x_2, \cdots, x_n;\beta) = \prod_{i=1}^{n} p(x_i;\beta) \quad (6\text{-}24)$$

当事故次数服从某一参数为 λ 的泊松分布时,其似然函数为:

$$L(\lambda) = f(x_1, x_2, \cdots, x_n;\lambda) = \prod_{i=1}^{n} \frac{\lambda^{x_i} e^{-\lambda}}{x_i!} \quad (6\text{-}25)$$

当事故次数服从某参数为 λ 和 k 的负二项分布时,其似然函数为:

$$L(\lambda, k) = \prod_{i=1}^{n} \frac{\Gamma(x_i + 1/k)}{\Gamma(1/k) \cdot x_i!} \left(\frac{1}{1 + k\lambda}\right)^{\frac{1}{k}} \left(\frac{k\lambda}{1 + k\lambda}\right)^{x_i} \quad (6\text{-}26)$$

最大似然函数估计法就是用使 $L(\beta)$ 达到最大的值去估计 β 值,即:

$$L(\hat{\beta}) = \max_{\beta} L(\beta) \quad (6\text{-}27)$$

此时,称 $\hat{\beta}$ 为 β 的最大似然估计值。

应用最大似然法估计事故预测模型参数的基本步骤是:首先确定似然函数,然后对似然函数取对数,在此基础上通过求导数、得驻点最终得到参数估计值。

3. 贝叶斯估计法

最小二乘法和最大似然估计法的一个共同特征是在模型估计中只利用样本信息。因此,只有在大样本数据的情况下才能得到较合理的参数估计值,而贝叶斯估计法(Bayesian Estimation)可在小样本的情况下得出较合理的参数估计值。

贝叶斯估计法的基本思路是:首先假定要估计的模型参数是服从一定分布的随机变量,根据经验给出待估参数的先验分布(也称为先验信息);然后根据这些先验信息,并与样本信息相结合,应用贝叶斯定理求出待估参数的后验分布;再应用损失函数,得出后验分布的一些特征值,并把它们作为待估参数的估计值。

贝叶斯定理是贝叶斯估计的理论基础，其表达式如下：

$$g(\beta|Y) = \frac{f(Y|\beta) \cdot g(\beta)}{f(Y)} \quad (6\text{-}28)$$

其中，β 为待估计的参数；Y 为样本观测值信息，即样本信息；$g(\beta)$ 是待估计参数 β 的先验分布密度函数；$g(\beta|Y)$ 为 β 的后验分布密度函数；$f(Y)$ 和 $f(Y|\beta)$ 是 Y 的密度函数。因为对 β 而言，$f(Y)$ 可以认为是常数（样本观测值独立于待估计参数），$f(Y|\beta)$ 在形式上又同 β 的似然函数 $L(\beta|Y)$ 一致，于是式（6-28）可改写为：

$$g(\beta|Y) \propto L(\beta|Y) \cdot g(\beta) \quad (6\text{-}29)$$

即后验信息正比于样本信息与先验信息的乘积。式（6-29）表明，可通过样本信息对先验信息的修正来得到更准确的后验信息。得到后验分布的密度函数后，就可以此为基础进行参数的点估计、区间估计与假设检验。

三、参数模型的统计建模

目前，事故预测参数模型最常用的两个统计建模方法是采用对数正态回归模型（Lognormal Regression Models）和对数线性回归模型（Loglinear Regression Models）。

对式（6-2）和式（6-3）取自然对数可得：

$$\ln[E(\lambda)] = \ln\alpha + \beta\ln Q + \sum_{j=1}^{n} b_j x_j \quad (6\text{-}30)$$

$$\ln[E(\lambda)] = \ln\alpha + \beta_1\ln Q_1 + \beta_2\ln Q_2 + \sum_{j=1}^{n} b_j x_j \quad (6\text{-}31)$$

因此，式（6-30）和式（6-31）按一般取对数方式进行表达，可表示为：

$$\log(Y) = \beta_0 + \beta_1 x_1 + \beta_2 x_2 + \cdots + \beta_k x_k \quad (6\text{-}32)$$

式中：Y——期望事故次数；

x_i——第 i 个事故影响因素变量，即第 i 个解释性变量；

β_i——第 i 个模型参数。

（1）对数正态回归模型

当事故次数的对数服从正态分布时，对式（6-32）可采用普通最小二乘法来估计参数，这就是事故预测的对数正态回归模型。

当事故数据为非负数值且均值较大时，如信号控制平面交叉口上的事故数等，采用对数正态回归来建立事故预测模型是很适宜的。

（2）对数线性回归模型

当平均事故次数很小时，事故次数的对数不再服从正态分布。此时，对式（6-32）应采用最大似然法来估计参数，这就是事故预测的对数线性回归模型。

对数线性模型是广义线性模型（Generalized Linear Models，GLMs）的一个特例。对于事故预测而言，对数线性回归模型又可分为泊松模型（事故次数服从泊松分布）和负二项模型（事故次数服从负二项分布）。

四、事故率预测模型

亿车公里事故率、车公里事故率等事故率指标应用广泛且其数据的获取也相对容易。但若以事故率为因变量来建立事故预测模型时，需要考虑该因变量是否是受限因变量（Limited

Dependent Variable)。首先,事故率是连续型随机变量,这与服从泊松分布或负二项分布或零堆积类分布的事故次数是不同的。其次,当统计期较短时,很多路段的事故率可能为零。若在样本数据中出现了第二种情况,事故率变量往往就是一个受限因变量。

当事故率为受限因变量时,可建立 Tobit 事故预测模型,其模型结构如下:

$$Y_i^* = \beta X_i + \varepsilon_i \quad (i = 1, 2, \cdots, N) \tag{6-33}$$

$$Y_i = \begin{cases} Y_i^* & if \quad Y_i^* > 0 \\ 0 & if \quad Y_i^* \leq 0 \end{cases} \tag{6-34}$$

式中:Y_i——第 i 个路段上的事故率;

Y_i^*——不可观察的潜在变量;

X_i——道路与交通条件自变量向量;

β——待估计的参数向量;

N——路段数;

ε_i——残差项,假定服从均值为 0、标准差为 $\sigma(\sigma>0)$ 的正态分布,即 $\varepsilon_i \sim N(0,\sigma^2)$。

Y_i^* 的所有负值(就事故率而言,负值并不存在)和 0 值均被定义为 0 值,这就是将事故率数据在 0 处进行了左截取(Left censored),但这并不意味着将观测不到的 Y_i^* 的所有 0 值简单地从样本中除掉了。事实上,当受限因变量为截取数据时,虽然有全部观察数据,但对于某些观察数据,受限因变量被压缩到一个点上了。此时,Y 的概率分布变成了由一个离散点与一个连续分布所组成的混合分布。

对于 Tobit 模型,如果用普通最小二乘法进行参数估计,无论是用整体样本,还是去掉 0 值后的子样本,都不能得出一致的估计值。此时,可采用最大似然估计法来估计 Tobit 模型的参数。Tobit 事故预测模型的似然函数为:

$$L = \prod_{Y_i=0}\left[1 - \Phi\left(\frac{\beta X_i}{\sigma}\right)\right]\prod_{Y_i>0}\frac{1}{\sigma\sqrt{2\pi}}e^{\frac{(Y_i-\beta X_i)^2}{2\sigma^2}} \tag{6-35}$$

式中:Φ——标准正态分布函数。

第三节 经典事故预测模型及安全服务水平

一、Smeed 模型

Smeed 模型,又可称之为 Smeed 定律(Smeed's law),是一个交通事故死亡人数非线性模型,由英国伦敦大学 Smeed 教授于 1949 年提出,揭示了交通事故死亡人数与注册机动车数、人口数之间的非线性关系[9],见式(6-36)及图 6-4。

$$D = 0.0003(np^2)^{\frac{1}{3}} \tag{6-36}$$

用单位指标可表示为:

$$\frac{D}{P} = 0.0003\left(\frac{n}{P}\right)^{\frac{1}{3}} \tag{6-37}$$

式中:D——交通事故死亡人数;

P——人口数；

n——注册机动车数。

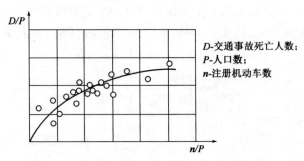

图6-4 交通事故死亡人数、注册机动车数及人口数关系图

Smeed公布其研究成果时分析了20个国家的数据，在他去世前又继续研究了46个国家的数据，所得结论均支持他的上述研究成果。后来，许多学者也都证明了在国家层面上该模型的有效性，只是参数略有不同。我国也有学者通过分析我国的数据，得出了该模型可适用于我国全国及各省区市的结论[10]。

二、IHSDM事故预测模型

1. IHSDM模型简介

IHSDM模型（Interactive Highway Safety Design Model），即交互式道路安全设计模型，是美国联邦公路局（FHWA）开发的用于评价公路线形设计安全性及交通运行状况的模型，可作为设计阶段的补充工具来评估设计成果可能出现的效果以及设计的道路可达到的功能状态。该模型包括以下6个模块：

政策评价模块（Policy Review Module，PRM）。用来检查道路设计中的有关线形指标是否符合美国国家公路与运输协会（AASHTO）标准的规定。

事故预测模块（Crash Prediction Module，CPM）。基于几何线形和交通量来预测事故次数和事故严重程度。

设计一致性模块（Design Consistency Module，DCM）。预测沿线各路段上的运行速度并评价运行速度的一致性。

交叉口评价模块（Intersection Review Module，IRM）。是一个应用工程实践来评估交叉口的专家系统，可识别出每个交叉口上可能出现的交通安全问题并给出相应的安全改善对策。

交通分析模块（Traffic Analysis Module，TAM）。是一个交通仿真模型，可基于道路通行能力和服务水平来评估交通运行状态。

驾驶员/车辆模块（Driver/Vehicle Module，DVM）。模拟驾驶行为和车辆运动状态，提供预测速度等相关参数。

目前，IHSDM模型可评估的道路有以下4种：

①双车道和多车道公路；②城市和郊区的干线道路；③高速公路基本路段；④高速公路的匝道和立体交叉路段。

2. CPM事故预测模型结构

总体而言，事故预测模型均由两部分组成，第一部分是标准条件下基于交通量的事故预测模型,第二部分是一组线形指标修正系数。

道路路段事故预测模型的结构见式(6-38)和式(6-39)。

$$N_{rs} = N_{br} \times C_r \times AMF_1 \times AMF_2 \times \cdots \times AMF_m \tag{6-38}$$

$$N_{br} = ADT_n \times L \times 365 \times 10^{-6} \exp(-\lambda) \tag{6-39}$$

式中： N_{rs} ——道路路段上每年预测发生的事故数;

N_{br} ——标准条件下道路路段上每年预测发生的事故数;

C_r ——道路路段标定系数;

$AMF_1 、AMF_2 、\cdots 、AMF_m$ ——分别为车道宽度、路肩宽度及类型、平曲线(长度、半径、是否有缓和曲线)、超高、纵坡等线形指标修正系数,m 为线形指标种类数;

ADT_n ——第 n 年路段上的平均日交通量;

L ——路段长度;

λ ——已标定出的参数,取决于道路类型。

平面交叉口事故预测模型的结构见式(6-40)和式(6-41)。

$$N_i = N_{bi} \times C_{in} \times AMF_1 \times AMF_2 \times \cdots \times AMF_o \tag{6-40}$$

$$N_{bi} = \exp(A + B \ln ADT_{1n} + C \ln ADT_{2n}) \tag{6-41}$$

式中： N_i ——平面交叉口上每年预测发生的事故数;

N_{bi} ——标准条件下平面交叉口上每年预测发生的事故数;

C_{in} ——平面交叉口标定系数;

$AMF_1 、AMF_2 、\cdots 、AMF_o$ ——交叉口相交道路交角、交通控制条件、左转弯车道、右转弯车道、视距等线形指标或控制措施修正系数,O 为线形指标及控制措施种类数;

$A 、B 、C$ ——已标定出的参数,取决于交叉口类型,对于次要道路三路停车控制的平面交叉口,A 为 -10.9,B 为 0.79,C 为 0.49;

ADT_{1n} ——第 n 年交叉口上主要道路的平均日交通量;

ADT_{2n} ——第 n 年交叉口上次要道路的平均日交通量。

3. 标定系数

道路路段标定系数及交叉口标定系数的默认值为 1.0。为了更好地体现出使用者当地的气候、环境、交通、事故等特点,提高事故预测模型的可移植性,在使用该模型前可对标定系数进行重新标定。标定时需要考虑的因素有:

(1)气候上的差异,如潮湿路面、冰雪路面等的差异;

(2)驾驶员群体及出行目的上的差异,如通勤、商务和娱乐出行等方面的差异;

(3)各州在事故定义及统计上的差异,如财产损失事故定义上的差异;

(4)事故调查精度上的差异,如有些地区记录的事故数据尤其是财产损失事故要比其他地区更精确等。

一般需要由各州的交通主管部门来标定出适应本州的标定系数,且每隔 2~3 年需重新标定一次。

4. 标准条件

基于交通量的事故预测模型,即式(6-39)和式(6-41),是在标准条件下标定出来的,标准条件也就是理想的线形条件。双车道公路的标准线形条件是:车道宽度3.6m,路肩有铺装且宽度达到1.8m以上,直线路段且纵坡为0%,路侧危险等级为3级,没有超车道和短的四车道断面。

5. 事故严重程度和事故类型分布

事故严重程度分布和事故类型分布的默认值见表6-4和表6-5。这些默认值是由美国联邦公路局的道路交通安全信息系统(HSIS)提供的,使用中可根据各州交通事故的实际分布情况修正默认值。

事故严重程度分布(双车道公路)　　　　　　　　　　表6-4

事故严重程度	百分比(%)			
	公路路段	三路停车控制平面交叉口	四路停车控制平面交叉口	四路信号控制平面交叉口
死亡事故	1.3	1.1	1.9	0.4
伤残事故	5.4	5.0	6.3	4.1
非伤残事故	10.9	15.2	12.8	12.0
可能受伤的事故	14.5	18.5	20.7	21.2
财产损失事故	67.9	60.2	58.3	62.3
合计	100.0	100.0	100.0	100.0

事故类型分布(双车道公路)　　　　　　　　　　表6-5

事故类型和碰撞方式	百分比(%)			
	公路路段	三路停车控制平面交叉口	四路停车控制平面交叉口	四路信号控制平面交叉口
单车事故				
1. 碰撞动物	30.9	2.1	0.6	0.3
2. 碰撞自行车	0.3	0.7	0.3	1.0
3. 碰撞停放的车辆	0.7	0.1	0.1	0.1
4. 碰撞行人	0.5	0.4	0.2	1.3
5. 翻车	2.3	2.1	0.6	0.4
6. 驶出路外	28.1	10.4	4.5	1.9
7. 其他单车事故	3.6	3.9	1.4	1.6
单车事故合计	66.3	19.7	7.7	6.6
多车事故				
1. 斜碰撞	3.9	29.8	51.4	28.5
2. 正面碰撞	1.9	2.0	1.4	1.8
3. 左转弯碰撞	4.2	6.4	5.9	9.0
4. 右转弯碰撞	0.6	0.4	0.2	0.4
5. 追尾碰撞	13.9	26.2	17.2	36.2
6. 对向刮擦	2.4	2.9	1.7	2.0
7. 同向刮擦	2.6	4.5	4.4	5.5
8. 其他多车事故	4.1	8.1	10.1	10.0
多车事故合计	33.7	80.3	92.3	93.4
合计	100.0	100.0	100.0	100.0

6. CPM模型的输入与输出

CPM模型需要输入的数据有:路段范围及分析年限,几何线形数据,交通控制条件以及交通量数据。若有交通事故历史数据也可输入,并可据此修正事故预测模型。

CPM 模型的输出有道路数据和事故分析报告两项。道路数据一般包括道路路段数据、平曲线数据、交叉口数据、路段交通量数据以及交叉口交通量数据等。事故分析报告由预测出的事故数和事故率、分事故严重程度和形态的事故数以及有关图表构成。图 6-5 示出了事故分析报告中的事故预测图。

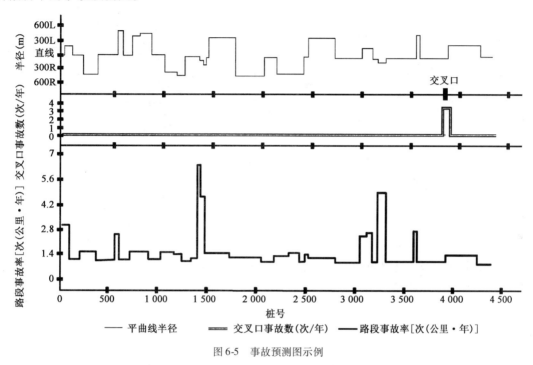

图 6-5　事故预测图示例

三、安全运行函数与事故修正系数

1. 安全运行函数

安全运行函数(Safety Performance Functions,SPF_S)就是描述事故次数、事故严重程度、事故类型等与交通量、道路几何设计指标、交通控制方式之间相关关系的统计学模型,实质上就是事故预测参数模型。与经验贝叶斯方法配合使用的安全运行函数,可用来计算道路特定地点上的安全改善潜力大小,并可识别出最具改善价值的事故多发点段。美国道路安全手册(Highway Safety Manual,HSM)中推荐使用安全运行函数,而在 IHSDM 模型中以及安全分析软件系统(SafetyAnalyst)中,安全运行函数均是重要的分析工具。

描述事故次数与影响因素之间函数关系的安全运行函数有两类,即 Ⅰ 类安全运行函数和 Ⅱ 类安全运行函数。Ⅰ 类安全运行函数就是确定事故次数与交通量($AADT$)之间的关系,对于道路路段其典型的形式为:

$$N = \alpha \cdot AADT^{\beta} \cdot L \tag{6-42}$$

式中:N——路段上预测出的事故次数,次/年;

L——路段长度,km;

α、β——安全运行函数的参数。

在安全分析软件系统中使用的安全运行函数就是Ⅰ类安全运行函数。在辽宁省交通厅科技项目"高速公路运行安全研究"课题中,我们标定出了设计速度为120km/h的八车道、六车道、四车道以及设计速度为100km/h的四车道等四种高速公路上适用于路段的安全运行函数,均是Ⅰ类安全运行函数[11]。其中,六车道设计速度120km/h、四车道设计速度100km/h的高速公路路段的安全运行函数分别见图6-6和第三章图3-3,其他略。

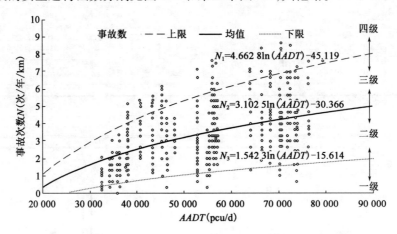

图6-6 六车道设计速度120km/h的高速公路路段安全运行函数及安全服务水平分级图

Ⅱ类安全运行函数就是事故次数与交通量、几何设计参数、交通控制方式、天气条件、人为因素等多个变量之间的多元回归模型,对于道路路段其典型的形式为:

$$N = \alpha \cdot AADT^\beta \cdot L \cdot x_1^{b_1} \cdots x_n^{b_n} \tag{6-43}$$

或

$$N = \alpha \cdot AADT^\beta \cdot L \cdot e^{b_1 x_1 + b_2 x_2 + \cdots + b_n x_n} \tag{6-44}$$

式中:N——路段上预测出的事故次数,次/年;

L——路段长度,km;

x_i——第 i 个事故影响因素,$i = 1, 2, \cdots, n$;

α、β、b_i——安全运行函数的参数。

笔者针对哈尔滨市市区城市道路路段及平面交叉口标定出的安全运行函数,就是Ⅱ类安全运行函数,见表6-6和表6-7[12]。

城市道路路段安全运行函数   表6-6

路段类型	事故形态	事故次数	安全运行函数	模型编号
第一类	全部事故	2 540	$N = 0.033\ 4AADT^{0.245}e^{0.029\ 3V - 0.062\ 4W + 0.075\ 7A}$	Model1
第二类	全部事故	3 620	$N = 4.558\ 5AADT^{0.094}e^{0.256L + 0.041\ 9A}$	Model2
第三类	全部事故	574	$N = 232.293\ 1AADT^{0.250\ 0}e^{-0.161\ 0W + 0.095\ 2A}$	model3
第四类	全部事故	191	$N = 26.762\ 5 \times e^{-0.902\ 0L + 0.098\ 7A}$	model4
一块板及三块板干道路段	正面相撞	1 368	$N = 0.075AADT^{0.494}e^{0.15M + 0.028W - 0.525L}$	model5
一块板及三块板干道路段	侧面相撞	2 477	$N = 0.583AADT^{0.327}e^{0.183M - 0.445L}$	model6
一块板及三块板干道路段	追尾碰撞	757	$N = 0.143AADT^{0.198}e^{0.034W + 0.028A + 0.134L}$	model7
一块板及三块板干道路段	同向刮擦	569	$N = 0.161AADT^{0.217}e^{0.015W + 0.025A}$	model8
一块板及三块板干道路段	对向刮擦	229	$N = 0.78e^{0.021W + 0.151L}$	model9

续上表

路段类型	事故形态	事故次数	安全运行函数	模型编号
两块板及四块板干道路段	侧面相撞	567	$N = 0.191AADT^{0.386}e^{0.05A - 0.03W}$	model10
	追尾碰撞	351	$N = 0.173AADT^{0.316}e^{0.033A - 0.022W}$	model11
	同向刮擦	234	$N = 3.865e^{0.026A - 0.023W}$	model12

注：第一类路段包括一块板两车道路段、一块板四车道路段、两块板四车道路段和三块板四车道路段；
第二类路段包括一块板六车道路段、两块板六车道路段、三块板六车道路段和四块板八车道路段；
第三类路段是一块板八车道路段和两块板八车道路段；第四类路段是四块板六车道路段和10车道路段；
N-预测事故次数，次/年；$AADT$-年平均日交通量，pcu/d；W-路面宽度，m；v-速度，km/h；L-路段长度，km；A-路段上路口数量，个；M-车道数，条。

城市道路平面交叉口安全运行函数　　　　表6-7

交叉口类型	事故形态	事故次数	安全运行函数	模型编号
第一类	全部事故	1 140	$N = 0.022\ 3AADT_{DT}^{0.006\ 3}AADT_{RT}^{0.462}e^{0.1\ 580La}$	Model13
第二类	全部事故	286	$N = 0.000\ 6AADT_{DT}^{0.529\ 0}AADT_{RT}^{0.670\ 0}e^{-0.168\ 0La}$	Model14
第一类	正面相撞	183	$N = 0.557\ 1AADT_{DT}^{0.122\ 0}e^{0.064\ 7La}$	Model15
	侧面相撞	594	$N = 0.663\ 7AADT_{LT}^{0.089\ 9}e^{0.135\ 0La}$	Model16
	追尾事故	153	$N = 0.024\ 6AADT_{DT}^{0.266\ 0}AADT_{RT}^{0.250\ 0}$	Model17
	同向刮擦	112	$N = 0.011\ 6AADT_{DT}^{0.144\ 0}AADT_{LT}^{0.342\ 0}e^{0.049\ 8La}$	Model18
第二类	正面相撞	54	$N = 0.536\ 9AADT_{DT}^{0.125\ 0}e^{0.029\ 8La}$	Model19
	侧面相撞	128	$N = 0.569\ 5AADT_{LT}^{0.165\ 0}e^{0.104\ 0La}$	Model20
	追尾事故	48	$N = 0.014\ 9AADT_{DT}^{0.469\ 0}AADT_{RT}^{0.136\ 0}$	Model21
	同向刮擦	35	$N = 4 \times 10^{-8}AADT_{DT}^{0.339\ 0}AADT_{LT}^{0.425\ 0}AADT_{RT}^{1.462\ 0}e^{-0.250\ 0La}$	Model22

注：第一类交叉口包括主干路与次干路相交的三路交叉口、次干路与次干路相交的三路交叉口、主干路与次干路相交的四路交叉口和次干路与次干路相交的四路交叉口；第二类交叉口是主干路与主干路相交的三路交叉口和四路交叉口。
N-预测事故次数，次/年；$AADT_{DT}$-直行交通年平均日交通量，pcu/d；$AADT_{RT}$-右转交通年平均日交通量，pcu/d；$AADT_{LT}$-左转交通年平均日交通量，pcu/d；La-交叉口入口车道总数，条。

2. 事故修正系数

美国道路安全手册及IHSDM中的事故预测模型均由两部分构成，见式6-45。

$$N = \underbrace{N_b}_{\text{I 类 SPF}} \times \underbrace{AMF_1 \times AMF_2 \times \cdots \times AMF_i}_{\text{事故修正系数}} \tag{6-45}$$

式中：N——道路设施上每年发生的事故数，次/年；
N_b——标准条件下道路设施上每年发生的事故数，次/年；
AMF_i——第 i 个事故影响因素的事故修正系数。

第一部分（即 N_b），是一个标准条件下或称之为理想条件下事故次数与交通量的关系模型，这是一个Ⅰ类安全运行函数。第二部分就是各事故影响因素的事故修正系数（Accident/Crash Modification Factors，AMF_S/CMF_S），用来描述在非理想条件下或现实条件下各事故影响因素对交通事故的影响程度。在标准条件下，AMF 的取值为1.0。

四、安全服务水平及其应用

1. 安全服务水平概念的提出

19世纪在医学领域人的血压已经能够被准确地测定出来了，但苦于没有舒张压和收缩压标准,人们并不能准确地说出不同血压值分别代表着什么样的身体状况,直到1905年血压标准出现后,这一困惑医学界的问题才得到了较好的解决。交通工程师很早就知道可利用交通量与通行能力之比(即 V/C 比)来描述道路交通拥挤状态,但同样因没有分级标准,所以就不能将 V/C 比与交通拥挤状态紧密联系起来,这个状态直到后来道路服务水平概念(Level of Service, LOS)及其分级标准的出现才得已解决。同样,在道路交通安全领域,我们可以统计得出或预测出道路路段或交叉口上的平均事故次数或事故伤亡人数等,但同样因没有分级标准,我们并不能很好地利用这些事故指标来描述道路交通安全状况。因此,Yu 于1972年首次提出了道路安全服务水平的概念(Level of Service of Safety, LOSS)[13]。

道路安全服务水平可以理解为,对于某类道路路段或交叉口,在一定的关联因素背景下(如 AADT 下),依据事故次数或事故伤亡人数所确定出的安全水平级别。

2. 安全服务水平分级

多数研究成果都将道路安全服务水平分为4级。

一级安全服务水平:代表安全状况好,事故指标均显著低于平均水平,事故次数或事故伤亡人数再降低的可能性不大。

二级安全服务水平:代表安全状况较好,事故指标低于平均水平,在维持既有安全水平的基础上,可适当采取措施提高安全服务水平。

三级安全服务水平:代表安全状况较差,事故指标高出平均水平,事故次数或伤亡人数再降低的可能性较大,需要采取措施改善该类地点的安全状况。

四级安全服务水平:代表安全状况差,事故指标均明显高出平均水平,减少事故次数或伤亡人数的潜力很大,可认为部分四级安全服务水平下的路段或交叉口就是传统意义上的事故多发点段,急需改善其交通安全状况。

3. 安全服务水平分级标准的确定

可在标定 I 类安全运行函数时,依据置信区间给出上、下限函数,三条函数可将关联因素—事故指标二维空间划分成4个区域,即4个安全水平范围,如图6-6所示。简化的做法是,在一定的关联因素范围内,按照事故指标均值 E 及 $E \pm 1.5\sigma$(σ 为标准差,1.5σ 约为95%置信水平)或 $E \pm 1.0\sigma$ 作为分界值,见图6-7[12]。

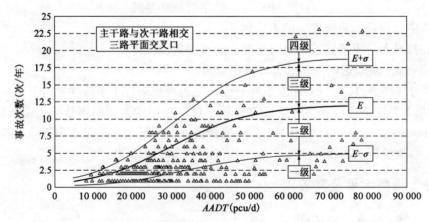

图6-7 事故次数与交通量散点图及安全服务水平分级图

在图6-6中,将安全运行函数、上限函数、下限函数按照交通量区间进行离散化处理,就可得到如表6-8所示的安全服务水平分级标准。

六车道设计速度120km/h高速公路路段安全服务水平分级标准 表6-8

AADT (pcu/d)	事故次数[次/(年·km)]			
	一级安全服务水平	二级安全服务水平	三级安全服务水平	四级安全服务水平
≤25 000	0	0~0.72	0.72~1.61	>1.61
25 000~30 000	<0.15	0.15~1.35	1.35~2.54	>2.54
30 000~35 000	<0.41	0.41~1.87	1.87~3.32	>3.32
35 000~40 000	<0.63	0.63~2.31	2.31~3.99	>3.99
40 000~45 000	<0.82	0.82~2.70	2.70~4.57	>4.57
45 000~50 000	<0.99	0.99~3.04	3.04~5.09	>5.09
50 000~55 000	<1.15	1.15~3.35	3.35~5.56	>5.56
55 000~60 000	<1.29	1.29~3.64	3.64~5.98	>5.98
≥60 000	<1.42	1.42~3.89	3.89~6.37	>6.37

4. 安全服务水平的应用

在得到安全服务水平分级标准后,安全状况评估就变得十分容易和方便了。如图6-8所示,交叉口1、2、3、4的安全服务水平分别为二级、三级、四级和一级。其中,交叉口3就可认为是事故多发路口,也就是安全改善潜力最大的交叉口。

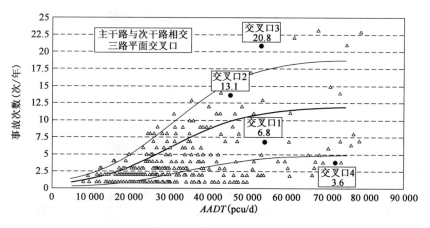

图6-8 安全服务水平的应用

第四节 事故预测的时间序列法及非参数模型法

事故预测的时间序列法主要有指数平滑法和马尔科夫法,非参数模型法一般包括模糊逻辑事故预测法、神经网络事故预测法、支持向量机事故预测法等。本节仅简要介绍指数平滑事故预测法、模糊逻辑事故预测法和神经网络事故预测法。

一、指数平滑事故预测法

指数平滑法(Exponential Smoothing, ES),就是根据交通事故的历史数据,来预测今后一段时间内交通事故的发展趋势和可能达到的水平。指数平滑法实质上是移动平均预测法的改进。

1. 移动平均预测法

移动平均预测法是在算术平均数的基础上发展起来的一种预测方法,又可分为一次移动平均法、二次移动平均法、三次移动平均法和加权移动平均法等。

一次移动平均法的计算公式为:

$$M_t^{(1)} = (X_t + X_{t-1} + \cdots + X_{t-N+1})/N \tag{6-46}$$

式中:t——周期序号;

$M_t^{(1)}$——第 t 周期的一次移动平均数;

X_t——第 t 周期的实际事故指标;

N——计算移动平均数所选定的数据个数,一般取 3~20,具有平滑数据的作用。

如果实际时间序列没有明显的周期性变化,则可用最近的一次移动平均数作为下一周期的预测值。当时间序列有明显的线性变化趋势时,应采用二次移动平均法进行预测。

二次移动平均法的计算公式为:

$$M_t^{(2)} = (M_t^{(1)} + M_{t-1}^{(1)} + \cdots + M_{t-N+1}^{(1)})/N \tag{6-47}$$

式中:$M_t^{(2)}$——第 t 周期的二次移动平均数。

二次移动平均数序列与一次平均数序列形成了滞后偏差,二次移动平均法正是利用这种滞后偏差的演变规律来建立事故预测模型的,此时的线性模型为:

$$\begin{cases} Y_{t+T} = a_t + b_t \times T \\ a_t = 2 \times M_t^{(1)} - M_t^{(2)} \\ b_t = \dfrac{2}{N-1}[M_t^{(1)} - M_t^{(2)}] \end{cases} \tag{6-48}$$

式中:Y_{t+T}——第 $t+T$ 周期的预测值;

T——由目前周期到预测周期的周期间隔数;

a_t、b_t——线性模型的截距和斜率。

某地区 1996 年至 2007 年的事故死亡人数见表 6-9 中的第 2 列,取 $N=3$,则计算出的一次移动平均数、二次移动平均数见第 3 和第 4 列。显然,死亡人数的时间序列数据有明显的线性变化趋势,而二次移动平均数也均滞后于一次移动平均数。因此,可建立一个事故死亡人数的线性模型,此时,$a_t = 2 \times 558 - 548 = 568$,$b_t = [2/(3-1)] \times (558 - 548) = 10$。因此,事故死亡人数预测模型为 $Y_{2007+T} = 568 + 10 \times T$。

事故死亡人数历史数据及其移动平均值 表 6-9

年份(年)	事故死亡人数(人)	一次移动平均数	二次移动平均数
1996	451		
1997	473		
1998	476	467	

续上表

年份(年)	事故死亡人数(人)	一次移动平均数	二次移动平均数
1999	491	480	
2000	510	493	479
2001	509	504	492
2002	512	511	502
2003	525	515	510
2004	546	528	518
2005	548	539	528
2006	550	548	538
2007	575	558	548

当事故数据序列有曲线变化趋势时,就需要采用三次移动平均法,因篇幅所限,这里不再赘述。在移动平均预测法中,所有历史数据是同等重要的,即权重相同。但事实上,最新、最近期的数据其参考价值可能更大。此时,可采用加权移动平均预测法,同样有一次、二次、三次加权移动平均法。一次加权移动平均法的计算公式如下:

$$M_t^{(1)} = \frac{a_t X_t + a_{t-1} X_{t-1} + \cdots + a_{t-N+1} X_{t-N+1}}{a_t + a_{t-1} + \cdots + a_{t-N+1}} \tag{6-49}$$

式中:a_i——实际事故指标 X_i 的权重,$i = t, t-1, \cdots, t-N+1$。

2. 指数平滑预测法

指数平滑预测法就是在加权移动平均预测法的基础上所进行的改进,可以消除时间序列的偶然性变动。在式(6-49)的基础上,一次指数平滑值的计算公式为:

$$S_t^{(1)} = \alpha X_t + \alpha(1-\alpha) X_{t-1} + \alpha(1-\alpha)^2 X_{t-2} + \cdots = \alpha X_t + (1-\alpha) S_{t-1}^{(1)} \tag{6-50}$$

式中:$S_t^{(1)}$——第 t 周期的一次指数平滑值;

α——平滑系数,$0 < \alpha < 1$;

$S_{t-1}^{(1)}$——第 $t-1$ 周期的一次指数平滑值。

二次指数平滑值和三次指数平滑值的计算公式分别为:

$$S_t^{(2)} = \alpha S_t^{(1)} + (1-\alpha) S_{t-1}^{(2)} \tag{6-51}$$

$$S_t^{(3)} = \alpha S_t^{(2)} + (1-\alpha) S_{t-1}^{(3)} \tag{6-52}$$

式中:$S_t^{(2)}$、$S_t^{(3)}$——分别为第 t 周期的二次和三次指数平滑值。

由二次指数平滑法可以标定出一个线性事故预测模型,见式(6-53)。由三次指数平滑法可以标定出一个非线性事故预测模型,见式(6-54)。

$$\begin{cases} Y_{t+T} = a_t + b_t T \\ a_t = 2 S_t^{(1)} - S_t^{(2)} \\ b_t = \frac{\alpha}{1-\alpha} [S_t^{(1)} - S_t^{(2)}] \end{cases} \tag{6-53}$$

$$\begin{cases} Y_{t+T} = a_t + b_t T + c_t T^2 \\ a_t = 3S_t^{(1)} - 3S_t^{(2)} + S_t^{(3)} \\ b_t = \{\alpha/[2(1-\alpha)^2]\} \times [(6-5\alpha)S_t^{(1)} - 2(5-4\alpha)S_t^{(2)} + (4-3\alpha)S_t^{(3)}] \\ c_t = \{\alpha^2/[2(1-\alpha)^2]\} \times [S_t^{(1)} - 2S_t^{(2)} + S_t^{(3)}] \end{cases} \quad (6\text{-}54)$$

3. 指数平滑预测法的应用[14]

1991 年至 2015 年我国道路交通事故死亡人数见表 6-10。由表 6-10 可知,从 1991 年到 2002 年,交通事故死亡人数呈明显的曲线性上升过程,至 2002 年达到了历史顶峰,当年全国事故死亡人数达 10.938 1 万人。从 2002 年以后,随着我国对道路交通安全的高度重视以及道路安全法的出台和严禁酒驾、严禁闯红灯等举措的实施,交通事故开始逐年下降,2015 年的事故死亡人数已回归至 1991 年的水平。

1991 年至 2015 年全国道路交通事故死亡人数　　　　　表 6-10

序列号	年份	死亡人数（万人）	序列号	年份	死亡人数（万人）	序列号	年份	死亡人数（万人）
1	1991	5.320 4	10	2000	9.385 3	19	2009	6.775 9
2	1992	5.872 3	11	2001	10.593 0	20	2010	6.522 5
3	1993	6.355 1	12	2002	10.938 1	21	2011	6.238 7
4	1994	6.636 2	13	2003	10.437 2	22	2012	5.999 7
5	1995	7.149 4	14	2004	10.707 7	23	2013	5.853 9
6	1996	7.365 5	15	2005	9.873 8	24	2014	5.852 3
7	1997	7.386 1	16	2006	8.945 5	25	2015	5.802 2
8	1998	7.806 7	17	2007	8.164 9			
9	1999	8.352 7	18	2008	7.348 4			

利用 1991 年至 2015 年的事故死亡人数历史数据,给定平滑系数 a 的初始值为 0.5,应用 Levenberg-Marguardt 算法,得到了平滑系数的最优值为 0.65。假如时间回到事故死亡人数最多的 2002 年,那时若采用三次指数平滑法来建立事故预测模型,则这个模型很可能是 $Y_{2002+T} = 11.053\ 3 + 0.879\ 3T + 0.035\ 5T^2$,应用该模型预测得到了 2003 年至 2015 年的事故死亡人数,见图 6-9。

显然,真实的事故死亡人数与预测结果之间是有着天壤之别的。可以说,在过去的十几年时间里,我们遏制住了交通事故高发的势头,从 2003 年到 2015 年已使 154.27 万人免于交通事故死亡。应用 1991 年至 2015 年的全部历史数据,标定出的事故预测模型为 $Y_{2015+T} = 5.849\ 9 + 0.030\ 1T + 0.049\ 0T^2$。若按该模型预测 2016 年至 2020 年的事故死亡人数,会发现死亡人数可能会有小幅上升,见图 6-10。

由上述案例分析可知,指数平滑法对数据的转折点是缺乏鉴别能力的,长期预测的效果也是很差的,主要用途是趋势性分析。另外,该方法对平滑系数的取值依赖程度也很大。

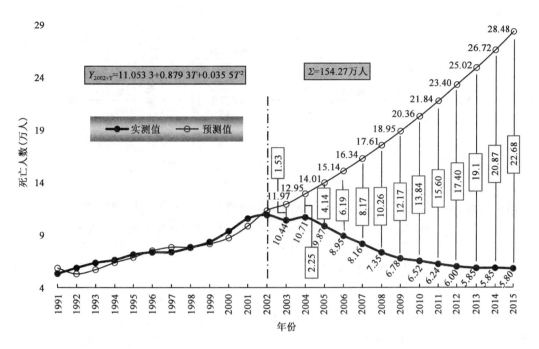

图 6-9　2003 年至 2015 年实际发生的及预测的事故死亡人数

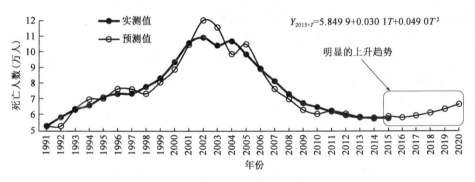

图 6-10　事故死亡人数预测趋势图

二、模糊逻辑事故预测法

交通事故的发生具有明显的不确定性和随机性,且部分影响因素往往也具有模糊性,比如驾驶难易程度、道路路况的复杂程度、驾驶员的疲劳程度等。交通事故影响因素的这种模糊特性,是传统事故预测方法难以解决的问题之一,这也使得基于模糊逻辑(Fuzzy Logic)的事故预测方法得到了一定的应用。

模糊逻辑事故预测法一般包括以下 4 个步骤:

①事故预测模糊推理模型结构的确定;②事故影响因素及事故数据的模糊化处理;③模糊控制规则的确定;④模型训练与检验。

1. 事故预测模糊推理模型结构

事故预测模糊推理模型结构如图 6-11 所示。事故预测的输入变量就是交通事故的影响因素,一般会由具有模糊性的变量和有精确值的确定性变量两类变量组成。事故预测结果就是路段或交叉口上的事故数。

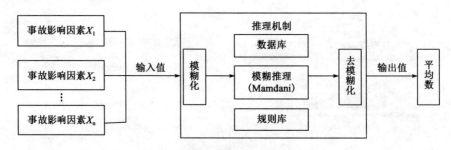

图 6-11　事故预测模糊推理模型结构

简单地说,基于模糊逻辑进行事故预测的实质是将模糊性和确定性的事故影响因素变量均映射成 0 到 1 之间的模糊值,然后利用训练得到的模糊规则库得到输出结果为 0 到 1 之间的事故数模糊值,最后通过去模糊法将 0 到 1 之间的事故数模糊值再映射成真实的事故数。该方法的核心是,要得到有效模糊规则,并形成规则库。

2. 变量的模糊化处理

事故影响因素及事故数据的模糊化处理,统称为变量的模糊化处理,是将包括模糊性变量和确定性变量在内的事故影响因素变量和模型输出变量(即事故数)均统一转化为由模糊集合和隶属函数所表达的模糊值。

变量模糊集合的划分主要依据变量值的多样性来确定,一般划分为 3~5 个。比如,驾驶难易程度可模糊化为容易、中等、较难和困难 4 个模糊集合,具有确定值的事故数也可模糊化为少、较少、中等、较多和多 5 个模糊集合。在划分出模糊集合后,可通过累计频率法(见第七章第一节)得到各变量的隶属函数。比如,城市主次干道上交通负荷以及每公里每年事故次数的隶属函数见图 6-12a)和 b)[15],高速公路路段上年平均日交通量(即 AADT)及每公里每年事故数的隶属函数见图 6-12c)和 d)[16]。

3. 模糊控制规则的确定

模糊控制规则由 If-Then 语句构成,以 Mamdani 型推理系统为例,其基本形式如下:

$$R_i: \text{If } X_{i1} \text{ is } A_{i1} \text{ and } X_{i2} \text{ is } A_{i2} \text{ and}\cdots\text{and } X_{ik} \text{ is } A_{ik}, \text{Then } y \text{ is } B_i \quad (6\text{-}55)$$

式中:R_i——第 i 条模糊规则;

X_{ij}——第 i 条规则中第 j 个输入变量,$j = 1, 2, \cdots, k$;

y——输出变量,即事故数变量;

A_{ij}、B_i——分别为第 i 条规则中第 j 个输入变量的模糊集合和第 i 条规则输出变量的模糊集合。

式(6-55)由两个部分组成,If 部分为规则前提,Then 部分为结果。对于给定的道路路段或交叉口,每一个样本均可产生一条模糊规则,如 if "AADT" is "小" and "视距条件" is "良好" and "大型车比例" is "较低" and "地形条件" is "一般",Then "每公里每年的事故数" is "少"。

模糊规则权重的求取范式如下:

$$w_i = \mu_{i1} \hat{} \mu_{i2} \hat{} \cdots \hat{} \mu_{ik} \quad (6\text{-}56)$$

式中:w_i——规则 R_i 的权重,即由第 i 个样本得到的规则的权重;

μ_{ij}——第 i 个样本第 j 个事故影响因素变量隶属度的最大值,$j = 1, 2, \cdots, k$。

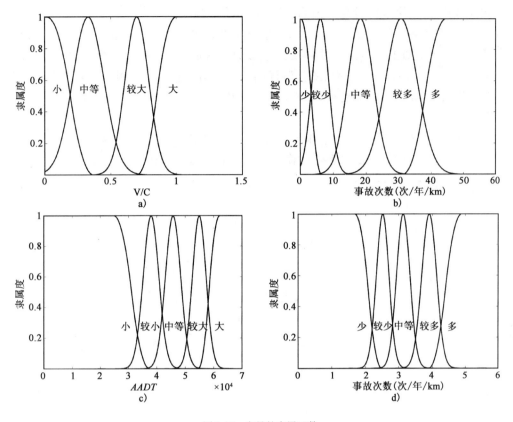

图 6-12 变量的隶属函数

若两条规则的前提部分相同,而结果部分不同,则保留权重大的一条规则作为有效模糊规则,并舍弃另一条。例如,两条规则的前提均为 if"AADT" is "小" and "视距条件" is "良好" and "大型车比例" is "较低" and "地形条件" is "一般",规则 1 的结果为 Then"每公里每年的事故数" is "少",各变量隶属度分别为 0.55、0.60、0.40、0.65,则规则 1 的权重为 0.40;规则 2 结果为 then"每公里每年的事故数" is "较少",各变量隶属度分别为 0.50、0.65、0.45、0.50,则规则 2 的权重为 0.45。因此,保留规则 2 作为有效模糊规则。

4. 模型训练与检验

为标定事故预测模型,通常将样本随机分成两组,一组用于训练模型,主要是确定有效模糊控制规则;另一组用于检验模型,主要用于检验模型的预测效果。

5. 模糊逻辑事故预测法的应用[15]

根据城市干线道路路段交通及其交通事故的特点,选取年平均日交通量($AADT$)、交通负荷(TL)、运行速度(v)及车道宽度(LW)4 个影响因素作为事故预测的输入变量,输出就是各条干线道路上预测出的每公里每年的事故数(AF)。

采用哈尔滨市 133 条主次干道上的相关数据,基于模糊统计原理确定出了各个变量的模糊集合,得到了相应的隶属函数。年平均日交通量模糊化为 3 个模糊集合:低(L)、中等(M)和高(H);交通负荷模糊化为低(L)、中等(M)、高(H)和很高(EH)4 个模糊集合;运行速度模糊化为低(L)和高(H)2 个模糊集合;车道宽度模糊化为窄(N)、中等(M)和宽(W)3 个模糊集合。对于输出变量,为了取得较高的预测精度,采用了少(F)、较少(L)、中等(M)、较多(MO)和多(MA)5个模糊级别。交通负荷以及每公里每年事故次数的隶属函数见图6-12a)和b)。

将133条主次干道上的道路交通及交通事故数据,随机分成两组。第一组共有78条道路,相应的编号为1~78,用来训练模糊控制规则。第二组共有55条,相应的编号为79~133,用来检验预测效果。因此,一共可推出78条初始模糊规则。经过取舍,最终得到了41条有效的模糊规则。

根据已确定出的输入变量及其隶属函数、训练得到的41条有效模糊规则,经过去模糊化处理,可以得到预测事故数。最终得到的模糊逻辑事故预测模型如图6-13所示。

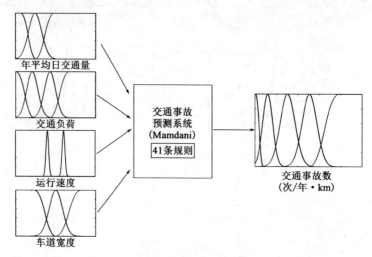

图6-13 模糊逻辑事故预测模型

三、神经网络事故预测法

1. 神经网络事故预测法简介

人工神经网络(Artificial Neural Network,ANN)是20世纪80年代以来人工智能领域兴起的研究热点,近30年来已在模式识别、自动控制、预测估计等领域成功地解决了许多技术难题和实际问题,表现出了良好的智能特性。

近年来人们对神经网络在交通运输系统中的应用也开展了较深入地研究。交通运输问题是高度非线性的,可获得的数据通常是大量、多元和复杂的,用神经网络处理相关问题时有着巨大的优越性。就交通事故预测而言,基于统计学原理的事故预测模型一般均有自身的假设条件或需要预定义自变量(事故影响因素)与因变量(事故指标)之间的关系,而神经网络技术一般可不需要这种预定义。因此,近年来已有部分学者开展了基于神经网络技术的高速公路、道路路段以及道路交叉口的事故预测研究[17]。

神经网络事故预测法一般包括以下6个步骤:

①确定输入与输出;②选择神经网络模型;③确定神经网络结构;④选择学习算法和误差指标;⑤确定训练和测试样本;⑥模型训练与泛化性能分析。

确定输入与输出,就是确定事故影响因素以及拟预测的事故指标,与参数预测法不同,神经网络法对事故指标的数据类型并没有严格的要求,离散型的事故数或连续型的事故率等均可适用。神经网络模型众多,如感知机、BP 网络、Hopfield 网络、Boltzmann 机、自组织神经网络等,目前种类已达 40 多种。各种模型所重点解决的问题也不尽相同,因此针对事故预测对象选择出一个合理的神经网络模型是十分重要的。在选择出神经网络模型后,需根据输入与输出的数量以及输出数据的特征,设计神经网络结构,包括网络的层数、神经元个数以及传输函数的形式等。根据网络模型及其结构,选择相应的学习算法也是很重要的。模型训练的结果就是确定出一系列的权值矩阵和偏置向量,这是神经网络模型的核心。

2.神经网络事故预测法的应用[18]

丹阜高速公路桃仙至丹东段、京珠高速公路粤北段、粤赣高速公路广东省境内段长度分别为 66km、109.29km 和 136km,均是设计速度为 100km/h 的山岭重丘区双向四车道高速公路。现拟建立该类高速公路基本路段基于几何线形指标的神经网络事故预测模型。

对于山岭区高速公路而言,复杂的几何线形条件往往是诱发交通事故的重要原因。据此,基于粗糙集理论中可辨识矩阵的简约算法,选择出了对交通事故发生有突出影响的几何线形指标,这些指标是 AADT、平曲线半径、直线段长度、平曲线偏角、纵坡、变坡点处的坡差,这就是神经网络模型的输入。事故预测结果为基本路段上的事故率,即每年每公里的事故数,这就是神经网络模型的输出。

首先根据几何线形条件对高速公路基本路段进行划分,形成路段单元,这也就是事故预测单元。对于现状的高速公路,每个路段单元上的一组数据就是一个最基本的样本。路段单元划分原理如图 6-14 所示,共有 6 类事故预测单元。

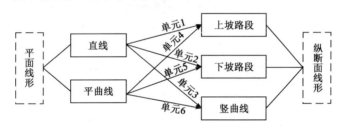

图 6-14 路段单元划分原理

所有路段单元均存在一个或一个以上的线形指标空值项,比如,直线—上坡路段路段单元就会存在平曲线半径及竖曲线长度两个空值项。为了实现事故预测模型的建模目的并满足其算法的要求,需对所有空值项进行赋值。本书的赋值方法是,按理想线形条件下的线形指标对空值项进行赋值。山岭重丘区高速公路理想的线形条件见表 6-11。

山岭重丘区高速公路理想线形条件　　　　　表 6-11

几何线形指标	理想线形条件的取值范围
直线段长度(LZ)	$0.5km < LZ < 1.5km$
平曲线半径(RP)	$RP > 4\,000m$
纵坡坡度(i)	$0 < i < 2\%$
平曲线偏角(α)	$10° < \alpha < 25°$
竖曲线半径(RS)	$RS > 50\,000m$

对照表 6-11 具体确定的赋值结果是,直线段长度、平曲线半径、纵坡坡度、平曲线偏角、竖曲线半径分别取 1 000m、4 000m、1%、17.5°和 50 000m。表 6-12 给出了 3 条高速公路上 2 834

个路段单元中部分路段单元的原始指标数据及空值项赋值后的线形指标数据。

路段单元原始数据及赋值后数据　　　　表6-12

编号	路段单元类型	原始数据					赋值后数据				
		RP (m)	LZ (m)	RS (m)	i (%)	α (°)	RP (m)	LZ (m)	RS (m)	i (%)	α (°)
1	直线—竖曲线路段	—	212	16 000	—	—	4 000	212	16 000	1	17.5
2	直线—下坡路段	—	212	—	-1.7	—	4 000	212	50 000	-1.7	17.5
3	平曲线—竖曲线路段	1 200	—	22 500	—	52.1	1 200	1 000	22 500	1	52.1
4	平曲线—上坡路段	2 200	—	—	1.1	33.2	2 200	1 000	50 000	1.1	33.2
5	平曲线—竖曲线路段	3 000	—	22 500	—	55.1	3 000	1 000	22 500	1	55.1
6	平曲线—下坡路段	1 200	—	—	-3.4	49.8	1 200	1 000	50 000	-3.4	49.8
7	直线—上坡路段	—	1 526	—	1.08	—	4 000	1 526	50 000	1.08	17.5
8	平曲线—上坡路段	1 800	—	—	2.2	27.8	1 800	1 000	50 000	2.2	27.8
…	…	…	…	…	…	…	…	…	…	…	…
2 834	直线—竖曲线路段	—	1 526	15 500	—	—	4 000	1 526	15 500	1	17.5

Elman 神经网络是一种带反馈的两层神经网络,能以任意精度逼近任意函数,唯一的要求是其隐层(即反馈层)必须有足够的神经元,隐层中的神经元越多,网络逼近复杂函数的能力就越强。本书建立的 Elman 神经网络事故预测模型的结构如图 6-15 所示。

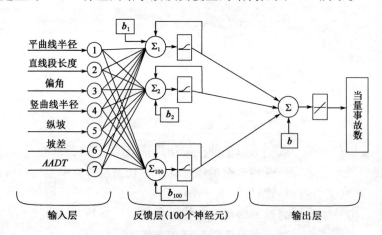

图 6-15　Elman 神经网络事故预测模型的结构

应用 2 834 个路段单元数据进行网络训练和测试,得到了权值矩阵和偏置向量(略)。网络训练精度为 0.05,测试精度为 0.16。预测事故率与实际事故率的相对误差小于 20% 的单元数约占测试单元总数的 62%,这说明模型对绝大多数单元均具有较高的预测精度。由测试结果可知,该网络的泛化能力是较强的,可根据已确定的权值矩阵和偏置向量进行模型应用。

用标定好的神经网络事故预测模型对各个输入变量进行敏感性分析,确定出各线形指标及 AADT 与事故率的关系,并与基于实际数据统计得到的关系进行对比,从而判断该模型在机理上是否符合交通事故与几何线形之间的基本关系。通过敏感性分析所确定的各类路段上平曲线半径与事故率的关系见图 6-16a),显然各类路段上预测事故率均随平曲线半径的增大而减小,这与基于所有实际数据统计得到的规律是一致的。基于敏感性分析所确定的直线段长度、平曲线偏角、竖曲线半径、纵坡坡度、变坡点处的坡差等与事故率的关系分别见图 6-16b)~图 6-16f)。显然,这些关系也是符合交通安全理论中几何线形指标与事故率的基本关系。

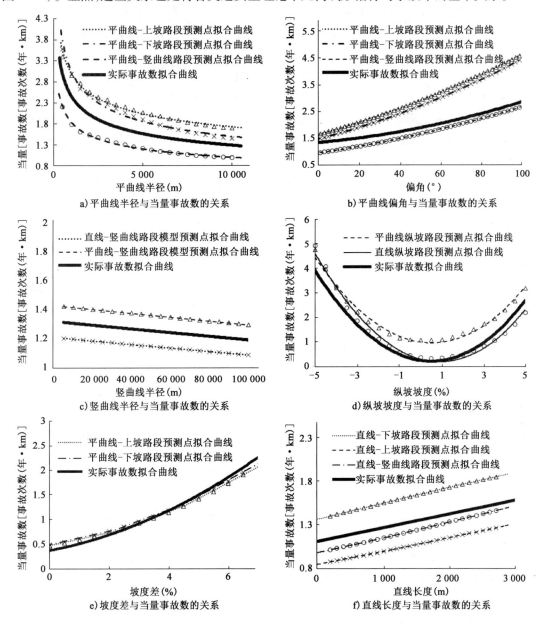

图 6-16 几何线形指标与事故率的关系

本章参考文献

[1] Lenguerrand E., J. L. Martin, B. Laumon. Modeling the hierarchical structure of road accident data-application to severity analysis[J]. Accident Analysis and Prevention, 2006, 38: 43-53.

[2] Gaudry M., S. Lassarre. Strcutural road accident models: The International DRAG Family[M].

oxford：Pergamon Press，2000.

[3] Miaou S. P. ，D. Lord. Modeling traffic crash-flow relationships for intersections：Dispersion parameter，functional form，and Bayes versus empirical Bayes method[J]. Transportation Research Record，1840，2003：31-40.

[4] Miaou S. P. ，A. Lu，H. S. Lum. Pitfalls in using R^2 to evaluate goodness of fit of accident prediction models[J]. Transportation Research Record，1542，1996：6-13.

[5] Maher M. ，I. Summersgill. A comprehensive methodology for the fitting of predictive accident models[J]. Accident Analysis and Prevention，1996，28：281-296.

[6] Kim D. G. ，S. Washington. The significance of endogeneity problems in crash models：an examination of left-turn lanes in intersection crash models[J]. Accident Analysis and Prevention，2006，38：1094-1100.

[7] Partyka S. Simple models of fatality trends revisited seven years later[J]. Accident Analysis and Prevention，1991，23：423-430.

[8] Brude U. ，J. Larsson. Models for predicting accidnets at junctions where pedenstrians and cyclists are involved. How well do they fit[J]？Accident Analysis and Prevention，1993，25：499-509.

[9] Smeed R. J. Some statistical aspects of safety research[J]. Journal of the Royal Stat. Series A，1949：1-34.

[10] 贾守镇,李兆鹏,陈思源,等.关于Smeed模型的适用性探讨[J].西安公路交通大学学报,1998,18(3B):276-280.

[11] 侯相琛,孟祥海.辽宁省交通厅科技项目"高速公路运行安全研究"(合同号201306).

[12] 孟祥海.规划阶段城市干道网潜在事故多发点鉴别及改善研究[D].黑龙江:哈尔滨工业大学,2007.

[13] YU J. C. Establishing relationship of level of service and highway safety. Traffic Engineering lnst Traffic Ergr. 1972，43.

[14] 孟祥海,蒋艳辉,郑洪岚.全国道路交通事故死亡人数预测研究[J].公路交通技术,2017,33(5):126-131.

[15] 孟祥海,郑来,秦观明.基于模糊逻辑的交通事故预测及影响因素分析[J].交通运输系统工程与信息,2009,(02):87-92.

[16] 孟祥海,何莎莉,郑来.高速公路交通事故模糊逻辑预测模型改进研究[J].交通信息与安全,2016,(05):23-30.

[17] 邓晓庆,孟祥海,郑来.基于BP神经网络的高速公路事故预测模型[J].交通信息与安全,2016,(01):78-84.

[18] 孟祥海,覃薇,邓晓庆.基于神经网络的山岭重丘区高速公路事故预测模型[J].公路交通科技,2016,(03):102-108.

第七章 道路交通安全评价

道路交通安全评价可以是对一个国家或地区的交通安全状况所进行的整体性、系统性评估工作,也可以是对一个具体道路工程项目甚至是道路路段或交叉口所进行的安全隐患排查或识别工作。总之,交通安全评价能对交通系统中固有的或潜在的危险进行评估和预测。因此,它贯穿了从宏观到微观、从道路交通系统规划到道路设计、建设、运营管理等各个环节,是交通安全管理工作中的重要工作内容之一。本章主要介绍两个比较适用于宏观交通安全评价的方法、技术和一个基于安全风险理论的高速公路安全评价方法。

第一节 道路交通安全模糊综合评价方法

一、道路交通安全评价概述

1. 道路交通安全评价的定义

从宏观层面上看,道路交通安全评价是指从交通事故规模并结合区域经济、机动车保有量、人口、道路系统、交通环境等事故关联因素,对一个国家或地区的交通安全状况所进行的系统性的综合评估工作。主要目的是制定道路交通安全的方针政策。

从微观层面上看,道路交通安全评价也包含对既有的道路工程项目、交通工程项目或与交通安全有关的其他工程项目所作出的安全性评价工作。主要是评估其交通安全状况,分析影响道路交通安全、引发交通事故的各种具体因素,目的是提出交通安全改善对策并制订出具体的安全改善措施(包括工程措施)。

2. 道路交通安全评价的分类

按评价对象的区域范围大小和安全影响因素的复杂程度分类,可分为宏观道路交通安全评价和微观道路交通安全评价两类。针对一个国家或地区所进行的综合性的安全评估,就是宏观道路交通安全评价;对具体道路工程项目、交通工程项目所作出的安全性评价,包括事故多发点的鉴别与改善等,就属于微观道路交通安全评价的范畴。

从评价对象的数量和目的分类,可分为单客体评价和多客体评价两类。单客体评价是指仅针对一个地区或一个道路交通项目进行的交通安全性评估,目的是制定或提出交通安全方针政策、安全改善对策或具体的安全改善措施。多客体评价是对多个地区或多个类似的道路交通项目所进行的交通安全性评估,主要目的是进行交通安全方面的横向对比。

3. 道路交通安全评价的方法

事故绝对指标法、事故次数概率分布法、事故次数与事故率综合法、质量控制法、当量财产损失事故法、基于交通安全服务水平的安全评估法、基于经验贝叶斯的安全评估方法、交通冲突法、聚类分析法、层次分析法、灰色理论法、模糊综合评价法等,均可用来作为道路交通安全评价的方法。一般而言,前8种方法比较适用于微观的道路交通安全评价,第9种方法即聚类分析法比较适用于多客体评价,而后3种方法即层次分析法、灰色理论法、模糊综合评价法更适用于宏观的道路交通安全评价。

4. 宏观交通安全评价的模糊特性

交通安全评价的模糊特性在评价指标、评价过程以及评价结果上或多或少都有体现。

其一,安全评价指标具有模糊性和冲突性。在不给定安全界限比如上下界的条件下,精确的安全评价指标也具有一定的模糊性。比如,亿车公里死亡率为10万人或100万人口事故受伤率为20人,这些值意味着什么,安全还是不安全?另外,对于机动车保有量多、人口少的发达国家与机动车保有量少、人口多的发展中国家,在进行横向安全性对比时,10万人口死亡率与万车死亡率两个指标之间会存在相互冲突的情况。

其二,评价过程具有模糊性。在道路交通安全评价过程中,不同的人会得出不同的评价结果,甚至是截然相反的结果。这是由于每个评价者都有其自己的观点和思维偏好,评价过程中不可避免地含有人为的主观因素。

其三,评价结果也具有模糊性。评价结果通常用"好""坏""安全""不安全"等非定量的词汇来表达,这是评价本身所具有的局限性,即评价结果要易于大众理解和接受。

二、宏观道路交通安全评价体系

1. 道路交通安全评价指标

选择评价指标应遵循的基本原则是,评价指标要具有代表性、可比性和可测性。

基础指标:主要指涉及人、车、路、交通环境等方面的指标,如人口数、机动车保有量、道路或道路网里程、客运量或旅客周转量、货运量或货物周转量等。

事故指标:最好选用事故死亡人数作为事故指标。在道路交通事故的事故次数、死亡人数、受伤人数及事故经济损失4项指标中,事故次数尤其是财产损失事故次数、事故经济损失等指标往往不具有可比性,受伤人数也存在该类问题。

交通安全评价指标:即基于事故指标和基础指标所确定的交通安全评价指标,常用的交通安全评价指标有10万人(或100万人)死亡率、万车死亡率、百公里道路死亡率、亿人次客运量死亡率、100万t(或1 000万t)货运量死亡率等。

亿车公里事故死亡率指标的可测性差一些,在我国不宜采用。在统计资料不全的地区或城市,基于人公里、车公里的事故率指标也会存在相类似的问题。

2. 道路交通安全评价层次结构

多采用三层评价体系,即目标层A、准则层C和指标层R。

指标层就是由安全评价指标构成的最基本的层次,处于最底层且均是可测指标。由于宏观的道路交通安全评价不可避免地会涉及人、车、路、环境等方面的关联因素,因此准则层一般会包括人的因素、车的因素、路的因素以及环境因素。目标层就是宏观的道路交通安全评价。可供参考的宏观道路交通安全评价三层体系,如图7-1所示。

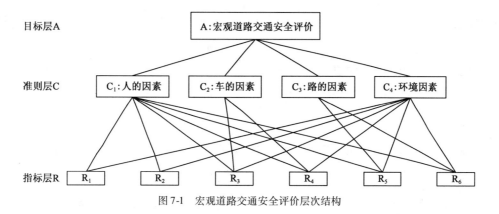

图 7-1 宏观道路交通安全评价层次结构

三、模糊综合评价方法与步骤

模糊综合评价法（Fuzzy Comprehensive Evaluation，FCE）是一种基于模糊集理论[1]的综合评价方法，依据隶属度原理将定性评价转化为定量评价。交通安全模糊综合评价主要分为两个步骤：单因素模糊综合评价和多因素模糊综合评价。

1. 单因素模糊综合评价

（1）建立因素集

因素集是由安全评价指标构成的一个集合，可用大写字母 U 表示，即：

$$U = \{R_1, R_2, \cdots, R_m\} \tag{7-1}$$

各元素 $R_i(i=1,2,\cdots,m)$ 代表 m 个安全评价指标。

（2）建立评价集

评价集就是评价者对评价对象可能做出的各种安全评价结果的集合，可用 V 表示：

$$V = \{v_1, v_2, \cdots, v_n\} \tag{7-2}$$

V 可以是语言变量的集合，如｛好，较好，中等，较差，差｝；也可以是有序尺度变量的集合，如｛一级，二级，三级，四级，五级｝以及｛A, B, C, D, E｝等。模糊综合评价的目的，就是在综合考虑所有事故影响因素后，从评价集中找出一个最佳的评价结果。

（3）单因素评价矩阵

单独从一个指标出发，确定该指标对评价集元素的隶属程度，称为单因素模糊评价。设第 i 个安全评价指标的单因素评价集为 $\widetilde{R}_i$，则它是评价集上的一个模糊子集，可表示为：

$$\widetilde{R}_i = \{r_{i1}, r_{i2}, \cdots, r_{in}\} \tag{7-3}$$

式中，$r_{ij}(j=1,2,\cdots,n)$ 表示安全评价指标 R_i 对评价结果 v_j 的隶属度。

以各单因素评价集的隶属度为行所组成的矩阵，称为单因素评价矩阵，以 $\widetilde{R}$ 表示，即：

$$\widetilde{R} = \begin{bmatrix} r_{11} & r_{12} & \cdots & r_{1n} \\ r_{21} & r_{22} & \cdots & r_{2n} \\ \vdots & \vdots & \vdots & \vdots \\ r_{m1} & r_{m2} & \cdots & r_{mn} \end{bmatrix} \tag{7-4}$$

（4）确定权重集

为了反映各项安全评价指标的重要程度，对因素集中的各元素 $R_i(i=1,2,\cdots,m)$ 应赋予

相应的权数 $a_i(i=1,2,\cdots,m)$。由各项安全评价指标的权数组成的集合 $\widetilde{A}$，称为权重集，即：

$$\widetilde{A} = \{a_1, a_2, \cdots, a_m\} \tag{7-5}$$

权数应满足归一性和非负性条件：

$$\sum_{i=1}^{m} a_i = 1, \quad a_i \geq 0 \tag{7-6}$$

(5) 模糊综合评价

通过权重集与单因素评价矩阵的模糊合成运算，即可得到模糊综合评价集 $\widetilde{B}$：

$$\widetilde{B} = \widetilde{A} \cdot \widetilde{R} = (a_1, a_2, \cdots, a_m) \cdot \begin{bmatrix} r_{11} & r_{12} & \cdots & r_{1n} \\ r_{21} & r_{22} & \cdots & r_{2n} \\ \vdots & \vdots & \vdots & \vdots \\ r_{m1} & r_{m2} & \cdots & r_{mn} \end{bmatrix} = (b_1, b_2, \cdots, b_n) \tag{7-7}$$

b_j 的含义是：综合考虑所有安全评价指标后，评价对象对评价集中第 j 个评价结果的隶属度。显然，模糊综合评价集 $\widetilde{B}$ 也是评价集 V 上的一个模糊子集。

(6) 单因素模糊综合评价结果

得到模糊综合评价集 $\widetilde{B}$ 后，可按最大隶属度法、加权平均法、模糊分布法等确定单因素模糊综合评价结果。

【例 7-1】 单因素模糊综合评价

拟对某大城市交通安全状况中"人的因素"进行模糊综合评价。选用的 6 个安全评价指标是 10 万人死亡率 (R_1)、10 万人受伤率 (R_2)、万车死亡率 (R_3)、万车受伤率 (R_4)、百公里道路死亡率 (R_5) 和百公里道路受伤率 (R_6)，评价指标的两两比较判断矩阵 (用于计算各评价指标的权重) 见表 7-1。评价结果拟定为好、较好、中等、较差和差 5 个级别，依据 6 个评价指标的取值及其相应的隶属函数，得到了单因素评价矩阵。

两两比较判断矩阵　　　　　　　　　　表 7-1

指标	R_1	R_2	R_3	R_4	R_5	R_6
R_1	1	5	3	7	3	9
R_2	1/5	1	1/3	3	1/3	3
R_3	1/3	3	1	3	3	5
R_4	1/7	1/3	1/3	1	1/3	3
R_5	1/3	3	1/3	3	1	3
R_6	1/9	1/3	1/5	1/3	1/3	1

$$\widetilde{R} = \begin{bmatrix} 0.25 & 0.75 & 0 & 0 & 0 \\ 0 & 0.25 & 0.75 & 0 & 0 \\ 0.35 & 0.65 & 0 & 0 & 0 \\ 0.35 & 0.65 & 0 & 0 & 0 \\ 0.40 & 0.60 & 0 & 0 & 0 \\ 0.60 & 0.40 & 0 & 0 & 0 \end{bmatrix}$$

单因素评价矩阵

解:交通安全评价的层次结构就是图 7-1 中准则层 C_1(人的因素)与 6 个安全评价指标所构成的两层结构。

因素集为 $U = \{R_1, R_2, R_3, R_4, R_5, R_6\}$,评价集为 $V = \{好,较好,中等,较差,差\}$。

单因素评价矩阵就是表 7-2 中的矩阵 $\widetilde{R}$。

由两两比较判断矩阵(表 7-1)计算出的权重集(计算过程见下一小节)为:

$$\widetilde{A} = \{0.432, 0.096, 0.224, 0.063, 0.148, 0.037\}$$

模糊综合评价集 $\widetilde{B}$ 为:

$$\widetilde{B} = (0.432, 0.096, 0.224, 0.063, 0.148, 0.037) \cdot \begin{bmatrix} 0.25 & 0.75 & 0 & 0 & 0 \\ 0 & 0.25 & 0.75 & 0 & 0 \\ 0.35 & 0.65 & 0 & 0 & 0 \\ 0.35 & 0.65 & 0 & 0 & 0 \\ 0.40 & 0.60 & 0 & 0 & 0 \\ 0.60 & 0.40 & 0 & 0 & 0 \end{bmatrix}$$

$= (0.289\ 6, 0.638\ 3, 0.072\ 1, 0, 0)$

评价结果:按照最大隶属度法,在该大城市的交通安全状况中,"人的因素"是较好的。

2. 多因素模糊综合评价

对于图 7-1 所示出的交通安全评价三层体系而言,单因素模糊综合评价只是利用安全评价指标(即指标层 R)对准则层 C 的各项准则分别进行了模糊综合评价。此时,还需要由准则层 C 来对目标层 A 进行进一步的模糊综合评价,这就是多因素模糊综合评价。多因素模糊综合评价的结果才是最终的评价结果。在进行多因素模糊综合评价时,可以以各单因素模糊综合评价的结果为一行向量,从而得到多因素评价矩阵 $\widetilde{R}_c$,即:

$$\widetilde{R}_c = \begin{bmatrix} \widetilde{A}_1 \cdot \widetilde{R}_1 \\ \widetilde{A}_2 \cdot \widetilde{R}_2 \\ \vdots \\ \widetilde{A}_k \cdot \widetilde{R}_k \end{bmatrix} = \begin{bmatrix} b_{11} & b_{12} & \cdots & b_{1n} \\ b_{21} & b_{22} & \cdots & b_{2n} \\ \vdots & \vdots & \vdots & \vdots \\ b_{k1} & b_{k2} & \cdots & b_{kn} \end{bmatrix} \quad (7\text{-}8)$$

式中:$\widetilde{A}_k$——单因素模糊综合评价时第 k 个准则下的安全评价指标权重集;

$\widetilde{R}_k$——第 k 个准则下的单因素评价矩阵;

b_{kn}——第 k 个准则对评价结果 v_n 的隶属度。

在确定出准则层各项准则对评价目标的权数后,可得到准则层的权重集 $\widetilde{A}_c$。此时,可进一步通过模糊合成运算,得到最终的模糊综合评价集 $\widetilde{B}_A$,即 $\widetilde{B}_A = \widetilde{A}_c \cdot \widetilde{R}_c$。

四、权重的确定

1. 采用层次分析法确定权重

层次分析法(Analytic Hierarchy Process, AHP)是由 T. L. Saaty 提出的多目标决策方法[2],

其中的两两比较判断矩阵可用来确定权重集。两两比较判断矩阵是通过两两比较安全评价指标或各项准则的相对重要程度(通常用 1~9 的整数或其倒数来度量),来确定权重的一种专家主观评价法。对于专家给定的两两比较判断矩阵,可通过计算判断矩阵的最大特征根及其对应的特征向量来确定权重集,当然也可利用近似计算法来确定权重集。以表 7-1 中的两两比较判断矩阵为例,近似计算法的步骤是:首先,将判断矩阵的每一列正规化;然后,把每一列正规化后的判断矩阵按行求和;将求和后的向量(此时是列向量)转置并再一次正规化,即可得到权重集。权重集的计算过程见表 7-2。

由两两比较判断矩阵近似计算权重集的过程　　表 7-2

指标	两两比较判断矩阵						每一列正规化后的两两比较判断矩阵						按行求和	备注
	R_1	R_2	R_3	R_4	R_5	R_6	R_1	R_2	R_3	R_4	R_5	R_6		
R_1	1	5	3	7	3	9	0.472^1	0.417	0.577	0.404	0.375	0.375	2.619^2	1. $0.472 = 1/(1 + 1/5 + 1/3 + 1/7 + 1/3 + 1/9)$ 2. $2.619 = (0.472 + 0.417 + 0.577 + 0.404 + 0.375 + 0.375)$
R_2	1/5	1	1/3	3	1/3	3	0.094	0.083	0.064	0.173	0.042	0.125	0.582	
R_3	1/3	3	1	3	3	5	0.157	0.250	0.192	0.173	0.375	0.208	1.356	
R_4	1/7	1/3	1/3	1	1/3	3	0.067	0.028	0.064	0.058	0.042	0.125	0.384	
R_5	1/3	3	1/3	3	1	3	0.157	0.250	0.064	0.173	0.125	0.125	0.894	
R_6	1/9	1/3	1/5	1/3	1/3	1	0.052	0.028	0.038	0.019	0.042	0.042	0.221	
未正规化的权重集							$\hat{A} = \{2.619, 0.582, 1.356, 0.384, 0.894, 0.221\}$							
正规化后的权重集							$\hat{A} = \{0.432, 0.096, 0.224, 0.063, 0.148, 0.037\}$							

2. 采用三角模糊数确定权重

这种方法实质上就是模糊层次分析法(Fuzzy Analytic Hierarchy Process,FAHP)。在 AHP 的两两比较判断矩阵中,主要是选用 1~9 的整数或其倒数作为比较结果的度量值。事实上,重要性程度本身就是一个模糊概念,用[0,1]中的实数来表示度量值可能比 1~9 这样的整数更具有合理性。另外,专家们在给出判断时往往也具有模糊性,例如三值判断:最低可能值、最可能值、最高可能值等。

(1)三角模糊数

三角模糊数(Triangular Fuzzy Numbers,TFN)是由 P. T. M. Laarhoven 和 W. Pedrycz 于 1983 年提出的[3]。定义模糊数 M 为一个三角模糊数,那么它的隶属函数(见图 7-2)为:

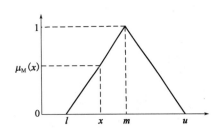

图 7-2 三角模糊数的隶属函数

$$\mu_M(x) = \begin{cases} x/(m-l) - l/(m-l) & x \in [l, m] \\ x/(m-u) - u/(m-u) & x \in [m, u] \\ 0 & 其他 \end{cases} \quad (7-9)$$

式中,$l \leq m \leq u$,l、m、u 分别为模糊数 M 的上限、中限和下限值。因此,三角模糊数 M 可表示为 (l, m, u)。

(2)单层次排序的权重

单层次排序权重的确定主要是确定评价指标相对于准则层各准则的权重。

步骤1:计算各因素在其所在层的模糊综合度。设 M_{ij} 表示当前层因素 i 与因素 j 在判断矩阵中的取值,则第 i 个因素在当前层的模糊综合度 S_i 为:

$$S_i = \sum_{j=1}^{n} M_{ij} \otimes \left(\sum_{i=1}^{n} \sum_{j=1}^{n} M_{ij} \right)^{-1} \tag{7-10}$$

其中,$\otimes$ 表示两个三角模糊数的乘积运算。对于三角模糊数 $M_1 = (l_1, m_1, u_1)$ 和 $M_2 = (l_2, m_2, u_2)$,定义 $M_1 \otimes M_2$ 为:

$$M_1 \otimes M_2 = (l_1 \cdot l_2, m_1 \cdot m_2, u_1 \cdot u_2) \tag{7-11}$$

$\sum_{j=1}^{n} M_{ij}$ 的值可以通过模糊判断矩阵中各因素的取值,通过以下公式计算得到:

$$\sum_{j=1}^{n} M_{ij} = \left(\sum_{j=1}^{n} l_j, \sum_{j=1}^{n} m_j, \sum_{j=1}^{n} u_j \right) \tag{7-12}$$

$\left(\sum_{i=1}^{n} \sum_{j=1}^{n} M_{ij} \right)^{-1}$ 可表示为:

$$\left(\sum_{i=1}^{n} \sum_{j=1}^{n} M_{ij} \right)^{-1} = \left(1 / \sum_{j=1}^{n} u_j, 1 / \sum_{j=1}^{n} m_j, 1 / \sum_{j=1}^{n} l_j \right) \quad \forall u_j, m_j, u_j > 0 \tag{7-13}$$

步骤2:计算可能度。设 $S_1 = (l_1, m_1, u_1)$ 和 $S_2 = (l_2, m_2, u_2)$ 是两个因素的模糊综合度,则 $S_1 \geqslant S_2$ 的可能度 $V(S_1 \geqslant S_2)$ 可定义为:

$$V(S_1 \geqslant S_2) = \sup_{y \geqslant x} \{ \min[\mu_{S_1}(x), \mu_{S_2}(x)] \} \tag{7-14}$$

可能度的计算,如图7-3所示,式如下:

$$V(S_1 \geqslant S_2) = \text{hgt}(S_2 \cap S_1) = \mu_{S_2}(d)$$

$$= \begin{cases} 1 & (m_1 \geqslant m_2) \\ \dfrac{l_2 - u_1}{(m_1 - u_1) - (m_2 - l_2)} & (m_1 < m_2, l_2 < u_1) \\ 0 & (\text{其他}) \end{cases} \tag{7-15}$$

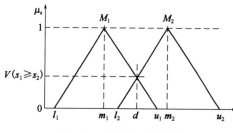

图7-3 可能度计算示意图

在得到可能度后,即可得到可能度矩阵 V:

$$V = \begin{pmatrix} V(S_1 \geqslant S_1) & V(S_1 \geqslant S_2) & \cdots & V(S_1 \geqslant S_n) \\ V(S_2 \geqslant S_1) & V(S_2 \geqslant S_2) & \cdots & V(S_2 \geqslant S_n) \\ \vdots & \vdots & \vdots & \vdots \\ V(S_n \geqslant S_1) & V(S_n \geqslant S_2) & \cdots & V(S_n \geqslant S_n) \end{pmatrix} \tag{7-16}$$

步骤3:计算单层次排序的权重向量。当前层第 i 个因素的权重分量 $w_i^{(0)}$ 取为:

$$w_i^{(0)} = \min\{V(S_i \geqslant S_k) : k = 1, 2, \cdots, n\} \tag{7-17}$$

对 $w_i^{(0)}(i = 1, 2, \cdots, n)$ 进行归一化,得到当前层权重值 $w_i^{(1)}(i = 1, 2, \cdots, n)$,即:

$$w_i^{(1)} = \dfrac{w_i^{(0)}}{\sum_{j=1}^{n} w_j^{(0)}}, i = 1, 2, \cdots, n \tag{7-18}$$

通过以上三步计算可得到评价指标之间的相对重要度,以及评价指标相对于准则层各准则的权重。

(3)层次总排序的权重

层次总排序权重的确定是确定准则层各准则相对于目标层的权重。设评价指标 i 的权重

为 A_i（与其他指标对比的重要程度），对准则 j 的权重为 w_{ij}，则准则 j 对目标层的权重 w_{ij} 为：

$$w_j = \sum_{i=1}^{n} A_i \cdot w_{ij} \tag{7-19}$$

层次总排序的权重计算可参见表 7-3。

表 7-3 总排序权重计算表

指标层		u_1	u_2	...	u_n	总排序权重
		A_1	A_2	...	A_n	
准则层	C_1	w_{11}	w_{21}	...	w_{n1}	$w_1 = A_1 w_{11} + A_2 w_{21} + \cdots + A_n w_{n1}$
	C_2	w_{12}	w_{22}	...	w_{n2}	$w_2 = A_1 w_{12} + A_2 w_{22} + \cdots + A_n w_{n2}$
	...	...	...	...	...	...
	C_m	w_{1m}	w_{2m}	...	w_{nm}	$w_m = A_1 w_{1m} + A_2 w_{2m} + \cdots + A_n w_{nm}$

【例 7-2】 利用三角模糊数确定权重[4]

某交通安全评价体系的层次结构如图 7-4 所示。已知安全状况与人、车、路 3 个因素有关，而这 3 个因素又可由事故率、死亡率、受伤率来评价。试应用三角模糊数法来确定最突出的安全影响因素。

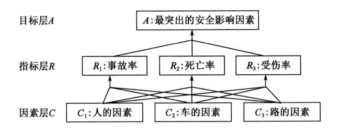

图 7-4 突出安全影响因素识别问题的层次结构

解：在要求专家以三角模糊数的方式给出比较后，经统计计算，得到了事故率指标之间以及各影响因素与事故率指标之间的 4 个模糊评判矩阵。

$$p = \begin{matrix} & R_1 & R_2 & R_3 \\ R_1 \\ R_2 \\ R_3 \end{matrix} \begin{pmatrix} (0.5,0.5,0.5) & (0.1,0.2,0.4) & (0.3,0.4,0.5) \\ (0.6,0.8,0.9) & (0.5,0.5,0.5) & (0.5,0.6,0.8) \\ (0.5,0.6,0.7) & (0.2,0.4,0.5) & (0.5,0.5,0.5) \end{pmatrix}$$

$$p_{事故率} = \begin{matrix} & C_1 & C_2 & C_3 \\ C_1 \\ C_2 \\ C_3 \end{matrix} \begin{pmatrix} (0.5,0.5,0.5) & (0.7,0.8,0.9) & (0.6,0.8,0.9) \\ (0.1,0.2,0.3) & (0.5,0.5,0.5) & (0.2,0.4,0.6) \\ (0.1,0.2,0.4) & (0.4,0.6,0.8) & (0.5,0.5,0.5) \end{pmatrix}$$

$$p_{死亡率} = \begin{matrix} & C_1 & C_2 & C_3 \\ C_1 \\ C_2 \\ C_3 \end{matrix} \begin{pmatrix} (0.5,0.5,0.5) & (0.6,0.7,0.8) & (0.6,0.7,0.9) \\ (0.2,0.3,0.4) & (0.5,0.5,0.5) & (0.5,0.6,0.8) \\ (0.1,0.3,0.4) & (0.2,0.4,0.5) & (0.5,0.5,0.5) \end{pmatrix}$$

$$P_{受伤率} = \begin{matrix} & C_1 & C_2 & C_3 \\ C_1 \\ C_2 \\ C_3 \end{matrix} \begin{pmatrix} (0.5,0.5,0.5) & (0.6,0.7,0.8) & (0.6,0.7,0.9) \\ (0.2,0.3,0.4) & (0.5,0.5,0.5) & (0.5,0.6,0.8) \\ (0.1,0.3,0.4) & (0.2,0.4,0.5) & (0.5,0.5,0.5) \end{pmatrix}$$

现以模糊评判矩阵 P 为例,来说明权重计算方法。首先,依据式(7-10)~式(7-13),得到了事故率、死亡率、受伤率的模糊综合度为:

$$S_{事故率} = (0.1698, 0.2444, 0.3784), S_{死亡率} = (0.3019, 0.4222, 0.5947),$$
$$S_{受伤率} = (0.2264, 0.3333, 0.4595)$$

依据式(7-15)及式(7-16),可得到如下的可能度矩阵:

$$V = \begin{bmatrix} 1 & 0.3008 & 0.6310 \\ 1 & 1 & 1 \\ 1 & 0.6394 & 1 \end{bmatrix}$$

依据式(7-17),可得到权重分量(即可能度矩阵每行最小值构成的行向量):

$$w^{(0)} = (0.3008, 1, 0.6394)$$

将权重分量进行归一化处理[式(7-18)],得到如下的权重向量:

$$w^{(1)} = (0.1550, 0.5154, 0.3296)$$

类似地,可根据模糊评判矩阵 $P_{事故率}$、$P_{死亡率}$、$P_{受伤率}$ 得到相应的权重向量为:

$$w^{(1)}_{事故率} = (0.5875, 0.1179, 0.2946), w^{(1)}_{死亡率} = (0.5482, 0.3038, 0.1479),$$
$$w^{(1)}_{受伤率} = (0.4809, 0.2899, 0.2291)$$

依据式(7-19),可得到层次总排序的权重值,见表7-4。

层次总排序权重计算表　　表7-4

因素层	指标层			总排序权重
	R_1:事故率 0.1550	R_2:死亡率 0.5154	R_3:受伤率 0.3296	
C_1:人的因素	0.5875	0.5482	0.4809	$w_{人的因素} = 0.5321$
C_2:车的因素	0.1179	0.3038	0.2899	$w_{车的因素} = 0.2705$
C_3:路的因素	0.2946	0.1479	0.2291	$w_{路的因素} = 0.1974$

由总排序权重可知,最突出的安全影响因素是人的因素。

五、隶属函数的确定

对于具有精确值的安全评价指标,在样本数据满足统计要求的前提下,可通过累计频率法得到该指标的一组隶属函数。设某安全评价指标值的累计频率曲线如图7-5所示。若交通安全状况拟定为好(A级)、较好(B级)、中等(C级)、较差(D级)和差(E级)5个级别,分别选取累计频率为15%、30%、50%、65%和85%(此处选取的累计频率值仅是示例,不具广泛代表性)所对应的安全评价指标值 R_1、R_2、R_3、R_4、R_5,作为好、较好、中

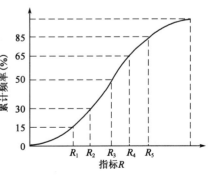

图7-5 评价指标的累计频率曲线

等、较差和差的分界值。此时,可构建出如表7-5所示出的一组隶属函数。

隶属函数及函数图形　　　　　　表 7-5

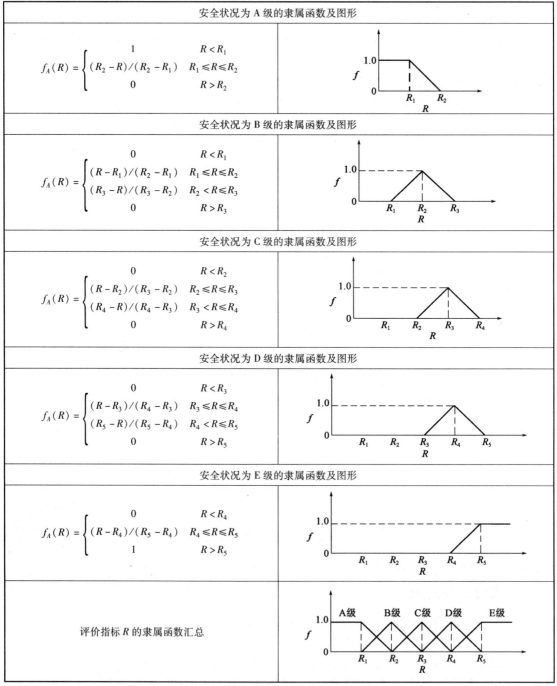

【例 7-3】 确定安全评价指标的隶属函数

某年我国 31 个省、自治区、直辖市的事故死亡人数、受伤人数、人口数以及 10 万人死亡率、受伤率见表7-6,试应用累计频率法建立 10 万人死亡率和受伤率的隶属函数。拟定的安全评价级别为好(A级)、较好(B级)、中等(C级)、较差(D级)和差(E级)。

交通事故及交通安全评价指标   表7-6

指标	死亡人数	受伤人数	人口数（万人）	10万人死亡率	10万人受伤率	指标	死亡人数	受伤人数	人口数（万人）	10万人死亡率	10万人受伤率
北京	1 499	10 456	1 423	10.5	73.5	湖北	2 776	15 822	5 988	4.6	26.4
天津	1 218	6 021	1 007	12.1	59.8	湖南	3 658	27 468	6 629	5.5	41.4
河北	6 182	28 662	6 735	9.2	42.6	广东	12 035	75 040	7 859	15.3	95.5
山西	3 644	15 416	3 294	11.1	46.8	广西	3 633	15 109	4 822	7.5	31.3
内蒙古	2 143	7 984	2 379	9.0	33.6	海南	500	2 051	803	6.2	25.5
辽宁	4 210	14 906	4 203	10.0	35.5	重庆	1 076	12 352	3 107	3.5	39.8
吉林	2 304	14 304	2 699	8.5	53.0	四川	5 453	34 709	8 673	6.3	40.0
黑龙江	2 446	10 593	3 813	6.4	27.8	贵州	1 760	3 246	3 837	4.6	8.5
上海	1 398	15 585	1 625	8.6	95.9	云南	3 146	8 843	4 333	7.3	20.4
江苏	6 947	26 171	7 381	9.4	35.5	西藏	462	840	267	17.3	31.5
浙江	6 642	34 975	4 647	14.3	75.3	陕西	2 340	10 260	3 674	6.4	27.9
安徽	4 557	21 292	6 338	7.2	33.6	甘肃	2 188	6 363	2 593	8.4	24.5
福建	3 959	26 735	3 466	11.4	77.1	青海	708	1 628	529	13.4	30.8
江西	3 163	14 669	4 222	7.5	34.7	宁夏	986	7 583	572	17.2	132.6
山东	9 167	47 510	9 082	10.1	52.3	新疆	2 563	9 919	1 905	13.5	52.1
河南	6 618	36 282	9 613	6.9	37.7	合计	109 381	562 074	128 453	8.5	43.8

解：由表7-6中10万人死亡率、10万人受伤率统计得到的累计频率曲线如图7-6和图7-7所示。在10万人死亡率累计频率曲线上选取累计频率为15%、30%、50%、65%和85%所对应的10万人死亡率值4.6、6.6、8.8、10.5和12.6作为A级、B级、C级、D级和E级的分界值，依照表7-5中的隶属函数公式，得到了10万人死亡率的一组隶属函数，见图7-8。同理，可得到10万人受伤率的一组隶属函数，见图7-9。

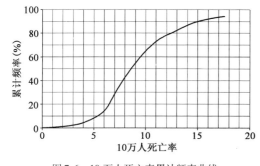

图7-6 10万人死亡率累计频率曲线

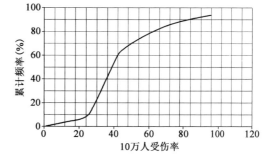

图7-7 10万人受伤率累计频率曲线

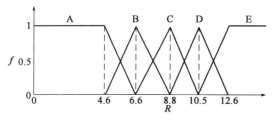

图7-8 10万人死亡率隶属函数

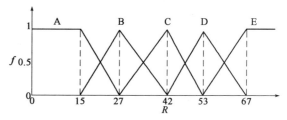

图7-9 10万人受伤率隶属函数

六、交通安全模糊综合评价案例

我国某省某年交通事故及关联因素数据见表7-7,10万人死亡率 R_1、10万人受伤率 R_2、万车死亡率 R_3、万车受伤率 R_4、百公里道路死亡率 R_5、百公里道路受伤率 R_6 6个安全评价指标的计算结果见表7-8。构造的道路交通安全评价宏观层次结构如图7-1所示,目标层为道路宏观安全评价 A,准则层为人的因素 C_1、车的因素 C_2、路的因素 C_3 和环境因素 C_4,指标层为 R_1 至 R_6 等6个安全评价指标。制定的道路交通安全宏观评价标准为5级,即安全状况好(A级)、较好(B级)、中等(C级)、较差(D级)和差(E级)。依据全国31个省、自治区、直辖市的安全评价指标数据,应用累计频率法得到了安全评价指标 R_1 至 R_6 隶属于上述5个安全评价级别的隶属函数,见图7-10。通过专家评估法,得到了准则层各准则对目标层重要度的两两比较判断矩阵以及指标层各指标对准则层各准则重要度的两两比较判断矩阵,见表7-9~表7-13。试应用模糊综合评价法确定本省该年度的宏观交通安全状况。

某省交通事故及关联因素数据　　　　　　　　　　　　表7-7

人口 (万人)	机动车拥有量 (辆)	道路总里程 (km)	事故次数 (次)	死亡人数 (人)	受伤人数 (人)
3 725	834 021	35 136	32 753	2 154	16 432

某省道路交通安全评价指标　　　　　　　　　　　　表7-8

10万人死亡率 (人/10万人)	10万人受伤率 (人/10万人)	万车死亡率 (人/万车)	万车受伤率 (人/万车)	百公里道路死亡率 (人/100km)	百公里道路受伤率 (人/100km)
5.78	44.11	25.82	197.02	6.13	46.77

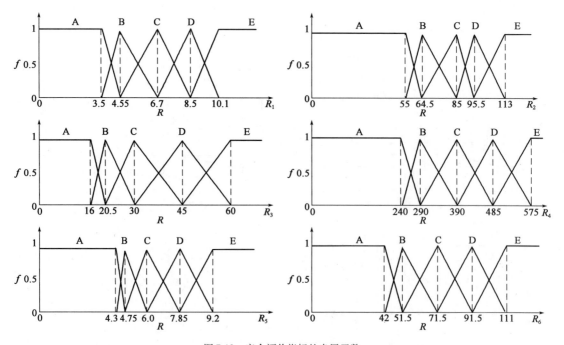

图7-10 安全评价指标的隶属函数

两两比较判断矩阵 A-C 表 7-9

A	C_1	C_2	C_3	C_4
C_1	1	1	3	5
C_2	1	1	3	5
C_3	1/3	1/3	1	3
C_4	1/5	1/5	1/3	1

两两比较判断矩阵 C_1-R 表 7-10

C_1	R_1	R_2	R_3	R_4	R_5	R_6
R_1	1	5	3	7	3	9
R_2	1/5	1	1/3	3	1/3	3
R_3	1/3	3	1	3	3	5
R_4	1/7	1/3	1/3	1	1/3	3
R_5	1/3	3	1/3	3	1	3
R_6	1/9	1/3	1/5	1/3	1/3	1

判断矩阵 C_2-R 表 7-11

C_2	R_3	R_4
R_3	1	5
R_4	1/5	1

判断矩阵 C_3-R 表 7-12

C_3	R_5	R_6
R_5	1	5
R_6	1/5	1

两两比较判断矩阵 C_4-R 表 7-13

C_4	R_1	R_2	R_3	R_4	R_5	R_6
R_1	1	5	3	7	5	9
R_2	1/5	1	1/3	3	1/3	5
R_3	1/3	3	1	5	3	7
R_4	1/7	1/3	1/5	1	1/3	3
R_5	1/5	3	1/3	3	1	5
R_6	1/9	1/5	1/7	1/3	1/5	1

1. 确定单因素评价集

依据表 7-8 中各安全评价指标的取值以及图 7-10 中的隶属函数曲线,得到了各安全评价指标的单因素评价集 $\widetilde{R}_i$:

$\widetilde{R}_1 = (0,0.43,0.57,0,0)$, $\widetilde{R}_2 = (1,0,0,0,0)$, $\widetilde{R}_3 = (0,0.44,0.56,0,0)$, $\widetilde{R}_4 = (1,0,0,0,0)$, $\widetilde{R}_5 = (0,0,0.93,0.07,0)$, $\widetilde{R}_6 = (0.50,0.50,0,0,0)$

2. 确定权重集

依据表 7-9 至表 7-13 给出的两两比较判断矩阵,应用近似计算法,得到了准则层各准则的权重集以及指标层各安全评价指标的权重集:

$\widehat{A}_{A-C} = (0.39, 0.39, 0.15, 0.07)$,$\widetilde{A}_{C_1-R} = (0.43, 0.10, 0.22, 0.06, 0.15, 0.04)$,$\widetilde{A}_{C_2-R} = (0.83, 0.17)$,$\widetilde{A}_{C_3-R} = (0.83, 0.17)$,$\widetilde{A}_{C_4-R} = (0.45, 0.10, 0.23, 0.05, 0.14, 0.03)$

3. 单因素模糊综合评价

人的因素的模糊综合评价集 $\widetilde{B}_{C_1}$ 为:

$$\widetilde{B}_{C_1} = \widetilde{A}_{C_1-R} \cdot \widetilde{R}_{C_1-R} = (0.43, 0.10, 0.22, 0.06, 0.15, 0.04) \cdot \begin{pmatrix} 0 & 0.43 & 0.57 & 0 & 0 \\ 1 & 0 & 0 & 0 & 0 \\ 0 & 0.44 & 0.56 & 0 & 0 \\ 1 & 0 & 0 & 0 & 0 \\ 0 & 0 & 0.93 & 0.07 & 0 \\ 0.50 & 0.50 & 0 & 0 & 0 \end{pmatrix}$$

$= (0.18, 0.30, 0.51, 0.01, 0)$

同理,车的因素、路的因素以及环境因素的模糊综合评价集 $\widetilde{B}_{C_2}$、$\widetilde{B}_{C_3}$、$\widetilde{B}_{C_4}$ 分别为:

$$\widetilde{B}_{C_2} = \widetilde{A}_{C_2-R} \cdot \widetilde{R}_{C_2-R} = (0.83, 0.17) \cdot \begin{pmatrix} 0 & 0.44 & 0.56 & 0 & 0 \\ 1 & 0 & 0 & 0 & 0 \end{pmatrix} = (0.17, 0.37, 0.46, 0, 0)$$

$$\widetilde{B}_{C_3} = \widetilde{A}_{C_3-R} \cdot \widetilde{R}_{C_3-R} = (0.83, 0.17) \cdot \begin{pmatrix} 0 & 0 & 0.93 & 0.07 & 0 \\ 0.50 & 0.50 & 0 & 0 & 0 \end{pmatrix}$$

$= (0.09, 0.09, 0.77, 0.05, 0)$

$$\widetilde{B}_{C_4} = \widetilde{A}_{C_4-R} \cdot \widetilde{R}_{C_4-R} = (0.45, 0.10, 0.23, 0.05, 0.14, 0.03) \cdot \begin{pmatrix} 0 & 0.43 & 0.57 & 0 & 0 \\ 1 & 0 & 0 & 0 & 0 \\ 0 & 0.44 & 0.56 & 0 & 0 \\ 1 & 0 & 0 & 0 & 0 \\ 0 & 0 & 0.93 & 0.07 & 0 \\ 0.50 & 0.50 & 0 & 0 & 0 \end{pmatrix}$$

$= (0.17, 0.31, 0.51, 0.01, 0)$

4. 多因素模糊综合评价

多因素模糊综合评价集 $\widetilde{B}_A$ 为:

$$\widetilde{B}_A = \widetilde{A}_{A-C} \cdot \begin{pmatrix} \widetilde{A}_{C_1-R} \cdot \widetilde{R}_{C_1-R} \\ \widetilde{A}_{C_2-R} \cdot \widetilde{R}_{C_2-R} \\ \widetilde{A}_{C_3-R} \cdot \widetilde{R}_{C_3-R} \\ \widetilde{A}_{C_4-R} \cdot \widetilde{R}_{C_4-R} \end{pmatrix} = (0.39, 0.39, 0.15, 0.07) \cdot \begin{pmatrix} 0.18 & 0.30 & 0.51 & 0.01 & 0 \\ 0.17 & 0.37 & 0.46 & 0 & 0 \\ 0.09 & 0.09 & 0.77 & 0.05 & 0 \\ 0.17 & 0.31 & 0.51 & 0.01 & 0 \end{pmatrix}$$

$= (0.16, 0.30, 0.53, 0.01, 0)$

模糊综合评价结果:按照最大隶属度法,该省该年度的交通安全状况为"中等"。

第二节 基于聚类分析的安全评价技术

一、交通安全评价的系统聚类法

聚类分析是用多元统计分析技术进行分类的一种方法。因此,在交通安全领域,可用来对世界各国以及全国各地区、各城市的交通安全状况进行类别划分,即多客体评价。

1. 属性变量的标准化处理

对各国、各地区、各城市的交通安全状况进行类别划分的依据,就是描述交通安全状况的各项指标,此处称之为属性变量。属性变量一般由事故变量和事故关联因素变量两类变量构成。由于事故次数、死亡人数、事故经济损失等事故变量以及人口、机动车保有量、道路里程等关联因素变量量纲不同且数值规模差距也较大,为了保证各属性变量在分析中处于同等重要的地位(即等权重),一般均需要对属性变量的数值进行标准化处理。主要有标准差标准化和级差标准化两种标准化处理方法。以表7-14显示出的属性变量为例,标准差标准化的数据处理公式见式7-20,级差标准化的数据处理见式(7-21)。

数据矩阵 表7-14

地区	属性变量			
	X_1	X_2	…	X_m
1	x_{11}	x_{12}	…	x_{1m}
2	x_{21}	x_{22}	…	x_{2m}
…	…	…	…	…
n	x_{n1}	x_{n2}	…	x_{nm}

$$x_{ij}^* = \frac{x_{ij} - \bar{x}_j}{\sigma_j} \quad (i=1,2,\cdots,n; j=1,2,\cdots,m) \tag{7-20}$$

式中:x_{ij}^*——第 i 个地区第 j 个属性变量标准差标准化后的取值;

x_{ij}——第 i 个地区第 j 个属性变量的取值;

$\bar{x}_j$——第 j 个属性变量的样本均值;

σ_j——第 j 个属性变量的标准差。

$$x_{ij}^* = \frac{x_{ij} - \bar{x}_j}{R_j} \quad (i=1,2,\cdots,n; j=1,2,\cdots,m) \tag{7-21}$$

式中:R_j——第 j 个属性变量的样本级差,$R_j = \max_i\{x_{ij}\} - \min_i\{x_{ij}\}$。

标准差标准化后,每个属性变量的标准差都是1;级差标准化后,每个属性变量的级差都化为1;因此,均可认为消除了量纲的影响。

2. 基本距离

将每个待分类地点作为一类,然后应用属性变量的数据计算各评价地点间的距离,称为基本距离。基本距离可用来确定各评价地点间的接近程度。基本距离主要有绝对距离、欧氏距离、命考夫斯基距离、兰氏距离、马氏距离等,主要距离的计算公式见表7-15。

基本距离计算公式　　　　　　　　　　　　　　表 7-15

距离名称	计算公式	距离名称	计算公式
绝对距离	$d_{ij}=\sum_{k=1}^{m}\mid x_{ik}-x_{jk}\mid$	欧氏距离	$d_{ij}=\sqrt{\sum_{k=1}^{m}(x_{ik}-x_{jk})^2}$
命考夫斯基距离	$d_{ij}=(\sum_{k=1}^{m}\mid x_{ik}-x_{jk}\mid^p)^{1/p}$	兰氏距离	$d_{ij}=\frac{1}{m}\sum_{k=1}^{m}\frac{\mid x_{ik}-x_{jk}\mid}{x_{ik}+x_{jk}}$ 当 $x_{ij}>0$ 时
备注	距离 d_{ij} 至少应满足以下 3 个公理:(1) $d_{ij}\geq 0$;(2) $d_{ij}=0\Leftrightarrow i$ 地区与 j 地区恒等;(3) $d_{ij}=d_{ji}$。			

对于命考夫斯基距离,当 $p=1$ 时为绝对距离,当 $p=2$ 时为欧氏距离。对于绝对距离、欧氏距离、命考夫斯基距离,其主要的缺点是没有考虑属性变量间的相关性。当属性变量间具有较强的相关关系时,可考虑使用兰氏距离、马氏距离等。

3. 类与类之间的距离

在聚类分析时,得到基本距离矩阵后,将距离最近的两个分类地点合成一个新类。此时,需要计算新类与其他类之间的距离,这就是类与类的距离。类与类距离的确定方法主要有最短距离法、最长距离法、中间距离法、可变法、类平均法、可变类平均法、重心法、离差平方和法等 8 种。最短距离法及最长距离法的距离计算公式分别见式(7-22)和式(7-23)。

$$D_{KL}=\min_{i\in G_k,j\in G_L}d_{ij} \tag{7-22}$$

$$D_{KL}=\max_{i\in G_k,j\in G_L}d_{ij} \tag{7-23}$$

式中:D_{KL}——G_K 类与 G_L 类之间的距离。

最短距离法与最长距离法的聚类步骤如下:①计算各评价地点的基本距离矩阵 $\boldsymbol{D}_{(0)}$,这是一个对称矩阵;②选择 $\boldsymbol{D}_{(0)}$ 中的最小元素,设为 D_{KL},将 G_K 和 G_L 合并成一个新类,记为 G_M,即 $G_M=\{G_K,G_L\}$;③计算新类 G_M 与任一类 G_J 之间的距离,对于最短距离法,$D_{MJ}=\min_{i\in G_M,j\in G_J}d_{ij}=\min\{\min_{i\in G_K,j\in G_J}d_{ij},\min_{i\in G_L,j\in G_J}d_{ij}\}=\min\{D_{KL},D_{LJ}\}$;对于最长距离法 $D_{MJ}=\max_{i\in G_M,j\in G_J}d_{ij}=\max\{\max_{i\in G_K,j\in G_J}d_{ij},\max_{i\in G_L,j\in G_J}d_{ij}\}=\min\{D_{KL},D_{LJ}\}$;在 $\boldsymbol{D}_{(0)}$ 中,G_K 和 G_L 所在的行和列合并成一个新行新列,对应 G_M,该行列上的新距离值为 D_{MJ},其余行列上的值不变,这样就得到新的距离矩阵,记作 $\boldsymbol{D}_{(1)}$;④对 $\boldsymbol{D}_{(1)}$ 重复上述对 $\boldsymbol{D}_{(0)}$ 的两步得 $\boldsymbol{D}_{(2)}$,如此下去直至所有元素合并成一类为止。

上述 8 种类与类距离的计算方法,可用一个递推公式统一起来,即:

$$D_{MJ}^2=\alpha_K D_{KJ}^2+\alpha_L D_{LJ}^2+\beta D_{KL}^2+\gamma\mid D_{KJ}^2-D_{LJ}^2\mid \tag{7-24}$$

其中,α_K、α_L、β 和 γ 是参数,在不同的系统聚类方法中其取值是不同的,见表 7-16[5]。

系统聚类法参数表　　　　　　　　　　　　　　表 7-16

方法	α_K	α_L	β	γ	备注
最短距离法	1/2	1/2	0	-1/2	
最长距离法	1/2	1/2	0	1/2	
中间距离法	1/2	1/2	-1/4	0	
可变法	$(1-\beta)/2$	$(1-\beta)/2$	$\beta(<1)$	0	n_K、n_M、n_L、n_J 分别为类 G_K、G_M、G_L、G_J 的样品个数
类平均法	n_K/n_M	n_L/n_M	0	0	
可变类平均法	$(1-\beta)n_K/n_M$	$(1-\beta)n_L/n_M$	$\beta(<1)$	0	
重心法	n_K/n_M	n_L/n_M	$-\alpha_K\alpha_L$	0	
离差平方和法	$(n_J+n_K)/(n_J+n_M)$	$(n_J+n_L)/(n_J+n_M)$	$n_J/(n_J+n_M)$	0	

4. 系统聚类法

系统聚类法(Hierarchical Clustering Analysis, HCA)的基本思路是：首先将每个安全评价地点作为一类,然后选定评价地点(或属性变量)间的一种距离和类与类之间的距离,然后将距离最近的两类合并成一个新类,计算新类与其他类之间的距离,再重复上述并类过程,直到最后全部都合并成一类为止。至于具体聚为多少类合适,可从谱系结构图(如树状图)中人为选定。此时,每类所包含的成员也就确定了。

【例 7-4】 应用系统聚类法进行交通安全状况分析

表 7-17 列出了某年我国 31 个省、自治区、直辖市的交通安全数据(即交通事故及关联因素数据)。选取的 8 个指标是:事故次数(X_1,单位为次),事故死亡人数(X_2,单位为人),事故受伤人数(X_3,单位为人),事故经济损失(X_4,单位为亿元),人口数(X_5,单位为万人),国内生产总值(X_6,单位为亿元),公路里程(X_7,单位为万公里),汽车保有量(X_8,单位为万辆)。试用系统聚类法对上述 31 个省、自治区、直辖市的交通安全状况进行聚类分析。

交通事故及关联因素数据 表 7-17

地名	交通安全数据								标准差标准化后的交通安全数据							
	X_1	X_2	X_3	X_4	X_5	X_6	X_7	X_8	X_1	X_2	X_3	X_4	X_5	X_6	X_7	X_8
北京	12 053	1 499	10 456	0.411	1 423	3 212	1.436	133.93	−0.65	−0.76	−0.49	−0.59	−1.01	−0.19	−1.28	1.38
天津	10 217	1 218	6 021	0.540	1 007	2 051	0.970	48.33	−0.74	−0.87	−0.78	−0.48	−1.17	−0.57	−1.42	−0.36
河北	37 895	6 182	28 662	1.337	6 735	6 122	6.308	135.74	0.65	1.00	0.67	0.22	0.99	0.75	0.18	1.42
山西	19 641	3 644	15 416	0.793	3 294	2 017	5.961	63.85	−0.27	0.04	−0.18	−0.25	−0.31	−0.58	0.08	−0.05
内蒙古	9 572	2 143	7 984	0.245	2 379	1 734	7.267	42.73	−0.78	−0.52	−0.65	−0.73	−0.65	−0.67	0.47	−0.48
辽宁	19 777	4 210	14 906	1.118	4 203	5 458	4.805	88.68	−0.26	0.26	−0.21	0.03	0.03	0.54	−0.27	0.46
吉林	27 401	2 304	14 304	0.561	2 699	2 246	4.109	47.57	0.12	−0.46	−0.25	−0.46	−0.53	−0.51	−0.48	−0.38
黑龙江	11 471	2 446	10 593	0.494	3 813	3 882	6.306	60.28	−0.68	−0.41	−0.48	−0.52	−0.11	0.02	0.18	−0.12
上海	46 733	1 398	15 585	2.975	1 625	5 408	0.957	62.30	1.10	−0.80	−0.16	1.66	−0.94	0.52	−1.42	−0.08
江苏	50 001	6 947	26 171	2.365	7 381	10 631	6.014	104.50	1.27	1.28	0.51	1.13	1.23	2.22	0.09	0.78
浙江	62 085	6 642	34 975	5.238	4 647	7 796	4.565	107.83	1.88	1.17	1.08	3.65	0.20	1.30	−0.34	0.85
安徽	28 114	4 557	21 292	0.946	6 338	3 569	6.755	54.66	0.16	0.39	0.20	−0.12	0.84	−0.08	0.31	−0.24
福建	36 080	3 959	26 735	1.526	3 466	4 682	5.416	43.63	0.56	0.16	0.55	0.39	−0.24	0.28	−0.09	−0.46
江西	17 772	3 163	14 669	0.746	4 222	2 450	6.070	30.31	−0.36	−0.14	−0.22	−0.29	0.04	−0.44	0.11	−0.73
山东	56 818	9 167	47 510	1.758	9 082	10 552	7.403	150.53	1.61	2.11	1.88	0.59	1.87	2.19	0.51	1.72
河南	45 427	6 618	36 282	1.470	9 613	6 168	7.174	105.82	1.03	1.16	1.16	0.34	2.07	0.77	0.44	0.81
湖北	20 469	2 776	15 822	0.815	5 988	4 975	8.610	62.33	−0.23	−0.28	−0.15	−0.23	0.71	0.38	0.87	−0.08
湖南	28 056	3 658	27 468	0.910	6 629	4 340	8.481	57.67	0.16	0.05	0.60	−0.15	0.95	0.17	0.83	−0.17
广东	78 929	12 035	75 040	3.583	7 859	11 769	10.854	230.89	2.73	3.19	3.64	2.20	1.41	2.59	1.54	3.35
广西	16 205	3 633	15 109	0.689	4 822	2 455	5.630	40.14	−0.44	0.04	−0.20	−0.34	0.27	−0.44	−0.02	−0.53
海南	2 369	500	2 051	0.119	803	604	2.088	10.94	−1.14	−1.14	−1.03	−0.85	−1.25	−1.04	−1.08	−1.13
重庆	16 455	1 076	12 352	0.468	3 107	1 971	3.106	29.07	−0.43	−0.92	−0.37	−0.55	−0.38	−0.60	−0.78	−0.76
四川	49 858	5 453	34 709	1.698	8 673	4 875	11.190	98.97	1.26	0.72	1.06	0.54	1.72	0.35	1.65	0.67
贵州	4 259	1 760	3 246	0.242	3 837	1 185	4.422	29.29	−1.04	−0.66	−0.95	−0.74	−0.10	−0.85	−0.38	−0.75

续上表

地名	交通安全数据								标准差标准化后的交通安全数据							
	X_1	X_2	X_3	X_4	X_5	X_6	X_7	X_8	X_1	X_2	X_3	X_4	X_5	X_6	X_7	X_8
云南	20 700	3 146	8 843	1.073	4 333	2 232	16.485	69.94	-0.21	-0.14	-0.60	-0.01	0.08	-0.51	3.23	0.08
西藏	1 065	462	840	0.088	267	161	3.976	5.87	-1.21	-1.15	-1.11	-0.87	-1.45	-1.19	-0.52	-1.23
陕西	12 771	2 340	10 260	0.386	3 674	2 035	4.656	48.34	-0.61	-0.45	-0.51	-0.61	-0.17	-0.58	-0.31	-0.36
甘肃	7 696	2 188	6 363	0.326	2 593	1161	4.022	25.68	-0.87	-0.50	-0.76	-0.66	-0.57	-0.86	-0.50	-0.83
青海	1 628	708	1 628	0.068	529	341	2.400	8.63	-1.18	-1.06	-1.06	-0.89	-1.35	-1.13	-0.99	-1.17
宁夏	11 525	986	7 583	0.175	572	329	1.125	9.59	-0.68	-0.95	-0.68	-0.80	-1.33	-1.13	-1.37	-1.15
新疆	10 095	2 563	9 919	0.378	1 905	1 598	8.293	45.15	-0.75	-0.36	-0.53	-0.62	-0.83	-0.72	0.78	-0.43
标准差									1.00	1.00	1.00	1.00	1.00	1.00	1.00	1.00

解: 第一步,属性变量数据的标准化处理。采用标准差标准化方法对交通安全评价指标数据进行标准化处理,结果见表 7-17 后 8 列。显然,标准差标准化后每个交通安全评价指标数据的标准差都是 1,即消除了评价指标的量纲影响。

第二步,应用系统聚类法进行聚类分析。基本距离采用欧氏距离,类与类之间的距离采用最短距离法,得到的近似矩阵见表 7-18、系统聚类谱系结构见图 7-11。

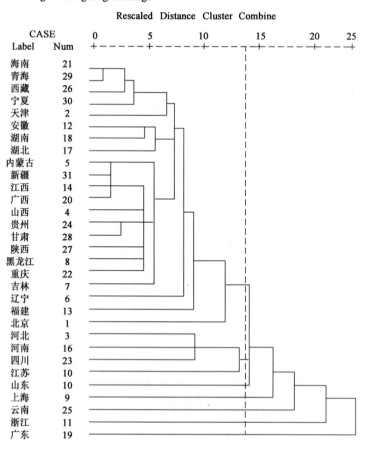

图 7-11　系统聚类普系图

第一篇/第七章 道路交通安全评价

表 7-18 近似矩阵 Euclidean 距离

案例	1:北京	2:天津	3:河北	4:山西	5:内蒙古	6:辽宁	7:吉林	8:黑龙江	9:上海	10:江苏	11:浙江	12:安徽	13:福建	14:江西	15:山东	16:河南	17:湖北	18:湖南	19:广东	20:广西	21:海南	22:重庆	23:四川	24:贵州	25:云南	26:西藏	27:陕西	28:甘肃	29:青海	30:宁夏	31:新疆
1:北京	0.000	1.827	3.720	2.352	2.644	2.269	2.199	2.318	3.302	4.989	5.948	3.356	3.161	2.861	6.143	4.882	3.269	3.679	8.796	2.786	2.796	2.338	5.132	2.646	4.929	3.078	2.222	2.508	2.890	2.741	2.824
2:天津	1.827	0.000	4.488	2.132	2.015	2.597	1.580	2.096	3.111	5.479	6.280	3.281	2.941	2.230	6.896	5.366	3.288	3.712	9.716	2.308	1.162	1.208	5.528	1.633	4.947	1.605	1.586	1.294	1.286	1.044	2.302
3:河北	3.720	4.488	0.000	2.884	3.925	2.067	3.356	3.120	3.841	1.979	3.863	2.100	2.463	3.213	2.610	1.427	2.494	2.140	5.566	2.994	5.298	3.980	2.023	4.242	4.153	5.441	3.504	4.233	5.373	5.136	3.897
4:山西	2.352	2.132	2.884	0.000	1.224	1.368	0.963	0.979	3.180	4.143	5.236	1.456	1.611	1.521	5.339	3.663	1.641	1.876	8.135	0.795	2.614	1.521	3.589	1.663	3.227	2.640	0.933	1.502	2.648	2.526	1.257
5:内蒙古	2.644	2.015	3.925	1.224	0.000	2.238	1.416	1.043	3.851	5.086	6.253	2.337	2.521	1.193	6.341	4.656	2.034	2.568	9.154	1.389	2.614	1.454	4.426	1.149	3.083	1.800	1.065	1.502	1.986	2.173	1.609
6:辽宁	2.269	2.597	2.067	1.368	2.238	0.000	1.748	1.346	2.861	3.098	4.571	1.493	1.551	1.669	4.571	3.048	1.559	1.865	7.405	1.506	3.384	2.225	3.312	2.456	3.719	3.545	1.753	2.398	3.463	3.317	2.313
7:吉林	2.199	1.580	3.356	0.963	1.416	1.748	0.000	1.292	2.787	4.431	5.444	1.934	1.673	1.081	5.444	4.088	2.108	2.340	8.581	1.207	2.131	0.897	4.096	1.561	3.860	2.276	0.896	1.272	2.200	1.902	1.609
8:黑龙江	2.318	2.096	3.120	0.979	1.043	1.346	1.292	0.000	3.416	4.215	5.632	1.704	2.007	0.953	5.631	3.882	1.300	1.945	8.470	0.968	2.486	1.457	3.840	1.399	3.200	2.512	0.826	1.449	2.544	2.592	1.239
9:上海	3.302	3.111	3.841	3.180	3.851	2.861	2.787	3.416	0.000	3.965	3.027	3.485	3.127	3.326	4.243	4.550	3.689	3.774	7.982	3.412	3.989	3.110	4.705	3.887	5.381	4.251	3.385	3.629	4.103	3.678	3.931
10:江苏	4.989	5.479	1.979	4.143	5.086	3.098	4.431	4.215	3.965	0.000	3.027	3.191	3.127	3.243	4.001	2.010	3.459	3.180	5.061	4.105	6.299	4.991	2.668	5.342	5.087	6.467	4.670	5.313	6.388	6.129	5.069
11:浙江	5.948	6.280	3.863	5.236	6.253	4.571	5.444	5.632	3.726	3.027	0.000	4.734	4.078	5.449	4.001	4.005	5.150	4.807	5.145	5.406	7.144	5.999	4.173	6.520	6.238	7.301	5.879	6.353	7.226	6.867	6.165
12:安徽	3.356	3.281	2.100	1.456	2.337	1.493	1.934	1.704	3.485	3.191	4.734	0.000	1.450	1.346	5.533	3.742	1.915	2.300	7.313	1.161	3.751	2.403	3.032	2.552	3.231	3.826	1.923	2.585	3.810	3.638	2.369
13:福建	3.161	2.941	2.463	1.611	2.521	1.551	1.673	2.007	3.127	3.127	4.078	1.450	0.000	1.652	4.464	3.010	1.473	1.682	7.206	1.706	3.579	2.286	2.878	2.433	3.265	3.685	1.899	2.652	3.644	3.319	2.504
14:江西	2.861	2.230	3.213	1.521	1.193	1.669	1.081	0.953	3.326	4.243	5.449	1.346	1.652	0.000	5.533	3.742	1.473	1.740	8.459	0.386	2.481	1.300	3.667	1.381	3.265	2.503	0.845	1.323	2.524	2.442	1.331
15:山东	6.143	6.896	2.610	5.339	6.341	4.465	5.735	5.526	4.243	2.104	4.001	5.533	4.464	5.533	0.000	2.175	4.682	4.146	3.492	5.342	7.711	6.351	1.436	6.681	5.962	7.863	5.955	6.657	7.788	7.497	6.278
16:河南	4.882	5.366	1.427	3.663	4.656	3.048	4.088	3.882	4.550	2.010	4.005	3.742	3.010	3.742	2.175	0.000	2.948	2.300	6.044	4.623	6.044	4.872	1.436	4.872	4.515	6.182	4.209	4.925	6.123	5.863	4.640
17:湖北	3.269	3.288	2.494	1.641	2.034	1.559	2.108	1.300	3.689	3.459	5.150	1.915	1.473	1.473	4.682	2.948	0.000	0.965	7.659	1.425	2.730	2.433	2.656	2.656	3.658	3.731	2.576	3.006	4.192	4.057	2.066
18:湖南	3.679	3.712	2.140	1.876	2.568	1.865	2.340	1.945	3.774	3.180	4.807	2.300	1.682	1.740	4.146	2.300	0.965	0.000	7.089	1.649	2.945	2.085	2.730	2.433	3.725	4.152	2.327	3.006	4.192	4.057	2.549
19:广东	8.796	9.716	5.566	8.135	9.154	7.405	8.581	8.470	7.982	5.061	5.145	7.313	7.206	8.459	3.492	6.044	7.659	7.089	0.000	8.317	10.581	9.278	5.477	9.670	8.219	10.675	8.902	9.570	10.641	10.322	8.992
20:广西	2.786	2.308	2.994	0.795	1.389	1.506	1.207	0.968	3.412	4.105	5.406	1.161	1.706	0.386	5.342	3.529	1.425	1.649	8.317	0.000	2.636	1.433	3.557	1.441	3.371	2.709	0.867	1.447	2.687	2.593	1.540
21:海南	2.796	1.162	5.298	2.614	2.614	3.384	2.131	2.486	3.989	6.299	7.144	3.751	3.579	2.481	7.711	6.044	2.730	2.945	10.581	2.636	0.000	1.504	6.072	1.490	4.987	1.570	0.836	1.223	1.542	0.689	2.298
22:重庆	2.338	1.208	3.980	1.521	1.454	2.225	0.897	1.457	3.110	4.991	5.999	2.403	2.286	1.300	6.351	4.623	2.430	2.085	9.278	1.433	1.504	0.000	4.684	1.059	4.242	1.758	0.836	0.848	1.617	1.389	1.786
23:四川	5.132	5.528	2.023	3.589	4.426	3.312	4.096	3.840	4.705	2.668	4.173	3.032	2.878	3.667	1.436	1.436	2.433	2.730	5.477	3.557	6.072	4.684	0.000	4.878	3.498	6.075	4.236	4.932	6.127	5.938	4.318
24:贵州	2.646	1.633	4.242	1.663	1.149	2.456	1.561	1.399	3.887	5.342	6.520	2.552	2.433	1.381	6.681	4.872	2.656	2.945	9.670	1.441	1.490	1.059	4.878	0.000	3.943	1.570	0.828	0.583	1.542	1.739	1.541
25:云南	4.929	4.947	4.153	3.227	3.083	3.719	3.860	3.200	5.381	5.087	6.238	3.231	3.265	3.265	5.962	4.515	3.658	3.725	8.219	3.371	4.987	4.242	3.498	3.943	0.000	4.645	3.670	4.044	4.959	5.159	4.318
26:西藏	3.078	1.605	5.441	2.640	1.800	3.545	2.276	2.512	4.251	6.467	7.301	3.826	3.685	2.503	7.863	6.182	3.731	4.152	10.675	2.709	0.636	1.758	6.075	1.570	4.645	0.000	2.021	1.317	0.502	1.124	2.445
27:陕西	2.222	1.586	3.504	0.933	1.065	1.753	0.896	0.826	3.385	4.670	5.879	1.923	1.899	0.845	5.955	4.209	1.899	2.327	8.902	0.867	0.836	0.836	4.236	0.828	3.670	2.021	0.000	0.793	1.972	1.934	1.297
28:甘肃	2.508	1.294	4.233	1.502	1.065	2.398	1.272	1.449	3.629	5.313	6.353	2.585	2.652	1.323	6.657	4.925	2.576	3.006	9.570	1.447	1.223	0.848	4.932	0.583	4.044	1.317	0.793	0.000	1.256	1.334	1.405
29:青海	2.890	1.286	5.373	2.648	1.986	3.463	2.200	2.544	4.103	6.388	7.226	3.810	3.644	2.524	7.788	6.123	3.731	4.192	10.641	2.687	1.542	1.617	6.127	1.542	4.959	0.502	1.972	1.256	0.000	0.750	2.266
30:宁夏	2.741	1.044	5.136	2.526	2.173	3.317	1.902	2.592	3.678	6.129	6.867	3.638	3.319	2.442	7.497	5.863	3.725	4.057	10.322	2.593	0.689	1.389	5.938	1.739	5.159	1.124	1.934	1.334	0.750	0.000	2.445
31:新疆	2.824	2.302	3.897	1.257	1.609	2.313	1.609	1.239	3.931	5.069	6.165	2.369	2.504	1.331	6.278	4.640	2.066	2.549	8.992	1.540	2.298	1.786	4.318	1.541	4.318	2.036	1.297	1.405	2.266	2.445	0.000

第三步，聚类结果分析。依据谱系结构图，若选择7类，则从距离约为13的地方往下切，得到分类结果如下：{1：北京，天津，山西，内蒙古，辽宁，吉林，黑龙江，安徽，福建，江西，湖北，湖南，广西，海南，重庆，贵州，西藏，陕西，甘肃，青海，宁夏，新疆}；{2：河北，江苏，河南，四川}；{3：山东}；{4：上海}；{5：云南}；{6：浙江}；{7：广东}。若江苏的宏观交通安全状况为良好，那么有理由认为河北、河南、四川的交通安全状况亦为良好。

二、交通安全评价的动态聚类法

动态聚类法较多，此处仅介绍 MacQueen 于 1967 年提出的 K 均值法[6]。其基本步骤为：

第一步，将分类对象分成 K 个初始类，以每个类的重心作为初始聚类中心，或直接给定 K 个初始聚类中心。

第二步，对每个待分类对象逐个归类，归到初始聚类中心离它最近的类（通常采用欧氏距离）。

第三步，依据目前类的均值，更新聚类中心，即重新计算重心，然后回到第二步。

第四步，重复第二和第三步，直到分类对象不能再分类为止。

【例 7-5】 应用 K 均值法进行交通安全状况分析

对表 7-18 中的 31 个省、自治区、直辖市应用 K 均值法进行动态聚类。

解：拟划分为 4 类，给定的初始聚类中心见表 7-19。经过两次迭代，得到了最终的聚类中心，见表 7-20。方差分析结果见表 7-21。

初始聚类中心　　　　　　表 7-19

指标	聚　　类			
	1	2	3	4
事故次数	78 929	1 065	28 056	56 818
事故死亡人数	12 035	462	3 658	9 167
事故受伤人数	75 040	840	27 468	47 510
事故经济损失	3.58	0.09	0.91	1.76
人口数	7 859	267	66 290	9 082
国内生产总值	11 769	161	4 340	1 0552
公路里程	10.85	3.98	8.48	7.40
汽车保有量	230.89	5.87	57.67	150.53

最终聚类中心　　　　　　表 7-20

指标	聚　　类			
	1	2	3	4
事故次数	78 929.00	8 552.00	26 570.25	52 837.80
事故死亡人数	12 035.00	1 529.92	3 552.50	6 965.40
事故受伤人数	75 040.00	6 868.92	18 234.25	35 929.40
事故经济损失	3.58	0.30	1.12	2.51
人口数	7 859.00	1 993.00	4 529.50	7 879.20
国内生产总值	11 769.00	1 558.77	3 829.50	8 004.40
公路里程	10.85	3.85	6.63	7.27
汽车保有量	230.89	38.29	63.07	113.53

方 差 分 析 表　　　　　　　　　　　　　　表 7-21

指标	聚类		误差		F	Sig.
	均方	df	均方	df		
事故次数	3.443×10^9	3	5.303E7	27	64.927	0.000
事故死亡人数	6.112×10^7	3	1 108 474.116	27	55.137	0.000
事故受伤人数	2.157×10^9	3	3.133E7	27	68.851	0.000
事故经济损失	8.100	3	0.542	27	14.938	0.000
人口数	4.849×10^7	3	2 458 109.844	27	19.726	0.000
国内生产总值	7.240×10^7	3	2 461 561.723	27	29.412	0.000
公路里程	31.245	3	8.880	27	3.519	0.028
汽车保有量	16 188.111	3	880.886	27	18.377	0.000

动态聚类结果为：
{1:广东}；
{2:北京，天津，内蒙古，黑龙江，海南，重庆，贵州，西藏，陕西，甘肃，青海，宁夏，新疆}；
{3:河北，山西，辽宁，吉林，上海，安徽，福建，江西，湖北，湖南，广西，云南}；
{4:江苏，浙江，山东，河南，四川}。

第三节　基于可靠度的高速公路安全评价与改善[7,8]

一、高速公路系统与可靠度系统的相似性

可靠度是指某系统在规定的条件下或时间内完成其使用功能的概率。若度量单位是时间，那么可靠度就是时间的函数。高速公路在正常运行时具有连续的交通流，当交通事故发生时就会产生交通拥堵或交通中断，需采取措施将交通恢复至正常状态，这与可靠度系统发生故障时需要采取紧急措施将其恢复至常态的状况是一样的。高速公路是由基本路段、收费站、服务区、立交及匝道等构成的（见图 7-12），而可靠度系统也是由一定数量的系统单元组成的。因此，可将高速公路看作是一个可靠度系统，将事故的发生看作系统的失效，事故频率即为系统失效率。高速公路系统与可靠度系统的相似性如表 7-22 所示。

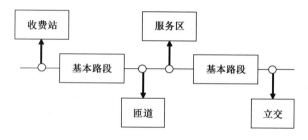

图 7-12　高速公路的系统构成

高速公路系统与可靠度系统的相似性　　　　　表 7-22

可靠度系统	高速公路系统
系统	一条高速公路
系统单元	基本路段、立体交叉、收费站、服务区、匝道等单元
失效	事故
失效率	事故频率
可靠度	交通安全可靠度
失效间隔时间	事故发生间隔时间

二、高速公路的安全可靠度计算

基于可靠度原理,高速公路的安全可靠度可定义为:在规定的时间内,高速公路上不发生交通事故的概率。由于高速公路是由一系列基本路段、立体交叉、收费站等路段单元串联而成的,因此高速公路的安全可靠度取决于路段单元的安全可靠度。此处,给出两个基本假设:假设一,高速公路各路段单元上发生交通事故的事件是相互独立的事件;假设二,每个路段单元上发生交通事故均会导致高速公路整体失效或部分失效。

高速公路路段单元 i 上事故发生间隔时间 T_i 小于 t 的概率 $F_i(t)$ 为:

$$F_i(t) = \int_0^\infty f_i(t)dt = \int_0^\infty \lambda_i e^{-\lambda_i t}dt = 1 - e^{-\lambda_i t} \tag{7-25}$$

式中:λ_i——负指数分布的参数,也就是路段单元 i 上单位时间内发生的事故次数。

因此,路段单元 i 在 t 时间内未发生事故的概率,即为安全可靠度 R_i:

$$R_i = 1 - F_i(t) = e^{-\lambda_i t} \tag{7-26}$$

由假设一,即"独立性假设"可知,高速公路上的安全可靠度 R 为各路段单元安全可靠度之积,即:

$$R = \prod_{i=1}^{n} R_i = e^{-(\lambda_1 + \lambda_2 + \cdots + \lambda_n)t} \tag{7-27}$$

式中:n——高速公路中路段单元的总数。

三、基于可靠度再分配的高速公路安全改善

研究高速公路安全可靠度的主要目的是识别出其中安全性较差的路段单元,在有限的资源分配或资金投入下,通过改善这些关键单元的交通安全状况,实现高速公路安全可靠性的整体提升。

基于可靠度再分配的高速公路安全改善方法包括两个步骤:第一步,确定高速公路拟实现的安全可靠度目标;第二步,通过构建可靠度再分配权重系数,确定各个路段单元应达到的安全可靠度,即安全可靠度的再分配。安全可靠度再分配的目标是分配后的安全可靠度不低于拟定的安全可靠度目标,即:

$$R_1^* \cdot R_2^* \cdot \cdots \cdot R_n^* \geq R^* \tag{7-28}$$

式中:R_i^*——路段单元 i 再分配后的安全可靠度;
　　　R^*——高速公路拟实现的安全可靠度目标。

1. 安全可靠度目标的确定

可通过设定安全可靠度提升率或事故次数减少率两种方式来确定安全可靠度目标。

当设定的安全可靠度提升率为 q_r(单位为%)时,安全可靠度目标 R^* 可按下式确定:

$$R^* = (1 + q_r) \cdot R \tag{7-29}$$

式中:R——高速公路现状的安全可靠度。

当设定的事故次数减少率为 q_f(单位为%)时,安全可靠度目标 R^* 可由式(7-30)~式(7-32)来计算确定:

$$\lambda^* = (1 - q_f) \cdot \lambda \tag{7-30}$$

式中:λ^*——高速公路单位时间事故次数目标值;

λ——高速公路现状单位时间事故发生次数,可按式(7-31)计算确定。

$$\lambda = \sum_{i=1}^{n} \lambda_i \tag{7-31}$$

式中:λ_i——路段单元 i 上单位时间内发生的事故次数。

高速公路安全可靠度目标 R^* 为:

$$R^* = e^{-\lambda^* t} \tag{7-32}$$

2. 路段单元安全可靠度再分配

路段单元安全可靠度再分配的权重可按下式确定:

$$U_i = \frac{\lambda_i}{\sum_{i=1}^{n} \lambda_i} \tag{7-33}$$

式中:U_i——路段单元 i 安全可靠度再分配的权重,$\sum_{i=1}^{n} U_i = 1$。

路段单元 i 单位时间内事故次数的目标值 λ_i^* 可按下式计算:

$$\lambda_i^* = U_i \cdot \lambda^* \tag{7-34}$$

此时,路段单元 i 再分配后的安全可靠度 R_i^* 为:

$$R_i^* = e^{-\lambda_i^* t} \tag{7-35}$$

【**例 7-6**】 基于可靠度的高速公路安全评价与改善应用

现以沈海高速公路沈阳至大连段(简称"沈大高速公路")为例,进行基于可靠度的高速公路安全评价与改善应用。此处,假定高速公路系统主要由基本路段构成。2006 至 2012 年,沈大高速公路共发生了 10 808 起交通事故,其中基本路段上的事故数为 6 818 起。

1. 现状的安全可靠度

应用式(7-26)和式(7-27),以天为时间单位,计算出的高速公路现状安全可靠度见表 7-23。

由计算结果可知:①高速公路的日安全可靠度为 0.069 3(见表 7-23 中最后一行),平均每天发生 2.668 5 起事故,即平均每隔约 9 小时便有一起事故发生;②基本路段 14 的日安全可靠度最低,其次是基本路段 9、13、3 和 5,这些路段是高速公路中的关键路段和需重点改善安全状况的路段。

高速公路日安全可靠度计算表 表 7-23

路段编号	里程 (km)	事故发生次数 λ_i (起/d)	安全可靠度 R_i	事故发生平均间隔 时间 T_i(d)
1	28.3	0.186 3	0.830 0	5.366 7
2	25.6	0.093 9	0.910 4	10.655 0
3	21.9	0.228 0	0.796 2	4.386 9
4	28.0	0.079 1	0.923 9	12.638 4

续上表

路段编号	里程(km)	事故发生次数 λ_i(起/d)	安全可靠度 R_i	事故发生平均间隔时间 T_i(d)
5	16.5	0.226 6	0.797 3	4.413 4
6	11.1	0.154 1	0.857 2	6.487 7
7	21.5	0.211 2	0.809 6	4.735 6
8	26.1	0.175 0	0.839 4	5.713 3
9	18.8	0.237 9	0.788 3	4.203 7
10	25.4	0.071 8	0.930 8	13.935 5
11	16.8	0.047 6	0.953 5	21.003 4
12	18.3	0.179 7	0.835 6	5.566 2
13	24.8	0.237 4	0.788 7	4.212 8
14	35.3	0.424 2	0.654 3	2.357 3
15	20.2	0.115 9	0.890 5	8.624 7
合计	338.6	2.668 5	0.069 3	—

注:事故发生平均间隔时间 $T_i = 1/\lambda_i$。

2. 基于安全可靠度提升率的高速公路安全改善

假设将沈大高速公路的日安全可靠度提升20%,则安全可靠度目标 R^* 应为$(1+0.2) \times 0.069\ 3 = 0.083\ 1$。按照安全可靠度再分配方法计算出的各基本路段的安全可靠度见表7-24,表中已将基本路段按照安全可靠度提升率由高到低进行了排序。

基于安全可靠度提升率的可靠度再分配结果　　　　　表7-24

路段编号	权重 U_i	再分配事故发生次数 λ_i(起/d)	再分配可靠度 R_i^*	可靠度提升率 ΔR_i(%)
14	0.159 0	0.395 4	0.673 4	2.927 6
9	0.089 1	0.221 7	0.801 2	1.631 2
13	0.089	0.221 2	0.801 5	1.627 7
3	0.085 4	0.212 4	0.808 6	1.562 6
5	0.084 9	0.211 2	0.809 6	1.553 1
7	0.079 1	0.196 8	0.821 4	1.446 7
1	0.069 8	0.173 7	0.840 6	1.275 5
12	0.067 3	0.167 4	0.845 8	1.229 5
8	0.065 6	0.163 1	0.849 5	1.197 7
6	0.057 8	0.143 7	0.866 2	1.053 9
15	0.043 4	0.108 1	0.897 6	0.791 8
2	0.035 2	0.087 5	0.916 2	0.640 4
4	0.029 7	0.073 7	0.928 9	0.539 6
10	0.026 9	0.066 9	0.935 3	0.489 3
11	0.017 8	0.044 4	0.956 6	0.324 4
合计	1.000 0	2.487 2	0.083 1	—

注:可靠度提升率 $\Delta R_i = (R_i^* - R_i)/R_i$。

由计算结果可知,为了实现安全可靠度提升的目的,应重点提高基本路段 14、9、13、3 和 5 的安全可靠度,这些路段就是现状高速公路中安全可靠度较低的关键路段。显然在有限的资金控制下,并不需要对所有基本路段都进行安全改善。若只提高这 5 个路段的安全可靠度而其他路段保持不变,高速公路的安全可靠度可提高 9.64%,即只改善了三分之一路段的安全水平,就能够实现高速公路安全可靠度总目标(安全可靠度提升 20%)的 48.19%。

3. 基于日事故次数减少率的高速公路安全改善

假设将沈大高速公路的日事故次数减少 20%,则日事故次数目标 λ^* 为 $(1-0.2) \times 2.6685 = 2.1348$ 起。此时,高速公路日安全可靠度目标 R^* 为 0.1183。按照安全可靠度再分配方法计算出的各基本路段的安全可靠度见表 7-25。

基于日事故次数减少率的可靠度再分配结果   表 7-25

路段编号	权重 U_i	再分配事故发生次数 λ_i(起/天)	再分配可靠度 R_i^*	可靠度提升率 ΔR_i (%)
14	0.1590	0.3394	0.7122	8.8485
9	0.0891	0.1902	0.8268	4.8829
13	0.089	0.1900	0.8270	4.8514
3	0.0854	0.1823	0.8333	4.6697
5	0.0849	0.1812	0.8342	4.6381
7	0.0791	0.1689	0.8446	4.3213
1	0.0698	0.1490	0.8616	3.8031
12	0.0673	0.1437	0.8662	3.6639
8	0.0656	0.1400	0.8693	3.5608
6	0.0578	0.1234	0.8839	3.1223
15	0.0434	0.0927	0.9115	2.3569
2	0.0352	0.0751	0.9275	1.8884
4	0.0297	0.0634	0.9386	1.5844
10	0.0269	0.0574	0.9442	1.4437
11	0.0178	0.0380	0.9627	0.9658
合计	1.0000	2.1348	0.1183	—

由计算结果可知,应重点提高基本路段 14、9、13、3 和 5 的安全可靠度,这些路段仍然是现状高速公路中安全可靠度较低的关键路段。若只提高这 5 个路段的安全可靠度而其他路段保持不变,则高速公路的安全可靠度可提高 31.10%,即只改善了三分之一路段的安全水平,就能够实现高速公路安全可靠度总目标(日事故次数减少 20%)的 50.74%。

4. 安全改善方法对比分析

两种安全改善方法的对比分析结果见表 7-26。当日安全可靠度提高 20% 时,可使事故发生次数减少 6.79%,使事故发生平均间隔时间延长 7.28%;当日事故发生次数降低 20% 时,可使安全可靠度提高 70.71%,使事故发生间隔时间延长 25.03%。

改善方法对比分析结果 表7-26

指 标	现状	可靠度提升率 $q_r = +20\%$	日事故次数减少率 $q_f = -20\%$
安全可靠度 R	0.069 3	0.083 1	0.118 3
事故发生次数 λ	2.668 5	2.487 2	2.134 8
事故发生平均间隔时间 T_i	7.620 0	8.174 9	9.527 3
可靠度提升率 $\Delta R(\%)$	—	20.000 0	70.707 1
事故发生次数减少率 $\Delta\lambda(\%)$	—	−6.794 1	−20.000 0
事故发生平均间隔时间延长率 $\Delta T(\%)$	—	7.282 2	25.030 2

显然,两种方法都可用来改善高速公路的安全可靠度,并通过量化的指标给出所有基本路段应达到的安全水平。相对而言,基于事故次数减少率的安全改善方法,更直观和可测。

本章参考文献

[1] Zadeh L. A. Fuzzysets[J]. Information and Control, 1965, 8: 338-353.

[2] Saaty T. L. The analytic hierarchy process[M]. New York: McGraw-Hill, 1980.

[3] Van Laarhoven F. J. M., Pedrycz W. A fuzzy extension of Saaty's priority theory[J]. Fuzzy Sets Syst, 1983, 11(1-3): 199-227.

[4] 梁心雨, 郭彤, 孟祥海. 基于三角模糊数权重算法的宏观交通安全评价方法[J]. 交通信息与安全, 2017, 35(4): 20-28.

[5] GN Lance, WT Williams. A general theory of classificatory sorting strategies 1. Hierarchical systems[J]. Computer journal, 1967, 9(4): 373-380.

[6] J. B. MacQueen. Some methods for classification and analysis of multivariate observations. Proceedings of 5-th Berkely Symposium on Mathematical Statistics and Probability[C]. Berkely: Berkely University of California Press, 1967.

[7] 孟祥海, 方豪星. 基于可靠度的高速公路安全性评价方法研究[J]. 中外公路, 2016, 36(6): 309-314.

[8] 孟祥海, 霍晓艳, 罗丽君. 基于可靠度的高速公路基本路段交通安全改善方法[J]. 公路交通技术, 2017, 33(2): 110-115.

第八章 交通冲突技术

交通冲突技术是交通安全替代技术(Surrogate Safety Assessment)下的一种非事故指标分析方法。它通过定量测量"近似事故"的交通冲突事件来替代交通事故数据,从而实现道路交通安全的快速分析,其核心原理是交通事故发生时的"时空接近度"原理。本章主要介绍交通冲突的定义、交通事件安全连续体概念、交通冲突衡量指标以及交通冲突技术的应用进展等几个方面的内容。

第一节 交通冲突技术基础

一、交通冲突技术及定义

1. 交通冲突技术

交通冲突技术(Traffic Conflict Technique,TCT)是国际上近些年来开始采用的一种非事故指标分析技术,它以大样本、短周期、高时效、低社会成本的优势,通过定量测定"近似事故"的交通冲突事件,来代替传统的事故统计分析方法,实现道路交通安全的快速分析。

2. 交通冲突定义

交通冲突是一种可观测的交通事件,其中两个或两个以上道路使用者在空间上或时间上相互接近,以至于如果任何一方不改变其运行状态时将会发生的碰撞事件。交通冲突定义的核心是交通事故发生时的"时空接近度"原理。

根据该定义,交通冲突是一种可以观测、识别和记录的交通事件。因此,可通过较短时间的观测采集到足够的数据样本,从而保证安全分析结果具有较高的可信度。

二、交通事件安全连续体

交通冲突与交通事故的关系可以从交通事件安全连续体的角度来理解。交通事件安全连续体是指对道路上发生的所有交通事件,根据接近事故的程度以及事故严重程度的不同,将这些事件置于同一个连续的维度空间内。其中,最危险的死亡事故位于空间的顶极,而最安全的无干扰通行事件位于最下极。典型的交通事件安全连续体模型为金字塔型分级模型,见图8-1。该模型将交通事件从安全到危险依次分类为:无干扰通行事件、潜在交通冲突事件、轻微交通冲突事件、严重交通冲突事件、财产损失事故、轻微受伤事故、严重受伤事故和死亡事故。

三、交通冲突技术的发展

交通冲突技术起源于20世纪50年代,目前已经发展成为国际交通安全领域普遍接受的一种非事故指标的安全评价方法。总体来看,交通冲突技术的发展大致经历了萌芽、形成、发展和深化 4 个阶段。

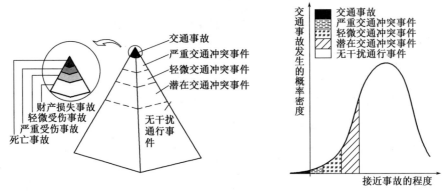

图 8-1 金字塔型安全分级模型

萌芽阶段为 1970 年以前,该阶段的代表性事件是交通冲突概念的正式提出。1968 年,美国通用汽车公司为了调查通用汽车的车辆在安全性方面是否与其他车辆相同时,首次提出了交通冲突的概念[1]。他们将交通冲突定义为"交通冲突是任何可能导致刹车或转向等避险行为的潜在碰撞事件",这一定义也被称为通用汽车冲突技术(General Motors TCT)。交通冲突概念的提出拉开了交通冲突技术发展的序幕。

形成阶段为 1970 年至 1989 年。该阶段交通冲突技术逐渐被加拿大和一些欧洲国家使用,各国也形成了具有本国特色的交通冲突技术,如瑞典交通冲突技术(Swedish Traffic Conflict Technique,STCT)[2]和荷兰交通冲突技术(Dutch Objective Conflict Technique for Operation and Research,DOCTOR)[3]。第一届国际交通冲突会议于 1977 年在挪威奥斯陆举办,该会议提出了交通冲突的标准定义。此后,法国、瑞典、联邦德国、比利时等国家相继举办了几届国际交通冲突会议,这也促成了交通冲突技术研究合作组织——国际交通冲突技术委员会(现更名为交通安全理论和概念国际研究合作组织,International Co-operation on Theories and Concepts in Traffic Safety,ICTCT)的形成。国际间关于交通冲突技术的交流与协助,促进了交通冲突技术的进一步发展。

发展阶段为 1990 年至 1999 年。随着对交通冲突技术研究的深入,交通冲突技术定义的一致性、交通冲突技术的有效性和交通冲突测量的可靠性等问题所引发的争议也越来越多,这也在一定程度上限制了交通冲突技术的发展。然而,视频图像处理技术、交通仿真技术等方法在交通冲突技术领域的应用初露端倪,为交通冲突测量可靠性问题的解决提供了工具,也促进了交通冲突相关理论的进一步发展。

深化阶段为 2000 年至今。进入 21 世纪,随着视频图像处理技术和其他数据采集技术的快速发展,有关交通冲突技术的研究和应用也进入了深化阶段。该阶段,交通冲突数据来源更为多样,冲突数据质量更为可靠,交通冲突统计分析方法更为先进,交通冲突技术在工程实践中的应用也逐渐增多。期间涌现的代表性成果包括:基于视频图像处理技术的交通冲突自动采集技术、基于自然驾驶试验数据的交通冲突分析技术、基于现代统计方法的交通冲突与交通事故关系模型。

第二节 交通冲突衡量指标

一、基于时间的交通冲突衡量指标

1. 距离碰撞时间(Time to Collision, TTC)

距离碰撞时间是指如果冲突参与者保持当前的速度和方向不变,至两者碰撞所需要的时间。当两辆车在同一方向上跟驰行驶时(见图8-2),TTC可按式(8-1)连续计算得到:

$$TTC_i = \frac{x_{i-1}(t) - x_i(t) - l_{i-1}}{\dot{x}_i(t) - \dot{x}_{i-1}(t)} \quad \forall \dot{x}_i(t) > \dot{x}_{i-1}(t) \tag{8-1}$$

式中:x_{i-1}、x_i——t时刻前车$i-1$、后车i的位置,m;
l_{i-1}——前车$i-1$的车辆长度,m;
$\dot{x}_{i-1}$、$\dot{x}_i$——t时刻前车$i-1$、后车i的速度,m/s。

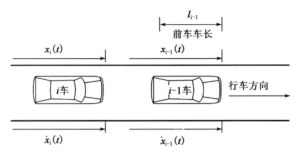

图8-2 跟驰行驶过程中的车辆位置图

$x_{i-1}(t)$、$\dot{x}_{i-1}(t)$-t时刻前车$i-1$的位置和速度;$x_i(t)$、$\dot{x}_i(t)$-t时刻后车i的位置和速度;l_{i-1}-前车$i-1$的车辆长度

在主、次道路形成的平面交叉口上,当次要道路的车辆侵犯了拥有路权的主要道路上的直行车辆时(见图8-3),TTC可按式(8-2)计算:

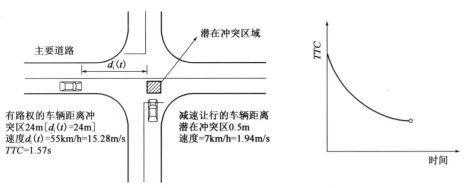

图8-3 平面交叉口上的距离碰撞时间

$$TTC_i = \frac{d_i(t)}{\dot{d}_i(t)} \tag{8-2}$$

式中:$d_i(t)$——t时刻车辆i的位置,m;
$\dot{d}_i(t)$——t时刻车辆i的速度,m/s。

计算 TTC 的前提条件是,交通运行中要有冲突事件。对于跟驰行驶的车辆,冲突事件是后车距前车越来越近,即后车的车速要大于前车。对于平面交叉口,冲突事件是次要道路上的车辆侵犯了拥有路权的直行车辆。TTC 的值是随观测时间而连续变化的,可从无冲突时的无穷大变化到最小安全临界值。大量研究结果表明,TTC 的最小安全临界值在 1.0s 到 1.5s 之间。

使用 TTC 指标来度量交通冲突时,面临的两个主要问题是:①需要有详细的时间与距离信息,这是一项既费时又费力的工作;②不同的距离与速度组合会产生相同的 TTC 值,而该值却不能反映出潜在事故的严重程度。如图 8-4 所示,车辆相距 42m 且相互接近的速度为 100km/h 与车辆相距 4.2m 且相互接近的速度为 10km/h 所产生的 TTC 值相等,均为 1.5s。显然,前者发生事故的可能性会更大、潜在事故的严重程度会更高,但 TTC 值不能描述这种状态。

图 8-4 不同距离与速度组合下的 TTC 值

2. 接近事故时间(Time to Accident,TTA)

接近事故时间是指从冲突的一方开始减速或改变行驶方向的时刻起至双方保持原有速度和方向不变至碰撞点时刻的时间差值。简言之,TTA 就是相互冲突的一方开始采取规避行为时刻的 TTC 值,如图 8-5 所示。该值可用来简化 TTC。

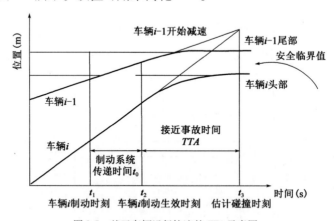

图 8-5 基于车辆运行轨迹的 TTA 示意图

在不同冲突速度和 TTA 数值下,依据道路摩擦系数可确定出为了避免碰撞所需要的平均减速度值。将平均减速度值绘制成等距的平行的曲线(见图 8-6 及图 8-7),可用来评价交通冲突的严重程度,主要的评价指标有"一致的严重水平"和"一致的严重程度区域"[2]。

使用 TTA 指标来度量交通冲突时,面临的主要问题是:①需要由受过培训的有经验的调查员来人为判读是否有冲突现象,以及冲突方之一何时采取了规避行为;②人工判读速度和距离都会产生较大误差,甚至是偏差。

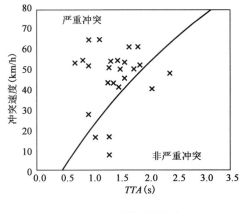

图 8-6　一致的严重水平　　　　　　　　　　图 8-7　一致的严重程度区域

3. 距离人行横道时间(Time to Zebra, TTZ)

距离人行横道时间主要用来评价接近人行横道的车辆与人行横道上的行人之间交通冲突的频率和严重程度。潜在的危险是到达人行横道前的车辆没有按照人行横道前的限速标准行车,且驾驶员主观地认为人行横道上没有行人。根据瑞典的研究结果,每 4 个机动车驾驶员中只有一个会在人行横道前停车或减速给行人让行。

4. 后侵入时间(Post Encroachment Time, PET)

后侵入时间是被侵害车辆进入潜在碰撞区域的时刻与侵犯车辆离开潜在碰撞区域的时刻之差。如图 8-8 所示,$PET = t_2 - t_1$。显然,当 $PET \leq 0$ 时,将有交通事故发生。

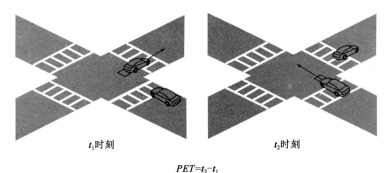

图 8-8　PET 示意图

PET 与 TTC、TTA 等不同之处在于,PET 不需要知道可能的事故形态,也不需要观测速度和距离。使用 PET 指标来度量交通冲突时,存在的主要问题是:①没有考虑导致事故的过程;②同 TTC 一样,没有考虑潜在事故的严重程度;③只能适用于带角度的冲突,在追尾冲突中由于冲突区域是移动的,因此很难度量 PET。

5. 衍生的后侵入时间(Derivatives of Post-Encroachment Time)

衍生的后侵入时间主要有侵入时间(Encroachment Time, ET)、空隙时间(Gap Time, GT)和初始后侵入时间(Initially Attempted Post-Encroachment Time, IAPT)三种。

侵入时间是指侵入车辆侵占正常通行车辆(有路权的车辆)的持续时间,即侵入车辆离开冲突区域的时刻与该车辆到达冲突区域的时刻之差。

空隙时间是指侵入车辆刚驶离冲突区域时,拥有路权的车辆预计到达冲突区域的时刻与侵入车辆驶离冲突区域的时刻之差。

初始后侵入时间是指被侵入时拥有路权的车辆预计到达冲突区域的时刻与侵犯车辆离开潜在碰撞区域的时刻之差。

侵入时间 ET、空隙时间 GT、后侵入时间 PET、初始后侵入时间 $IAPT$ 的关系如图 8-9 所示。

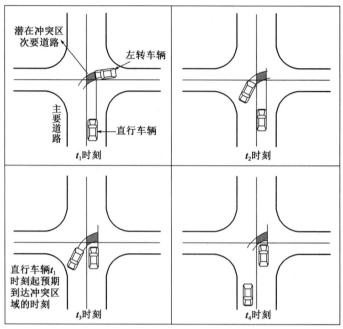

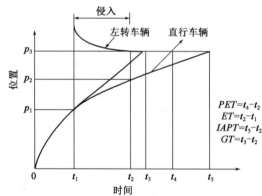

图 8-9　ET、GT、PET 及 $IAPT$ 的关系

二、基于车辆制动能力的交通冲突衡量指标

车辆的速度和制动能力在交通冲突中起着关键的作用。因此,可用来作为衡量交通冲突的指标。

1. 避免碰撞的制动减速度(Deceleration Rate to Avoid the Crash,DRAC)

避免碰撞的制动减速度是指当侵犯车辆保持当前的速度和轨迹行驶时,被侵犯车辆为了不与之发生碰撞所需要采用的制动减速度值。当两辆车跟驰行驶时,$DRAC$ 可按式(8-3)计算

得到:

$$DRAC_i(t+1) = \frac{[\dot{x}_i(t) - \dot{x}_{i-1}(t)]^2}{2[x_{i-1}(t) - x_i(t) - l_{i-1}]} \quad \forall \dot{x}_i(t) > \dot{x}_{i-1}(t) \tag{8-3}$$

式中:t——时间间隔,s;

$x(t)$——t 时刻车辆的位置,m,i 为跟驰车辆,$i-1$ 为前车;

$\dot{x}(t)$——t 时刻车辆的速度,m/s;

l_{i-1}——前车 $i-1$ 的车辆长度,m。

对于有角度的冲突,$DRAC$ 可按式 8-4 计算:

$$DRAC_i(t+1) = \frac{[\dot{x}_i(t)]^2}{2d_i(t)} \tag{8-4}$$

式中:$d_i(t)$——t 时刻车辆 i 至预期碰撞点的距离,m。

依据 $DRAC$ 可对交通冲突的严重程度进行分类,见表 8-1[4];也可用来描述驾驶员制动时的缓急程度,称之为"制动水平",见表 8-2[5]。

冲突严重程度和减速度范围　　　　　　　表 8-1

严重程度等级	严重程度较低		严重程度较高		
	1	2	3	4	5
$DRAC(m/s^2)$	<1.5	1.5<3.0	3.0<4.5	4.5<6.0	>6.0

冲突等级和制动水平　　　　　　　表 8-2

冲 突 等 级	$DRAC(m/s^2)$	制 动 水 平
无冲突	0	没有必要采取规避行为
无冲突	0~1	需要适应
1 级冲突	1~2	需要反应
2 级冲突	2~4	需要较大的反应
3 级冲突	4~6	需要强烈反应
4 级冲突	≥6	需要紧急反应

2. 停车距离比(Proportion of Stopping Distance,PSD)

停车距离比是指被侵犯车辆至潜在碰撞点的距离与最小可接受的停车距离之比,即:

$$PSD = \frac{RD}{MSD} \tag{8-5}$$

$$MSD = \frac{v^2}{2D} \tag{8-6}$$

式中:RD——被侵犯车辆至潜在碰撞点的距离,m;

MSD——最小可接受的停车距离,m;

v——接近速度,m/s;

D——可接受的最大减加速度,m/s²。

三、实时数据及微观仿真环境下的冲突衡量指标

实时数据的获取技术及微观交通仿真的广泛应用极大地促进了交通冲突研究的发展与应

用。将冲突严重程度与冲突累计时间整合,能更好地度量交通安全状况。

1. 时间累计的距离碰撞时间(Time Exposed Time to Collision,TET)

时间累计的距离碰撞时间是指在 TTC 事件中,TTC 值低于 TTC 临界值的累积时长,即:

$$TET_i = \sum_{t=0}^{T} \delta_i(t) \cdot \tau_{sc} \tag{8-7}$$

$$T = \frac{H}{\tau_{sc}} \tag{8-8}$$

$$\delta_i(t) = \begin{cases} 1 & \forall\, 0 \leq TTC_i(t) \leq TTC^* \\ 0 & 其他 \end{cases} \tag{8-9}$$

式中:TET_i——车辆 i 在给定 TTC 临界值 TTC^* 时的时间累计距离碰撞时间,s;

T——时间段总数量,个;

H——调查或仿真实验的总时间,s;

τ_{sc}——取 TTC 的一个固定时长,如 0.1s。

2. 时间积分的距离碰撞时间(Time Integrated Time to Collision,TIT)

时间积分的距离碰撞时间是指观测 TTC 值与 TTC 临界值 TTC^* 之差的时间累计值,即积分值。TIT 可按式(8-10)计算:

$$TIT = \sum_{i=1}^{N} \int_{0}^{T} [TTC^* - TTC_i(t)] dt \quad \forall\, 0 \leq TTC_i(t) \leq TTC^* \tag{8-10}$$

TET 值与 TIT 的度量方法及其关系,见图 8-10[6]。显然,这两个度量指标在微观交通仿真研究中能够提供非常有用的安全信息。

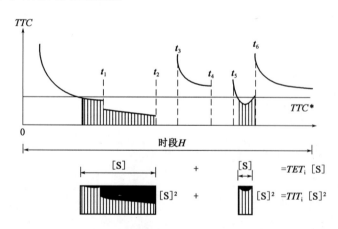

图 8-10 TET 与 TIT 的关系

3. 不安全的密度参数(Unsafety Density Parameter,UD)

对于跟驰行驶的交通流,借鉴牛顿万有引力概念,不安全的运行状态与前后两车的速度差和后车的速度值及前车减速程度之积成正比,这个乘积值就是不安全的密度参数。UD 可按下式计算:

$$UD = \Delta v_{i,i-1} \cdot v_i \cdot R_{i-1}^a \tag{8-11}$$

$$R_{i-1}^a = \begin{cases} a/a_{max} & \forall\, a > 0 \\ 0 & 其他 \end{cases} \tag{8-12}$$

式中:$\Delta v_{i,i-1}$——前车 $i-1$ 与后车 i 的车速差,m/s;

v_i——后车 i 的速度,m/s;

R_{i-1}^a——前车 $i-1$ 减速程度系数;

a——前车的减速度,m/s^2;

a_{max}——前车容许的最大减速度,m/s^2。

在仿真研究中,路网上所有路段的不安全密度参数可按下式计算:

$$UD = \frac{\sum_{s=1}^{S_t}\sum_{i=1}^{N} UD_i \cdot \Delta t}{L \cdot T} \tag{8-13}$$

式中:S_t——仿真时间步长的总数量,个;

N——仿真中的车辆总数,辆;

Δt——仿真步长,s;

L——路段长度,m;

T——仿真总时间,s。

使用 UD 指标时面临的主要问题是:①将跟驰车辆驾驶员的反应时间作为定值,会产生偏差;②只有当前车驾驶员制动时,UD 值才会大于零,但走走停停状态下的冲突被忽略了;③冲突度量仅限于追尾冲突;④没有严格的数学或物理学意义。

第三节 交通冲突技术的应用

一、安全替代评价模型及其应用

1. 安全替代评价模型

安全替代评价模型(Surrogate Safety Assessment Model,SSAM)是由美国联邦公路局推出的,应用交通冲突数据来替代交通事故数据,对车辆之间规避碰撞的能力和特征进行评估的方法,是微观交通仿真技术与自动化交通冲突技术的方法集成。

对于新建的尤其是创新性的交通设施项目,微观交通仿真技术常被用来评估这些项目实施后可能出现的效果。在交通项目的方案评价和比选中,仿真方法也是经常被使用的方法之一。但目前的微观交通仿真系统尚不能对交通设施的交通安全效果进行分析和评估。因此,开发安全替代评价模型的主要目的就是,通过在微观交通仿真系统中嵌入安全替代评价模型,从而能实现对交通设施安全效果的仿真和评价。

目前,安全替代评价模型研发的重点工作是:

(1)确定数据需求,制定标准化的数据格式及车辆轨迹文件格式,这些数据和格式应能支持绝大多数的微观交通仿真系统。

(2)就目前所定义的数据需求,开发出能高效识别和分类交通冲突事件的算法,并能计算得到每个事件的交通冲突衡量指标。

(3)在交通设施安全性分析及报告生成时,能提供可视化的成果和统计分析结果。

(4)通过共享车辆轨迹文件,鼓励交通仿真供应商加载安全替代评价模型。

已有4个交通仿真供应商加入了本项目的研发工作,它们是：AIMSUN,Paramics,TEXAS 和 VISSIM。

2. SSAM 软件

SSAM 软件主要是用来自动识别交通冲突事件,并计算每个事件的交通冲突衡量指标。

(1) SSAM 软件工作流程

微观交通仿真系统生成了每一辆车的轨迹文件,该文件以轨迹文件格式输入给 SSAM 软件,该软件自动识别交通冲突事件并计算交通冲突衡量指标,然后以图表格式将交通冲突数据输出给分析人员,工作流程如图 8-11 所示。

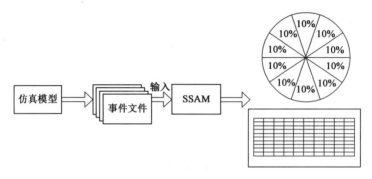

图 8-11　SSAM 软件工作流程

SSAM 软件使用了两种交通冲突衡量指标:距离碰撞时间(TTC)和后侵入时间(PET)。

在 SSAM 软件中,TTC 和 PET 均有系统设置的默认临界值,比如 TTC 默认的临界值为 1.5s,分析人员可根据自己的实际需要来调整 TTC 和 PET 的临界值。一旦选择了交通冲突衡量指标的临界值,软件系统即可按此标准从车辆轨迹中识别交通冲突事件,并给出每个事件详细的分析结果,包括时刻、车辆位置、交通冲突衡量指标值等。当然,SSAM 软件也能提供汇总后的交通冲突数据。

(2) SSAM 交通冲突识别算法

从车辆轨迹中识别交通冲突的算法包括以下4个步骤：

第一步,在车辆轨迹文件中定义分析区域的大小,一般以网格线来划分区域,网格中最小的矩形尺寸为 $12.5m \times 12.5m$。

第二步,对于分析区域内的每一辆车,按车辆轨迹的每一个时间步长逐一分析,对车辆进行定位,车辆均设定为矩形。

第三步,对每一辆车,计算车辆位置参数(车辆矩形参数),并对它的下一个位置进行定位。然后,依据车辆的矩形间的重叠情况来识别冲突车辆对。

第四步,在目前的时间步长下,计算冲突车辆对的详细信息,包括位置、速度、TTC 值和 PET 值等。

3. 安全替代评价模型的应用案例[7]

应用 VISSIM 仿真环境下的安全替代模型,分析信号控制平面交叉口中前置左转与后置左转的交通安全效果。前置左转是指左转绿灯相位位于直行绿灯相位之前,后置左转是指左转绿灯相位位于直行绿灯相位之后。目前,对于前置左转和后置左转的安全效果尚无统一的一致性的结论,相关研究成果也不多。

在模拟仿真的四路信号控制平面交叉口中，主要道路（东西向道路）入口设有左转和右转专用车道，相交道路入口只有一条车道，所有左转专用车道的长度均为76.25m，交叉口入口的交通量见表8-3，信号配时方案见图8-12～图8-17。

交叉入口服务交通量　　　　　　　　　表8-3

入口	南行			北行			东向			西向		
	左转	直行	右转	左转	直行	右转	左转	直行	右转	左转	直行	右转
相位编号	3	3		4	4		1	2		1	2	
低交通量	25	75	25	50	100	50	150	400	50	150	400	50
中等交通量	25	75	25	50	100	50	125	650	75	125	650	75
高交通量	100	250	50	100	250	50	150	700	150	150	700	150

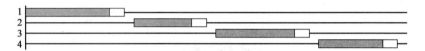

图8-12　后置左转低交通量信号配时方案（周期80s，80 = 22 + 17 + 22 + 19）

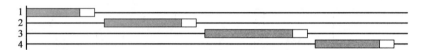

图8-13　前置左转低交通量信号配时方案（周期80s，80 = 17 + 22 + 22 + 19）

图8-14　后置左转中等交通量信号配时方案（周期80s，80 = 33 + 17 + 15 + 15）

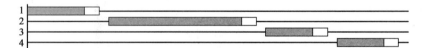

图8-15　前置左转中等交通量信号配时方案（周期80s，80 = 17 + 33 + 15 + 15）

图8-16　后置左转高交通量信号配时方案（周期75s，75 = 20 + 11 + 23 + 21）

图8-17　前置左转高交通量信号配时方案（周期75s，75 = 11 + 20 + 23 + 21）

每个信号配时方案重复仿真了10次，对输出的车辆轨迹文件应用SSAM进行了安全效果分析，结果见表8-4～表8-6。

所有冲突事件的冲突数   表 8-4

冲突临界值	TTC≤0.5s		TTC≤1.0s		TTC≤1.5s	
	前置	后置	前置	后置	前置	后置
低交通量	N/A	N/A	N/A	N/A	9.90	8.80
方差	N/A	N/A	N/A	N/A	5.43	14.84
t 值(95%)	N/A		N/A		0.772	
中等交通量	N/A	N/A	N/A	N/A	16.30	13.40
方差	N/A	N/A	N/A	N/A	12.23	23.60
t 值(95%)	N/A		N/A		1.532	
高交通量	N/A	N/A	8.10	8.10	35.60	32.30
方差	N/A	N/A	5.88	11.88	78.27	33.34
t 值(95%)	N/A		0		0.988	

注:N/A 表示"无法获得"。

追尾冲突的冲突数   表 8-5

冲突临界值	TTC≤0.5s		TTC≤1.0s		TTC≤1.5s	
	前置	后置	前置	后置	前置	后置
低交通量	N/A	N/A	N/A	N/A	5.70	5.70
方差	N/A	N/A	N/A	N/A	3.57	8.90
t 值(95%)	N/A		N/A		0	
中等交通量	N/A	N/A	N/A	N/A	10.00	8.60
方差	N/A	N/A	N/A	N/A	7.78	13.60
t 值(95%)	N/A		N/A		0.958	
高交通量	N/A	N/A	5.80	5.80	24.30	22.10
方差	N/A	N/A	3.96	6.18	42.01	21.21
t 值(95%)	N/A		0		0.875	

变道冲突的冲突数   表 8-6

冲突临界值	TTC≤0.5s		TTC≤1.0s		TTC≤1.5s	
	前置	后置	前置	后置	前置	后置
低交通量	N/A	N/A	N/A	N/A	4.10	3.10
方差	N/A	N/A	N/A	N/A	5.21	2.54
t 值(95%)	N/A		N/A		1.136	
中等交通量	N/A	N/A	N/A	N/A	6.20	4.50
方差	N/A	N/A	N/A	N/A	6.40	3.17
t 值(95%)	N/A		N/A		1.738	
高交通量	N/A	N/A	2.20	2.30	11.20	9.90
方差	N/A	N/A	2.84	3.12	15.29	6.99
t 值(95%)	N/A		−0.129		0.871	

F 检验和 t 检验的结果均表明,对所有信号配时方案,不论是交通冲突事件的数量还是交

通冲突严重程度,前置左转和后置左转的交通安全效果均没有明显的差异。

二、视频分析技术在交通冲突研究中的应用

1. 视频分析技术简介

记录交通环境影像的数字视频包含了大量的信息,从中可看到移动的车辆和行人、摇摆的树枝和飞翔的小鸟,或者是什么也没有的空旷路面。对于人类而言,识别并关注其中的与交通有关的信息是十分容易的。但是,应用计算机编程来实现同样的功能却是一项琐细的工作,数字视频是由多个图像一个接一个播放组成的,而每个图像又是由大量的像素构成的。因此,原始图像数据只是一套描述某一时间段内每一像素值的数据。在这些海量的数据中,找到描述道路使用者的数据并将其转化为有用的交通数据(如轨迹、速度、尺寸大小及方位等),确实是一项具有挑战性的任务。

数字视频处理一般需要将两种算法结合起来,一种算法是每幅图像的结构分析,另一个是系列图像的变化分析。关于道路使用者的先验知识是十分有用的,道路使用者是移动的,他们进入画面、通过画面并离开画面。当检测到长期不动的物体时,这些物体就可认为是静态的道路环境物体。尽管车辆的形状具有多样性,而行人和自行车又会改变姿势,但是这些物体的尺寸大小依然可以被测定出来。物体的尺寸大小可用来识别道路使用者的类型,车辆会频繁出现在路面上,而行人则会出现在人行道和人行横道上。出现在道路上的车辆和行人均可看作平面物体。

2. 面向交通的视频分析技术

最早尝试使用计算机辅助处理视频数据的系统是一种半自动系统。比如,德国 VIVA traffic 系统能够提供一个用户友好的界面,在视频文件中从一帧到另一帧地导航,而且操作人员可通过交互式的方式来确定道路使用者的位置、速度、使用者之间以及使用者与其他物体之间的距离。其图像坐标与道路使用者平面坐标的转换关系如图 8-18 所示,从理论上看,只要得到了图像及道路使用者平面上的4个点的坐标,就可确定图像与道路使用者平面之间的转换关系。

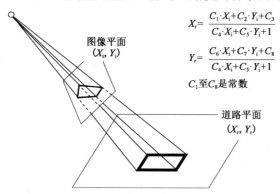

$$X_r = \frac{C_1 \cdot X_i + C_2 \cdot Y_i + C_3}{C_4 \cdot X_i + C_5 \cdot Y_i + 1}$$

$$Y_r = \frac{C_6 \cdot X_i + C_7 \cdot Y_i + C_8}{C_4 \cdot X_i + C_5 \cdot Y_i + 1}$$

C_1 至 C_8 是常数

图 8-18 图像坐标与道路使用者平面坐标的转换关系

最简单的全自动视频分析系统可通过设置虚拟线圈的方式来检测道路使用者的出现,并测量有关交通流参数数据,如 Autoscope、Hitachi、Traficon、Visio Way 等交通视频检测系统。

3. 视频分析系统的构成及功能

全自动视频分析系统一般由视频录制设备、视频处理软件及硬件、交通数据处理系统等构成,瑞典隆德大学(Lund University)的全自动视频分析系统构成见图 8-19。

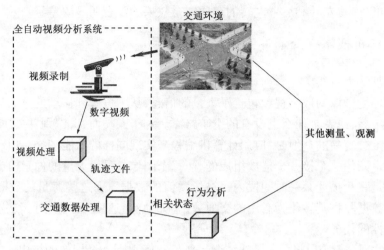

图8-19 隆德大学全自动视频分析系统构成

视频分析系统的功能一般包括：
①道路使用者检测；②轨迹提取Ⅰ（从兴趣点开始）；③校正；④速度估计；⑤轨迹提取Ⅱ（隐马尔可夫模型）。

4. 视频分析系统在交通冲突研究中的应用

在轨迹提取及速度估计的基础上，通过进一步引入适当的交通冲突衡量指标，即可获得异常交通事件及其交通冲突数据，据此可开展交通冲突研究工作。尽管目前尚无成熟的、商业化的基于视频分析的交通冲突系统，但欧美的一些大学和研究机构已率先开展了这方面的研究工作，并有少部分研究成果成功应用于工程实践项目。

三、驾驶模拟器在交通冲突研究中的应用

驾驶模拟器已被广泛用于分析行车过程中的驾驶心理和人机工效学问题，也包括药物、酒精、疲劳驾驶时的驾驶员障碍行为分析以及制动性能、车辆室内设计等车辆动力学和车辆设计问题等。近年来，越来越多的交通领域研究人员开始应用更高级的驾驶模拟器来分析智能交通系统与设备的安全性和有效性问题，比如车辆防碰撞系统的安全性和有效性、车辆导航系统的安全性、无人驾驶系统的安全性等。

驾驶模拟器可模拟出相当多的影响道路交通安全的控制性指标，如几何线形条件、交通控制设施、车辆特性等，是一个理想的人、车、路、环境仿真研究平台。由于模拟器连接到了计算机系统上，因此可得到各种类型的、各种格式的数据并可实现数据的实时处理。

一般而言，驾驶模拟器由连接到计算机上的一系列投影仪组成，从而实现在高分辨率屏幕上来仿真现场环境。在驾驶模拟器室内实验室中，这些安装好的屏幕可提供150°~180°的驾驶视野，如图8-20所示。软件系统能够提供图形显示和动态仿真，从而有助于编辑交通情景并建立数据获取界面。

国外一些大学和研究机构包括国内的部分高校，已开始应用驾驶模拟器平台来研究交通冲突问题，除了应用本章第二节中介绍的交通冲突衡量指标外，还使用了以下指标：
①车辆延误和出行时间；②接近速度；③停车车辆所占百分比；④排队长度；⑤停车线后侵入时间；⑥闯红灯比例；⑦左转车比例；⑧速度分布；⑨加速度分布。

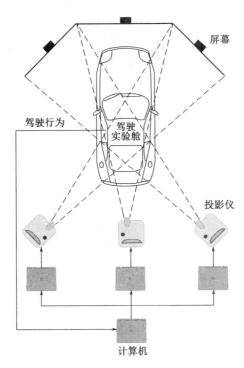

图 8-20 驾驶模拟器示意图

本章参考文献

[1] Perkins S., Harris J. Traffic conflicts characteristics: accident potential at intersections[J]. Highway Res. Rec. 1968,225:35-43.

[2] C. Hyden. The development of a method for traffic safety evaluation: the Swedish traffic conflicts techniques. Bulletin 70. Department of Traffic Planning and Engineering, Lund University, Lund, Sweden, 1987.

[3] A. R. A. Vander Horst, T. H. Kraay. The Dutch conflict observation technique. Proceedings of the Workshop Traffic Conflicts and Other Intermediate in Safety Evaluation, Budapest, September 8-10, KTI Institute for Transport Sciences, Budapest, Hungary, 1986.

[4] M. R. C. McDowell, Jenny Wennell, P. A. Storr, J. Darzentas. Gap acceptance and traffic conflict simulation as a measure of risk. Technical report, Transportation and Road Research Laboratory-Supplementary Report 776, 1983.

[5] C. Hyden. Traffic safety work with video-processing. Technical report, Tranportation Department, University Kaiserslautern, 1996.

[6] Michiel M. Minderhoud, Piet H. L. Bovy. Extended time to collision measures for road traffic safety assessment. Accident Analysis and Prevention, 2001, 33:89-97.

[7] Douglas Gettman, Lili Pu, Tarek Sayed, Steve Shelby. Surrogate safety assessment model and validation: Final Report. Report No. FHWA-HRT-08-051, 2008.

第二篇

道路交通安全实践案例

依据作者主持或做为主要参加人承担的三十余项道路交通安全科研项目和工程实践项目,经整理、归纳总结和再加工,形成本篇,共包括三章,分别为第九章道路交通安全管理工程实践案例、第十章道路交通安全评价案例和第十一章道路安全审计案例。

作者主持或做为专项负责人主持的相关科研项目有广东省交通运输厅科技项目"基于全社会成本的高速公路设计方案评价技术研究"的专题五"高速公路设计方案安全评价研究"、辽宁省交通厅科技项目"高速公路运行安全研究"、广东省交通运输厅科技项目"京珠高速公路粤北段灾害气象防治与综合管理技术研究"(广东省科学技术三等奖,证书号:B11—0—3—05)的专题二"京珠高速公路粤北段交通安全保障技术研究"、交通部科技项目"国道主干线绩效评估基础参数研究"的专题二"国道主干线对交通安全的贡献研究"、黑龙江省交通运输厅科技项目"高速公路施工建设中的交通控制与安全保障技术研究"、黑龙江省交通运输厅科技项目"一级公路高速化后线形适应性评价及改善措施研究"、辽宁省交通厅科技项目"沈大高速公路交通事故规律的研究"(交通部科学技术进步三等奖,证书号:98—3—26)。承担的工程实践项目有"珠江三角洲环线高速公路黄岗至花山段"、"潮惠高速公路 K123+000~K247+900 路段"施工图设计阶段的交通安全性评价项目以及大量高速公路施工期、大修期的交通安全保障与保通项目。

哈尔滨工业大学交通运输规划与管理博士研究生郑来(加拿大卡尔顿大学联合培养博士研究生)、史永义(新加坡南洋理工大学联合培养博士研究生)、候芹忠(美国普渡大学联合培养博士研究生)以及硕士研究生姜美利、陈天恩、王金丽、杜迎春、宋春花、黄宝安、卢健、刘庆、秦观明、李梅、关志强、毕海峰、张晓明、赵崇波、杨兴地、徐汉青、祁文洁、张志召、王丹丹、李昕、荆林朋、林兰平、邓晓庆、方豪星、覃薇、何莎莉、霍晓艳、郭礼扬、梁心雨、张道玉、蒋艳辉等在上述科研和工程实践项目中做了大量工作,在此表示感谢。

第九章　道路交通安全管理工程实践案例

本章介绍两个道路交通安全管理工程实践案例,分别源于广东省交通运输厅科技项目"京珠高速公路粤北段灾害气象防治与综合管理技术研究"(合同号2008—33)的专题二"京珠高速公路粤北段交通安全保障技术研究"[1]和辽宁省交通厅科技项目"高速公路运行安全研究"(合同号201306)[2]。

第一节　京珠高速公路粤北段交通安全保障技术研究

一、概述

1. 京珠高速公路粤北段概况

京珠高速公路是国家两横两纵国道主干线之一,广东省境内的小塘至甘塘段称为"京珠高速公路粤北段"。该路段是由世界银行贷款建设的双向四车道高速公路,于2003年建成通车,全长109.29km,按重丘区和山岭区两套标准建设,设计速度分别为100km/h和80km/h。

2. 自然环境及建设条件

京珠高速公路粤北段被世行专家誉为"中国最具挑战性的公路项目",是我国高速公路中施工难度最大的项目之一。该路段地处粤北南岭山系大瑶山山脉,地势险峻,地质复杂多变,气候条件复杂(夏季高温,冬季寒冷),路线高差大且多陡坡(连续下坡路段长达24km,高差达600m),大型构造物多且防护工程数量巨大。

3. 运营管理中面临的突出问题

自建成通车后,运营管理和交通安全管理均面临了严峻的考验,突出的问题是:

(1)交通压力大。年平均日交通量达到了20 000辆/日以上,而大型车所占比例较大。

(2)交通事故频发。2006年被列为全国十大事故黑点之一,并被戏称为"死亡高速公路"。

(3)交通管理任务艰巨。多雾、道路结冰等复杂的地理气候,增大了相关部门的管理难度。

(4)治安管理与紧急救援压力大。由于处于山区,远离城镇,时常有行人和动物闯进公路,使治安管理压力较大。救援车辆远离出事地点,紧急救援压力大。

4. 研究背景与研究目的

研究背景:2008年年初的低温雨雪冰冻灾害,给京珠高速公路粤北段的管理工作尤其是针对突发事件的应急管理工作提出了新的要求。为此,再次研究交通安全综合整治与预防问题显得尤为重要。

研究目的:①揭示交通事故的统计分布规律;②确定交通事故与雨、雾、能见度等不利气象条件的关系;③鉴别事故多发点及其突出事故诱导因素;④提出交通安全综合治理方案和事故多发点安全改善措施建议;⑤评估避险车道、爬坡车道等安全设施的使用效果。

二、交通事故与公路建设信息管理系统

1. 系统开发环境与功能

基于 Transportation GIS Software 开发了交通事故与公路建设信息管理系统。系统的功能包括:①事故与公路建设数据的存储;②事故与公路建设数据的多维统计分析;③事故率的自动计算及事故多发点的初步鉴别;④自动报表及数据维护。

2. 交通事故数据及其录入

事故数据来源于两个渠道:公安交管部门记录的事故数据,简称"公安事故数据";高速公路路产管理部门记录的事故数据,简称"路产事故数据"。共收集到2003年至2009年第一季度发生的2 695起事故,获得相关信息23 296条。事故数据所包含的信息,见表9-1。

事故数据信息一览表 表9-1

公安事故数据																	
1	2	3	4	5	6	7	8	9	10	11	12	13	14	15	16	17	18
事故类型	事故地点	发生时间	死亡人数	受伤人数	直接财产损失	事故原因	天气	事故形态	防护设施类型	路表情况	照明条件	能见度	驾驶员年龄	驾驶员驾龄	车辆类型	是否超载	行驶状态

路产事故数据							
肇事地点 (里程桩号)	事故原因	重(特)大交通事故			发生时间	一般事故 (是否有路损)	路产损失 (金额:元)
		轻伤	重伤	死亡			

3. 公路建设条件数据及其录入

首先将道路全线根据几何线形条件等进行路段划分,划分至最小不可再分的单元为止(共划分出1 082个区段),然后在各区段中输入相应的几何线形要素,建立一条具有几何属性的线路。

三、事故分布规律及其与不利气象条件的关系

1. 事故总体状况及变化趋势

事故总体状况:统计期内,共发生有人员伤亡的事故304起,年均49.5起。2006年1月至2008年6月的两年半时间内,事故死亡人数累计达127人,年均50.8人,平均每月4人;受伤人数累计达228人,年均91.2人,平均每4天1人;事故死亡人数与受伤人数之比为1:1.79。统计期内,路产部门记录的事故共计2 391起,年均478.2起,平均每天1.3起。京珠高速公路粤北段的年平均亿车公里事故率为45.87次,见表9-2。

各区段亿车公里事故率 表9-2

区 段	2006年		2007年		2008年		2009年	
	北行	南行	北行	南行	北行	南行	北行	南行
K0+000～K11+840	27.22	17.83	33.08	42.93	21.88	22.93	10.81	7.08
K11+840～K23+760	112.61	49.97	126.75	39.99	85.18	49.82	40.31	20.83

续上表

区段	2006年		2007年		2008年		2009年	
	北行	南行	北行	南行	北行	南行	北行	南行
K23+760～K52+800	59.85	60.43	69.91	65.62	30.00	45.41	29.24	40.86
K52+800～K75+300	34.45	65.37	28.25	49.41	25.32	28.59	20.32	33.89
K75+300～K88+346	29.56	83.95	16.84	137.70	25.34	117.21	27.07	129.48
K88+346～K105+213	31.89	121.68	20.44	88.17	18.93	77.11	25.32	25.20
K105+213～K109+293	20.28	31.73	25.04	29.38	23.18	20.40	21.47	25.19

事故总体特征及趋势：交通事故次数、事故率呈逐年下降趋势，但事故严重程度较高，群死群伤事故仍时有发生，南行方向事故次数及事故率均高于北行方向。

2. 交通事故统计分布规律

月份分布：1月份交通事故最多，其次是3月和5月。1月份事故多发的原因与该月份的天气状况及路面条件有关，主要是低温和路面结冰。

小时分布：凌晨及早高峰时段是京珠高速公路粤北段的事故多发时段。

事故形态分布：追尾是最常见的事故形态，比例高达64%；其次为碰撞护栏，约占11%。

事故成因分布：未保持安全距离是交通事故发生的主要原因，比例高达33%；其次是变更车道、操作不当和机动车不符合标准，比例分别占20%、12%和11%。

肇事车型：重型车所占比例较大，大货车和半挂车所占的比例分别为47%和27%。在任何一种事故类型中，含有重型车的比例均在60%以上，当事故中肇事车辆多于三辆时，所有事故都会含有重型货车。这说明重型货车是造成交通事故的重要原因。

驾驶员年龄与驾龄：驾驶员年龄主要集中在26岁到40岁，所占比例高达65%。驾龄在5年至15年的驾驶员发生事故的几率较大，所占比例高达74%。

3. 雾天交通事故分析

雾天交通事故及事故伤亡状况：京珠高速公路粤北段雾天与所有天气下的交通事故见表9-3。显然，雾天交通事故所占比例在5%以上。在获得各天详细的雾及其温度、湿度、能见度等数据后，经分析得知，雾天的平均事故次数高于非雾天。

雾天与所有天气条件下的交通事故　　　　　表9-3

年份	所有天气条件			雾天		
	事故总数（起）	死/伤人数（人）	平均每起事故死/伤人数（人）	事故总数（起）/占总数的百分比（%）	死/伤人数（人）	平均每起事故死/伤人数（人）
2006	59	61/109	0.62/1.10	4/6.78	2/7	0.50/1.75
2007	63	52/104	0.55/1.09	6/9.52	3/8	0.50/1.33
2008(1～6月)	20	23/28	0.74/0.90	1/5.00	1/0	1.00/0.00

能见度与交通事故：不同能见度下的事故及事故伤亡人数见表9-4。最严重的事故出现在能见度为100～200m的时候。此时，每起事故均有人员伤亡。能见度为100～200m时，驾驶员视距不至于过短，容易放松警惕并以较高速度行车，从而导致事故严重程度增加。

不同能见度下的事故次数及死伤人数　　　　　　　　　　表 9-4

能 见 度	事故次数(起)	死/伤人数(人)	每起事故死/伤人数(人)
50~100m	8	5/8	0.63/1.00
100~200m	63	65/110	1.03/1.75
200m 以上	154	126/244	0.82/1.58

雾天事故成因及肇事车型：雾天事故的主要原因是机动车不符合技术标准、故障后不按规定设置警告标志和未与前车保持安全距离。肇事车辆主要是重型货车，比例高达 80% 以上。由于雾天视距短,重型货车惯性大,遇到紧急情况时往往因刹车不及酿成事故。

雾天交通事故的地点分布：雾天事故主要分布在山岭北面与高海拔地区,见图 9-1,这与当地山岭地形易产生大雾天气且主要分布在高海拔地区北面有关。

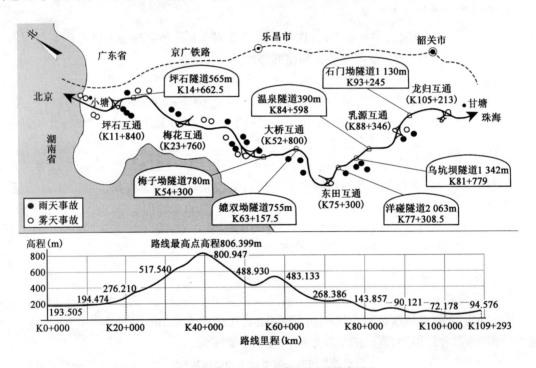

图 9-1　雾天与雨天交通事故的地点分布图

雾天交通事故的特点：①事故次数高于非雾天,但事故严重程度与非雾天大体相当；②能见度为 100~200m 时事故最为严重；③事故的主要原因是行驶的机动车不符合技术标准、故障后不按规定设置警告标志和未与前车保持安全距离；④雾天交通事故中重型货车所占比例最大,属高危车型；⑤雾天交通事故主要分布在山岭北面与高海拔地区。

4. 雨天交通事故分析

雨天交通事故的特点：①雨天事故所占比例在 10% 以上；②雨天每起事故的死亡人数低于所有天气条件下每起事故的死亡人数,但受伤人数却高于所有天气条件下的受伤人数；③雨天事故的主要原因是机动车不符合技术标准、未与前车保持安全距离和危险驾驶；④雨天肇事车辆主要是重型货车和大型客车；⑤雨天事故主要分布在山岭南面(见图 9-1)。

四、事故多发点鉴别及其演变特征

1. 基础数据

在统计期内发生的 2 391 起交通事故中(路产事故数据),普通路段上 2 069 起,收费站及服务区 322 起,见表 9-5。

交通事故统计结果　　　　　　　　　　　　　　　　　　　　　　表 9-5

路段事故统计结果							
年份	2005	2006	2007	2008	2009	合计	总计
南行/北行	299/227	238/209	271/217	261/227	71/49	1 140/929	2 069
收费站及服务区事故统计结果							
收费站/服务区	坪石收费站	梅花收费站	云岩服务区	粤北收费站	韶关收费站	东田收费站	大桥收费站	乳源收费站	总计
事故次数(起)	41	30	7	37	72	54	41	40	322

2. 事故多发点鉴别方法

采用质量控制法进行事故多发点的鉴别,具体公式见本书第三章式 3-2。

3. 事故多发点鉴别结果

首先对南、北行方向分别进行了分年度(2005~2008 年)的事故多发点鉴别,鉴别结果见表 9-6 及图 9-2(仅为 2005 年北行方向事故多发点鉴别结果,其他年份及方向略)。

分年度的事故多发点鉴别结果　　　　　　　　　　　　　　　　表 9-6

南行方向	2005年	桩号	K43	K44	K50	K51	K52	K78	K79	K83		
		事故率	338.92	376.57	828.46	602.52	451.89	288.37	266.19	266.19		
	2006年	桩号	K49	K50	K51	K52	K78	K79	K93	K99	K102	
		事故率	429.54	608.51	250.56	715.9	192.98	144.74	130.78	186.83	130.78	
	2007年	桩号	K34	K49	K50	K51	K52	K79	K81	K83		
		事故率	171.26	285.43	228.34	428.14	627.94	154.85	221.21	309.7		
	2008年	桩号	K43	K50	K51	K52	K79	K80	K81	K82	K83	K88
		事故率	171.84	171.84	372.31	687.35	135.96	203.94	226.59	135.96	249.25	135.96
北行方向	2005年	桩号	K17	K22	K26	K27	K29	K30	K31	K34	K35	K36	K37	K38
		事故率	258.29	193.72	142.17	213.25	189.56	165.86	213.25	213.25	236.95	165.86	213.25	260.64
	2006年	桩号	K17	K22	K35	K37	K54					
		事故率	141.5	384.08	202.97	135.32	226.33					
	2007年	桩号	K16	K17	K21	K22	K27	K28	K35	K36	K63	
		事故率	117.03	300.94	117.03	150.47	198.91	162.74	180.83	108.5	119.31	
	2008年	桩号	K16	K17	K18	K26	K54	K55				
		事故率	119.87	119.87	188.37	108.86	247.86	247.86				

注:事故率为次/亿车公里。

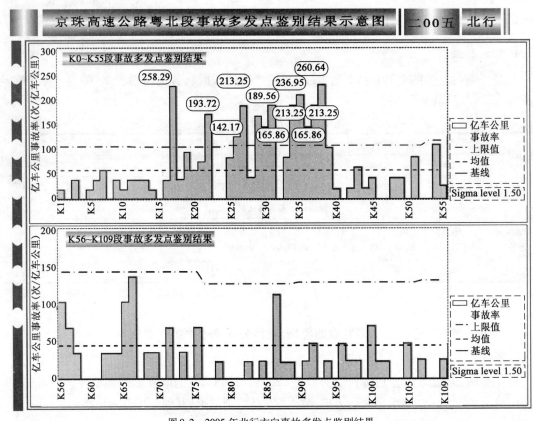

图 9-2 2005 年北行方向事故多发点鉴别结果

将 2005 年至 2009 年的事故数据进行汇总,基于质量控制法鉴别出的事故多发点见表 9-7 和图 9-3(仅为北行方向,南行方向略)。依据交通事故的发生机理,将处于相邻路段的事故多发点进行合并,最终确定出南行方向有 3 个事故多发点,北行方向有 4 个事故多发点,收费站及服务区事故多发点 1 个,具体见表 9-8。

事故多发点鉴别结果　　　　　　　　　　　　　　　　表 9-7

南 行 方 向											
桩号	K43	K44	K49	K50	K51	K52	K70	K78	K79	K80	K81	K83
事故率	160.71	184.82	249.11	425.89	409.82	626.79	107.44	147.83	176.26	125.09	119.41	227.44
北 行 方 向											
桩号	K16	K17	K18	K20	K21	K22	K26	K27	K28	K34	K35	K36
事故率	87.20	213.15	96.88	82.35	82.35	203.46	111.28	137.78	90.08	105.98	153.67	90.08
桩号	K37	K38	K54	K55	K56							
事故率	127.18	116.58	172.03	103.22	89.46							

注:事故率为次/亿车公里。

事故多发点一览表　　　　　　　　　　　　　　　　表 9-8

南行方向	K42-K45 段	K49-K52 段	K76-K83 段	
北行方向	K17-K21 段	K25-K28 段	K34-K38 段	K53-K55 段
收费站及服务区	梅花互通 E 匝道			

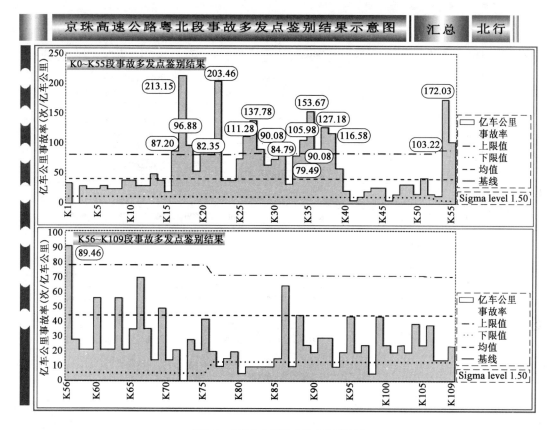

图 9-3 北行方向事故多发点鉴别结果

4. 事故多发点的演变特点

南行方向的事故多发点主要分布在 K42～K52 段和 K78～K83 段两个大区域内,随着年份的变化,其分布基本呈现集中—分散—再集中的状态。北行方向由 2005 年的主要集中在 K0～K40 段,其后三年逐渐向后移动并呈分散状态。事故多发点的演变特征,如图 9-4 所示。

五、事故多发点的成因分析

1. 北行方向 K17～K21 段事故成因

地理位置:位于北行方向 K17 至 K21 处,全长约 4km,是京珠高速公路粤北段北侧长大下坡的下游路段,起终点高差 128.95m,平均纵坡 2.37%,具体位置,如图 9-5 所示。

几何线形条件:平面线形由两两成反向曲线的 3 个平曲线构成,半径均符合现行《公路工程技术标准》(JTG B01—2014)(以下简称《标准》)的规定,但指标偏小。纵断面线形包含 10 个竖曲线,半径虽符合《标准》要求,但变坡较频繁,出现了长陡坡、短缓坡的组合现象。整个路段均为下坡,最大纵坡达 4.9%。具体平纵线形指标,如图 9-6 所示。

已设置的安全设施:部分弯道处设置了线形诱导标志,下陡坡路段设置了三处减速带,设有三处港湾式停靠带以及"长下坡""连续急弯""急弯陡坡"等警告标志。

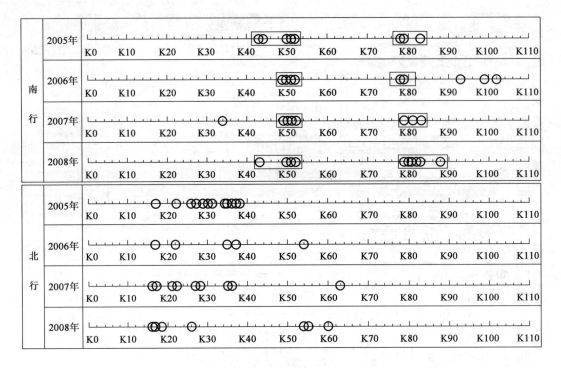

图 9-4 事故多发点演变特征

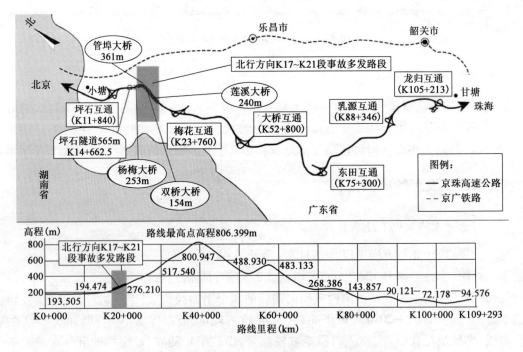

图 9-5 北行方向 K17~K21 段事故多发点位置图

交通事故历史数据:2005 年至 2008 年,该路段共发生伤亡事故 34 起(公安事故数据),具体事故发生地点、事故形态、事故原因、肇事车辆类型及伤亡人数等见表 9-9。

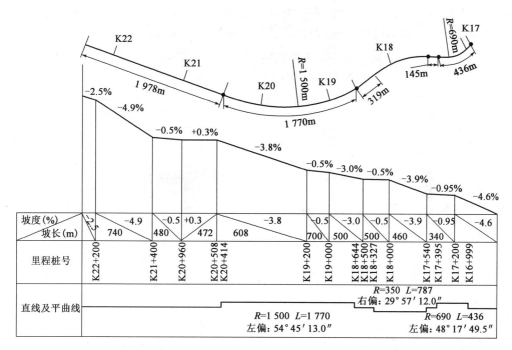

图 9-6 北行方向 K17~K21 段平面与纵断面图

北行方向 K17~K21 段伤亡事故一览表 表 9-9

事故桩号	事故形态	事故原因	肇事车辆	事故桩号	事故形态	事故原因	肇事车辆
K17+000	追尾	车辆故障	大货车	K18+000	追尾	疲劳驾驶	小客车
K17+000	侧翻	操作不当	大货车	K18+300	刮擦	A	半挂车、半挂车
K17+000	刮擦	制动失效	半挂车、大客车	K18+400	追尾	A	大货车
K17+000	追尾	制动失效	半挂车、大客车	K19+000	追尾	A	半挂车、半挂车、半挂车
K17+000	碰撞护栏	制动失效	大货车	K19+000	碰撞护栏	制动失效	小客车
K17+000	追尾	超速	半挂车、半挂车	K19+000	追尾	疲劳驾驶	半挂车、大货车、大货车
K17+000	追尾	制动失效	半挂车、大客车、小客车	K19+200	侧面相撞	操作不当	大货车
K17+000	追尾	超速	大客车、大客车	K19+700	追尾	车辆故障	大货车
K17+200	追尾	制动失效	半挂车、大客车	K20+000	追尾	A	小客车
K17+300	侧翻	操作不当	半挂车	K20+000	翻车	操作不当	大货车
K17+300	追尾	操作不当	半挂车	K20+000	碰撞护栏	制动失效	小客车
K17+500	追尾	制动失效	半挂车、半挂车、半挂车	K20+500	追尾	超速	半挂车、大货车
K17+500	车辆失火	着火	小货车	K21+000	碰撞行人	行人干扰	半挂车
K18+000	追尾	A	半挂车	K21+000	追尾	A	大客车
K18+000	刮擦	操作不当	小客车	K21+000	追尾	车辆故障	小货车
K18+000	追尾	A	半挂车、大客车	K21+000	追尾	A	小客车
K18+000	追尾	A	半挂车、大客车、大货车	K21+000	刮擦	操作不当	小客车

注:事故原因 A 为未保持安全距离。

事故形态:事故形态分布,如图 9-7 所示。显然,追尾事故是该路段的主要事故形式。

235

事故原因:统计分析表明,在该长下坡路段,未保持安全距离是主要的事故原因,其比例达 26.5%;其次为制动失效和操作不当,所占比例分别为 23.5% 和 20.6%。

肇事车辆类型:肇事车型分布如图 9-8 所示,重型载重车辆是最主要的肇事车型,其比例高达 81.2%;其中半挂车又是重型载重车中的主体,其比例为 43.4%。

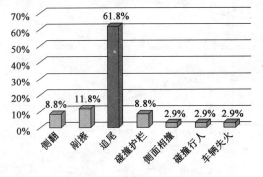

图 9-7 事故形态分布图

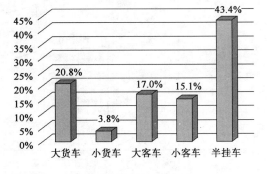

图 9-8 肇事车型分布图

事故率:事故率是全线平均事故率的 2 倍,2006 年高达 202.88 次/亿车公里。

事故成因分析结论:经归纳总结,该路段的事故多发原因主要有车速过快、连续急弯、弯道内侧视距条件不良、道路封闭不严、现有安全设施不足等 5 个方面,详见表 9-10。

北行方向 K17~K21 段事故成因汇总　　　　　　　　　　　　　　表 9-10

车速过快	连续急弯	弯道内侧视距不良	道路封闭不严	现有安全设施不足
该路段位于长大下坡终点处,由于势能的积累,车辆行至该处速度普遍较快。载重车增速明显,已达到上陡坡时速度的 3~4 倍。载重车速度越高,动能就越大,发生事故的严重程度也越高	该路段包含 3 个弯道,弯曲度大且两两成反向曲线,形成连续反向急弯。当车辆以较高速度进入该路段时,需做连续急转弯行驶,对保持车辆横向稳定性极为不利	K18 处平曲线内侧,前段为挡土墙、后段为高大树木,影响行车视距,容易诱发追尾事故	该路段的后半段,沿线居民点密集。由于封闭不严,行人上高速公路的现象时有发生,存在安全隐患	3 个下陡坡路段均设了减速带,但数量不足。其中,第一个弯道仅在超车道上设置了减速带

2. 梅花互通 E 匝道事故成因

梅花互通概况:是 A 型喇叭形立体交叉(图 9-9),连接了坪(石)乳(源)二级公路,主线桩号为 K22+398.359~K25+004.384,全长 2.6km。

E 匝道线形条件:梅花互通北行出口匝道(即 E 匝道)为事故多发路段,全长 387m。该段平面线形由直线和一个平曲线组成,平曲线半径较小,仅有 50m。整个路段均为上坡,最大纵坡达 5.773%。具体平纵线形指标见表 9-11。

E 匝道平纵线形一览表　　　　　　　　　　　　　　　表 9-11

	起终点桩号	路段类型	长度(m)	平曲线半径(m)
平面线形	EK23+733.758~EK23+774.258	缓和曲线	40.500	—
	EK23+774.258~EK23+831.617	圆曲线	57.359	50.000
	EK23+831.617~EK23+872.117	缓和曲线	40.500	—
	EK23+872.117~EK24+120.000	直线	247.883	

续上表

	起终点桩号	路段类型	长度(m)	竖曲线半径(m)	纵坡(%)
纵断面线形	EK23+733.758 ~ EK23+780.082	直坡	46.324	—	-1.175
	EK23+780.082 ~ EK23+840.082	凸形竖曲线	60.000	1 304.919	—
	EK23+840.082 ~ EK23+857.927	直坡	17.845	—	-5.773
	EK23+857.927 ~ EK23+963.979	凹形竖曲线	106.052	1 450	—
	EK23+963.979 ~ EK24+120.000	直坡	156.021	—	+1.541

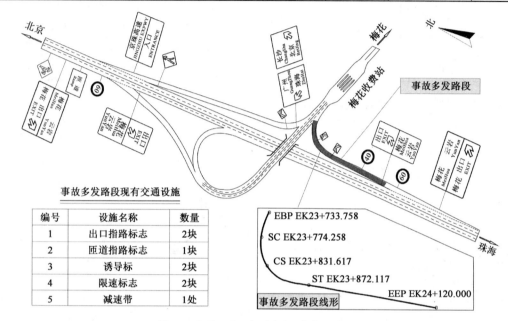

图 9-9　梅花互通立交型式及现有交通设施图

现有交通安全设施:在出口匝道的入口处连续设置了两块限速标志,依次限速60km/h和40km/h;在匝道的入口路段设置了连续的减速带;在匝道的弯道外侧设置了两块线形诱导标;匝道两侧均连续设置了波形梁护栏。

交通事故历史数据:2003年到2009年,该匝道上共发生交通事故30起,具体事故发生时间、责任认定原因、事故形态及肇事车型如表9-12所示。

E 匝道交通事故一览表　　　　　　　　　　　　　　表9-12

编号	发生时间	事故原因	事故形态	肇事车型	编号	发生时间	事故原因	事故形态	肇事车型
1	03.12.23	疲劳驾驶	碰撞护栏	小客车	9	05.06.19	车辆失火	车辆失火	半挂车
2	04.06.07	操作不当	碰撞护栏	大货车、小客车	10	05.07.14	车辆故障	追尾	大货车、小客车
3	04.07.13	车辆故障	碰撞护栏	半挂车	11	05.08.24	操作不当	碰撞护栏	小客车
4	04.08.03	操作不当	碰撞护栏	大货车	12	05.09.14	疲劳驾驶	翻车	半挂车
5	05.11.11	操作不当	翻车	大货车	13	05.09.17	行人干扰	碰撞行人	大货车
6	05.11.15	操作不当	追尾	大货车、小客车、半挂车	14	05.09.02	疲劳驾驶	碰撞护栏	大货车
7	05.12.12	车辆失火	车辆失火	大货车	15	05.09.07	操作不当	侧翻	大货车
8	05.03.09	疲劳驾驶	碰撞行人	小客车	16	06.10.27	车辆失火	车辆失火	半挂车

续上表

编号	发生时间	事故原因	事故形态	肇事车型	编号	发生时间	事故原因	事故形态	肇事车型
17	06.10.08	操作不当	侧翻	大货车	24	07.04.23	制动失灵	追尾	大客车、小客车
18	06.11.07	车辆故障	追尾	大货车、半挂车	25	07.08.06	操作不当	追尾	大货车、大货车
19	06.12.15	操作不当	追尾	大货车、小客车、小客车	26	08.01.18	操作不当	追尾	大货车、小客车
20	06.04.18	疲劳驾驶	碰撞护栏	大货车	27	08.11.18	操作不当	碰撞护栏	大货车
21	06.05.20	疲劳驾驶	追尾	小客车、小客车、大货车	28	08.12.21	操作不当	追尾	半挂车、小客车
22	06.08.22	疲劳驾驶	追尾	大客车	29	08.05.21	疲劳驾驶	碰撞护栏	大货车、大货车、大货车
23	07.04.23	制动失灵	碰撞护栏	大货车	30	09.02.07	制动失灵	追尾	大货车、小客车、半挂车

事故率:事故率高达 417.7 起/亿车公里,约为全线平均值的 9~10 倍。

事故原因:主要有制动失灵、操作不当、车辆失火、车辆故障、疲劳驾驶及行人干扰等。操作不当是主要原因,比例高达 40%;疲劳驾驶次之,所占比例为 26.67%。

肇事车型:大货车是主要肇事车型,占全部肇事车辆的 47.06%;小客车次之,占 29.41%。

事故成因分析结论:该匝道事故多发的原因主要有匝道平曲线半径偏小、弯道内侧视距不良、现有安全设施不足、道路封闭不严等 4 个方面,详见表 9-13。

E 匝道事故成因汇总　　　表 9-13

匝道平曲线半径偏小	弯道内侧视距不良	现有安全设施不足	道路封闭不严
该匝道的平曲线半径仅略高于《规范》规定的极限最小值。尽管在该匝道上车辆为上坡行驶,但由于平曲线半径过小,车辆仍会受到较大的离心力作用,易发生横向滑移、侧翻等事故	弯道内侧的挡土墙及土体严重影响了行车视距,不利于驾驶员观察前方的道路和交通条件,尤其是不能看到收费广场及广场上的交通情况	弯道外侧设置了两块线形诱导标,但数量少、间距大,不易产生连续视线诱导效果	该路段距收费站较近,行人进入该路段的现象时有发生,存在较大安全隐患

3. 其他事故多发点事故成因

其他事故多发点主要有南行方向的 K76~K83 段、K49~K52 段、K42~K45 段,以及北行方向的 K25~K28 段、K34~K38 段、K53~K55 段,地理位置见图 9-10。公路建设条件、交通事故历史数据及分析见表 9-14。显然,这些事故多发点事故多发的原因与长大下坡、复杂的几何线形条件、高海拔地区多雾、冬季多冰雪等道路建设条件和地理气候条件有关。经分析汇总后,上述事故多发点的事故成因见表 9-15。

事故多发点公路建设条件及交通事故统计分析　　　表 9-14

事故多发点	公路建设条件		交通事故统计分析			
	几何线形条件	已采取的安全措施	事故数	事故形态	事故原因	肇事车型
南行方向 K76~K83 段	包括 9 处平曲线,最大转角达 100°。包含 12 处竖曲线,竖曲线间直线较短	隧道前设置了禁止超车和限速标志,隧道内设置了减速带、线形诱导标和轮廓标,正常路段设置了减速带	伤亡事故 151 起	追尾事故是主要事故形态,比例达 80%	未保持安全距离是主要原因,比例为 38%	半挂车是主要肇事车型

续上表

事故多发点	公路建设条件		交通事故统计分析			
	几何线形条件	已采取的安全措施	事故数	事故形态	事故原因	肇事车型
南行方向 K49~K52段	平面包括3段平曲线，半径均不到800m。纵断面包含9段竖曲线，最大纵坡5.0%	部分弯道处设置了线形诱导标，设有制动失灵缓冲车道，设置了"长下坡""急弯""慢行"等交通标志	事故217起，其中，伤亡事故17起，死亡10人、受伤20人	追尾事故是主要事故形态，比例达77%	未保持安全距离是主要原因，比例为47%	大货车是主要肇事车型，比例达50%
北行方向 K25~K28段	3段平曲线两两成反向曲线。纵断面为连续下坡路段，采用了"长距离陡坡+短缓坡"的组合形式，最大纵坡4.6%	部分弯道处设置了线形诱导标，下坡路段设置了三处减速带，设有"陡坡慢行""下长坡还剩10公里"等交通标志，设有照明和监控设施	事故75起，其中，伤亡事故15起，死亡9人、伤19人	追尾事故是主要事故形态，比例为67%。其次为碰撞护栏	未保持安全距离是主要原因，其次为制动失灵和操作不当	大货车是主要肇事车型，占34%；其次为小客车
北行方向 K34~K38段	包括4段平曲线、8段竖曲线，采用了"长距离陡坡+短缓坡"的组合形式，多处纵坡偏大，最大达5.0%	设置了"陡坡慢行"交通标志，设有长距离的减速带和避险车道	事故103起，其中，伤亡事故16起，死亡12人、受伤21人	追尾事故是主要事故形态，其次为同向剐擦	未保持安全距离是主要原因，比例为47%	小客车是主要肇事车型，所占比例为31%
南行方向 K42~K45段	平面由一组卵形曲线和一组S形曲线组成，平曲线最小半径760m。整个路段均为下坡，最大纵坡5.0%	部分弯道处设置了线形诱导标及减速带，设有制动失灵缓冲车道，设置了"急弯陡坡慢行""连续下坡"等交通标志	事故122起，其中，伤亡事故14起，死亡7人、受伤17人	追尾事故是主要事故形态，其次为侧面相撞	未保持安全距离是主要原因，冬季事故占60%以上	小客车是主要肇事车型
北行方向 K53~K55段	地处常年雾区。平面包括2段平曲线，纵断面含5段竖曲线，道路最大纵坡3.6%	部分弯道处设置了线形诱导标，隧道两侧设有减速带，设置了"常年雾区""进入隧道禁止超车"等标志	事故128起，其中，伤亡事故15起，死亡8人、受伤23人	追尾事故是主要事故形态，比例为67%	未保持安全距离是主要原因，比例为46%	大型车所占比例为61%，小客车为32%

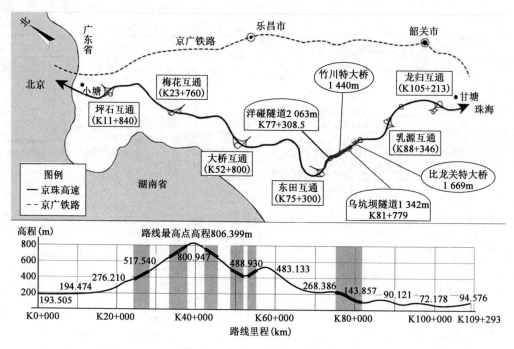

图 9-10　事故多发点地理位置图

事故多发点事故成因汇总　　　表 9-15

南行方向 K76~K83 段			
隧道内线形弯曲	车速过快	隧道内视距条件不良	洋碰隧道内长直线加平曲线出口不利于行车安全
两条隧道均含有平曲线,其中乌坑坝隧道就是一条弯隧道。隧道内的平曲线对行车环境有一定的不利影响	该路段以下坡为主,导致车辆行驶速度高于道路的设计速度,特别是重载车辆,车速越高发生事故的可能性越大	由于受构造物的影响,行车视距受到很大限制,加上隧道线形中含有平曲线,视距更加不良,增加了事故发生的可能性	由于洋碰隧道路段本为下坡,再加上长直线与平曲线的线形组合,使车辆在进入平曲线时的速度过快,易诱发事故
南行方向 K49~K52 段			
车速过快	平曲线半径较小	绿化树木阻挡视线	存在大纵坡路段
该路段位于南行长大下坡路段末端,由于势能的积聚,车辆行至此处车速普遍较快;车辆长时间下坡行驶,容易造成制动系统失效,诱发事故	平曲线半径较小,均在600~750m,平曲线不仅偏角较大而且成反向曲线,车辆以较高速度进入该路段后,极易发生侧翻事故	K50+356~K50+906 段曲线偏角较大,绿化树木部分阻挡视线,如图 9-11a 所示,严重威胁行车安全	K49+225~K49+568 段坡度达到了极限最大纵坡5.0%,对车辆行驶稳定性构成较大威胁,影响驾驶员心理,易导致交通事故
北行方向 K25~K28 段			
线形变换频繁	纵坡坡度较大	视距不良	车速较快
3 处平曲线两两反向相接且半径较小,下坡加小半径平曲线的组合,降低了行车稳定性和舒适性	最大纵坡达 4.6% 且坡长较长,车辆在此种线形条件下,下坡行驶时对车辆的制动性能要求较高	存在路侧边坡及绿化树木遮挡驾驶员视线的现象,威胁交通安全	该路段位于长大下坡末端,车速普遍较快。在雨雪冰冻条件下,道路摩擦系数下降,易诱发事故

续上表

北行方向 K34~K38 段			
车速较快	线形复杂	云岩服务区合流点存在明显速度差	雨及冰雪影响交通安全
该路段位于北行长大下坡路段的中间位置,最大纵坡达 5.0%,车辆行至该处速度普遍较快	存在大偏角及极限最大纵坡,是一处几何线形指标较低的弯坡组合路段	云岩服务区合流点后紧接下坡转弯曲线,主线车流与合入车流间存在明显速度差,见图 9-11b)	从事故月份分布可知,雨季及冰雪季事故较多
南行方向 K42~K45 段			
存在大纵坡路段	平曲线较长而半径较小	加水场前后速度差较大	雨及冰雪影响交通安全
两段大纵坡路段的纵坡分别为 5.0% 和 4.6%,下陡坡后接小半径平曲线且平曲线偏角较大	平曲线长度累计达 2 733m,而平曲线半径最小者仅为 760m	加水场出来的交通流合并到下坡主线上的交通流时存在较大速度差,易导致追尾事故	从事故月份分布可知,雨季及冰雪季节事故较多
北行方向 K53~K55 段			
常年雾区	部分路段视距不良	隧道内视线不良	
该路段位于常年雾区,从交通事故的月份分布来看,多雾季节事故多发	路侧树木及大型标志牌在转弯处影响视距。梅子坳隧道出口偏角较大	梅子坳隧道内的平曲线,在一定程度上影响了驾驶员的行车视线	

a) 绿化树木阻挡视线

b) 云岩服务区合流点实况

图 9-11 事故多发点现场实况图

六、现有安全设施使用效果评价

1. 避险车道使用效果分析

京珠高速公路粤北段存在两处连续长大下坡路段,分别为南行 K39+180~K52+180 段和北行 K39+180~K28+350 段。南行 K39+180~K52+180 段,全长 13km,存在 15 个变坡点,平均纵坡为 -2.94%,其中两处路段采用了极限值 5.0%。北行 K39+180~K28+350 段,全长 10.83km,存在 16 个变坡点,平均纵坡为 -3.08%,其中三处采用了极限值 5.0%。在长大下坡路段共设置了 4 处避险车道,避险车道的使用情况见表 9-16。

避险车道使用情况　　　　　　　　　　　表 9-16

避险车道桩号	使用次数(次)				
	2005 年	2006 年	2007 年	2008 年	2009 年
北行 K34 +390	0	0	2	0	0
南行 K44 +068	2	0	0	1	1
南行 K46 +790	0	0	1	1	0
南行 K51 +000	9	10	14	21	17

4 处避险车道都有被使用的情况,特别是 K51 +000 处的避险车道,使用次数最多,有力地证明了设置避险车道对保障安全行车的重要作用。

2. 爬坡车道使用效果分析

京珠高速公路粤北段共设置了 8 处爬坡车道(见表 9-17),设置地点都在山岭地区,坡度均大于 4.6%。爬坡车道上的亿车公里事故率均低于整条线路的亿车公里事故率,这在一定程度上证明了爬坡车道通过分流小型车与大型车,提高了道路交通完全水平。

爬坡车道设置一览表　　　　　　　　　表 9-17

编号	爬坡车道起终点桩号	爬坡车道长度(m)	方向	纵坡起终点桩号	纵坡长度(m)	纵坡坡度(%)	大型车平均车速(km/h)	事故率(次/亿车公里)
1	K21 +510 ~ K22 +560	1 050	南行	K21 +460 ~ K22 +200	740	4.9	33.47	31.63
2	K27 +080 ~ K27 +790	710	南行	K27 +050 ~ K27 +750	700	4.6	27.63	17.66
3	K28 +850 ~ K29 +800	950	南行	K28 +800 ~ K29 +400	600	5.0	26.78	41.21
4	K35 +800 ~ K37 +800	2 000	南行	K35 +870 ~ K37 +500	470	5.0	25.87	49.07
5	K41 +650 ~ K42 +600	950	北行	K41 +900 ~ K42 +600	700	5.0	36.73	29.44
6	K43 +200 ~ K44 +000	800	北行	K43 +370 ~ K44 +050	680	4.6	39.48	36.36
7	K46 +080 ~ K46 +900	820	北行	K46 +250 ~ K47 +000	750	4.6	40.76	16.48
8	K48 +780 ~ K49 +750	970	北行	K49 +060 ~ K49 +760	700	5.0	38.54	11.77

七、宏观交通安全对策

1. 规范交通参与者的行为

严禁超速行驶:建议根据不同的线形条件和设计速度设置限速值和安全行车间距。在事故多发点前设置车速检测区和可变信息情报板,一旦发现车辆超速,立即通过可变信息情报板进行通报,并在下一个收费站及时处罚。

严禁违章驾车:加强法律法规宣传,普及高速公路行车规则;在入口处,检测驾驶员的疲劳程度,长途大货车、拖挂车必须配有正副驾驶员,以减少因疲劳驾驶引发的事故;加强交通监控,发现违章驾驶现象及时制止并视情况对驾驶员进行安全教育和处罚。

规范其他交通参与者的行为:为了杜绝行人出入高速公路的现象,应对全线封闭设施进行检查,补全封闭设施,并根据实际地形情况改变封闭设施的形式、高度,实现高速公路的严格封闭。同时,考虑到沿线居民穿越高速公路的实际需求,在适当地段设置行人穿越高速公路的通道,并设置"穿越高速公路请从此通过"的标志,引导行人正确通过高速公路。

2. 加强车辆的安全管理

加强对车辆性能的检测：应重点检查长距离、长时间、满负荷工作的车辆，对于制动系统、轮胎、油路等有安全隐患的车辆，应令其进行相关维护后再进入高速公路。

加强对危险化学品运输车辆的监管：京珠高速公路作为我国交通运输的大动脉，通行着运输各种货物的车辆，包括危险化学品。虽然目前危险化学品运输车辆发生事故的案例很少，但仍需防患于未然，对危险化学品运输车辆，应严格检查，并控制其行车路线和时间。

更新监控设施：检修和更新路段上的线圈、摄像头等检测、监控设备，加强对车辆运行状态的监控，及时收集交通流数据，为交通组织和道路运营管理提供依据。

合理进行交通组织：当交通流出现较大拥堵或发生气象灾害时，可将爬坡性能和制动性能较差的大型车分流至辅道，增加道路通行能力，提高道路通行的安全性。

3. 长大下坡路段的安全保障对策

长大下坡前的安全措施：在下坡之前500m和100~150m处设置"前方长大下坡"预告标志；在下坡前设置减速标线，降低车辆初始速度；在下坡开始前的适当位置，增设简易休息区；坡顶位置设置大型货车强制服务区，条件允许也可设置车辆检测站，为车辆检测、车辆加水等提供方便；服务设施前，应设相应的标志进行预告。

长下坡起始位置的安全措施：在下坡起始位置设置"长大下坡开始"标志，同时设置"货车使用低挡"、"重车Ⅲ挡行驶"或"货车Ⅲ挡以下行驶"标志，指导驾驶员尤其是货车驾驶员使用低挡通过该下坡路段；设置门架式车型分道行驶标志，并配合施划相应标线；设置车距确认标志和标线，并开始设置路面突起标线和路肩振动带。

长下坡中间路段的安全措施：在易出现超速的路段以及需要车辆减速通过的路段之前，施划视觉或振动减速标线，必要时可设置雷达测速仪和配套的可变情报板；根据连续下坡的长度，重复设置低速、限速、车距确认、剩余坡长预告、车型分道等相应的标志与标线；在陡坡、视距不良、弯道、路侧危险、车辆易失控路段，设置禁止停车、禁止超车和视线诱导标志以及消能型护栏；根据避险车道的设置情况，在避险车道前设预告标志和闪频信号灯，在避险车道的入口施划渐变线并做好分流点的防撞处理，在避险车道与服务车道之间设置轮廓标并在其外围设置加强型护栏，在避险车道附近的中央分隔带处设置活动护栏。

长下坡终止位置的安全措施：连续长大下坡的终止位置，往往是事故多发点。以防护和应急为主在坡底附近采取相应的措施，目的是通过控制事故形态，来降低事故损失和严重程度。具体措施包括在下坡终止位置设置"下坡结束"标志，避险车道附近设置与下坡中间路段的避险车道附近相同的设施，当坡底存在急弯以及危险路侧时应设置护栏和视线诱导设施。

4. 不良气候条件下的安全管理措施

影响京珠高速公路粤北段的不良气候条件主要是雨、雾和冰雪。红云地区是粤北典型的雾区，一般每年从10月底开始至第二年1月中旬是浓雾常发期，每次降雾时间一般为4~5天左右，平均每年雾天有120多天。雾浓度高时，能见度不足10m。雾区湿度大、温度低，冬季常结有"黑冰"。针对京珠高速公路粤北段的实际情况，建议的道路交通安全保障对策如下：①加强与气象部门、通信部门的合作与信息资源共享，充分做好不良气候条件的预警工作，将高速公路路段天气的信息通过媒体及通信工具及时告知驾驶员，引导驾驶员出行；②在事故频发路段，完善高速公路照明系统，设立防雾、防水的路灯及射灯，提高雾天和雨天道路照明的可见度,并视情况增大轮廓标、诱导标的设置密度;③建立不同能见度下的交通管制等级指标,在发生气象灾害时,及时启动应急机制,视情况实施交通管制;④加强不良天气下的道路维护,及时除雾或清除冰雪。

若经济条件允许,可建设先进的道路气象信息系统(Road Weather Information System, RWIS),为运营管理决策制定提供有价值的信息,帮助对气象灾害状况进行预测、预防并采取有效合理的应对措施。RWIS 的应用包括:面向低能见度气象条件的应用、面向湿滑路面状况的应用、不同条件下的速度管理、自动防结冰及除冰系统。

八、事故多发点的交通安全治理

1. 北行方向 K17~K21 段安全改善措施

针对该事故多发点的事故成因,给出了严格控制车速、改善视距条件、增设标志及标线、增设避险车道等安全改善措施,详见表9-18 及图9-12。

北行方向 K17~K21 段安全改善措施　　　　表9-18

严格控制车速	改善视距条件	增设标志及标线	增设避险车道
分车道限速。设计速度为80km/h,故建议行车道限速40km/h,超车道限速60km/h; 设置减速带。在3个下陡坡路段的下坡方向,连续设置减速带,减速带要贯通整个行车道和超车道; 设置道路视觉减速标线; 设置雷达测速装置及超速抓拍系统。如图9-13所示,对该路段的车辆运行进行监测,明确告知驾驶员该路段将实施车速检测,并通知其前方为车速检测区	建议清除K18处弯道内侧树木,或改种低矮灌木,以增加弯道处的视距	增设车距确认标志及标线,增设事故易发路段标志(可采用频闪、照明等动态形式)	在第2个下陡坡(纵坡3.8%)坡底处选择适当地点设置避险车道,避险车道沿平曲线切线方向从主线分离,并延伸至较高、地形条件较好的地点

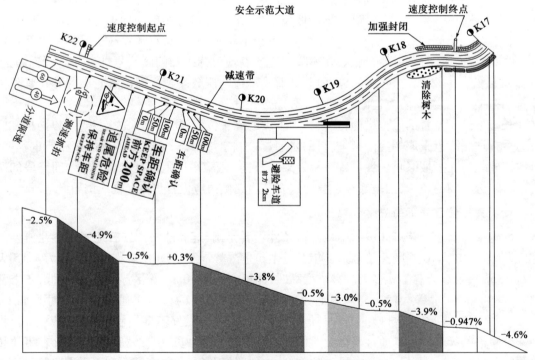

图9-12　北行方向 K17~K21 段交通安全对策示意图

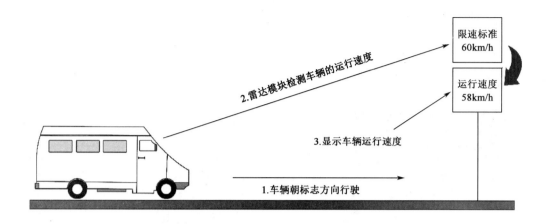

图 9-13　雷达测速装置和速度反馈可变信息板

2. 梅花互通 E 匝道安全改善措施

针对该事故多发点的事故成因,给出了工程改造方案、"宽容"改造方案、"避险"改造方案等 3 个安全改造方案,详见表 9-19 及图 9-14 ~ 图 9-16。

梅花互通 E 匝道安全改造方案　　　　表 9-19

工程改造方案	"宽容"改造方案	"避险"改造方案
增大匝道平曲线半径。根据《公路工程技术标准》(JTG B01—2014),设计速度为 40km/h 时,匝道圆曲线半径的一般最小值为 60m,极限最小值为 50m。建议将该匝道平曲线半径增加到一般最小半径值,即 60m; 开挖视距台、清除平曲线内侧障碍物。在增大匝道平曲线半径的同时,开挖视距台和清除平曲线内侧障碍物,应保证车辆在进入平曲线时即能看到前方的收费广场; 在平曲线外侧增加视线诱导标数量。保证车辆行驶在平曲线上时,驾驶员视线内始终能看到两块及以上的视线诱导标。 工程改造方案参见图 9-14	秉承"宽容设计"的理念,通过路侧净区来降低车辆驶出路外发生事故的概率,并通过合适的边坡坡度保证失控车辆顺利返回行车道。具体措施包括: (1) 移除匝道外侧的波形梁护栏,将边沟设置成暗沟形式,对匝道外侧的边坡进行改造,使其坡度达到或接近 1:3(外侧渐高)。同时,对匝道外侧的空地进行平整和绿化,清除可能危及车辆安全的障碍物。 (2) 将外侧匝道的行车道标线改为热塑振动标线。 (3) 在匝道的弯道外侧设置连续线形诱导标,诱导标的支撑采用解体消能结构。 (4) 在匝道的弯道内侧开挖视距台,从而保证车辆在行驶过程中拥有较好的行车视距条件。 "宽容"改造方案参见图 9-15	借鉴"避险车道"的设计理念,通过设置制动床和减速消能设施降低事故严重程度,具体措施如下: (1) 在匝道外侧硬路肩的范围内设置热塑振动标线,通过共振摇晃和轮胎与标线产生的共鸣声提醒驾驶员车辆有驶出行车道的危险。 (2) 移除匝道外侧的波形梁护栏,并在匝道外侧一定宽度的范围内铺设砂石制动床。同时,在制动床的外边缘设置由废旧轮胎搭成的消能设施。 (3) 在匝道的弯道外侧设置连续的线形诱导标,诱导标的支撑采用解体消能结构。 (4) 在匝道的弯道内侧开挖视距台,从而保证车辆在行驶过程中拥有较好的行车视距条件。 "避险"改造方案参见图 9-16

3. 其他事故多发点安全改善措施

针对南行方向 K76 ~ K83 段、K49 ~ K52 段、K42 ~ K45 段以及北行方向 K25 ~ K28 段、K34 ~ K38 段、K53 ~ K55 段的事故成因,给出了安全改善措施建议,见表 9-20。

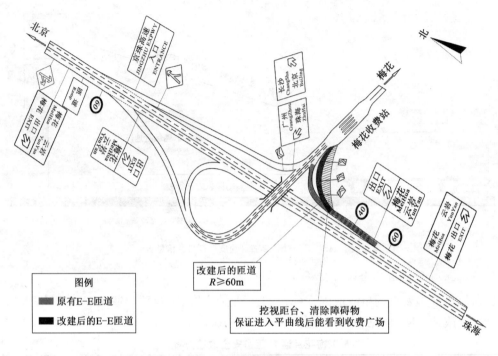

图 9-14 工程改造方案

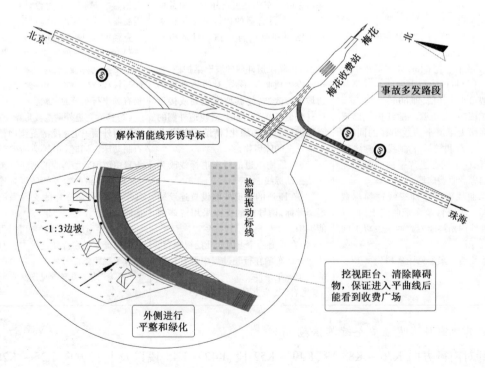

图 9-15 "宽容"改造方案

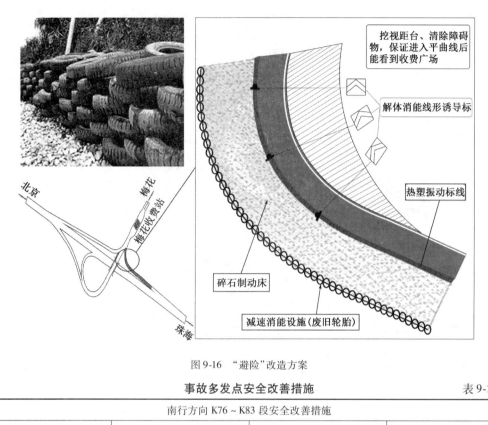

图 9-16 "避险"改造方案

事故多发点安全改善措施 表 9-20

南行方向 K76～K83 段安全改善措施			
构建严管路段。将洋碰隧道至乌坑坝隧道南行路段定为严管路段,限速60km/h,对沿线交通标志进行相应改造	路面刻槽。由于洋碰隧道内车辆进入平曲线前的速度过快,对洋碰隧道路面进行刻槽,用以降低速度	隧道前增设车速反馈标志。为了提醒驾驶员降低速度,使车辆运行速度符合限定速度,在隧道前设置车速反馈标志	交通标线改造。路段标线全部划实线,设置视觉减速标线
南行方向 K49～K52 段全改善措施			
严格控制车速。分车道限速,超车道限速60km/h,行车道限速40km/h;在下陡坡路段设置连续减速带,使其贯穿整个行车道和超车道	改善视距条件。K50+356～K50+906段偏角较大,绿化树木部分阻挡视线,应予以清除	增设车距确认标志及标线。在该路段缓坡路段,增设车距确认标志,并配备相应的交通标线,提醒驾驶员保持车距,预防追尾事故	增设事故多发路段标志。为减轻驾驶员的认读心理负担,突出标志的重要性,参考国外经验,该标志可采用频闪、照明等动态形式
北行方向 K25～K28 段安全改善措施			
改善视距条件。K25+005～K26+173段视距不良,应采取开挖视距台、清除路侧绿化树木等措施改善视距条件	严格控制车速。增设减速带、车速反馈标志	增设信息提示板。提醒驾驶员雨雪天增大行车间距、降低行驶速度、严禁紧急制动	采用先进的除冰雪技术。采用热力和能量转化型融冰雪技术清除路面冰雪,如自应力弹性路面铺装、加热筋带水泥混凝土、导电铺面等

续上表

北行方向 K34~K38 段安全改善措施			
严格控制车速。设置连续减速带,通过路面刻槽、增设提示板等措施提醒小型车驾驶员注意车速	改善云岩服务区分合流点附近的交通组织状况。可在分合流点前设置交通标志、在主线增设减速带等措施降低主线交通流速度	改善视距条件。K50+356~K50+906 段偏角较大,清除阻挡视距的绿化树木,改善视距条件	加强高速公路封闭管理。应采取定期巡逻等措施加强高速公路的监控与封闭管理
南行方向 K42~K45 段安全改善措施			
严格控制车速。分车道限速,增设强制减速措施、增设车距确认标志等	小半径平曲线路段增设消能设施。在路侧护栏上增设消能设施,如解体消能设施、废旧轮胎等	加强加水场附近的交通管理。加水场位于长大下坡路段末端,主线车流极易与分流车流发生冲突,建议加长分流车道和合流车道长度,为分流车流提供较长的缓冲距离	改善雨季及冰雪季节路面状况。采用渗水薄层铺装改善雨季路面状况,采用先进除冰雪技术,尽快清除路面冰雪,提高行车安全性
北行方向 K53~K55 段安全改善措施			
改善视距。清除路侧影响驾驶员视距的树木,移动大型标志牌位置,清除梅子坳隧道外阻碍视距的路侧边坡及绿化树木	改善隧道内照明环境。隧道入口的暗适应会严重影响驾驶员的视觉,所以应增强梅子坳隧道内的照明条件,将驾驶员暗适应时间降至最短	加强雾天安全保障措施。采用驱雾及雾抑制技术、特殊照明、警示标志、诱导设施、加强车辆诱导护送等措施保证雾天的行车安全	

第二节 高速公路运行安全研究

一、研究目的与研究内容

1. 研究目的

研究目的:①建立一套适用于辽宁省高速公路网的交通安全评价方法、事故多发点鉴别方法与改善方法;②给出交通安全服务水平量化标准及基于安全服务水平的安全评价方法;③鉴别出目前的事故多发点段,确定事故成因并给出切实有效的交通安全改善对策建议。

2. 研究内容

内容一,辽宁省高速公路运营状况调查分析。收集高速公路建设、养护、管理及交通事故资料;现场调查高速公路交通运行与安全运行状况;建立高速公路道路交通地理信息系统,用以存储和调用道路信息以及交通流量、通行能力、服务水平等交通信息;建立高速公路交通事故地理信息系统,用以存储和调用发生在具体地点上的每起事故的数据。

内容二,辽宁省高速公路交通安全评价及事故多发点鉴别。具体内容包括:高速公路交通安全评价指标及其度量研究;交通安全服务水平及安全性评价研究;高速公路事故多发点鉴别方法研究;工程应用——辽宁省高速公路交通安全评价与事故多发点鉴别。

内容三,高速公路事故多发点成因分析及安全改善措施研究。具体内容包括:事故多发点突出事故诱导因素识别研究,即事故成因分析;事故多发点的安全改善措施与安全控制策略研究;工程应用——辽宁省高速公路事故多发点成因分析及安全改善。

内容四,基于行车安全的高速公路线形优化研究。具体内容包括:事故率与几何线形指标之间的关系研究;事故预测模型建模研究;基于敏感性分析的危及行车安全的关键线形指标识别研究;考虑行车安全性的线形优化研究。

内容五,高速公路交通工程及沿线设施安全性评价与优化设置研究。具体内容包括:服务区、收费站的安全性评价;服务与管理设施的优化设置;指路与指示标志的优化设置。

本书仅简要介绍研究内容一至三的有关研究成果。

二、现状调查与资料收集

1. 依托工程项目概况

选择辽宁省有代表性的六条高速公路开展调研工作,依托工程项目概况见表9-21。

依托工程项目建设条件一览表 表9-21

编号	高速公路	国家公路网编号	起点	起点桩号	终点	终点桩号	总里程(km)	车道数(条)	设计速度(km/h)	通车时间(年)
1	京哈高速	G1	万家	K301+667	沈阳西	K622+997	361.330	六/八车道	120	1999
2	沈海高速	G15	苏家屯	K0+000	金州	K341+678	341.678	八车道	120	2004
3	丹阜高速	G1113	丹东	K0+000	浑南城西	K217+579	217.579	四车道	100	1994
4	平康高速	S17	毛家店南	K0+000	康平	K84+220	84.220	四车道	100	2008
5	沈康高速	S2	沈北新区	K0+000	法库	K77+687	77.687	四车道	100	2008
6	长深高速	G25	方家屯	K233+000	三十家子	K675+446	442.446	四车道	120	2008

2. 交通调查与现场考察

开展了路段交通流参数调查,互通立交出入口交通冲突调查,互通立交、收费站、服务区、事故多发点的现场考察及与管理处座谈交流等交通调查与现场考察工作。录制了46个断面上累计460小时的交通实况视频,提取出了17.4万辆车的约87.3万条交通流参数信息。开展了互通立交区出入口处的交通冲突调查,共调查了13个出入口。现场考察了77座互通立交、80个收费站、25个服务区以及55个事故多发点,采访了15个公路管理处。

3. 数据管理系统

开发了存储数据的"道路交通地理信息系统"及"交通事故地理信息系统",见图9-17~图9-19。存储的数据量约为37.1万条,见表9-22。

地理信息系统信息录入汇总 表9-22

依托工程项目	沈山高速公路	沈大高速公路	沈丹高速公路	长深高速公路	沈康高速公路	平康高速公路	合计
高速公路长度(km)	359	341	135	276	77	84	1 272
公路分段数(段)	1 599	2 304	593	750	352	322	5 920
录入的道路信息(条)	25 584	36 864	9 488	12 000	5 632	5 152	94 720
录入的交通事故数(起)	10 457	10 678	5 609	2 243	552	372	29 911

续上表

依托工程项目	沈山高速公路	沈大高速公路	沈丹高速公路	长深高速公路	沈康高速公路	平康高速公路	合计
录入的交通事故信息(条)	83 656	85 424	44 872	17 944	4 416	2 976	239 288
录入的收费站(座)	19	29	17	7	4	4	80
录入的服务区(座)	8	7	4	4	1	1	25

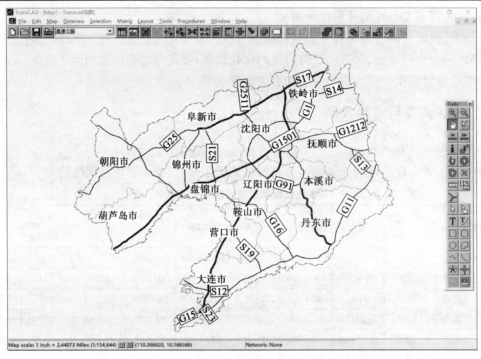

图 9-17　高速公路地理信息系统主界面

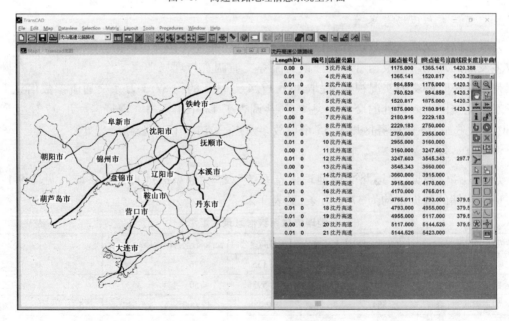

图 9-18　高速公路道路交通地理信息系统界面

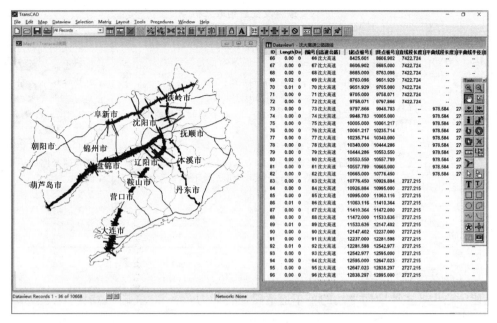

图 9-19　交通事故地理信息系统界面

三、交通运行状况分析与评价

1. 交通量及交通组成分析

高速公路上的日交通量如图 9-20 所示,交通量及交通组成分析见表 9-23。

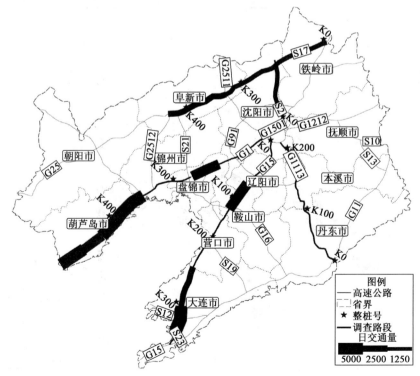

图 9-20　日交通量分布图

交通量及交通组成分析 表9-23

沈山高速公路	沈大高速公路	沈丹高速公路	长深、沈康及平康高速公路
9个断面平均高峰小时及日均小客车交通量分别为4 058辆和68 840辆(均为双向)。交通量最大的路段达到了4 314辆/小时和80 978辆/日。相对于六车道高速公路4.5万~8万辆小客车的适应交通量而言,目前沈山高速公路上的交通量较大。另外,大型车比例达到了60%,表现出了明显的重载交通特征	11个断面平均高峰小时及日均小客车交通量分别为2 578辆和41 338辆(均为双向)。相对于八车道高速公路5.5万~10万辆小客车的适应交通量而言,目前沈大高速公路上的交通量相对不大,但大型车比例较大,平均达到了29%	10个断面平均高峰小时及日均小客车交通量分别为856辆和12 320辆(均为双向)。目前交通量较小,大型车也不多	长深高速公路平均高峰小时及日均小客车交通量分别为1 258辆和18 046辆(均为双向),沈康为1 122辆和11 374辆,平康为1 306辆和13 842辆。相对于四车道高速公路的适应交通量而言,上述三条高速公路上的交通量不大,但大型车的比例均超过了50%,重载交通特征明显

2. 通行能力及饱和度分析

高速公路上各主要断面平均的单车道道路通行能力及饱和度(即V/C比)见表9-24,各主要断面的饱和度如图9-21所示。沈山高速公路的饱和度最大,达到了0.66,交通负荷较大。饱和度最小的是沈丹高速公路,各断面平均值仅为0.12,交通负荷较小。

断面平均通行能力及饱和度 表9-24

高速公路	沈山高速	沈大高速	沈丹高速	长深高速	沈康高速	平康高速
单车道通行能力 C pcu·(h/ln)	1 032	1 439	1 739	1 108	1 220	1 002
饱和度 V/C	0.66	0.22	0.12	0.29	0.24	0.33

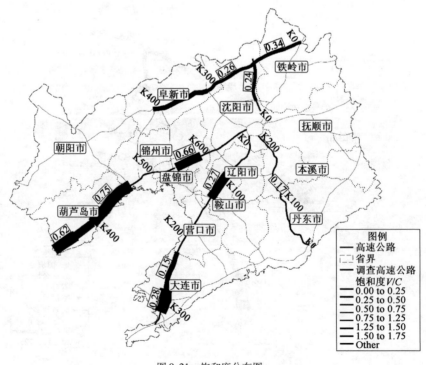

图9-21 饱和度分布图

3. 运行速度调查与分析

沈山高速公路各调查断面小客车在小型车车道、中小型车车道上的平均速度(各断面平均)分别为112.31km/h和112.53km/h,运行速度分别为126.70km/h和129.04km/h。大货车在中小型车车道、大型车车道上的平均速度分别为77.50km/h和71.12km/h,运行速度分别为86.34km/h和80.74km/h。显然,尽管公路交通量较大、饱和度也较高,但运行速度依然较高。

沈大高速公路各调查断面小客车在小型车超车道和小型车行车道上的平均运行速度分别为125.94km/h和122.30km/h,大货车在大型车超车道、大型车行车道上的平均运行速度分别为91.21km/h和86.23km/h,运行速度状况良好,且运行速度由小型车超车道、小型车行车道、大型车超车道、大型车行车道呈递减分布。

沈丹高速公路小客车在超车道、行车道上的运行速度分别为124.37km/h和113.83km/h,大货车为86.52km/h,相对于100km/h的设计速度而言,运行速度较高。长深、沈康、平康高速公路各调查断面小客车的运行速度与设计速度是一致的。

4. 交通服务水平分析与评价

沈山高速公路主要路段高峰期的交通服务水平均在二级及以下,交通运行状况较差,有两个区段的服务水平已达到三级。沈大和沈丹高速公路的交通运行状态良好,各主要路段的交通服务水平均为一级。长深、沈康、平康高速公路各主要区段的交通服务水平均在二级及以上,但有约一半的路段交通服务水平为二级,即高峰期驾驶员在行车中已有拥挤感。

5. 交通运行状况评价

高速公路交通运行状况评价结果见表9-25。

交通运行状况评价结果汇总 表9-25

沈山高速公路	沈大高速公路	沈丹高速公路	长深、沈康及平康高速公路
作为连接关内和关外的重要通道,沈山高速公路是一个明显的重载交通公路,大型车比例高达60%以上。目前交通负荷较大,日交通量已接近六车道高速公路适应交通量的上限值,由于大型车混入率高导致道路通行能力明显偏低。虽然现状大小型车的运行速度依然较高,但交通已接近饱和,交通服务水平均在二级及以下。显然,针对目前沈山高速公路的交通运行状态,对其进行改扩建是十分必要的	作为辽东半岛经济圈的轴心、东北地区交通运输的大动脉,沈大高速公路自改扩建为八车道高速公路以来,目前交通运行状况良好。交通量、大型车比例均较适中,道路实际通行能力尚较大。大小型车的运行速度较高,而高峰期的饱和度又较低。因此,交通运行可达到较高的一级服务水平	交通量较小,大型车比例不到16%。因此,道路通行能力较高,各断面平均的饱和度只有0.12。相对于100km/h的设计速度,目前大小型车的运行速度较高。整体而言,各主要区段的交通服务水平均可达到良好的一级	交通量较小,但重载交通特征明显(大型车比例均超过了50%)。长深、平康高速公路实际的单车道道路通行能力仅在1 000~1 100pcu·(h/ln),沈康高速(设计速度为100km/h)也仅达到1 200pcu·(h/ln)。三条高速公路的运行速度均较高,饱和度在0.2~0.3。目前的交通服务水平均在二级及以上

四、交通安全状况分析与评价

1. 交通事故总体状况

六条高速公路历年来的交通事故发生情况见表9-26。沈山高速公路单位里程单车道事故率最高，平均每年每公里每车道上发生1.22次交通事故。各条高速公路上下行方向的事故数量大体相当，没有明显的方向分布特征。沈丹和沈康高速公路收费站处发生的交通事故较多，事故总量约为上下行方向事故的总和。沈山和沈大高速公路上、下行方向及收费站处的事故大体相当，各占事故总数的三分之一。

高速公路交通事故一览表　　　　　　　　　　　　　　　表9-26

高速公路	2006年	2007年	2008年	2009年	2010年	2011年	2012年	总计
沈山高速公路	1 152	1 396	1 140	1 305	1 834	1 896	1 785	10 508
沈大高速公路	1 435	1 388	1 312	1 871	2 083	1 320	1 399	10 808
沈丹高速公路	1 365	1 143	923	778	747	521	473	5 950
长深高速公路	—	—	—	761	802	374	581	2 518
沈康高速公路	—	—	—	169	185	47	152	553
平康高速公路	—	—	—	97	97	62	128	384
合计								30 721

沈山高速公路事故较多的月份是11月和12月，沈大为7月和12月，沈丹为1月和11月，长深为4月和11月，沈康为4月和12月，平康为10月和11月。显然，在多数情况下，11月和12月是事故多发期。

2. 基本路段交通安全状况

以收费区间为划分界限，得到了六条高速公路上80个基本路段的18 009起事故数据。基本路段交通事故及事故率汇总见表9-27，各路段的亿车公里事故率如图9-22所示。沈山高速公路基本路段亿车公事故率均较低，最大者仅为25.25次/亿车公里。沈大高速公路基本路段事故率依然较低，最大者为34.5次/亿车公里。沈丹高速公路事故率较高，有两个区段超过了70次/亿车公里。沈康高速公路上4个区段的亿车公里事故率均在70次/亿车公里以上，其中法库收费站至K77+687段亿车公里事故率达到了167次/亿车公里。

基本路段交通事故及事故率汇总　　　　　　　　　　　　表9-27

高速公路	起终点桩号	长度（km）	区段数（个）	区段加权AADT（pcu/d）	事故数（起）	年均事故数（起）	事故率（次/亿车公里）
沈山高速公路	K306+500～K661+600	355.0	18	58 232	6 818	1 173	16.04
沈大高速公路	K0+000～K338+600	338.6	29（4*）	42 018	6 341	999	22.54
沈丹高速公路	K0+000～K209+800	209.8	17	11 158	2 741	392	46.12
长深高速公路	K233+000～K404+100	174.1	7	19 592	1 545	386	31.00
平康高速公路	K0+000～K84+200	84.22	5	14 035	297	97	23.26
沈康高速公路	K0+000～K77+687	77.687	4	2 686	267	89	122.51
合计		1 239.407	80	—	18 009	3 136	—

注：* 为未收集到事故数据的路段数。

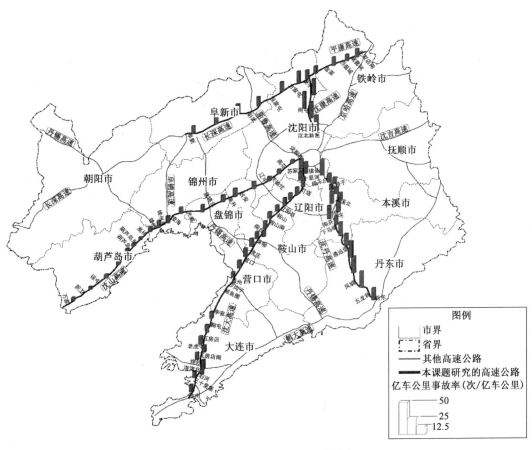

图 9-22 基本路段上的亿车公里事故率

3. 收费站交通安全状况

六条高速公路的 74 个收费站上共发生了 8 713 起交通事故,见表 9-28 及图 9-23。

收费站交通事故数据汇总　　　　　　　　表 9-28

高速公路名称	收费站数量（个）	事故数（起）	年均事故数（次/年/收费站）	备 注
沈山高速公路	19	3 036	30	
沈大高速公路	29(5*)	2 995	19	
沈丹高速公路	17(1*)	1 846	16	*表示未收集到事故数据的收费站数
长深高速公路	7	509	18	
平康高速公路	4	63	5	
沈康高速公路	4	264	22	
合计	80	8 713	—	

沈山高速公路上收费站年均发生的交通事故最多,为 30 次/年;平康最少,为 5 次/年。在 74 个已有交通事故数据的收费站中,38 个年均事故数小于 10 次/年,57 个年均事故数小于 20 次/年,17 个年均事故次数在 20 以上,见表 9-29。

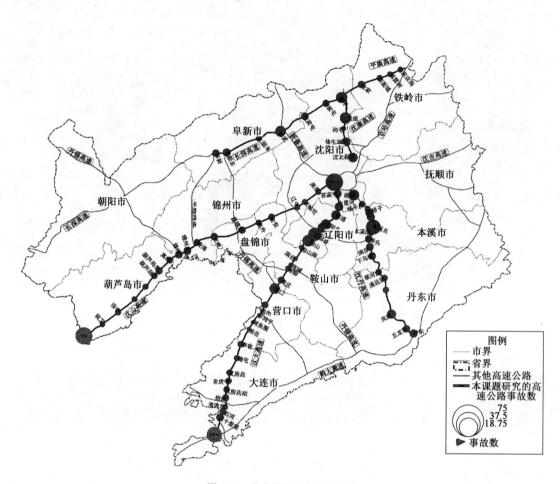

图 9-23 收费站交通事故分布图

按年均事故数分类统计的收费站 表 9-29

年均事故数 （次/年）	收费站数量 （个）	收费站名称
>100	3	沈阳西站、万家站、金州站
80~100	1	本溪站
60~80	1	辽阳县站
40~60	3	鞍山站、康平站、法库站
20~40	9	桃仙站、彰武站、营口站、辽阳北站、辽阳站、沈北新区站、灯塔站、凤城站、依牛堡子站
0~20	57	十里河站、石桥子站、阜新东站、丹东站、锦州站、三十里堡站、锦州东站、包家屯站、南芬站、下马塘站、苏家屯站、桥头站、阜新站、光辉站、盘锦北站、金家站站、葫芦岛东站、五龙背站、方家屯站、炮台站、虎庄站、石河站、台安站、营口南站、绥中站、瓦房店南站、凌海站、本溪南站、瓦房店站、高桥站、李官站、草河口站、葫芦岛站、杨千户站、老虎屯站、刘家河站、边牛站、通远堡站、高升站、高花站、四面城站、辽中站、兴城站、沙后所站、西柳站、茨榆坨站、鞍屯站、海湾北站、前卫站、鸳露树站、毛家店南站、鞍山南站、大固本站、尚屯站、海城站、南台站

256

4. 出入口区域交通安全状况

共收集到 73 个出入口（主要是互通式立体交叉出入口）上的 3 120 起交通事故数据，见表 9-30。出入口年均事故数最多的是沈大高速公路（9 次/年），最少的是沈康高速公路（1 次/年）。在所有的出入口中，本溪互通立交出入口年均事故数最多，为 29 次/年；其次为鞍山互通立交出入口（21 次/年）和西柳互通立交出入口（18 次/年）。

出入口交通事故汇总　　　　　　　　　　　表 9-30

高速公路名称	出入口数量（个）	事故数（起）	年均事故数（次/年/出入口）	备 注
沈山高速公路	17	587	6	
沈大高速公路	25(4*)	1 386	9	
沈丹高速公路	17	949	8	*表示未收集到事故数据的出入口
长深高速公路	7	153	5	
平康高速公路	4	21	2	
沈康高速公路	8	24	1	
合计	77	3 120	—	

5. 交通安全服务水平分析与评价

选取平均每年每公里事故次数作为交通安全服务水平分级指标，将安全服务水平分为一至四级。一级代表安全状况良好，事故指标均显著低于平均值，事故次数再降低的可能性不大；二级代表安全状况较好，事故指标低于平均水平，在维持既有水平的基础上，可以适当采取措施提高安全服务水平；三级代表交通安全状况较差，事故指标高出平均值，事故次数降低的可能性较大，需要改善交通安全状况；四级代表安全状况很差，事故指标均明显高出平均值，可认为是传统意义下的事故多发路段，安全状况急需改善。

对八车道设计速度 120km/h、六车道设计速度 120km/h、四车道设计速度 120km/h、四车道设计速度 100km/h 四种类型的高速公路确定出了交通安全服务水平分级标准。四车道设计速度 100km/h 高速公路的交通安全服务水平分级如图 9-24 所示，六车道设计速度 120km/h 高速公路的交通安全服务水平分级标准见表 9-31。限于篇幅，略去了其他类型高速公路的交通安全服务水平分级标准及分级图。

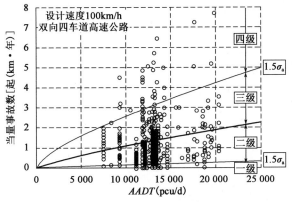

图 9-24　四车道设计速度 100km/h 高速公路交通安全服务水平分级图

六车道设计速度120km/h高速公路交通安全服务水平分级标准　　　　表9-31

交通量 (pcu/d)	事故次数(次/km)			
	一级安全服务水平	二级安全服务水平	三级安全服务水平	四级安全服务水平
≤25 000	0	0~0.72	0.72~1.61	>1.61
25 000~30 000	<0.15	0.15~1.35	1.35~2.54	>2.54
30 000~35 000	<0.41	0.41~1.87	1.87~3.32	>3.32
35 000~40 000	<0.63	0.63~2.31	2.31~3.99	>3.99
40 000~45 000	<0.82	0.82~2.70	2.70~4.57	>4.57
45 000~50 000	<0.99	0.99~3.04	3.04~5.09	>5.09
50 000~55 000	<1.15	1.15~3.35	3.35~5.56	>5.56
55 000~60 000	<1.29	1.29~3.64	3.64~5.98	>5.98
≥60 000	<1.42	1.42~3.89	3.89~6.37	>6.37

基于安全服务水平的交通安全评价结果见表9-32。沈山高速公路基本路段加权平均交通安全服务水平为2.46级,沈大为2.42级,沈丹为2.28级,长深为2.42级,沈康为2.12级,平康为1.69级。

基于安全服务水平的交通安全评价结果汇总　　　　表9-32

沈山高速公路	沈大高速公路	沈丹高速公路	长深高速公路	沈康高速公路	平康高速公路
评价路段337个,一级、二级、三级、四级安全服务水平路段分别为14、186、106和31个,分别占4.15%、55.20%、31.45%、9.20%。平均安全服务水平为2.46级	评价路段270个,一级、二级、三级和四级安全服务水平路段分别为6、163、83和18个,分别占2.22%、60.37%、30.74%、6.67%。平均安全服务水平为2.42级	评价路段201个,一级、二级、三级和四级安全服务水平路段分别为1、147、48和5个,分别占0.50%、73.13%、23.88%、2.49%。平均安全服务水平为2.28级	评价路段169个,一级、二级、三级和四级安全服务水平路段分别为8、95、53和13个,分别占4.74%、56.21%、31.36%、7.69%。平均安全服务水平为2.42级	评价路段75个,一级、二级、三级和四级安全服务水平路段分别为17、36、18和4个,分别占22.67%、48.00%、24.00%、5.33%。平均安全服务水平为2.12级	评价路段80个,一级、二级、三级和四级安全服务水平路段分别为28、49、3和0个,分别占的35%、61.25%、3.75%、0%。平均安全服务水平为1.69级

五、事故多发点鉴别与成因分析

1. 事故多发点鉴别

综合交通安全服务水平法、质量控制法、事故次数概率分布法,并结合各高速公路管理部门的意见,六条高速公路共鉴别出事故多发点47个,其中事故多发路段29个、收费站5座、服务区3处、互通立交区10个。具体事故多发点鉴别结果见表9-33及图9-25。

事故多发点汇总表　　　　表9-33

沈山高速 (事故多发点10个)	事故多发路段	5个:K307~K314,K368~K373,K417~K420,K527~K529,K565~K568
	事故多发收费站	2个:K306~K307,K661~K662
	事故多发服务区	3个:K345~K346,K395~K396,K534~K535

续上表

沈大高速 (事故多发点19个)	事故多发路段	8个:K0~K1,K19~K20,K122~K124,K224~K225,K295~K297,K301~K303,K327~K329,K334~K336
	事故多发收费站	2个:K65~K66,K338~K339
	事故多发立交区	9个:K7~K10,K47~K48,K52~K53,K65~K66,K76~K77,K117~K118,K270~K271,K291~K292,K320~K323
沈丹高速 (事故多发点12个)	事故多发路段	10个:K23~K24,K40~K43,K47~K49,K52~K60,K62~K63,K71~K72,K80~K86,K99~K101,K138~K140,K147~K152
	事故多发收费站	1个:本溪收费站
	事故多发立交区	1个:K1~K2
长深高速	事故多发路段	3个:K254~K257,K290~K293,K375~K378
平康高速	事故多发路段	2个:K23~K28,K55~K59
沈康高速	事故多发路段	1个:K42~K49

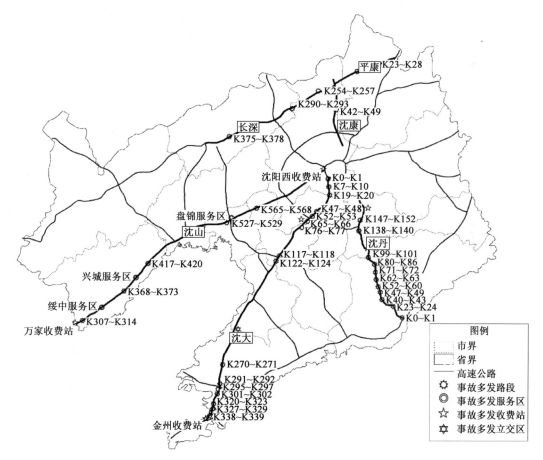

图9-25 高速公路事故多发点位置示意图

2. 沈山高速公路事故成因

事故多发收费站事故成因:①主线收费站交通量大且大型车多;②收费站与互通立交间距较近;③现有交通安全设施不足;④部分收费车道功能划分与交通量匹配不好。

事故多发服务区事故成因:①部分服务区与互通立交距离较近,交通流存在交织现象;

②在加油站入口型服务区,加油排队的车辆会延伸至主线,从而危及行车安全;③部分服务区进口道偏窄,且存在视距不良现象;④部分服务区的布局型式不是很合理。

事故多发路段事故成因:①部分下坡接小半径平曲线路段,下坡时车辆速度较快,高速进入平曲线后存在较大事故风险;②部分路段防眩树木大面积死亡,防眩效果不良;③冬季桥面易结冰,路面抗滑性能降低;④部分路段路面坑槽较多;⑤驾驶员疲劳驾驶。

3. 沈大高速公路事故成因

事故多发收费站事故成因:部分收费站入口处车辆速度过高,收费站车流量较大。另外,部分收费站出口的交通工程设施不够完善。

事故多发路段事故成因:①几何线形方面。部分长直线路段易导致驾驶员超速行驶,且道路景观环境单调,也容易导致驾驶员视觉疲劳、注意力降低;部分下坡接小半径平曲线路段,在下坡坡底处车速较快,车辆高速进入平曲线后事故风险明显增加;部分半径过小的平曲线路段曲线内侧视距不良。②匝道出入口方面。部分匝道出入口间距较近,车辆存在较严重的交织行驶行为。③交通安全设施方面。部分匝道采用一次性限速,限速方法不够合理;部分匝道入口缺少限速标志或被遮挡。④气候方面。部分路段路侧有并行的排水沟或河流,且冬季不结冰,会出现几十米的难以预防的浓雾,影响驾驶员视线。⑤人的原因。主要是部分驾驶员疲劳驾驶。

4. 沈丹高速公路事故成因

①几何线形方面。局部路段线形条件较差、线形组合不良或为连续下坡路段;部分平曲线半径过小且曲线内侧视距不良;部分隧道纵坡较大。②立交形式方面。丹东立交线形复杂、上下匝道较多,增加了行车难度且易诱发交通事故。③交通安全设施方面。缺少交通标志,防眩设施缺失严重,道路封闭不严。④气候方面。冬季,桥梁上的桥面易结冰,导致路面抗滑性能下降。⑤人的原因。主要是部分驾驶员疲劳驾驶。

5. 沈康、平康、长深高速公路事故成因

部分连续下坡路段车速较高;部分弯坡组合路段,线形条件复杂;防眩设施有缺失,部分路段防眩树木大面积死亡;跨河桥梁处桥下水域经常导致大雾出现,影响驾驶员视线。

六、宏观交通安全对策

1. 沈山高速公路宏观安全对策

加强重载车辆的交通组织与管理:建议在全线互通立交入口处设置车道功能划分标志及文字标识,同时在几何条件受限路段增设相关交通标志和标线禁止大型车超车。

加强线形条件复杂路段的车速控制:超速行驶是事故多发且事故严重程度较高的一个重要原因。建议在下陡坡路段、小半径平曲线路段等处通过设置限速标志、减速慢行标志及超速抓拍装置的形式控制车速。

完善全线防眩设施的设置:建议对全线的防眩设施情况进行仔细筛查,移除死亡的防眩树,补栽新的防眩树或安装防眩板。

调整服务区内加油站的布设位置:对于加油站入口型的服务区,加油车辆很容易排队至主线从而影响主线交通运行。建议对加油站的布设位置进行调整,如设置成出口型。

完善主线收费站的交通工程设施:建议按照规范要求设置收费站预告标志、收费车道功能划分标志等,同时保证标志、标线等设施的设置与收费站的功能相匹配。

2.沈大高速公路宏观安全对策

事故多发收费站的总体安全对策:在收费站前增设"前方收费站,请减速慢行"标志,提前提醒驾驶员收费站的存在;在高速公路出口匝道上设置减速标线,提醒驾驶员减速慢行;在收费站保护立柱及收费岛前方喷涂高反光材料,提高夜间的视认性。

事故多发路段的总体安全对策:①由于立交区域车辆交织行驶现象较为突出,车辆变道行为是诱发交通事故的重要原因之一。因此,建议在高速公路出口前设置"车流交织 注意安全"标志,提醒驾驶员交织路段的存在;在立交区域设置车道划分及分车型限速标志。②在减速车道或驶离高速公路的匝道上设置限速标志。由于减速车道或匝道上的交通环境与主线上的交通环境存在较大差异,应严格控制车辆速度,保障交通安全。③在长直线路段,设置超速抓拍、爆闪灯及车距确认等交通设施或标志,提醒驾驶员按限定车速行车。④半径较小的曲线路段,在曲线内侧设置视线诱导标,引导驾驶员视线;视线不良路段,可考虑采取禁止超车的措施。⑤对部分防眩设施缺失的路段,补全防眩树或防眩板。

3.沈丹高速公路宏观安全对策

增设交通标志:由于几何线形受限路段交通标志偏少,对驾驶员的警告或提示不足。因此,应在该路段增设"限速"、"减速慢行"、"视距确认"以及"视线诱导标"等标志。

补全防眩设施:多处事故多发路段中,存在中央分隔带防眩树死亡或缺失现象,从而存在眩光风险。为此,对防眩树死亡或缺失路段,重新种植防眩树或改用防眩板。

长下坡路段设置减速标线:多处连续长下坡或长大下坡路段,车辆易超速行驶,不利于行车安全。为此,建议增设减速标线,提醒驾驶员按限定车速行车。

修复破损的隔离封闭设施:应对全线隔离封闭设施进行检查,对遭到破坏的隔离封闭设施进行修复,杜绝行人在高速公路上下车、候车或行走现象。

移除影响驾驶员视线的障碍物:部分小半径平曲线路段存在视线不良现象,应移除遮挡驾驶员视线的绿化树木、标志牌等障碍物。

补全边沟盖板:部分路段边沟盖板缺失,给失事车辆造成二次伤害,加重了事故严重程度,对"应设而没设"边沟盖板的路段,补全边沟盖板。

优化交通组织:对丹东古城子立交,通过采取"优化交通标志与标线"及"部分匝道禁行"等措施,解决由于出入口过多而引起的交通组织混乱问题。

4.沈康、平康、长深高速公路宏观安全对策

加强线形复杂路段的安全管理:通过在长直坡段设置车距确认标志、横向减速标线,在弯坡组合路段设置禁止超车标志、减速慢行标志,以及在视距受影响路段设置警告标志等,加强线形复杂路段的交通安全管理。

完善全线防眩设施的设置:夜间防眩效果较差是三条高速公路诱发交通事故的重要原因之一。建议移除死亡的防眩树并对不适宜防眩树木生长的路段改用防眩板。

七、典型事故多发点成因分析与安全改善措施

1.沈山高速公路沈阳西收费站

地理位置:位于沈阳市西侧,京哈高速沈山段沈阳方向的起点,中心桩号K661+600,距北李官互通中心约800m。该收费站为主线收费站,共有驶出收费车道12条,驶入收费车道10条,其中两侧各包含ETC车道1条。沈阳西收费站的地理位置见图9-26。

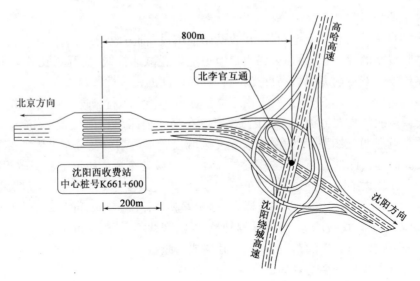

图 9-26　沈阳西收费站位置示意图

事故统计:2006 年至 2012 年,共发生交通事故 1 629 起,约为全线收费站平均事故数的 11 倍。年均百万辆车事故率为 19.68 次/百万辆车,也明显高于其他收费站。

事故多发原因:作为主线收费站,交通量大以及大型车较多是重要原因。除此之外,还有以下两个方面的原因:第一,收费站与互通立交间隔较近。沈阳西收费站与北李官互通间距仅有约 800m,且北京方向北李官互通终点与沈阳西收费站起点间距仅有 200m。较短的间距会带来两个方面的问题:一是没有充足的空间来设置收费站预告标志,使得驾驶员无法预先知道前方收费站的存在;另一方面,由绕城高速进入收费站的车辆速度普遍较高,容易因减速不及时而导致事故。第二,现有交通安全设施不足。在沈阳方向,虽然设置了"出口预告"2km、1km 和 500m 标志,但收费站车道功能划分标志仅有一块且信息过载(图 9-27),驾驶员在很短时间内不能完全理解,有选择错误路径的可能,在变更车道时易诱发交通事故。在北京方向,仅设置了收费站 1km 预告标志,标志数量不足导致驾驶员易错过或无法准确判断距收费站的距离。

图 9-27　沈阳方向仅有的一块收费车道功能划分标志

安全改善措施建议:①在沈阳方向,建议将车道功能划分标志由路侧式改为门架式,用以改善标志的视认角度、增加视认距离,从而更好地发挥对驾驶员的提示作用。②在北京方向,建议增设收费站预告标志,其中主线设增设收费站 500m 预告标志,由绕城高速进入主线的两个匝道上增设收费站 300m 预告标志,用以提醒驾驶员安全驶入收费广场。

2. 沈山高速公路万家收费站

地理位置:位于秦皇岛市万家镇,是沈山高速公路北京方向辽宁境内的末端。该收费站为单向主线收费站,北京方向设有收费车道 18 条,沈阳方向无收费车道。在沈阳方向,距收费站 200m 处设有单侧服务区——万家服务区。收费站地理位置见图 9-28。

事故统计:2010 年至 2012 年,万家收费站共发生交通事故 633 次,年均事故次数为 211 次/年,年均百万辆车事故率为 8.16 次/百万辆车。

事故多发原因:①部分交通工程设施设置不合理。万家收费站沈阳方向取消收费后,虽然收费亭已拆除,但收费岛却没有拆除。一些交通安全设施也没有匹配,比如拆除收费站后车道变宽,但无渠化标线;一些与收费站相关的标志,如载重大货超限检测 1km、限速 60km/h 标志、载重大货不走检测车道按超限处罚标志、绿色通道标志等均未拆除。这些设施会给驾驶员带来较大的困惑,容易诱发交通事故。②收费车道功能划分与交通量不匹配。由交通流量统计可知,该段货车交通量约为客车的 2 倍。收费站超限收费车道仅有两条,收费站的内广场不能满足超限货车交通量的需求,导致货车排队至高速主线(图 9-29)。当遇到恶劣天气封闭道路或遇交通量增加时,车辆由收费站堵车至路段的现象更为严重。

图 9-28　万家收费站位置示意图

图 9-29　万家收费站货车排队现象

安全改善措施建议:①合理设置沈阳方向的交通工程设施。拆除收费岛、中间立柱及相关所有标志,同时取消收费站前限速 80km/h 标志和障碍物左右绕行标志,设置车道划分标线。②调整北京方向收费车道的功能划分。根据该路段的交通组成情况,建议增加 1~2 条超限收费车道,同时对收费车道功能划分标志进行调整。

3. 沈大高速公路 K52+200~K53+100 段

基本情况:该路段为辽阳立交范围,位于长直线路段 K50+500~K54+400 的中间位置,道路线形条件良好,为直坡路段,最大纵坡为 0.229%。

事故多发原因:沈阳方向 K53+300 有并行排水沟,冬天不结冰,有时会出现几十米浓雾,影响驾驶员视线,事故多发路段位于该路段前方约 200m 处,为浓雾影响路段,见图 9-30。该路段位于长直线上,上下行方向前方分别有约 1 700m 及 1 200m 的平直路段(纵坡较小,最大纵坡仅有 0.37%),容易导致车辆车速过高。

安全改善措施建议:将 K53+300 处并行的排水沟加盖板或者局部改沟,消除冬天局部路段浓雾对行车安全的影响;在大连方向500m出口预告处及沈阳方向出口预告的跨线桥上各设置超速抓拍系统,严格控制长直线路段上的行车速度。

图9-30 沈大高速公路起雾路段现场实况

4. 沈大高速公路 K300 +900 ~ K302 +900 段大连方向

基本情况:该路段为海湾北立交前交织区及海湾北立交路段,含小半径平曲线路段(半径为970m)及连续1 300m 的下坡路段(纵坡 -2.721% 和 -3%)。

事故多发原因:该路段为海湾北互通前的交织段,车流运行复杂;海湾北互通与海湾北大桥距离较近,大连方向下坡后即进入海湾北大桥,而海湾北大桥大连方向4个车道是分离的,在分离处有"美人鱼"标志建筑,下坡车辆车速过高,会有操作不当撞向"美人鱼"的事故发生。该路段的事故多发原因见图9-31。

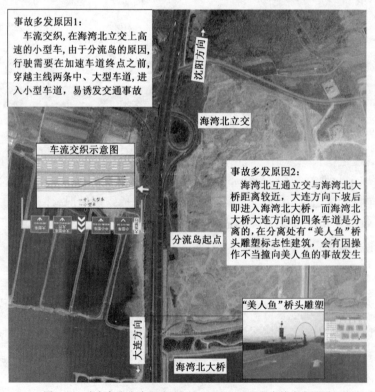

图9-31 沈大高速公路 K300 +900 ~ K302 +900 段事故多发原因

安全改善措施建议:在海湾北互通立交处,主线车流交织段设置"车流交织 注意安全"标志;在分流起点处,设置"事故多发路段 请谨慎驾驶"标志;在"美人鱼"前方设置防撞桶。

5. 沈丹高速公路本溪收费站

事故统计:本溪收费站中心桩号为 K161+000,自 2006 年 1 月至 2012 年 12 月共发生交通事故 698 起,按照事故损坏的收费站设施不同,将事故进行分类,结果见表 9-34。

本溪收费站上的交通事故　　　　　　　　　表 9-34

损坏设施	安全岛	自动栏杆	检测秤	护栏	收费亭	其他
事故数(起)	294	220	55	37	37	55
所占比例(%)	42	32	8	5	5	8

事故多发原因:①驶出收费站后近距离内存在平面交叉口。②互通立交匝道内侧视距不良。由 S305 右转进入本溪收费站的匝道视距不良,且上游匝道跨线桥本身也影响视距,易导致事故多发。③收费站与主线间距离过短。每年 10 月 1 日前后,是本溪关门山旅游区旅游旺季,由沈阳方向到来的车辆较多,由于收费站距主线距离较短,车辆排队较长,容易波及主线车辆的交通运行。本溪收费站地理位置及事故多发原因见图 9-32。

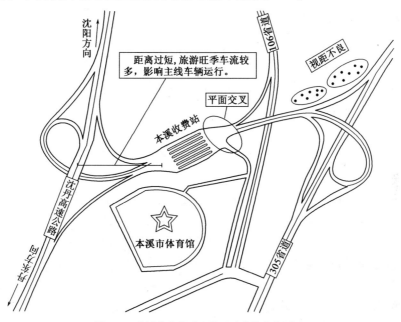

图 9-32　本溪收费站地理位置及事故多发原因

安全改善措施建议:去除匝道处影响视距的树木,实行交通限制消除平面交叉口的交通冲突。

6. 沈丹高速公路 K40~K43 段

总体情况:该路段位于凤城互通立交区域。2006 年至 2012 年,共发生交通事故 91 起,事故率达 145 次/亿车公里,远高于全线平均水平,同时也高于其他事故多发路段。

事故多发原因:①连续下坡路段导致立交区域事故多发。凤城互通立交前丹东至沈阳方向有连续 5.6km 的下坡路段,车辆到达立交区域时易超速行驶,导致事故多发。②交通设施遭到破坏或损坏。部分路段隔离栅破坏较严重,行人进入高速公路的现象时有发生;此外,立交区域中"谨慎驾驶"的电子标志牌已损坏,起不到提示驾驶员的作用。③立交区域防眩设施不足。中央分隔带中的防眩树或防眩板缺失,对车辆夜间行驶不利。K40～K43段平纵线形及事故多发原因如图9-33所示。

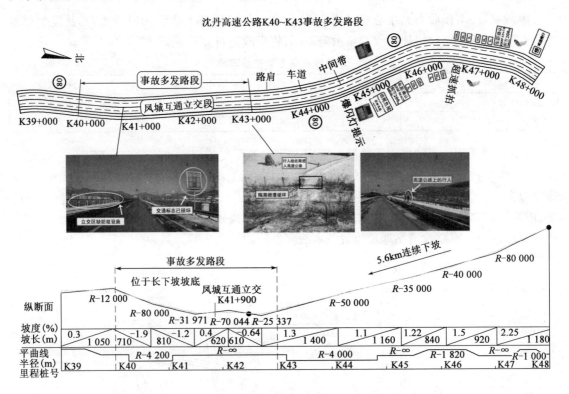

图9-33 K40～K43段平纵线形及事故多发原因示意图

注:事故多发原因①位于长下坡坡底且为平竖曲线组合段,线形条件不佳;②交通设施遭到破坏或损坏;③防眩设施缺失。

安全改善措施建议:①修复破损的隔离栅和交通标志牌,杜绝行人上路现象。②完善防眩设施配置。对防眩树缺失路段,种植防眩树;立交区域设置防眩板,提高驾驶员夜间行车安全性。③在立交出口匝道区域,设置逐级减速标志。在立交出口匝道前,设置"限速60km/h"的交通标志,进入匝道后再限速30km/h,给驾驶员以充足的缓冲减速空间,此外在匝道上设置视线诱导标,引导驾驶员视线。

7. 沈丹高速公路K99～K100段

总体情况:2006年至2012年,共发生交通事故35起,事故率高达140次/亿车公里。

事故多发原因:①线形条件不良。K97+804～K107+472为一连续9.7km的长下坡路段,而该事故多发路段几乎位于长下坡坡底位置,同时该路又是平竖曲线组合路段,平曲线半径仅有800m,过长的纵坡以及过小的平曲线半径等不利的线形条件,导致该路段成为事故多发路段。②交通标志与安全设施不足。在K100+000～K107+472连续7.5km的下坡路段,仅有一处视线诱导标,其他路段无任何交通标志,驾驶员在无交通标志提示的情况下,容易采取超速行驶或频繁超车等危及交通安全的驾驶行为,从而加大了事故发生的可能性。③冬季桥梁上的路面易结冰,增加了行车危险。K99～K100段平纵线形及事故多发原因如图9-34所示。

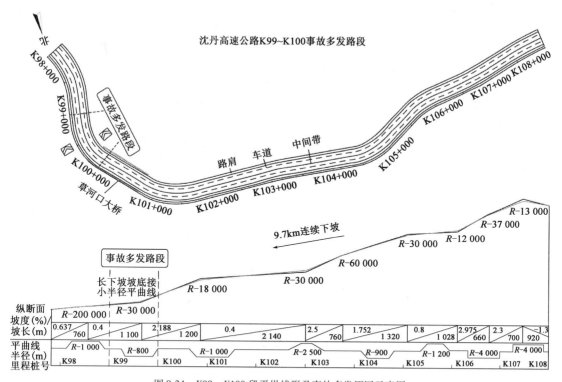

图 9-34　K99～K100 段平纵线形及事故多发原因示意图

注：事故多发原因①线形条件不佳，属长下坡坡底接小半径平曲线路段；②缺少交通标志。

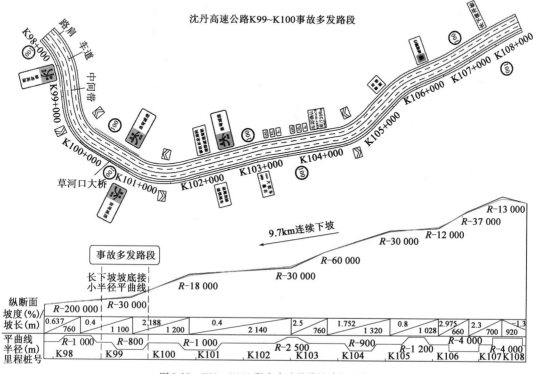

图 9-35　K99～K100 段安全改善措施建议示意图

注：改善措施建议①增设交通标志；②长下坡路段设置减速标线；③冬季加强桥梁路面护养。

安全改善措施建议：①增设交通标志。在小半径平曲线前设置转弯标志，提示驾驶员弯道的存在；在长下坡路段，设置限速标志、视距确认标志、减速慢行标志等；在小半径平曲线处设置视线诱导标，引导驾驶员的视线。②在长下坡路段设置减速标线，以提醒驾驶员按限定车速行驶。③加强冬季桥梁路面养护，及时除冰雪。K99～K100段安全改善措施建议见图9-35。

本章参考文献

[1] 广东省交通运输厅科技项目"京珠高速公路粤北段灾害气象防治与综合管理技术研究"（合同号2008—33）的专题二"京珠高速公路粤北段交通安全保障技术研究"（专题负责人：孟祥海）.

[2] 侯相琛，孟祥海，高立波. 辽宁省交通厅科技项目"高速公路运行安全研究"（合同号201306）.

第十章　道路交通安全评价案例

本章介绍两个道路交通安全评价课题,分别源于广东省交通运输厅科技项目"基于全社会成本的高速公路设计方案评价技术研究"的专题五"高速公路设计方案安全评价研究"[1]和交通部科技项目"国道主干线绩效评估基础参数研究"的专题二"国道主干线对交通安全的贡献研究"[2]。

第一节　高速公路设计方案安全评价研究

一、研究背景与研究意义

1. 研究背景

在我国高速公路方案设计阶段,经济评价是一项十分重要的工作。但现状经济评价中对费用的计算多是从项目本身出发,如征地费用、建设费用、运营养护费用等,对公路运营后的事故成本考虑不够充分。或是仅从宏观角度出发评估了高速公路在完成一定客货运输量时总的安全成本,未能从本质上剖析高速公路交通事故产生的原因,也不能清楚地说明如何通过公路建设方案的优化来减少交通事故,此时的效益成本比又是如何变化的。

2. 研究意义

课题研究的意义是为我国交通事故预测研究提供一定的理论储备和技术支持,建立适用于高速公路方案设计阶段的交通事故预测模型,为高速公路设计阶段的安全评价及设计方案的进一步优化提供依据。

二、基础数据描述

以广东省境内平原区、丘陵区、山岭区三种地形条件下的开阳高速公路、粤赣高速公路、京珠高速公路粤北段为对象,收集并调查得到了交通量、交通事故、运行速度等基础数据。3条高速公路的交通量数据见表10-1,交通事故数据汇总见表10-2。

高速公路交通量数据　　表10-1

高速公路名称	高峰小时交通量(pcu/h)		全日交通量(pcu/d)	
	最大值	平均值	最大值	平均值
京珠高速公路粤北段	1 526	1 297	17 186	15 503
粤赣高速公路	1 966	1 300	21 992	14 711
开阳高速公路	2 533	2 396	26 854	24 768

高速公路交通事故数据　　　　　　　　　　　　　表 10-2

高速公路名称	京珠高速公路粤北段	粤赣高速公路	开阳高速公路
事故总数(起)	1 564	1 786	1 642
上行事故/下行事故(起)	875/689	705/1 081	814/822
起止时间/时间跨度	2006—2009.6/4.5 年	2007.1—2012.7/5.5 年	2008.1—2012.7/4.5 年
公路长度(km)	109.29	136.11	125.20
日均事故数(起/日)	0.952	0.889	1.00
事故率(次/亿车公里)	36	19	18

为了检验 IHSDM 中的高速公路事故预测模型是否适用于我国的高速公路,在广东省 3 条高速公路的基础上,又依据辽宁省交通厅科技项目"高速公路运行安全研究",补充收集了辽宁省沈山高速公路、沈康高速公路、铁阜高速公路、沈大高速公路、沈丹高速公路等 5 条高速公路的交通事故、交通流量及几何线形数据。

三、IHSDM 事故预测模型的适用性检验[3]

IHSDM 中的高速公路基本路段事故预测模型是否适用于我国的高速公路,是一个首先要明确的问题,这涉及是否有必要建立我国高速公路事故预测模型。为此,依据高速公路车道数、设计速度及地形条件对广东省及辽宁省的 8 条高速公路进行分类,共得到 11 种类型的高速公路,见表 10-3。

IHSDM 适用性检验数据来源　　　　　　　　　　表 10-3

高速公路类型	代表高速公路及路段	地形	设计速度(km/h)	车道数(条)	AADT(veh/d)	年均事故数(起/年)	路段数(个)
类型 1	开阳高速公路 K0 ~ K125 段	平原区	120	4	20 969	363	481
类型 2	沈康高速公路 K0 ~ K77 段	平原区	100	4	3 227	62	286
类型 3	铁阜高速公路 K294 ~ K409 段	丘陵区	120	4	17 630	291	409
类型 4	粤赣高速公路 K0 ~ K136 段	丘陵区	100	4	14 171	307	548
类型 5	沈丹高速公路 K122 ~ K134 段	丘陵区	80	4	7 840	31	52
类型 6	沈丹高速公路 K42 ~ K108 段	山岭区	100	4	8 261	124	207
类型 7	京珠高速粤北段 K13 ~ K93 段	山岭区	80	4	11 842	285	350
类型 8	沈山高速公路 K467 ~ K662 段	平原区	120	6	18 874	640	818
类型 9	沈山高速公路 K301 ~ K467 段	丘陵区	120	6	25 866	776	564
类型 10	沈大高速公路 K0 ~ K176 段	平原区	120	8	23 175	804	555
类型 11	沈大高速公路 K223 ~ k348 段	丘陵区	120	8	33 072	431	479

IHSDM 适用性检验包括两部分:事故总数(即整条高速公路上的事故数)精度检验和路段事故数(在各路段上的事故数)检验。事故总数检验指标为预测值与实际值的相对误差 α,路段事故数检验指标为皮尔逊相关系数 r、均方根误差 δ 以及平均相对误差 ε,上述 4 个检验指标的计算公式见表 10-4。

检 验 指 标 表　　　　　　　　　表10-4

检验指标	计算公式	检验指标	计算公式
相对误差 α	$\alpha = \dfrac{M_P - M_O}{M_O} \times 100$	皮尔逊相关系数 r	$r = \dfrac{\sum_{i=1}^{n}(M_{iO} - \overline{M}_O) \times (M_{iP} - \overline{M}_P)}{\sqrt{\sum_{i=1}^{n}(M_{iO} - \overline{M}_O)^2 \times (M_{iP} - \overline{M}_P)^2}}$
均方根误差 δ	$\delta = \sqrt{\left(\sum_{i=1}^{n}(M_{iP} - M_{iO})^2\right)/n}$	平均相对误差 ε	$\varepsilon = \dfrac{1}{n} \times \sum_{i=1}^{n} \dfrac{\vert M_{iP} - M_{iO} \vert}{M_{iO}} \times 100$

注：M_P-高速公路预测的事故总数；M_O-高速公路实际事故总数；M_{iO}-路段 i 上的实际事故数；$\overline{M}_O$-各路段上实际事故数的平均值；M_{iP}-IHSDM 在路段 i 上的预测事故数；$\overline{M}_P$-各路段预测事故数的平均值；n-路段数。

各类高速公路上实际发生的以及由 IHSDM 预测得到的年均事故总数见表10-5。分析实际事故总数与预测事故总数的相对误差可知：IHSDM 预测的事故总数均少于实际发生的事故总数，即预测结果偏低；只有在设计速度为120km/h 的四车道高速公路上（类型1、3），事故预测值与实际值的相对误差在15%以内，事故预测模型体现出一定的可用性；预测精度最差的是设计速度为80km/h 的四车道高速公路（类型5、7），相对误差在50%左右，其中类型5高速公路可能是由于里程较短，相对误差超过了50%。

实际事故总数与 IHSDM 预测事故总数的对比　　　　表10-5

高速公路类型	实际事故总数（起/年）	IHSDM 预测事故总数（起/年）	相对误差（%）
类型1	363	317	-13
类型2	62	42	-32
类型3	291	246	-15
类型4	307	203	-34
类型5	31	15	-52
类型6	124	81	-35
类型7	285	148	-48
类型8	640	450	-30
类型9	776	511	-34
类型10	804	459	-43
类型11	431	268	-38

各路段事故数检验指标计算结果见表10-6。分析可知：IHSDM 模型在具体路段上预测值与实际值的相关性较弱，r 最大值仅为0.41；均方根误差较大，最大者达0.75；路段相对误差较之事故总数的相对误差进一步加大，均在35%以上，最大者达88%。综合上述3个指标值可知，IHSDM 模型在具体路段上的事故预测精度仍然较低，体现出更大的不适用性。

路段事故数检验指标计算结果　　　　　表 10-6

高速公路类型	$\overline{M}_O$	$\overline{M}_P$	r	δ	ε
类型 1	0.75	0.64	0.26	0.45	41
类型 2	0.22	0.14	0.17	0.16	64
类型 3	0.71	0.60	0.25	0.41	42
类型 4	0.56	0.48	0.12	0.47	70
类型 5	0.60	0.18	0.17	0.56	75
类型 6	0.60	0.39	0.15	0.30	75
类型 7	0.81	0.43	0.11	0.59	88
类型 8	0.78	0.45	0.35	0.33	40
类型 9	1.38	1.11	0.41	0.56	36
类型 10	1.45	1.03	0.31	0.75	41
类型 11	0.90	0.58	0.35	0.50	44

正如第六章第三节中 IHSDM 事故预测模型介绍中所提到的,为了更好地使用 IHSDM 模型,需要对道路路段标定系数进行重新标定。但笔者认为,这可能不是最本质的问题。最本质的问题是我国高速公路与美国高速公路在路侧环境及中间带的设置上确实存在较大差异,从而产生不同的交通安全状态。

四、高速公路事故预测模型建模研究

1. 模型结构及建模过程

首先,建立理想线形条件下的事故预测模型,即基本事故预测模型,然后引入平面、纵断面、横断面线形修正系数,进而得到基于实际道路条件及交通环境下的事故预测模型。本项目中山岭区、丘陵区以及平原区高速公路事故预测模型的总体结构均为：

$$N_i = N_{Bi} \cdot \prod_{j=1}^{m} \beta_j \tag{10-1}$$

式中:N_i——预测得到的路段单元 i 上平均每公里每年发生的事故数量,即模型输出的事故率大小,次/(km·年);

N_{Bi}——当路段单元 i 的线形为理想线形条件时,预测得到的平均每公里每年发生的事故数量,也就是基础事故率,次/(km·年);

β_j——第 j 个线形指标的修正系数。

建模过程见图 10-1。

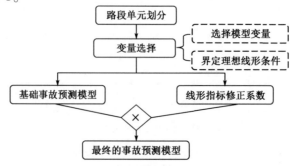

图 10-1　事故预测模型建模过程

2. 路段单元划分

路段单元划分采用了同质法,即不定长法。因为拟建立的事故预测模型是针对高速公路基本路段的,因此,首先剔除立交、出入口、桥梁及隧道等,然后将剩余高速公路路段按照线形指标划分成几何线形上不可再分的路段单元。路段单元划分的原理见图10-2。京珠高速公路、粤赣高速公路及开阳高速公路分别划分出了950、725和550个路段单元。

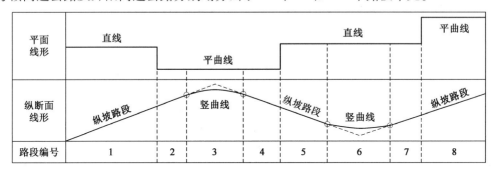

图10-2 路段单元划分示意图

3. 事故预测模型的变量选择

利用回归分析法筛选变量,即分别分析各独立线形指标及组合线形指标与事故率的关系,从而筛选出对事故发生有较大影响的线形指标。用于变量筛选的路段单元分类如图10-3所示。

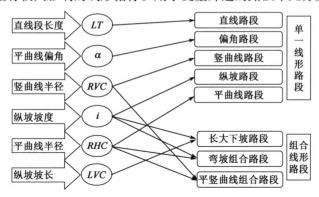

图10-3 用于变量筛选的路段单元分类

4. 理想线形条件的确定

理想线形条件是指交通事故不受线形影响的路段,此处定义为事故率最低时所对应的线形条件。分别分析单一线形路段以及组合线形路段上的线形指标与事故率的关系,得到了理想的线形条件,见表10-7。

理想线形条件　　　　　　　　　　　　　　　　　表10-7

	高速公路类型	山岭区高速公路	丘陵区高速公路	平原区高速公路
单一线形路段	平曲线半径(RHC)	$RHC > 4\,000$m	$RHC > 4\,000$m	—
	纵坡坡度(i)	$0.0\% \leqslant i < 2\%$	$-1\% < i < 1\%$	—
	直线段长度(LT)	0.5km $< LT < 1.5$km	0.5km $< LT < 1.5$km	1km $< LT < 2$km
	平曲线偏角(α)	$10° < \alpha < 25°$	$15° < \alpha < 30°$	—
	竖曲线半径(RVC)	$RVC > 50\,000$m	$RVC > 50\,000$m	—

续上表

高速公路类型		山岭区高速公路	丘陵区高速公路	平原区高速公路
组合线形路段	弯坡组合路段	$-2\% < i < 2\%, RHC > 4\,000\mathrm{m}$	$-1\% < i < 1\%, RHC > 4\,000\mathrm{m}$	—
	平竖曲线组合路段	$5 < RVC/RHC < 10$	$5 < RVC/RHC < 10$	—
	长大下坡路段	$-2\% < i < 2\%, LVC < 1\,500\mathrm{m}$	$-1\% < i < 1\%, LVC < 1\,500\mathrm{m}$	—

5. 基础事故预测模型

根据理想线形条件,筛选出符合要求的路段单元作为建立基础事故预测模型的样本数据。山岭区、丘陵区、平原区高速公路分别选择出了 142、93 和 386 个处于理想线形条件的路段单元。据此得到了高速公路事故率与交通量的关系,即基础事故预测模型,见表 10-8。

6. 线形指标修正系数

对某一线形指标 j,线形指标修正系数的确定方法如下:首先,找到除线形指标 j 外,其他线形指标均处于理想条件下的路段单元作为样本数据,此时线形指标 j 处于理想条件下的路段单元也应剔除。然后,对每个样本单元,依据路段单元的交通量并应用基础事故预测模型,计算得到在该交通量条件下的基础事故率 $N_{\mathrm{B}j}$。按式 $\beta_j = N_j / N_{\mathrm{B}j}$ 计算样本单元实际事故率 N_j 与基础事故率 $N_{\mathrm{B}j}$ 之比,得到一个修正系数的样本 β_j。最后,应用回归分析方法,确定修正系数 β_j 与线形指标 j 的回归关系,即为修正系数。应用上述方法确定出的山岭区、丘陵区、平原区高速公路的线形修正系数,见表 10-8。

高速公路事故预测模型 表 10-8

公路类型	山岭区高速公路	丘陵区高速公路	平原区高速公路
基础事故预测模型	$N_B = 1.0 \times AADT^{1.401} \times 10^{-6}$	$N_B = 0.206 \times AADT^{1.520} \times 10^{-6}$	$N_B = 0.96 + (0.002\,2AADT - 37.5) \times AADT \times 10^{-6}$
线形指标修正系数	$\beta_{\mathrm{RHC}} = 1\,248.1 RHC^{-1.041} + 1$ $\beta_{\mathrm{LT}} = 0.264 LZ^2 - 0.587 LZ + 1.44$ $\beta_\alpha = -9.25 \times 10^{-6} \times \alpha^3 + 9.38 \times 10^{-4} \times \alpha^2 - 2.38 \times 10^{-2} \times \alpha + 1.204$ $\beta_i = 0.072 i^2 - 0.081 i + 1.226$ $\beta_{\mathrm{RVC}} = 12.54 RVC^{-0.46} + 1$	$\beta_{\mathrm{RHC}} = 18\,755 RHC^{-1.51} + 1$ $\beta_{\mathrm{LT}} = 0.373 LZ^2 - 0.758 LZ + 1.49$ $\beta_\alpha = -1.19 \times 10^{-5} \times \alpha^3 + 1.89 \times 10^{-3} \times \alpha^2 - 0.08\alpha + 1.93$ $\beta_i = 0.138 i^2 - 0.019 i + 0.99$ $\beta_{\mathrm{RVC}} = 11.77 RVC^{-0.434} + 1$	$\beta_{\mathrm{LT}} = 0.247 LZ^2 - 0.883 LZ + 1.91$

注:β_{RHC}-平曲线半径修正系数;β_{LT}-直线段长度修正系数;β_α-平曲线偏角修正系数;β_i-纵坡坡度修正系数;β_{RVC}-竖曲线半径修正系数。

五、高速公路伤亡人数预测模型

应用泊松(Poisson)、负二项(NB)、零堆积泊松(ZIP)、零堆积负二项(ZINB)四种模型对伤亡人数数据进行拟合,并采用 Vuong 统计量(简记为 V)、过离散参数 k 的 t 统计量和 AIC 三个评价指标对模型进行选择。模型选择流程如图 10-4 所示。

最终确定的伤亡人数预测模型为:

$$D = \sum_{i=1}^{n} [(1 - p_i)\lambda_i] \tag{10-2}$$

式中：D——高速公路上预测得到的总受伤人数或死亡人数；
  n——路段数；
  p_i、λ_i——路段 i 上受伤或死亡人数预测模型的参数，见表10-9。

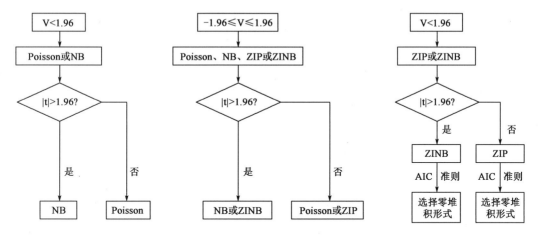

图10-4　伤亡人数预测模型选择流程

高速公路伤亡人数预测模型的参数　　表10-9

公路类型	预测模型类型	参数计算方法
山岭区高速公路	受伤人数	$\lambda_i = \exp(0.1125RHC - 0.0363RVC - 3.5581LVC - 0.0974i + 1.0 \times 10^{-4}AADT + 2.7173LS)$ $p_i = \exp(1.1482RHC - 0.1659RVC + 8.6164)/\{1 + \exp(1.1482RHC - 0.1659RVC + 8.6164)\}$
山岭区高速公路	死亡人数	$\lambda_i = \exp(0.1765LHC + 0.1537RHC + 1.0 \times 10^{-4}AADT + 3.5279LS - 6.7155)$ $p_i = 0$
丘陵区高速公路	受伤人数	$\lambda_i = \exp(-0.0211\gamma + 0.1503LG + 5.0 \times 10^{-6}AADT + 0.1775LS)$ $p_i = normal(-0.0084\gamma + 0.5955LG + 4.0 \times 10^{-6}AADT - 1.2096LS + 2.8982)$
丘陵区高速公路	死亡人数	$\lambda_i = \exp(0.1173LT + 1.5 \times 10^{-5}AADT + 0.0813LS)$ $p_i = normal(0.1564LT + 5 \times 10^{-6}AADT - 0.7546LS + 3.4069)$
平原区高速公路	受伤人数	$\lambda_i = \exp(-0.1704LHC - 0.3036RHC + 0.004RVC + 0.13LG + 9 \times 10^{-5}AADT + 1.7524LS)$ $p_i = \exp(0.0114RVC + 0.3276 + 3.0112)/[1 + \exp(0.0114RVC + 0.3276 + 3.0112)]$
平原区高速公路	死亡人数	$\lambda_i = \exp(-0.775LHC - 0.1965RHC + 9 \times 10^{-5}AADT + 2.0601)$ $p_i = \exp(0.036RVC + 3.6163)/[1 + \exp(0.036RVC + 3.6163)]$

六、高速公路交通事故成本

高速公路交通事故成本包括财产损失成本、人员受伤成本和人员死亡成本3个方面，测算方法及公式见表10-10。

高速公路事故成本测算方法　　　　　　　　表 10-10

交通事故成本	$SC_t = SC_t^A + SC_t^I + SC_t^F$	财产损失成本	$SC_t^A = A_t \cdot \sum_{i=1}^{n} N_{it}^A$
人员受伤成本	$SC_t^I = I_t \cdot \sum_{i=1}^{n} N_{it}^I$	人员死亡成本	$SC_t^F = F_t \cdot \sum_{i=1}^{n} N_{it}^F$
平均每起事故的社会成本	$A_t = 19\,581 \times N_{it}^F/N_{it}^A + 9\,215 N_{it}^I/N_{it}^A + 3\,491$		
单位受伤人员的社会成本	$I_t = \lambda^I \times I_t^W, \lambda^I = 1/0.29 = 3.45$		
单位死亡人员的社会成本	$F_t = \lambda^F \times F_t^W, \lambda^F = 1/0.61 = 1.64$		

注：$SC_t、SC_t^A、SC_t^I、SC_t^F$-分别为第 t 年的交通事故成本、财产损失成本、人员受伤成本和人员死亡成本；$A_t、I_t、F_t$-分别为第 t 年平均每起事故的社会成本、单位受伤人员的社会成本和单位死亡人员的社会成本；$N_{it}^A、N_{it}^I、N_{it}^F$-分别为第 t 年路段 i 上预测发生的事故数、事故受伤人数和事故死亡人数；$\lambda^I、\lambda^F$-分别为人员受伤社会成本扩大系数和人员死亡社会成本扩大系数；$I_t^W、F_t^W$-分别为人员受伤和人员死亡的社会劳动价值损失成本。

说明：1. 事故受伤人员的社会成本一般包括社会劳动价值损失、家务劳动价值损失、医疗费用、受伤者及其家庭的生活质量损失、社会公共机构服务损失、交通拥堵成本等 6 个方面。其中，社会劳动价值损失所占比重较大，人员受伤社会成本扩大系数的倒数就是社会劳动价值损失占事故受伤人员社会成本的百分比；
2. 事故死亡人员的社会成本一般包括社会劳动价值损失、家务劳动价值损失、家庭生活质量下降、处理死亡者的医疗费用、丧葬费、社会公共机构服务损失以及交通拥堵成本 7 个方面。其中，社会劳动价值损失所占比重最大，人员死亡社会成本扩大系数的倒数就是社会劳动价值损失占事故死亡人员社会成本的百分比。

七、课题工程应用

课题研究成果在广东省潮惠高速公路 A2、A3 合同段上进行了应用。A2、A3 合同段全长 99.874km，属于重丘区高速公路。利用课题组开发的"高速公路设计方案评价系统"，预测得到了潮惠高速公路全寿命周期内各年份的事故次数、伤亡人数、事故率及交通事故成本，如图 10-5 所示及见表 10-11、表 10-12。

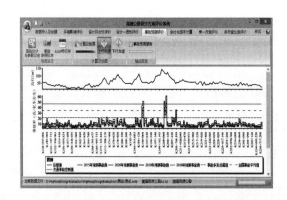

图 10-5　潮惠高速公路 A2、A3 合同段各特征年的预测事故率

潮惠高速公路全寿命周期全线事故率（单位：次/亿车公里）　　表 10-11

年份	2015	2016	2017	2018	2019	2020	2021	2022	2023	2024	2025	2026	2027
事故率	15.57	16.51	17.40	18.25	19.06	19.85	20.64	21.40	22.13	22.85	23.54	24.19	24.81
年份	2028	2029	2030	2031	2032	2033	2034	2035	2036	2037	2038	2039	
事故率	25.43	26.03	26.61	27.07	27.52	27.96	28.40	28.76	29.12	29.47	29.82	30.16	

潮惠高速公路全寿命周期道路交通安全状况及交通事故成本   表10-12

年份	事故次数（次）	事故率（次/亿车公里）	受伤人数（人）	死亡人数（人）	交通事故成本（万元）				
					财产损失成本	人员受伤成本	人员死亡成本	合计	合计现值
2015	134	15.20	65	29	177.91	384.37	6 547.93	7 110.21	7 110.21
2016	158	16.12	70	31	203.06	443.86	7 665.21	8 312.13	7 696.42
2017	184	16.99	74	34	230.92	512.52	8 971.07	9 714.51	8 328.63
2018	212	17.82	80	37	261.68	591.79	10 496.82	11 350.29	9 010.23
2019	241	18.61	85	40	295.58	683.29	12 279.04	13 257.91	9 744.96
2020	272	19.38	91	43	332.91	788.94	14 361.06	15 482.90	10 537.40
2021	304	20.14	98	47	375.24	894.16	16 492.28	17 761.68	11 192.87
2022	338	20.89	105	51	421.79	1 013.38	18 934.74	20 369.91	11 885.65
2023	373	21.61	112	55	472.94	1 148.44	21 733.12	23 354.51	12 617.72
2024	410	22.30	120	60	529.14	1 301.60	24 941.24	26 771.98	13 392.66
2025	447	22.98	129	65	590.67	1 474.84	28 610.40	30 675.91	14 208.88
2026	484	23.61	138	70	655.76	1 665.78	32 687.07	35 008.62	15 014.60
2027	522	24.22	147	76	726.68	1 880.86	37 326.12	39 933.66	15 858.21
2028	560	24.82	157	82	804.34	2 124.24	42 625.17	45 553.76	16 750.02
2029	600	25.41	168	89	888.86	2 398.29	48 650.57	51 937.72	17 682.77
2030	646	25.97	182	97	994.08	2 746.31	56 528.26	60 268.65	18 999.19
2031	695	27.07	192	103	1 091.72	3 060.83	63 537.14	67 689.69	19 757.98
2032	730	27.52	203	110	1 186.81	3 411.07	71 399.42	75 997.30	20 539.71
2033	765	27.96	214	117	1 289.41	3 801.26	80 221.57	85 312.23	21 349.30
2034	800	28.40	225	124	1 400.09	4 236.01	90 120.52	95 756.62	22 187.96
2035	831	28.76	236	131	1 506.31	4 678.66	100 198.18	106 383.15	22 824.31
2036	861	29.12	246	138	1 620.05	5 167.51	111 391.85	118 179.41	23 477.02
2037	892	29.47	257	145	1 741.82	5 707.33	123 822.41	131 271.55	24 146.16
2038	923	29.82	269	152	1 872.21	6 303.46	137 626.45	145 802.12	24 832.33
2039	954	30.16	281	160	2 011.79	6 961.71	152 952.42	161 925.92	25 535.61
合计	13 481	—	3 945	2085	21 755	63 381	1 320 120	1 405 255	404 680.78

采用质量控制法识别出了潮惠高速公路上的6处潜在事故多发路段,见表10-13。采用敏感性分析方法分析了事故多发路段上可能的事故影响因素,K187+709~K190+060段事故影响因素敏感性分析结果见表10-14(由于篇幅所限,其他事故多发路段略)。在潮惠高速公路的全寿命周期内,交通安全成本为40.47亿元,占总成本的3.42%,见表10-15。

潮惠高速公路上的潜在事故多发路段　　表10-13

编号	起点桩号	终点桩号	路段长度(m)	事故率(次/亿车公里)					
				2015	2020	2025	2030	2034	2039
1	K187+709	K190+060	2 351	45.51	58.01	68.80	77.79	83.03	88.17
2	K190+060	K192+424	2 364	49.84	63.52	75.34	85.19	90.92	96.56
3	K200+957	K203+240	2 283	53.15	67.74	80.35	90.85	96.96	102.97
4	K203+240	K205+340	2 100	43.72	55.73	66.10	74.74	79.78	84.71
5	K205+340	K205+610	270	60.55	77.17	91.53	103.49	110.46	117.31
6	K208+788	K208+940	152	38.34	48.87	57.96	65.54	69.95	74.29
事故多发路段识别区间				(30.03,∞)	(39.30,∞)	(46.61,∞)	(52.64,∞)	(56.18,∞)	(59.69,∞)

K187+709～K190+060段事故影响因素敏感性分析结果　　表10-14

编号	指标	质变变化	修正系数	事故率变化(%)	编号	指标	质变变化	修正系数	事故率变化(%)	编号	指标	质变变化	修正系数	事故率变化(%)
1	道路纵坡	增大20%	1.06	2.10	3	直线段长度	增大20%	9.14	47.26	5	竖曲线半径	增大20%	1.02	-0.1
		增大10%	1.05	1.00			增大10%	7.59	22.29			增大10%	1.02	-0.09
		不变	1.04	0.00			不变	6.21	0.00			不变	1.02	0.00
		减小10%	1.03	-0.91			减小10%	4.99	-19.62			减小10%	1.02	0.10
		减小20%	1.02	-1.72			减小20%	3.94	-36.57			减小20%	1.02	0.22
2	平曲线半径	增大20%	1.00	0.00	4	平曲线偏角	增大20%	1.00	0.00					
		增大10%	1.00	0.00			增大10%	1.00	0.00					
		不变	1.00	0.00			不变	1.00	0.00					
		减小10%	1.00	0.00			减小10%	1.00	0.00					
		减小20%	1.00	0.00			减小20%	1.00	0.00					

潮惠高速公路全寿命周期全社会成本现值　　表10-15

成本类别	建设成本	运营管理成本	养护成本	使用者成本	交通安全成本	预算外环境成本
额度(亿元)	114.00	3.78	10.39	995.30	40.47	19.62
比例(%)	9.63	0.32	0.88	84.09	3.42	1.66
总成本(亿元)	1 183.56					

第二节　国道主干线对交通安全的贡献研究[4]

一、研究背景与研究目标

1. 研究背景

我国交通部于"八五"计划期间提出了公路建设的发展方针和长远目标规划。规划内容为:从1990年开始到2020年,用30年左右的时间,建成12条长35 000km"五纵七横"国道主干线,将全国重要城市、工业中心、交通枢纽和主要陆上口岸连接起来,逐步形成一个与国民经济发展相适应的、主要由高速公路、一级公路等高等级公路组成的快速、高效、安全的国道主干线系统。该计划于 2007 年底已经提前完成,此时中国的高速公路里程已位居世界第二位。美国艾森豪威尔全国洲际及国防公路系统由美国联邦资助公路法案授权,于 1956 年开始兴建。由于该系统良好的行车环境,至 1996 年,即在它通车运营后的第 40 年,已累计挽救了 18.7 万人的生命并使 1 200 万人免于交通事故伤害,对美国公路系统安全做出了巨大贡献[5]。接下来的问题是,我国"五纵七横"国道主干线系统自 1990 年至 2007 年在它通车运营的 18 年时间里,对我国公路交通安全产生了哪些影响呢?

2. 研究目标

目标一:确定国道主干线的基础事故率、死亡率、受伤率,及其相对于其他以二级公路为主的普通国道的降低标准。

目标二:给出国道主干线实现单位运输量(以亿车公里计)能减少的事故数、事故死亡人数、事故受伤人数以及能挽回的事故经济损失等的计算方法。

目标三:即最终目标,综合评估国道主干线在通车运营的 18 年中对我国公路交通安全的贡献。

二、数据调查与数据处理

1. 代表路段

以辽宁省、黑龙江省、四川省、重庆市、江苏省作为典型省市,选取了国道主干线上的 8 条高速公路和 6 条并行的普通国道(均为二级公路)作为课题研究的基础道路。共选取了 106 个代表路段,总里程 6 230km。其中,高速公路路段 48 个,普通国道路段 58 个。共有 8 对并行的高速公路和普通国道,对照关系见表 10-16。

高速公路与并行普通国道对照表　　　　　　表 10-16

编号	省(市)	高 速 公 路	并行普通国道
1	辽宁省	沈大高速公路	202 国道
2	辽宁省	沈丹高速公路	304 国道
3	辽宁省	京哈高速公路辽宁段	102 国道辽宁段
4	四川省、重庆市	成渝高速公路	108 国道
5	江苏省	沪宁高速公路江苏段	312 国道
6	黑龙江省	哈双高速公路	102 国道黑龙江段
7	黑龙江省	哈阿高速公路	301 国道哈尔滨至双城段
8	黑龙江省	哈大高速公路	301 国道哈尔滨至大庆段

2. 事故数据

共收集到了 8 条高速公路和 6 条普通国道上发生的 16 430 起交通事故数据。其中,事故死亡 2 043 人,事故受伤 6 151 人。

3. 交通安全指标

采用的交通安全指标有亿车公里事故率 $RMVK_N$、亿车公里死亡率 $RMVK_F$、亿车公里受伤率 $RMVK_I$、平均每起事故的经济损失 ELC、平均每个死亡人员的经济损失 ELF、平均每个受伤人员的经济损失 ELI、事故率降低值 CRR、死亡率降低值 FRR 和受伤率降低值 IRR。后 6 个安全指标的计算方式如下：

ELC = 交通事故合计的财产损失/交通事故数（元/起） （10-3）

ELF = 死亡人员合计的经济损失/事故死亡人数（元/人） （10-4）

ELI = 受伤人员合计的经济损失/事故受伤人数（元/人） （10-5）

CRR = 并行普通国道的事故率 − 高速公路的事故率（次/亿车公里） （10-6）

FRR = 并行普通国道的死亡率 − 高速公路的死亡率（人/亿车公里） （10-7）

IRR = 并行普通国道的受伤率 − 高速公路的受伤率（人/亿车公里） （10-8）

4. 交通量数据

根据《国家干线公路交通量手册》，得到了代表路段各年份的年平均日交通量（即 $AADT$）。总体而言，高速公路和并行普通国道上的年平均日交通量均呈现出了逐年增长的趋势，但高速公路上交通量的增长速度明显高于普通国道。成渝高速公路各路段上年平均日交通量的增长率在14.3%至15.8%之间（图10-6），沈大高速公路各路段平均的年平均日交通量增长率为15.1%（图10-7）。

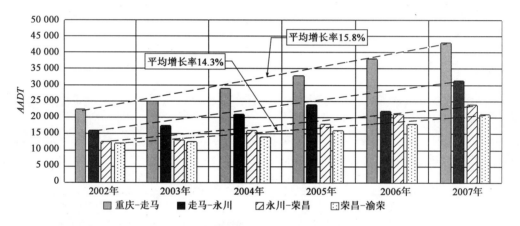

图10-6　成渝高速公路上的年平均日交通量

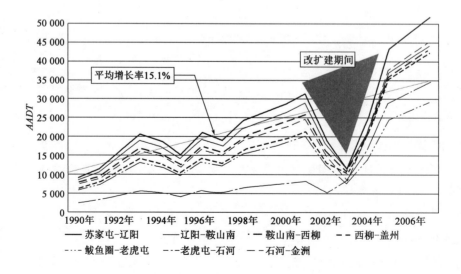

图10-7　沈大高速公路上的年平均日交通量

5. 数据存储

课题组开发了基于地理信息的数据存储系统。作为示例,图 10-8 给出了该系统中成渝高速公路上的交通事故数据和交通量数据。

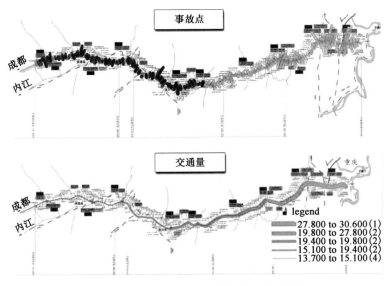

图 10-8 成渝高速公路上的交通量和交通事故

三、事故率降低标准及事故经济损失指标

1. 事故率降低标准

首先,逐年计算各代表路段上的亿车公里事故率、死亡率及受伤率,然后通过路段加权平均得到了各条高速公路及并行普通国道上的事故率,结果见表 10-17。

高速公路与并行普通国道上的事故率　　　　表 10-17

组别	高速公路/并行普通国道	事故率指标		
		$RMVK_N$	$RMVK_F$	$RMVK_I$
1	沈大高速公路/202 国道	21.11/31.10	4.61/13.32	5.68/24.35
2	沈丹高速公路/304 国道	11.36/16.30	7.19/8.01	9.13/12.31
3	京哈高速公路辽宁段/102 国道辽宁段	9.91/11.72	2.30/10.33	8.28/11.25
4	成渝高速公路/108 国道	69.47/75.73	5.08/12.54	25.59/105.93
5	沪宁高速公路江苏段/312 国道	42.47/74.35	1.64/9.76	8.73/24.38
6	哈双高速公路/102 国道黑龙江段	42.89/97.56	9.33/15.83	23.28/96.45
7	哈阿高速公路/301 国道哈尔滨至双城段	17.37/55.44	3.67/40.28	14.37/68.24
8	哈大高速公路/301 国道哈尔滨至大庆段	12.59/37.86	4.25/28.45	9.04/42.37
	全部高速公路平均/全部并行普通国道平均	28.40/50.01	4.76/17.32	13.01/48.16

依据表 10-17 中的事故率数据,由式(10-6)~式(10-8)计算得到了国道主干线上高速公路事故率的降低标准,见表 10-18。

国道主干线事故率降低标准 表10-18

编　号	高　速　公　路	事故率降低标准		
		CRR	FRR	IRR
1	沈大高速公路	9.99	8.71	18.67
2	沈丹高速公路	4.94	0.82	3.18
3	京哈高速公路辽宁段	1.81	8.03	2.97
4	成渝高速公路	6.26	7.46	80.34
5	沪宁高速公路江苏段	31.88	8.12	15.65
6	哈双高速公路	54.67	6.50	73.17
7	哈阿高速公路	38.07	36.61	53.87
8	哈大高速公路	25.27	24.20	33.33
	平均	21.61	12.56	35.15

2. 事故经济损失指标

由式（10-3）至式（10-5）计算得到了各条高速公路上平均每起事故的经济损失、平均每个死亡人员的经济损失以及平均每个受伤人员的经济损失，结果见表10-19。

国道主干线事故经济损失指标 表10-19

编　号	高　速　公　路	直接经济损失（元）		
		ELC	ELF	ELI
1	沈大高速公路	30 030	34 500	25 809
2	沈丹高速公路	15 979	28 522	19 174
3	京哈高速公路辽宁段	7 623	22 011	10 360
4	成渝高速公路	7 381	28 064	8 115
5	沪宁高速公路江苏段	5 293	38 500	7 699
6	哈双高速公路	19 174	23 173	12 965
7	哈阿高速公路	8 575	26 374	17 518
8	哈大高速公路	7 747	29 009	23 173

四、减少事故伤亡及挽回事故经济损失的估算方法

1. 减少事故伤亡的估算方法

由于国道主干线上的各种事故率均低于并行的普通国道，因此在完成同样运输量（以亿车公里计）的条件下，相对于普通国道，国道主干线减少了交通事故以及事故伤亡人数。

国道干线上某条公路通车运营后可累计减少的事故次数 CR_N、事故死亡人数 CR_F、事故受伤人数 CR_I 等可按式（10-9）至式（10-11）计算得到：

$$CR_N = \sum_{i=1}^{n} \left[365 \times \sum_{j=1}^{m} (AADT_{ij} \times L_j \times CRR_j) \right] \tag{10-9}$$

$$CR_F = \sum_{i=1}^{n} \left[365 \times \sum_{j=1}^{m} (AADT_{ij} \times L_j \times FRR_j) \right] \tag{10-10}$$

$$CR_I = \sum_{i=1}^{n} \left[365 \times \sum_{j=1}^{m} (AADT_{ij} \times L_j \times IRR_j) \right] \tag{10-11}$$

式中：　　　n——公路通车运营的年数；

m——公路上的区段数,以收费区间分段;

$AADT_{ij}$——第 i 年区段 j 上的年平均日交通量;

L_j——区段 j 的长度;

CRR_j、FRR_j、IRR_j——区段 j 上的事故率、死亡率、受伤率降低标准。

2. 挽回事故经济损失的估算方法

国道主干线上某公路通车运营后可累计挽回的事故损失 S_N、死亡人员损失 S_F、受伤人员损失 S_I 等经济损失可按式(10-12)至式(10-14)计算得到:

$$S_N = CR_N \times ELC \tag{10-12}$$

$$S_F = CR_F \times ELF \tag{10-13}$$

$$S_I = CR_I \times ELI \tag{10-14}$$

五、高速公路对交通安全贡献的案例——沈大高速公路

通过沈大高速公路与并行 202 国道的对比,得到了沈大高速公路事故率的降低标准:事故率降低值 CRR 为 9.99 次/亿车公里,死亡率降低值 FRR 为 8.71 人/亿车公里,受伤率降低值 IRR 为 18.67 人/亿车公里。经统计计算得到了沈大高速公路事故经济损失指标:平均每起事故的经济损失 ELC 为 30 030 元/起,平均每个死亡人员的经济损失 ELF 为 34 500 元/人,平均每个受伤人员的经济损失 ELI 为 25 809 元/人。

由式(10-9)至式(10-14),计算得到了沈大高速公路自 1990 年至 2007 年累计对减少交通事故、挽回事故经济损失的贡献,见表 10-20 及图 10-9。

沈大高速公路对交通安全的贡献   表 10-20

年份	减少的事故数(起)	减少的事故死亡人数(人)	减少的事故受伤人数(人)	挽回的事故经济损失(万元)	挽回的死亡人员经济损失(万元)	挽回的受伤人员经济损失(万元)
1990	85	74	159	256	256	411
1991	104	90	193	311	311	499
1992	146	127	273	438	439	704
1993	189	165	353	567	568	911
1994	172	150	322	517	518	831
1995	139	122	261	419	420	673
1996	192	167	358	576	577	925
1997	176	154	329	529	530	850
1998	221	192	412	662	663	1 064
1999	243	212	454	729	730	1 171
2000	260	227	487	782	783	1 256
2001	289	252	540	867	868	1 393
2002	178	155	333	534	535	858
2003	119	104	223	359	359	576
2004	241	210	450	723	724	1 161
2005	420	366	785	1 261	1 263	2 025
2006	459	400	858	1 379	1 381	2 214
2007	502	438	938	1 508	1 510	2 421
合计	4 135	3 605	7 727	12 417	12 437	19 944

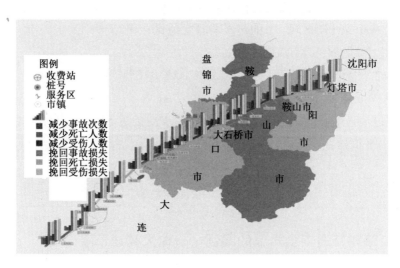

图 10-9　沈大高速公路对交通安全的贡献

沈大高速公路在通车运营的 18 年时间里,累计减少了 4 135 起交通事故,并使 3 605 人免于事故死亡、7 727 人免于事故伤害,挽回的事故经济损失合计为 4.4 798 亿元,从而在对经济建设做出巨大贡献的同时,也对公路交通安全做出了巨大贡献。

六、国道主干线对交通安全的贡献

3.5 万公里国道主干线对公路交通安全的贡献见图 10-10。18 年来,国道主干线的通车运营减少了 9 万起交通事故,挽救了 10 万人的生命并使 58 万人免于事故伤害,挽回事故直接经济损失达 125 亿元,从而对中国的公路交通安全做出了巨大贡献。

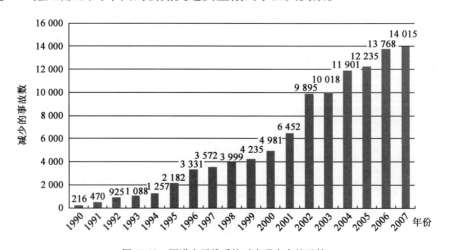

图 10-10　国道主干线系统对交通安全的贡献

本章参考文献

[1] 广东省交通运输厅科技项目"基于全社会成本的高速公路设计方案评价技术研究"专题五"高速公路设计方案评价研究"(专题负责人:孟祥海).

［2］ 交通部科技项目"国道主干线绩效评估基础参数研究"专题二"国道主干线对交通安全的贡献研究"(专题负责人:孟祥海).

［3］ 孟祥海,侯芹忠,史永义,荆林鹏,郑来.IHSDM高速公路事故预测模型［J］.交通运输工程学报,2016,16(1):123-132.

［4］ Meng Xianghai,Song Chunhua,Huang Baoan. Construction of national trunk highway system to traffic safety in China［J］.交通与计算机,2007,(4):13-18.

［5］ Wendell,C.,Jean,L.. The best investment a nation ever made:a tribute to the Dwight D. Eisenhower system of interstate and defence highways,1996.

第十一章　道路安全审计案例

受广东肇阳高速公路有限公司肇花项目管理处、广东潮惠高速公路有限公司的委托,哈尔滨工业大学交通科学与工程学院承担了"珠江三角洲环线高速公路黄岗至花山段"[1]、"潮惠高速公路 K123+000~K247+900 路段"[2](以下简称"肇花高速公路"、"潮惠高速公路"或"本项目")施工图设计阶段的交通安全性评价工作,编制完成了《交通安全性评价报告》和《交通安全性评价表》。

第一节　肇花高速公路施工图设计阶段安全审计

一、评价内容及评价标准

1. 评价内容

针对建设项目特点,进行了 7 个方面的安全性评价工作:交通安全性总体评价、路线设计安全性评价、路基路面设计安全性评价、桥梁设计安全性评价、互通式立体交叉安全性评价、交通管理设施设计安全性评价、交通安全设施设计安全性评价。

2. 评价标准

运行速度协调性采用相邻路段运行速度的差值 $|\Delta v_{85}|$ 来评价,具体标准是:$|\Delta v_{85}|<10$km/h,运行速度协调性好;10km/h$\leq|\Delta v_{85}|\leq20$km/h,协调性较好;$|\Delta v_{85}|>20$km/h,协调性不良。运行速度与设计速度一致性采用同一路段设计速度与运行速度的差值 Δv 来评价,当该差值大于 20km/h 时,应对该路段进行重点审查。

路线安全性评价包括平面线形、纵断面线形、平竖曲线组合线形以及主线停车视距检查等 4 个方面,评价指标及评价标准见表 11-1。小汽车停车视距采用 210m,货车采用 245m。

路线安全性评价指标及评价标准　　表 11-1

平 面 线 形	纵断面线形	平竖曲线组合线形
1. 直线最大长度:不宜长于 $20v$,v 为设计速度	1. 最大纵坡:不大于 3%	1. 平曲线内不宜包含多个短的竖曲线
2. 同向曲线间的直线最小长度:不宜小于 $6v$;反向曲线间的直线最小长度:不宜小于 $2v$	2. 最小纵坡:不宜小于 0.3%	2. 小半径平曲线的起、终点不宜设在凸形竖曲线的顶部和底部
3. 圆曲线最小半径:$R_{一般}=1\,000$m,$R_{\min}=650$m	3. 最小合成坡度:0.5%	3. 短的平曲线不宜与短的竖曲线结合
4. 平曲线最小长度:一般值 600m,最小值 200m	4. 最短坡长:不小于 300m	4. 以"一一对应,平包纵"和竖曲线半径为平曲线半径的 10~20 倍为最佳线形组合形式

续上表

平面线形	纵断面线形	平竖曲线组合线形
5. 回旋线最小长度:不宜小于100m	5. 陡坡最大坡长:不大于900m	
6. S形曲线大圆与小圆半径之比:不宜大于2.0;C形曲线小圆与大圆半径之比:宜介于0.2~0.8	6. 凸形竖曲线最小半径:一般值17 000m,极限值11 000m;凹形竖曲线最小半径:一般值6 000m,极限值4 000m	
7. 圆曲线超高:最大超高为8%	7. 竖曲线最小长度:一般值250m,最小值100m	

路基路面安全性评价包括路侧净区检查、路基排水检查以及路面抗滑能力评估等3个方面,评价指标及评价原则见表11-2。

路基路面安全性评价指标及评价原则 表11-2

路 侧 净 区	路 基 排 水	路 面
1. 直线填方路段路侧安全净区宽度:9m	1. 边沟及排水沟的纵坡不宜小于0.3%	路面抗滑能力满足行车要求,即纵向摩阻系数不宜小于0.17
2. 直线挖方路段路侧安全净区宽度:5m	2. 位于路侧净区内且无护栏保护的排水沟应采用可跨越式	
3. 平曲线外侧路侧安全净区宽度调整系数 F_C: $F_C = 1.4$,1 000m ≤ 平曲线半径 R ≤ 1 100m $F_C = 1.28$,1 100m < 平曲线半径 R ≤ 1 200m $F_C = 1.15$,1 200m < 平曲线半径 R ≤ 1 300m $F_C = 1.0$,平曲线半径 R > 1 300m	3. 路堑处边沟或排水沟不能存在局部最低点	
	4. 边沟及排水沟断面不能被标志柱或其基础等占用或挤压	
	5. 互通立交封闭三角区内应有明确的出水口	

互通式立体交叉安全性评价包括立交选型与定位评价、主线线形检查、匝道线形检查以及视距检验等4个方面,评价指标及评价标准见表11-3。

互通式立体交叉安全性评价指标及评价标准 表11-3

立交选型与定位	主线线形	匝道线形	视距检验标准
1. 高速公路间或高速公路与具有干线功能的一级公路间的互通式立体交叉应为枢纽互通式立体交叉	1. 平曲线半径:一般值2 000m,最小值1 500m	1. 匝道圆曲线半径:(1)一般值150m/极限值120m,(2)一般值60m/极限值50m	1. 主线采用识别视距,长350~460m
	2. 凸形竖曲线半径:一般值45 000m,极限值23 000m	2. 分流点处匝道圆曲线半径:(1)一般值350m/极限值300m,(2)一般值250m/极限值200m	2. 匝道采用停车视距,长75m/40m(设计速度60km/h/40km/h)
2. 枢纽互通的匝道应具有良好、顺畅的线形条件且不设收费站,一般互通式立体交叉的匝道上可设置收费站		3. 出口匝道最大纵坡:(1)上坡4%/下坡3%,(2)上坡5%/下坡4%	
	3. 凹形竖曲线半径:一般值16 000m,极限值12 000m	4. 入口匝道最大纵坡:(1)上坡3%/下坡4%,(2)上坡4%/下坡5%	3. 汇流鼻前视距三角区检查:主线100m,匝道60m
3. 相邻互通式立体交叉的最小间距不宜小于4km;互通立交与服务区、收费站的距离,应满足设置出口预告标志的需要		5. 匝道凹形竖曲线半径:(1)一般值2 000m/极限值1 400m,(2)一般值900m/极限值450m	
	4. 最大纵坡:2%	6. 匝道凸形竖曲线半径:(1)一般值1 500m/极限值1 000m,(2)一般值900m/极限值450m	
		7. 匝道竖曲线长度:(1)一般值70m/极限值50m,(2)一般值40m/极限值35m	
		注:(1)设计速度60km/h的指标值;(2)设计速度40km/h的指标值。	

桥梁安全性评价标准及评价原则:①桥梁设计速度与运行速度差值小于10km/h时,速度协调性好;差值为10~20km/h时,协调性较好;差值大于20km/h时,协调性不良。②无硬路肩的桥梁断面应设置紧急停车带,桥面铺装应有足够的抗滑能力,桥面排水不能影响桥下车辆通行和行人通行。③中间带或路侧带设置的桥墩,其桥墩两侧必须设防撞护栏,并留有护栏缓冲变形的余地。④高速、一级、二级公路的桥梁净空为5.0m,三级、四级公路为4.5m;车行通道在通行拖拉机、畜力车时净空应大于2.70m,通行农用车时应大于3.20m。

交通标志与交通标线的安全性审查原则,安全护栏设置的安全性审查原则,隔离栅、桥梁防护网及视线诱导设施的安全性审查原则,分别见表11-4~表11-6。

交通标志与交通标线的安全性审查原则 表11-4

交通标志设置的安全性审查原则	交通标线设置的安全性审查原则
1. 标志应容易识别、易于理解,能够给道路使用者提供准确及时的信息和引导	1. 标线宽度:行车道边缘线20cm,车道分界线15cm
2. 同类标志应采用同一类型的标志版面,门架式交通标志的版面宜避免尺寸上存在较大差异	2. 车道分界线划设方式:采用69线
	3. 路面标记重复次数:不少于3次
	4. 导向箭头重复次数:不少于3次
3. 交通标志不得侵入公路建筑限界,柱式标志内缘距土路肩外缘不小于0.25m,悬臂、门架式等悬空标志净空高度应在公路净空要求的基础上预留20~50cm	5. 车道变窄处及互通式立体交叉出入口处:应设置导向箭头提示或引导
	6. 平面交叉渠化岛:应根据渠化形式、车道宽度、优先通行权和交通量大小设置渠化标线
4. 位于路侧净区内的交通标志应设置护栏加以防护	

安全护栏设置的安全性审查原则 表11-5

护栏设置的安全性评价原则	护栏型式及防撞等级的审查原则	不同型式护栏间过渡方式的审查原则
1. 路堤边坡为1:1.5且填方≥3m时,宜设置护栏	1. 中央分隔带护栏:位于路基上采用Am级,位于桥梁上采用SA级,双向匝道中央分隔带护栏采用Am级	1. 路侧波形梁护栏的起讫点应进行端头处理,行车上游端头宜为外展地锚式或圆头式,下游端头可采用固定式
2. 路侧安全净区内有车辆不能穿越的交通标志、路堑支撑壁、声屏障、上跨桥墩台等设施的路段,宜设置护栏	2. 路侧桥梁护栏:采用SS级	2. 路侧波形梁护栏二波形式与三波形式间应进行过渡处理
3. 桥梁外侧及中央分隔带必须设置桥梁护栏	3. 路侧路基护栏:3m≤路基填土高度H<8m,采用A级普通型路侧护栏;8m≤路基填土高度H<12m,采用A级加强型路侧护栏;12m≤路基填土高度H<20m,采用SB级路侧护栏;路基填土高度H≥20m,至少采用SA级路侧护栏	3. 交通分流处三角地带波形梁护栏在靠主线及靠匝道8m范围内立柱间距减半,并用圆形端头将两侧护栏连接
4. 护栏最小长度:波形梁护栏70m,混凝土护栏36m		4. 中央分隔带采用分设型护栏时,其圆形端头及过渡段线形应与中央分隔带相一致,立柱间距2m
5. 相邻两段护栏的最小间距:波形梁护栏70m,混凝土护栏36m		5. 桥梁护栏与路基护栏的结构形式不同时,应进行过渡处理

隔离栅、桥梁防护网及视线诱导设施的安全性审查原则　　　　表11-6

隔离栅设置的 安全性审查原则	桥梁防护网的 设置地点及构造要求	视线诱导设施设置的 安全性审查原则
1.主线两侧必须连续设置隔离栅，遇有高度大于1.5m的挡土墙路段可不设隔离栅	1.上跨高速公路、一级公路的车行构造物两侧均应设置桥梁防护网	1.主线及互通式立体交叉、服务区等处的进出口匝道，应全线连续设置轮廓标
2.除桥头外桥梁路段可不设隔离栅	2.跨越铁路、通航河流、交通量较大的公路时，应根据需要设置桥梁防护网	2.轮廓标在公路前进方向左、右侧对称设置。按行车方向，配置白色反射体的轮廓标应安装于公路右侧，配置黄色反射体的轮廓标应安装于公路左侧
3.隔离栅遇桥梁、下穿通道时，应在桥梁、下穿通道等端头处进行围封	3.桥梁防护网的设置范围为下穿公路宽度并各向路外延长10m，防护网的网孔规格不宜大于50mm×100mm	3.轮廓标高度宜保持一致，反射体中心线距地面的高度应为60~70cm
4.隔离栅遇尺寸较小、流量不大的过水涵洞时可直接跨越		
5.互通式立体交叉、服务区两侧以及人口稠密地区宜选用焊接网式隔离栅		
6.隔离栅的中心线应沿用地范围界限以内20~50cm处设置		

二、总体评价

1. 建设项目概况

珠江三角洲环线高速公路黄岗至花山段，是《国家高速公路网规划》中珠江三角洲环线（G94）的组成部分，是《广东省高速公路网规划（2004—2030）》"九纵五横两环"中二环的西北段。建设项目采用高速公路标准修建，路线总长60.92km，设计速度120km/h，双向六车道，路基宽度34.5m，全线设互通式立体交叉12座。建设项目主要技术指标见表11-7。

建设项目主要技术指标表　　　　表11-7

项　　目	技术指标	项　　目	技术指标
公路等级	高速公路	地震动峰值加速度(g)	0.05
设计速度(km/h)	120（K39~K54+700段限速100km/h）	总里程(km)	60.92
路基宽度(m)	34.5	特大桥、大桥(m/座)	33 282.04/21
车道数(条)	6（双向）	中、小桥(m/座)	427.7/9
设计洪水频率	特大桥1/300，大中小桥、涵洞及路基1/100	涵洞(道)	68

2. 设计符合性评价

设计符合性评价结果见表11-8。经审查，肇花高速公路通过了国家严格的设计程序审查并获批准，采用的技术指标满足《公路工程技术标准》（JTG B01—2003）、《公路路线设计规范》（JTG D20—2006）、《公路沥青路面设计规范》（JTG D40—2006）及《公路桥涵设计通用规范》

（JTG D60—2004）等的要求，同时也满足其他相关标准、规范的要求。

设计符合性评价表　　　　　　　　　　　　　　　　　　　表11-8

项　目	规范推荐值	项目采用值	评价	备　注
1. 主线几何线形				
圆曲线最小半径(m)	1 000	1 042.176	√	
平曲线最小长度(m)	600	680.788	√	
缓和曲线最小长度(m)	≥100	220	√	
最大纵坡(%)	≤3	2.55	√	
最短坡长(m)	≥300	474	√	
凹形竖曲线最小半径(m)	6 000	12 000	√	
凸形竖曲线最小半径(m)	17 000	20 000	√	
竖曲线最小长度(m)	250	286.724	√	
路拱横坡(%)		2	√	
超高(%)	8 或 10	2~4	√	
2. 互通式立体交叉				
2.1　互通式立体交叉主线				
圆曲线最小半径(m)	1 500	1 100*	偏小	*狮岭、芙蓉嶂互通仅满足限速100km/h的要求
最大纵坡(%)	2	2.4*	偏大	*三坑互通仅满足限速100km/h要求
凹形竖曲线最小半径(m)	16 000	16 000	√	
凸形竖曲线最小半径(m)	45 000	45 000	√	
2.2　互通式立体交叉匝道(设计速度60km/h/40km/h)				
圆曲线最小半径(m)	150/60	/65*	√	*狮岭互通HG和ZQ匝道
分流点处圆曲线最小半径(m)	350/250	790/1 200	√	
出口匝道最大纵坡(%)	4/5	/4.1*	√	*狮岭互通HG匝道
入口匝道最大纵坡(%)	3/4	/3.457*	√	*狮岭互通HQ匝道,接近低限值
凹形竖曲线最小半径(m)	2 000/900	1 550*/1 600	√	
凸形竖曲线最小半径(m)	1 500/900	1 890/1 800	√	
竖曲线最小长度(m)	70/40	73.8/68.8	√	
3. 路基路面				
设计洪水频率	1/100	1/100	√	
路面弯沉(1mm/100)	28.9	28.9	√	
4. 桥涵				
特大桥设计洪水频率	1/300	1/300	√	
中小桥、涵洞设计洪水频率	1/100	1/100	√	
设计荷载	公路—Ⅰ级	公路—Ⅰ级	√	

注："√"代表满足设计要求，即审查合格。

3. 运行速度协调性与一致性评价

经审查,肇花高速公路的路段单元均为平直路段,即纵坡小于3%而平曲线半径大于1 000m的路段,各路段小客车计算的运行速度均在110~120km/h、大货车在70~80km/h,运行速度的协调性与一致性均良好,不存在突变路段。

三、路线安全性评价

1. 平面线形安全性评价

本项目长度大于1 800m的直线段6段,连接反向曲线的直线段8段,连接同向曲线的直线段2段;有平曲线31个,其中,不设回旋线的平曲线3个;有S形曲线12组,C形曲线2组;除了3处不设回旋线的平曲线外,其余平曲线均设置了超高,超高值为2%~4%。

经审查,主线上的圆曲线半径、平曲线长度、回旋线长度、圆曲线超高等均满足规范要求,但有7处平曲线的半径、3处平曲线的长度接近了《公路路线设计规范》(JTG D20—2006)规定的一般值,有两处S形曲线协调性欠佳。长直线长度以及曲线间直线的最短长度也基本满足要求,但有一处反向曲线间的直线段长度过短,另有一处长直线段长度偏长。表11-9汇总了平面线形欠佳或指标偏低的所有路段。

平面线形欠佳或指标偏低的路段一览表 表11-9

直线段长度过大或曲线间直线段长度过短的路段							
编号	直线路段类型	平曲线编号		起终点桩号		直线段长度(m)	评价标准	评价结果
		前曲线	后曲线	起点桩号	终点桩号			
1	长直线路段	JD_{22Z}	JD_{27Z}	K42+824.608	K45+314.479	2 489.871	≤2 400m	偏长
2	反向曲线间直线段	JD_{33}	JD_{34}	K51+888.301	K52+103.191	214.890	≥240m	略短
平曲线线形指标较低的路段							
编号	平曲线编号	圆曲线半径(m)	平曲线长度(m)	评价标准			评价结果	
1	JD_{21Y}	1 100*	945.48	圆曲线半径: $R_{min}=650m$ $R_{一般}=1 000m$ $R_{不设}=5 500m$ 回旋线最小长度: $L_{Smin}=100m$ 平曲线最小长度: $L_{min}=200m$ $L_{一般}=600m$			*曲线半径接近一般值	
2	JD_{22Y}	1 100*	993.540				*曲线半径接近一般值	
3	JD_{28Y}	1 082.222*	1 027.376				*曲线半径接近一般值	
4	JD_{34}	1 100*	1 351.864				*曲线半径接近一般值	
5	JD_{21Z}	1 100*	939.731				*曲线半径接近一般值	
6	JD_{22Z}	1 100*	987.791				*曲线半径接近一般值	
7	JD_{28Z}	1 042.176*	998.240				*曲线半径接近一般值	
8	JD_{15}	2 070	690.247*				*曲线长度接近一般值	
9	JD_{17}	2 070	695.541*				*曲线长度接近一般值	
10	JD_{33}	1 500	680.788*				*曲线长度接近一般值	
相邻圆曲线协调性欠佳的路段							
编号	相接平曲线	圆曲线半径(m)	曲线关系	半径比($R_大/R_小$)	评价标准		评价结果	
1	JD_{28Y}	1 082.222	S形曲线	1.99	<2.0		接近评价指标限值	
	JD_{31}	2 153.039						
2	JD_{28Z}	1 042.176	S形曲线	2.07	<2.0		大于评价指标限值	
	JD_{31}	2 153.039						

续上表

曲线编号	圆曲线半径(m)	设计超高值(%)	理论超高值1（按小客车120 km/h计）	理论超高值2（按货车80 km/h计）	评价结果及建议	
					评价结果	建议
还可增大超高值的路段						
JD_{21Y}	1 100	4	10.31	4.58	满足	可增大超高
JD_{21Z}	1 100	4	10.31	4.58	满足	可增大超高
JD_{22Y}	1 100	4	10.31	4.58	满足	可增大超高
JD_{22Z}	1 100	4	10.31	4.58	满足	可增大超高
JD_{28Y}	1 082.222	4	10.48	4.66	满足	可增大超高
JD_{28Z}	1 042.176	4	10.88	4.84	满足	可增大超高
JD_{34}	1 100	4	10.31	4.58	满足	可增大超高

2. 纵断面线形安全性评价

本项目共有纵坡66段、竖曲线64个。凸形和凹形竖曲线各32个,其中,两凸形竖曲线首尾相接的组合形竖曲线2组,凸形与凹形首尾相接的组合型竖曲线6组。

经审查,主线的最大纵坡、合成坡度、最短坡长、陡坡的坡长限制、竖曲线半径、竖曲线长度、竖曲线的组合等均满足要求,但有部分路段最小纵坡小于0.3%,另有两处竖曲线长度接近《公路路线设计规范》(JTG D20—2006)规定的一般值。表11-10汇总了纵断面线形指标较低的路段。

纵断面线形指标较低的路段一览表　　　　　　　　　　　　　表11-10

编号	起终点桩号		纵断面线形	地段类型	评价结果
	起点桩号	终点桩号			
1	K19+250	K20+695	0%纵坡,坡长1 445m	桥梁	纵坡较小,加强横向排水
2	K20+695	K21+220	0.3%纵坡,坡长525m	桥梁	纵坡较小,加强横向排水
3	K21+220	K21+745	0.3%纵坡,坡长525m	桥梁	纵坡较小,加强横向排水
4	K21+745	K22+640	0.0%纵坡,坡长895m	桥梁	纵坡较小,加强横向排水
5	K35+500	K36+880	0.353%纵坡,坡长1 380m	路基	纵坡较小,加强排水
6	K46+276.638	K46+563.362	凹形竖曲线,半径14 000m,长286.724m	桥梁	竖曲线长度较短
7	K53+545.877	K53+834.123	凹形竖曲线,半径81 000m,长288.246m	桥梁	竖曲线长度较短

3. 平曲线与竖曲线线形组合评价

本项目平曲线与竖曲线组合良好,但有6个路段的线形组合仍可进一步优化或需加强视线诱导,突出问题是一个平曲线包含两个或多个竖曲线且平曲线半径较小。

4. 视距检查及其安全性评价

平曲线内侧视距检查:首先计算平曲线内侧最不利视点处的最大横净距,然后沿视点轨迹线方向绘制视距包络线图,最后由视距包络线图逐段核查包络线内是否存在遮挡视线的障碍物,横净距的计算及视距包络线图的绘制,见图11-1。

平曲线防眩设施处的视距检查:主要是检查防眩设施是否影响平曲线外侧的行车视距。此时,最不利的行车位置是平曲线外侧靠近中央分隔带的行车道。视距检查方法同"平曲线内侧视距检查方法",可参见图11-2。最大横净距计算结果及视距检查结果,见表11-11。

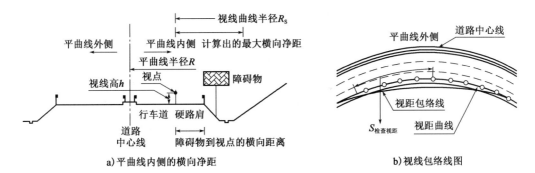

a) 平曲线内侧的横向净距　　　　b) 视线包络线图

图 11-1　平曲线内侧视距检查方法

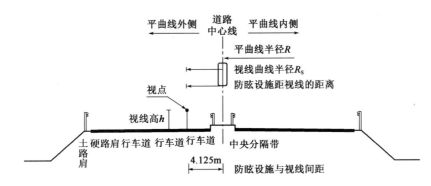

图 11-2　平曲线防眩设施处的横净距计算

主线平曲线路段防眩设施处的最大横净距及视距检查结果　　表 11-11

编号	交点编号	平曲线半径（m）	视线曲线半径（m）	最大横净距（m）		防眩设施距视线横向距离（m）	防眩设施类型	视距检查结果
				设计视距210m	设计视距245m			
1	JD$_1$	1 700	1 704.125	3.234	4.401	4.125	植树防眩	×
2	JD$_2$	3 000	3 004.125	1.835	2.497	4.125	防眩板+植树防眩	√
3	JD$_3$	1 650	1 654.125	3.331	4.534	4.125	防眩板+植树防眩	×
4	JD$_4$	2 800	2 804.125	1.966	2.675	4.125	防眩板+植树防眩	√
5	JD$_5$	3 300	3 304.125	1.668	2.271	4.125	防眩板+植树防眩	√
6	JD$_6$	2 000	2 004.125	2.750	3.743	4.125	植树防眩	√
7	JD$_7$	3 300	3 304.125	1.668	2.271	4.125	防眩板+植树防眩	√
8	JD$_8$	2 200	2 204.125	2.501	3.403	4.125	防眩板	√
9	JD$_9$	3 000	3 004.125	1.835	2.497	4.125	防眩板+植树防眩	√
10	JD$_{10}$	7 500	7 504.125	0.735	1.000	4.125	防眩板	√
11	JD$_{11}$	6 000	6 004.125	0.918	1.250	4.125	防眩板+植树防眩	√
12	JD$_{12}$	2 000	2 004.125	2.750	3.743	4.125	防眩板+植树防眩	√
13	JD$_{13}$	6 000	6 004.125	0.918	1.250	4.125	防眩板	√
14	JD$_{14}$	2 000.79	2 004.915	2.749	3.741	4.125	防眩板+植树防眩	√

续上表

编号	交点编号	平曲线半径(m)	视线曲线半径(m)	最大横净距(m) 设计视距210m	最大横净距(m) 设计视距245m	防眩设施距视线横向距离(m)	防眩设施类型	视距检查结果
15	JD$_{15}$	2 070	2 074.125	2.657	3.616	4.125	防眩板+植树防眩	√
16	JD$_{16}$	2 079.57	2 083.695	2.645	3.600	4.125	防眩板	√
17	JD$_{17}$	2 070	2 074.125	2.657	3.616	4.125	防眩板+植树防眩	√
18	JD$_{31}$	2 153.039	2 157.164	2.555	3.477	4.125	防眩板	√
19	JD$_{32}$	2 500	2 504.125	2.201	2.996	4.125	防眩板	√
20	JD$_{33}$	1 500	1 504.125	3.663	4.986	4.125	防眩板	×
21	JD$_{34}$	1 100	1 104.125	4.989	6.789	4.125	防眩板/植树防眩	×
22	JD$_{35}$	2 700	2 704.125	2.038	2.774	4.125	防眩板+植树防眩	√
23	JD$_{36}$	1 908.087	1 912.212	2.882	3.922	4.125	防眩板+植树防眩	√
24	JD$_{37}$	2 002.382	2 006.507	2.747	3.738	4.125	防眩板+植树防眩	√
25	JD$_{38}$	2 100	2 104.125	2.619	3.565	4.125	防眩板	√
26	JD$_{39}$	2 206.176	2 210.301	2.494	3.394	4.125	防眩板+植树防眩	√

注:"√"代表满足视距要求,"×"代表需改善视距条件。

竖曲线处的视距检查:首先依据竖曲线半径、视线高度、障碍物高度、前照灯高度、前照灯扩散角等计算各凸形竖曲线和凹形竖曲线的实际可视距离$S_{实际}$,然后通过对比实际可视距离与检查视距$S_{检查}$的关系来确定竖曲线处是否存在视距不良问题。

凸形竖曲线处驾驶员实际可获得的实际可视距离$S_{实际}$可按下式计算:

$$S_{实际} = \sqrt{(R_{凸}+d_1)^2 - R^2} + \sqrt{(R_{凸}+d_2)^2 - R^2} \tag{11-1}$$

式中:$R_{凸}$——凸形竖曲线半径,m;

d_1——视线高度,本项目取1.2m;

d_2——障碍物高度,本项目取0.1m。

凹形竖曲线处驾驶员通过前照灯实际可获得的实际可视距离$S_{实际}$可按下式计算:

$$S_{实际} = \left(2R_{凹}\tan\delta + \sqrt{4R_{凹}^2\tan^2\delta + 8R_{凹}h}\right)/2 \tag{11-2}$$

式中:$R_{凹}$——凹形竖曲线半径,m;

h——灯高,取0.75m;

δ——前照灯扩散角,取1°。

由视距检查结果可知:有三处平曲线路段在曲线内侧,视距要求的横净距较大,但因这些路段均位于高架桥上,也不存在视距不良问题。凸形、凹形竖曲线的实际可视距离均大于检查视距,不存在视距不良问题。在平曲线中央分隔上,有四处防眩设施会对行车视距产生一定的不利影响。

四、路基路面安全性评价

1.路侧安全净区检查

本项目路侧净区内的潜在危险主要来自边沟、排水沟、交通标志、挡土墙、相邻道路以及建筑物等。经过审查,主线路侧净区内大多数障碍物已经清除或设置了护栏保护或采用了可穿越的结构形式,但仍有10处潜在危险或设置的护栏防撞等级较低(详见表11-12)。

路侧净区潜在危险　　　　　　　　　　　　　　　　　　　　表11-12

编号	地点	路基类型	障碍物类型	距行车道边缘距离(m)	已设计的安全措施
1	右侧路基:K0+000~K0+045段	路堑	矩形排水沟	4.48	无
	右侧路基:K0+045~K0+212段	路堤		6.85	部分设置护栏
	左侧路基:K0+000~K0+045段	路堑		4.75	无
	左侧路基:K0+045~K0+212段	路堤		4.75	部分设置护栏
2	左侧路基:K0+460~K0+620段	路堑	蝶形边沟/矩形排水沟	5.05	设置护栏
3	左侧路基:K0+740~K1+200段	路堑	矩形排水沟	3.75	部分设置护栏
4	左侧路基:K3+455.4~K3+832段	路堤	排水沟/未拆迁建筑	7.75	设置护栏
5	左侧路基:K10+140~K10+300段	路堤	矩形排水沟	6.75	部分设置护栏
	左侧路基:K10+340~K10+480段			5.66	部分设置护栏
6	左侧路基:K27+300处	路堑	单柱限速标志	4.6	无
7	左侧路基:K55+240处	路堑	单悬臂标志	4.55	无
8	右侧路基:K32+220~K32+440段	路堤	单悬臂标志	4.55~7.75	设置护栏
9	右侧路基:K32+730.4~K32+960段	路堤	矩形排水沟/挡墙土	5.25~8.75	设置护栏
10	右侧路基:K55+240处	路堑	单悬臂标志	4.55	无

2. 排水设施安全性审查

对主线纵向排水设施和互通立交范围内的排水情况进行了核查。结果表明:互通立交范围内的排水系统通畅,不会出现积水现象。主线上的排水设施设置也基本合理,在通畅性和泄水能力等方面满足要求,但也存在4个方面的问题,见表11-13。

排水设施存在的问题　　　　　　　　　　　　　　　　　　　　表11-13

问题1	问题2	问题3	问题4
部分挖方路段边沟纵坡坡度较小,局部地段为台阶式(陡+缓+陡+缓+…)	部分排水沟的纵坡坡度较大而未设置急流槽	路堑处边沟纵坡较小且最低点位于凹形竖曲线底部。K56+600~K56+760段位于凹形竖曲线底部,两侧边沟纵坡均小于0.3%,路线右侧边沟存在水流汇集进而倒灌至路面的可能	少数路段的边沟、排水沟形式不一致性,K0+480~K0+500段和K0+558~K0+563段均处于挖方路段,却在路侧安全净区内设置了矩形排水沟,不利于行车安全

3. 涵洞洞口设计安全性审查

审查结果表明,在检查的122个涵洞进出口中,有109个位于路侧安全净区内,但由于涵洞上均设置了护栏,因此涵洞进出口没有影响或危及行车安全。

4. 挡土墙设置安全性审查

主线及互通上共有26个路段设置了挡土墙,挡土墙设置的合理性、必要性充分,挡土墙路段均设置了护栏,但有四处护栏的防撞等级较低,有待提高。

5.路面安全性评价

路面结构设计符合《公路沥青路面设计规范》(JTG D40—2006)要求,面层材料SMA13抗滑性能和排水性能均有保障,路面抗滑能力满足行车要求,纵向摩擦系数较大。

五、桥梁安全性评价

肇花高速主线跨北江、三坑水库等水域以及京广铁路、山前大道、广清高速等道路与铁路,因此桥梁数量较多,仅特大桥、大中桥就有22座,总长约37km,占路线总长度的60.7%。其中,特大桥9座,长约32.9km。桥梁安全性评价结果,见表11-14~表11-16。

桥梁安全性评价结果　　　　　　　　　　　　　　　　　表11-14

桥梁引线速度协调性评价	桥梁断面安全性评价	桥梁墩台安全性评价	桥下净空检查	立交桥下视距检查
由于桥梁路段线形条件较好,预测得出的引线路段运行速度与桥梁设计速度差值均小于10km/h,速度协调性良好	桥梁断面满足行车安全要求,无需设置紧急停车带。桥面铺装为沥青混凝土,加之纵、横坡度合理,桥面铺装抗滑能力满足要求。桥面积水通过纵向、竖向PVC管集中排至桥下排水沟,对桥下车辆和行人的通行无影响	部分桥墩位于其他道路的路面或路侧安全净区范围以内,共有10个桥墩存在危险,见表11-15	全线117处跨线桥的桥下净空均大于规定的净空值。但也有部分下穿主线的道路其桥下净空存在一定安全风险,见表11-16	立交桥下计算出的实际行车视距均大于规范规定的停车视距,满足安全行车要求

有潜在危险的桥梁墩台一览表　　　　　　　　　　　　表11-15

序号	桩号	地方道路名称	主线桥梁名称	桥墩位置
1	QSK0+475.6	南北大道	北江东互通QS匝道桥	南北大道中央分隔带
2	SFK0+584	南北大道	北江东互通SF匝道桥	南北大道中央分隔带
3	K15+015	南北大道	北江特大桥	南北大道中央分隔带
4	K47+860.38(桥墩号343)	山前大道与南航大道平交口	狮岭高架桥三	交叉口中心
5	K48+322.35(桥墩号356)	山前大道与地方路平交口	狮岭高架桥三	交叉口中心
6	K50+708.28(桥墩号434)	山前大道	狮岭高架桥三	山前大道路面上
7	K51+328.96(桥墩号455)	度假村专用道	狮岭高架桥三	交叉口中心
8	K51+591.82(桥墩号463)	山前大道与地方路平交口	狮岭高架桥三	交叉口中心
9	K54+980	莲山北路	莲山北路跨线桥	莲山北路中央分隔带
10	K58+265	国道G106	国道G106跨线桥	G106绿化带

下穿主线净空较低的桥梁一览表　　　　　　　　　　　表11-16

编号	相交桩号	相交道路名称	要求净空(m)	设计净空(m)	建议
1	K2+945.2	龙王庙大道	5.00	5.44	增设限高标志
2	K5+461.5	大旺大道	5.00	5.49	增设限高标志
3	K7+963	地方路	4.50	4.82	增设限高标志
4	K8+120	地方路	5.00	5.34	增设限高标志及限高栏杆
5	K8+770	地方路	4.50	4.87	增设限高标志
6	K24+120	服务区内道路	3.50	3.50	增设限高标志及限高栏杆

六、互通式立体交叉安全性评价

1. 互通式立体交叉选型与定位评价

全线共设互通式立体交叉12座,其中枢纽互通1座,完全互通7座,部分互通4座。经审查,互通式立体交叉的功能定位较准确。但国泰互通、芙蓉嶂互通在与被交道路的连接端交通组织不便,有一定安全隐患。国泰互通由于采用变异菱形,从而在省道S114上形成两处距离较近的反向T形平面交叉,即错位交叉,不利于交通组织。芙蓉嶂互通在芙蓉大道上也是T形渠化平面交叉,由于收费站距离平面交叉较近,受T形交叉交通影响较大。

本项目互通式立体交叉主线上的出口匝道名称、出口位置和驶出主线方式如表11-17所示。经审查,沿线互通式立体交叉主线出口型式的一致性良好,出口位置均在立交跨越构造物之前,驶出主线方式均为从主线右侧驶离,出口位置和驶出主线方式统一且一致。

互通式立体交叉主线的出口型式 表11-17

编号	互通名称	上行方向				下行方向			
		匝道名称	形式	出口位置	出口方式	匝道名称	形式	出口位置	出口方式
1	大旺北互通	D匝道	右转	结构物前	主线右侧出	C匝道	左转	结构物前	主线右侧出
2	北江西互通	ZL匝道	内环左转	结构物前	主线右侧出	GL匝道	右转	结构物前	主线右侧出
3	北江东互通	ZS匝道	左转	结构物前	主线右侧出	GS匝道	右转	结构物前	主线右侧出
4	大塘互通	ZS匝道	右转	结构物前	主线右侧出	GS匝道	左转	结构物前	主线右侧出
5	国泰互通	ZS匝道	左右转	结构物前	主线右侧出	HS匝道	左右转	结构物前	主线右侧出
6	三坑互通	ZS匝道	下高速	结构物前	主线右侧出	—	—	—	—
7	马岭互通	—	—	—	—	HS匝道	下高速	结构物前	主线右侧出
8	狮岭互通	ZG匝道	左右转	结构物前	主线右侧出	QH匝道	左右转	结构物前	主线右侧出
9	钟屋互通	ZS匝道	下高速	结构物前	主线右侧出	—	—	—	—
10	六花岗互通	—	—	—	—	HS匝道	下高速	结构物前	主线右侧出
11	芙蓉嶂互通	ZC匝道	左右转	结构物前	主线右侧出	HC匝道	左右转	结构物前	主线右侧出
12	红群互通	ZC匝道	左转	结构物前	主线右侧出	HC匝道	右转	结构物前	主线右侧出

互通式立体交叉之间以及与服务区、收费站间的距离如图11-3所示。由图可知,互通式立体交叉之间的间距较短,12个互通的平均间距仅为4 821.107m。间距最大的只有8 237.315km,间距小于4km的互通有三对。由于互通间距较近,会存在以下两个方面的交通组织问题:第一,互通出口预告困难;第二,上一互通加速车道渐变段终点至下一互通减速车道渐变段起点间存在交织现象,不利于行车安全。

2. 互通式立体交叉交通适应性评价

交通适应性评价主要以服务水平作为评价标准。主线、匝道及交织区采用了饱和度(即V/C)和交通量(pcu/h)作为评价指标,收费站采用了延误(s)和车辆排队长度(辆)作为评价指标。服务水平评价结果见表11-18及图11-4(限于篇幅,仅列出部分立体交叉),总体而言,各互通立交的交通适应性良好。

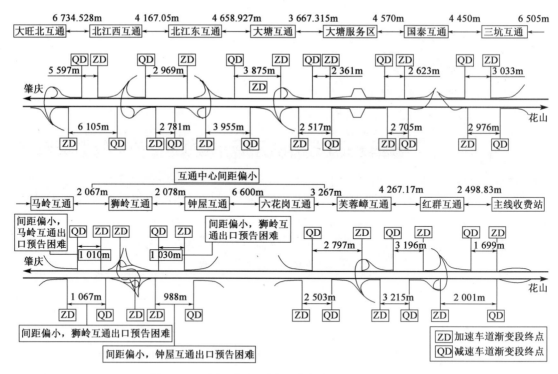

图 11-3 互通式立体交叉之间及其与其他设施之间的距离

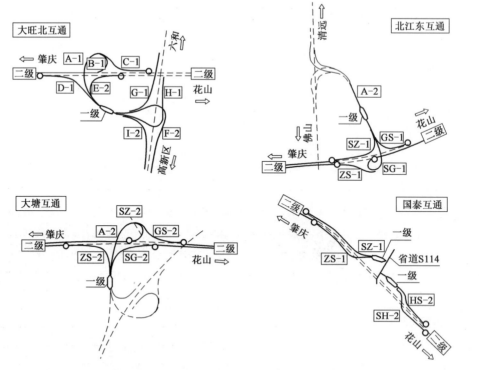

说明：字母-*——字母代表匝道编号，*代表服务水平；————代表未评价服务水平的主线或匝道
　　　——代表评价服务水平的主线或匝道。

图 11-4 互通式立交各组成部分的服务水平

互通式立体交叉服务水平评价表 表11-18

立交	大旺北互通		北江东互通		大塘互通		国泰互通		三坑立交	
	路段名称	服务水平	路段名称	服务水平	路段名称	服务水平	路段名称	服务水平	路段名称	服务水平
主线	B匝道下游	二级	SZ匝道下游	二级	SZ匝道下游	二级	SZ匝道下游	二级	SZ匝道下游	二级
	C匝道上游	二级	ZS匝道上游	二级	ZS匝道上游	二级	ZS匝道上游	二级	ZS匝道上游	二级
	D匝道上游	二级	GS匝道上游	二级	GS匝道上游	二级	HS匝道上游	二级	ZS匝道上游	二级
	E匝道下游	二级	SG匝道下游	二级	SG匝道下游	二级	SH匝道下游	二级	ZS匝道下游	二级
匝道	A匝道	一级	SZ匝道	二级	SZ匝道	一级	SZ匝道	二级	SZ匝道	一级
	B匝道	一级	ZS匝道	二级	ZS匝道	二级	ZS匝道	二级	ZS匝道	一级
	C匝道	二级	GS匝道	二级	GS匝道	二级	HS匝道	二级		
	D匝道	一级	SG匝道	二级	SG匝道	二级	SH匝道	二级		
	E匝道	二级	A—SG匝道段	一级	A—SZ匝道	二级				
	F匝道	二级	A—ZS匝道段	一级	A—GS匝道	二级				
	G匝道	一级	A—ZS、GS匝道	二级						
	H匝道	一级	A—SZ、SG匝道	二级						
	I匝道	二级								
匝道与主线连接点	B合流点	一级	SZ合流点	一级	SZ合流点	一级	SZ合流点	一级	SZ合流点	一级
	C分流点	一级	ZS分流点	一级	ZS分流点	一级	ZS分流点	一级	ZS分流点	一级
	D分流点	一级	GS分流点	一级	GS分流点	一级	HS分流点	一级		
	E合流点	一级	SG合流点	一级	SG合流点	一级	SH合流点	一级		
收费站	出口	一级	出口	一级	出口	一级	SS收费站出入口	一级	出口	一级
	入口	一级	入口	一级	入口	一级	SH收费站出入口	一级	入口	一级

3.主线线形安全性评价

尽管按高速公路路段设计标准而言,互通式立交主线线形均满足要求,但由于《公路路线设计规范》(JTG D20—2006)规定的互通立交主线线形设计标准高于路段,因此部分互通主线线形指标偏低,见表11-19。

主线线形指标偏低的互通式立体交叉 表11-19

编号	互通名称	平曲线最小半径(m)	竖曲线最小半径(m)		最大纵坡(%)	评价结果
			凸形	凹形		
1	国泰互通	2 000	35 000*	21 000	1.30	*凸形竖曲线半径略低于一般值
2	三坑互通	2 000.79	—	16 000	2.40*	*最大纵坡较大
3	狮岭互通	1 100*	47 000	—	0.509	*平曲线半径偏小,低于极限值;若按限速100km/h审查,也仅略高于极限值
4	六花岗互通	2 500	25 000*	—	0.80	*凸形竖曲线半径低于一般值
5	芙蓉嶂互通	1 100*	—	81 000	1.046	*平曲线半径偏小,低于极限值;若按限速100km/h审查,也仅略高于极限值

4. 匝道出入口安全性评价

经审查,主线上相邻出入口间距满足要求,出入口处满足车道平衡要求。尽管有部分匝道为双车道匝道,但在汇入或分离主线时均为单车道,因此也满足车道平衡要求。绝大多数匝道出入口的变速车道长度满足设计速度要求,但有部分连于肇花主线上的入口匝道,加速车道及渐变段长度不满足主线设计速度120km/h的要求,仅满足主线限速100km/h的要求。这些匝道是:马岭互通SH匝道,狮岭互通GZ、QH、QZ和GH匝道,钟屋互通SZ匝道。

5. 匝道线形安全性评价

全线12座互通立交的63条匝道的圆曲线半径、最大纵坡、竖曲线最小半径、竖曲线最小长度等均满足要求,仅狮岭互通上的三条匝道部分线形指标偏低,见表11-20。

狮岭互通线形指标偏低的匝道 表11-20

匝道编号	设计速度(km/h)	平曲线最小半径(m)	竖曲线最小半径(m) 凸形	竖曲线最小半径(m) 凹形	竖曲线最小长度(m)	最大纵坡(%)/坡长(m)	评 价
HG	40	65	30 000	4 885	120	−4.1*/60	*纵坡偏大
HQ	60	332	2 787	1 550*	89.92	−3.457/494.51	*凹形竖曲线半径偏小(仅略大于极限值)
ZG	60	850	2 950	1 745*	89.16	−3.45/230.44	*凹形竖曲线半径偏小(低于一般值)

6. 互通式立体交叉视距检查

经审查,互通式立交匝道的视距均符合要求,不会出现平曲线内侧土体等障碍物遮挡视线的情况,具体匝道视距审查结果见表11-21。

互通式立交匝道视距检查结果 表11-21

匝道名称	设计视距(m)	曲线半径R(m)	视线半径R_S(m)	最大横净距Z(m)	评价	备 注
大旺北G匝道	58.78	293.75	293.5	1.471	满足	填方路段
大旺北I匝道	58.78	—	—	—	满足	缓和曲线路段
北江西A匝道	58.78	—	—	—	满足	缓和曲线路段
北江西LG匝道	58.78	180	179.75	2.402	满足	曲线内侧为取土场
国泰SZ匝道	58.78	150	148	2.478	满足	视线在路面范围内
国泰ZS匝道	58.78	1 986	1 984	0.218	满足	视线在路面范围内

七、交通管理设施安全性评价

1. 交通标志设置的安全性评价

全线共布设交通标志2 840块(组合标志均按一块计)。其中,主线标志1 954块,平均每公里32块;互通范围内共有标志886块,平均每个互通74块。交通标志设置情况见表11-22。

交通标志设置一览表   表11-22

主线交通标志设置							
标志类型/标志数量(块)		大型标志/299		里程牌/69		百米牌/1 098	公路界/488
互通式立体交叉交通标志设置							
互通名称	标志数量(块)	互通名称	标志数量(块)	互通名称	标志数量(块)	互通名称	标志数量(块)
大旺北互通	132	大塘互通	113	马岭互通	10	六花岗互通	11
北江西互通	56	国泰互通	27	狮岭互通	149	芙蓉嶂互通	82
北江东互通	209	三坑互通	12	钟屋互通	11	红群互通	74

审查结果表明:交通标志设置的必要性、内容的正确性、有效性和连续性,材料、结构及版面尺寸的合理性,基础与立柱的可行性以及标志与标线的配合等均基本满足要求。通过对全线交通标志的逐一核实发现,交通标志的设置仍然存在以下几个方面的问题:部分交通标志位于路侧安全净区范围内而没有护栏保护,缺少主线收费站标志和车距确认标志,部分交通标志的版面内容不合理、设置地点不合理,同一类型内容相同的标志前后尺寸不统一等。典型交通标志设置问题及改善建议如图11-5~图11-7所示。

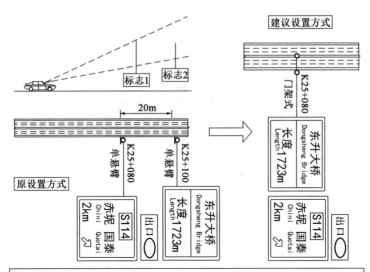

图11-5 交通标志设置问题及改善建议一

2.交通标线设置的安全性评价

全线共设置交通标线(含导向箭头和路面文字标记)154 095 m^2、单向反光突起路标45 511个、彩色防滑路面铺装300 m^2。审查结果表明,交通标线在设置的必要性及正确性、标线的规范符合性、标线与标志对同一信息内容表述的一致性上均符合要求。存在的问题有:部分互通在匝道车道变宽或变窄处的导向箭头设置不规范;部分路面文字标记的重复次数只有两次,不符合规范要求;部分车距确认标志处,没有配套的车距确认标线。

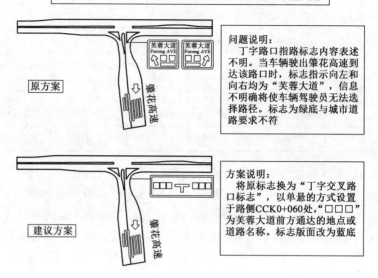

图 11-6　交通标志设置问题及改善建议二

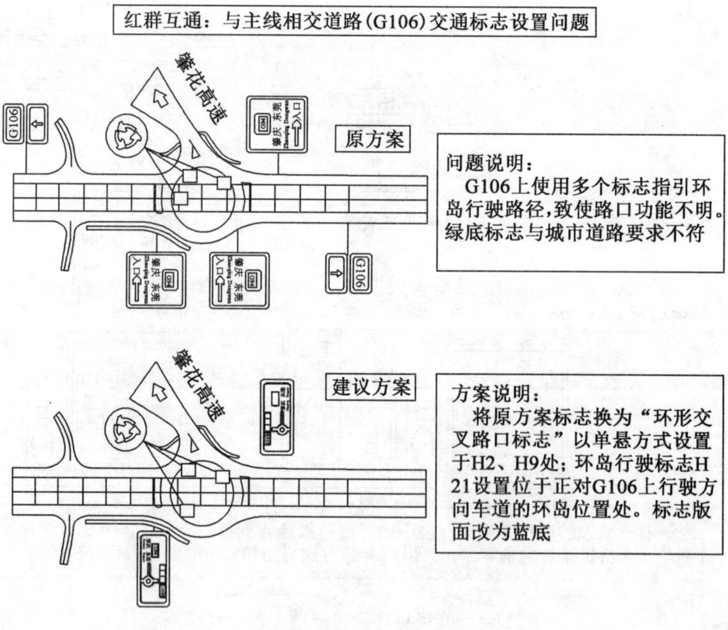

图 11-7　交通标志设置问题及改善建议三

3. 互通式立体交叉视距三角区绿化

互通式立体交叉合流处的视距三角区的绿化,是影响互通式立体交叉交通安全的关键。经过审查,肇花高速上共有 8 个互通式立体交叉存在视距三角区(即禁止栽植高大树木区),视距三角区的分布如图 11-8 所示(限于篇幅,仅列出部分互通式立体交叉)。

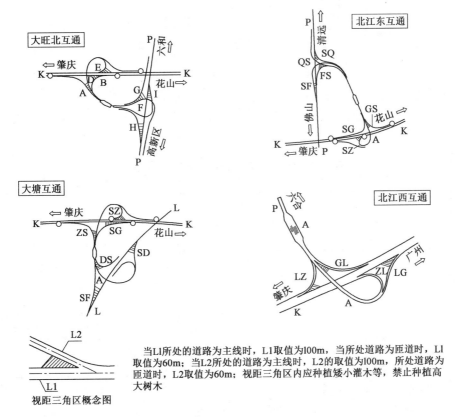

图 11-8　互通式立体交叉视距三角区

八、交通安全设施安全性评价

1. 安全护栏设置安全性审查

主线共设置路侧护栏 87 524.04m。其中,波形梁护栏 28 144m、混凝土护栏 58 384.04m、护栏过渡段 996m;主线共设置中央分隔带护栏 107 886m,均为混凝土护栏。互通范围内共设置路侧护栏 113 285m。其中,波形梁护栏 56 068m,混凝土护栏 55 812m,护栏过渡段 1 405m;互通范围内共设置中央分隔带护栏 8 036m,主要是 Gr-Am-4E 和 Grd-Am-4E 两种形式。

总体而言,全线安全护栏的设置存在较多的问题。主要有:部分护栏等级的选择与路基的填方高度不一致,部分护栏立柱的埋设条件选择不合理,部分护栏的设置没有充分考虑路侧存在的道路、溪流等安全隐患(典型案例如图 11-9 所示),部分护栏的设置没有考虑事故车辆可能对路侧居住建筑的潜在威胁,路侧护栏的设置没有充分考虑安全净区范围内可能给失控车辆带来安全隐患的障碍物。

2. 隔离栅设置安全性审查

全线共设置隔离栅 72 512m。其中,刺钢丝网隔离栅(F-Bw-C)36 900m,主要用于非互通路段的隔离,焊接网隔离栅(F-Ww-C)35 612m,主要用于互通路段的隔离。经审查,全线隔离栅型式的选择及设置的连续性和封闭性方面均满足要求,但在设置位置的准确性方面存在部分问题。

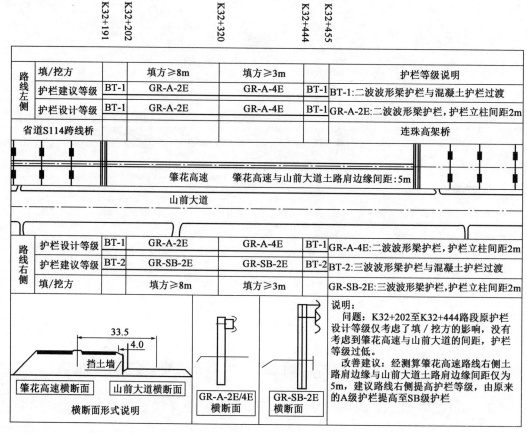

图 11-9 主线 K32+202 至 K32+444 段护栏改善建议

3. 桥梁防护网设置安全性审查

共计在 11 个路段设置了 22 处桥梁防护网,累计长度 2 500m,平均每处 113.63m。防护网结构设计正确。有两处防护网设置的必要性不明确,且本身并不位于桥梁上,建议取消。除了白岭分离立交桥防护网外,其他防护网的设置地点都应进行调整。建议在上跨高速公路、一级公路、铁路、交通量较大的其他公路等处的 21 个路段增设 46 处桥梁防护网,总长度 3 160m。

第二节 潮惠高速公路施工图设计阶段安全性评价

一、建设项目概况与评价内容

1. 建设项目概况

广东省潮州至惠州高速公路是《广东省高速公路网规划》中"九纵五横两环"中"四横"的重要组成部分,对加强珠三角与福建、广西等"泛珠三角"地区的联系具有重要意义。本项目采用高速公路标准修建,其中 A3 合同段总长 99.906km。K148+025.606～K209+943.409 段设计速度为 100km/h,路基宽度 33.5m,分离式路基为 16.75m;K209+943.409～K247+900 路段设计速度为 120km/h,路基宽度 34.5m。共设主线桥 20 528.8m/79 座,涵洞 138 道;共设隧道 11 180.5m/4 座,其中特长隧道 10 358m/2 座,中隧道 500m/1 座,短隧道 322.5m/1 座;桥隧总长占路线总长的 31.74%;设互通立交 8 处,通道 100 座。A2 合同段 11～13 标段总长 24.95 km,路段设计速度为 100km/h,路基宽度 33.5m,分离式路基为 16.75m;共设主线桥 8 260m/25 座,涵洞 32 道;桥梁总长占路线总长的 33.11%;设互通立交 3 处,通道 23 座。

2. 评价内容

评价内容包括:总体评价、路线安全性评价、路基路面安全性评价、桥梁安全性评价、隧道安全性评价、互通式立体交叉安全性评价、安全改善建议和速度控制方案。

为了避免与本章第一节重复,本节仅介绍运行速度协调性与一致性评价、交通事故预测及其评价、隧道安全性评价、安全改善建议及速度控制方案 5 个方面的内容。

二、运行速度协调性与一致性评价

经审查,本项目的路段单元仅有平直路段(纵坡小于 3% 而平曲线半径大于 1 000m)和纵坡路段(纵坡大于 3% 且坡长大于 300m)两类。按设计速度为 120km/h 对运行速度进行计算,各路段小客车的运行速度均在 115～120km/h,大型货车在 65～75km/h,相邻路段运行速度的差值 $\Delta v85 < 10$km/h,同一路段设计速度与运行速度的差值 $\Delta v < 20$km/h;按设计速度为 100km/h 对运行速度进行计算,各路段小客车的运行速度均在 105～110km/h,大型货车在 65～75km/h,相邻路段运行速度的差值 $\Delta v85 < 10$km/h,同一路段设计速度与运行速度的差值 $\Delta v < 20$km/h。因此运行速度协调性与一致性均良好,不存在突变路段,具体见图 11-10(部分计算结果)。

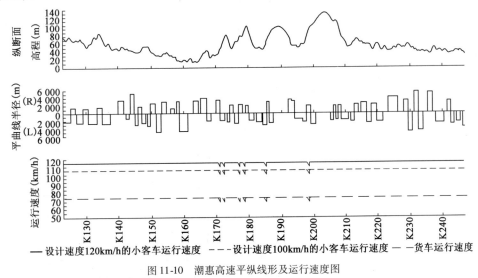

图 11-10 潮惠高速平纵线形及运行速度图

三、交通事故预测及其评价

运用"基于全社会成本的高速公路设计方案评价技术研究"专题五"高速公路设计方案安全评价研究"中建立的事故预测模型进行了交通事故预测及安全性分析。

1. 主线交通事故预测结果

根据各特征年的交通量,预计潮惠高速公路 2015 年事故次数为 167 次,事故率为 15.51

次/亿车公里;2020年事故次数为335次,事故率为19.51次/亿车公里;2025年事故次数为548次,事故率为23.01次/亿车公里;2030年事故次数为815次,事故率为26.26次/亿车公里。预测得出的各路段事故次数、事故率见图11-11和图11-12(均为部分结果)。

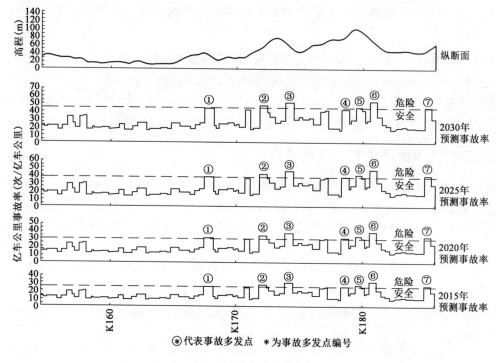

图11-11　主线预测事故率分布图

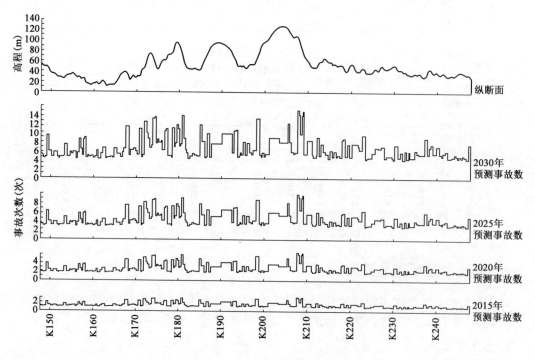

图11-12　主线预测事故数分布图

2. 主线潜在事故多发路段鉴别

选取95%置信区间($E-1.96\sigma, E+1.96\sigma$)作为事故多发路段鉴别的标准,即事故率高于平均事故率加上1.96倍标准差的路段视为事故多发路段。事故多发路段识别区间及识别出的潜在事故多发路段,见表11-23。

潜在事故多发路段及识别区间 表11-23

编号	起点桩号	终点桩号	事故率(次/亿车公里)			
			2015年	2020年	2025年	2030年
1	K167+480	K168+200	26.21	33.12	36.06	44.59
2	K171+850	K172+470	28.57	36.10	42.57	48.61
3	K173+880	K174+560	30.64	38.71	45.65	52.12
4	K178+300	K178+920	25.72	32.38	38.19	43.60
5	K179+470	K179+944	26.94	34.05	40.15	45.83
6	K180+580	K181+120	31.37	40.15	47.35	54.05
7	K184+900	K185+420	27.08	34.21	40.35	46.06
8	K198+040	K198+860	30.28	38.27	45.18	51.59
9	K205+340	K205+610	28.08	35.48	41.84	47.78
10	K207+430	K208+170	33.49	42.32	49.91	56.98
11	K208+520	K208+940	32.93	41.61	49.07	56.02
事故多发路段识别区间			(25.71,∞)	(32.38,∞)	(38.18,∞)	(43.59,∞)

在识别出的事故多发路段中,弯坡组合路段有9个,直坡路段2个。应用事故预测模型,并基于敏感性分析方法,得到了潜在事故多发路段的事故成因。在此基础上,给出了潜在事故多发路段的安全改善对策建议,见表11-24。

潜在事故多发路段的安全改善对策 表11-24

编号	起点桩号	终点桩号	对策	
			工程措施	管理措施
1	K167+480	K168+200	纵坡减小至-2.8%以下或半径增大至2 150m以上	限制超车,对小型车限速
2	K171+850	K172+470	纵坡减小至3.1%以下或半径增大至3 500m以上	限制超车,对小型车限速
3	K173+880	K174+560	纵坡减小至-2.9%以下或同时增大半径	限制超车,对小型车限速
4	K178+300	K178+920	减小纵坡	对大型车限制超车
5	K179+470	K179+944	纵坡下调至2.85%以下或半径增大至2 500m以上	确保视距,上行方向限制超车
6	K180+580	K181+120	纵坡减小至2.8%以下或同时增大半径	确保行车视距,对小型车限速
7	K184+900	K185+420	纵坡减小至3.3%以下	下行方向增设减速带
8	K198+040	K198+860	纵坡下调至3.0%以下或同时增大半径	限制超车,对小型车限速
9	K205+340	K205+610	适当减小直线段长度,改善道路景观环境	设置超速雷达、视距确认标志
10	K207+430	K208+170	纵坡下调至-2.8%以下或同时增大半径	限制超车,对小型车限速
11	K208+520	K208+940	纵坡下调至-2.8%以下或同时增大半径	限制超车,对小型车限速

四、隧道安全性评价

1. 隧道建设概况与安全评价内容

全线共设隧道 11 180.5m/4 座,总长占路线总长的 11%,隧道的基本情况见表 11-25。隧道安全性评价内容包括:隧道平面线形安全性评价、纵断面线形安全性评价、平竖曲线组合线形安全性评价、洞口出口段安全性评价。

隧道基本情况表　　表 11-25

名　称	桩　号	隧道长度(m)	进出口形式	
			进口	出口
象鼻山隧道左线/右线	ZK172+775～ZK173+110/K172+790～K173+100	335/310	削竹式	端墙式
蔡坑隧道左线/右线	ZK179+580～ZK180+072/K179+560～K180+068	492/508	端墙式	削竹式
莲花山1号隧道左线/右线	ZK187+590～ZK192+780/K187+590～K192+815	5 190/5 225	明洞式	明洞式
莲花山2号隧道左线/右线	ZK200+334～ZK205+515/K200+325～K205+445	5 181/5 120	削竹式	明洞式

2. 隧道平面线形安全性评价

隧道平面线形见表 11-26。经审查,隧道圆曲线半径、平曲线长度及回旋线长度均满足规范要求。部分隧道的直线长度超过限值,如莲花山 1 号隧道和 2 号隧道,但隧道设计采用长直线也是合理的。象鼻山隧道左线 JD2 与 JD3 处的 S 形曲线以及 JD3 与 JD4 处的 S 形曲线,其大圆与小圆半径之比分别为 3.802 和 2.797,均大于 2.0 的规定值要求;象鼻山隧道左线 JD1 与 JD2 处的复合曲线以及蔡坑隧道左线 JD2 与 JD3 处的复合曲线,其小圆与大圆半径之比分别为 0.879 和 0.921,均大于 0.2~0.8 的规定值要求。因此,建议在上述圆曲线半径协调性不良处限制行车速度,并加强防滑、排水和照明。

隧道平面线形　　表 11-26

隧道名称	左线隧道内平面线形						右线隧道内平面线形					
	隧道范围		编号	平面线形	隧道内长度(m)	线形描述	隧道范围		编号	平面线形	隧道内长度(m)	线形描述
	起点	终点					起点	终点				
象鼻山	ZK172+775	ZK173+110	1	圆曲线	194.308	位于S形曲线上	K172+790	K173+100	1	直线	310	全部位于直线段
			2	缓和曲线	140.692							
蔡坑	ZK179+580	ZK180+072	1	圆曲线	142.15	位于圆曲线上	K179+560	K180+068	1	圆曲线	113.592	起点位于圆曲线上,终点止于短直线段
			2	缓和曲线	230				2	直线	138.408	
			3	直线	119.85				3	缓和曲线	240	
莲花山1号	ZK187+590	ZK192+780	1	直线	4 684.646	起点位于直线段,终点位于圆曲线上	K187+590	K192+815	1	直线	4 715.078	起点位于S形曲线末尾,终点止于S形曲线的圆曲线上
			2	圆曲线	275.354				2	圆曲线	160.767	
			3	缓和曲线	230				3	缓和曲线	349.155	
莲花山2号	ZK200+334	ZK205+515	1	直线	4 740.537	起点位于圆曲线,终点位于长直线	K200+325	K205+445	1	直线	4 488.487	起点位于圆曲线,终于直线段上
			2	缓和曲线	290				2	圆曲线	351.513	
			3	圆曲线	150.463				3	缓和曲线	280	

3. 隧道纵断面线形安全性评价

隧道纵断面线形见表11-27。经过审查,隧道内部纵坡与坡长、竖曲线半径与长度均符合设计速度为100km/h的设计要求。隧道内部竖曲线半径都很大,对行车是十分有利的。

隧道纵断面线形　　　　　　　　　　　　　　　表11-27

隧道名称	左线隧道内纵断面线形						右线隧道内纵断面线形					
	隧道范围		编号	纵断面线形	隧道内长度(m)	线形描述	隧道范围		编号	纵断面线形	隧道内长度(m)	线形描述
	起点	终点					起点	终点				
象鼻山	ZK172+775	ZK173+110	1	凸形竖曲线	335	位于曲线部,人字坡	K172+790	K173+100	1	凸形竖曲线	310(844)	位于曲线部,人字坡
蔡坑	ZK179+580	ZK180+072	1	凸形竖曲线	315	起点位于凸曲线中部,经过直坡段,终于凹形竖曲线起点处,单向坡	K179+560	K180+068	1	凸形竖曲线	328(834)	起点位于凸曲线中部,经过直坡段,终于凹形竖曲线起点处,单向坡
			2	直坡段(下坡)	160				2	直坡段(下坡)	178	
			3	凹形竖曲线	17				3	凹形竖曲线	2.0(228)	
莲花山1号	ZK187+590	ZK192+780	1	直坡段(上坡)	1 983	起点位于直坡段,依次经过直坡段、凸形竖曲线、直坡段和凸形竖曲线中部,人字坡	K187+590	K192+815	1	直坡段(上坡)	1 983	起点位于直坡段,依次经过直坡段、凸形竖曲线、直坡段和凸形竖曲线中部,人字坡
			2	凸形竖曲线	975				2	凸形竖曲线	975	
			3	直坡段(下坡)	2 023				3	直坡段(下坡)	2 025	
			4	凸形竖曲线	209				4	凸形竖曲线	242(534)	
莲花山2号	ZK200+334	ZK205+515	1	直坡段(上坡)	2 516	起点位于直坡段,依次经过直坡段、凸形竖曲线、直坡段和凸形竖曲线终点处,人字坡	K200+325	K205+445	1	直坡段(上坡)	2 525	起点位于直坡段,依次经过直坡段、凸形竖曲线、直坡段和凸形竖曲线终点处,人字坡
			2	凸形竖曲线	780				2	凸形竖曲线	780	
			3	直坡段(下坡)	1 503				3	直坡段(下坡)	1 486	
			4	凸形竖曲线	382				4	凸形竖曲线	329(448)	

注:"隧道内长度(m)"一栏中括号内的数字表示竖曲线的长度。

4. 隧道平竖曲线组合线形安全性评价

象鼻山隧道右线内没有平曲线与竖曲线的组合,左线内平曲线与竖曲线的组合满足要求,蔡坑隧道内平曲线与竖曲线的组合满足要求,莲花山1号隧道内平曲线与竖曲线的组合良好,莲花山2号隧道内没有平曲线与竖曲线的组合。

5. 隧道洞口出口段安全性评价

在多雨地区,由于隧道出口处排水不良、路面抗滑性下降导致的行车事故时有发生,因此本项目从线形和排水设施两个方面对隧道出口的安全性进行了单独核查。以隧道出口处向外100m的路段为评价对象,纵坡需满足"大于0.3%并小于3%"的要求,合成坡度需满足"大于0.5%并小于10%"的要求。综合线形和排水设施两方面的评价结果可得,隧道出口的安全性均满足要求。

五、安全改善建议

1. 路线安全改善建议

在平面线形中,对"还可增大超高的平曲线路段"(表11-28),可以增大超高或严格控制小型车的车速。在纵断面及平纵组合线形中,对"驼峰"型竖曲线路段(表11-29)和"一个平曲线包含多个竖曲线"的路段,改善路线设计方案是最理想的解决方法,但在条件受限的情况下,可通过设置线形诱导标志以警示驾驶员减缓车速、安全行驶。

还可增大超高的平曲线路段 表11-28

	A3 合同段还可增大超高的平曲线路段					A2 合同段还可增大超高的平曲线路段				
曲线编号	圆曲线半径(m)	路段类型	设计超高值(%)	理论超高值(%)		曲线编号	圆曲线半径(m)	路段类型	设计超高值(%)	理论超高值(%)	
				理论超高值1	理论超高值2					理论超高值1	理论超高值2
JD_{18}	2 300	路基	2	4.93	2.19	JD_{15}	2 200	路基+桥梁	2	5.15	2.29
JD_{21}	2 400	路基	2	4.72	2.10	JD_{16}	1 500	路基+桥梁	3	7.56	3.36
JD_{27}	1 553	路基	3	7.30	3.24	JD_{17}	2 500	路基+桥梁	2	4.54	2.02
JD_{28}	2 200	路基+桥梁	2	5.15	2.29	JD_{20}	1 600	路基+桥梁	3	7.09	3.15
JD_{33}	1 600	路基	3	7.09	3.15	JD_{27}	2 500	路基+桥梁	2	4.54	2.02

注:理论超高值1是按小客车120km/h计算出的超高值,理论超高值2是按货车80km/h计算出的超高值。

"驼峰"型竖曲线路段一览表 表11-29

路段编号	路段起点桩号	路段终点桩号	竖曲线数(个)	纵断面线形描述	备注
1	K159+642.400	K161+242.400	4	凸+凹+凸+凹	"驼峰"形竖曲线路段是指由多个连续的竖曲线首尾相接而形成的线形
2	K168+975.600	K171+324.400	5	凸+凹+凸+凹+凸	
3	K193+413.750	K195+506.250	5	凹+凸+凹+凸+凹	
4	K211+305.000	K213+835.000	5	凸+凹+凸+凹+凸	
5	K214+814.027	K216+574.027	4	凸+凹+凸+凹	
6	K226+495.865	K228+735.865	4	凸+凹+凸+凹	
7	K231+689.100	K233+770.900	5	凹+凸+凹+凸+凹	

2. 路基路面安全改善建议

在满足排水要求的前提下,可将部分位于路侧净区内的边沟设置为可跨越式。对于K174+900~K174+957(左)、K174+900~K174+972(右)及K178+150~K178+180(右)路段,需要加大边沟的沟底纵坡,提高排水能力。在互通立交易积水路段处设置出水口,或者增大排水设施的沟底纵坡。对576个位于路侧安全净区内的涵洞洞口,建议设置护栏保护。

3. 桥梁安全改善建议

对位于主线中央分隔带、匝道两侧以及被交道路中央分隔带或路侧的22个桥墩,需要通过设置护栏或增加护栏防撞等级来保护。对于下穿主线且净空较低的桥梁,建议增设限高标志或设置限高栏杆,从而保证行车安全。

4. 隧道安全改善建议

象鼻山隧道左线位于S形曲线上,隧道入口临近复合曲线,建议在圆曲线半径协调性较差处限制行车速度,加强防滑、排水、照明。莲花山隧道有两种方案:修建长度为10 760m的一个隧道,或修建长度分别为5 225m、5 159m的两个隧道。通过对安全、经济及社会影响等方面的比较,认为方案二更具有优势,推荐作为隧道修建方案。

5. 互通式立体交叉安全改善建议

对于线形指标偏低的主线路段,可考虑设置防滑路面,提高道路摩擦系数并警示驾驶员安全行车。减速车道较短的匝道,可考虑将减速车道加长,达到规范值115m的要求。

六、速度控制方案

本项目中K148+025.606~K209+943.409段以及A2合同段11~13标段(总长24.95km)设计速度为100km/h。应甲方要求,需分析项目建成后按120km/h进行速度管理的可能性,并给出全线速度控制方案。

1. 按设计速度120km/h计算线形方面存在的问题

设计速度的提升会带来主要线形指标的要求提高,因此会导致51处原来按100km/h标准设计的指标不再满足要求。其中,主线直线长度不满足要求的3处,主线纵坡与坡长不满足要求的11处,主线竖曲线不满足要求的36处,互通立交主线不满足要求的1处。提速后不满足纵坡坡度或坡长要求的路段见表11-30(其他略)。

提速后纵坡坡度或坡长不满足要求的路段　　　　表11-30

编号	起点桩号	终点桩号	坡度(%) 上坡	坡度(%) 下坡	坡长(m)	评价结果 100 km/h	评价结果 120 km/h	评价标准
1	K170+660	K171+110	3.34		450	满足	不满足	1. 最大纵坡:①设计速度为100km/h不大于4%;②设计速度为120km/h不大于3%;2. 最小纵坡:不小于0.3%;3. 最短坡长:①设计速度为100km/h不小于250m;②设计速度为120km/h不小于300m;4. 最大坡长:①纵坡为3%、设计速度为100km/h时不大于1 000m;②纵坡为3%、设计速度为120km/h时不大于900m
2	K171+850	K172+470	3.4		620	满足	不满足	
3	K176+630	K177+260	3.136		630	满足	不满足	
4	K178+300	K178+920	3.5		620	满足	不满足	
5	K180+580	K181+120		3.4	540	满足	不满足	
6	K184+900	K185+420	3.5		520	满足	不满足	
7	K198+040	K198+860	3.5		820	满足	不满足	
8	K207+430	K208+170		3.5	740	满足	不满足	
9	K208+520	K208+940		3.5	420	满足	不满足	
10	ZK172+065.549	ZK172+470	3.4		404.451	满足	不满足	
11	ZK173+870	ZK174+024.99		3.4	154.99 (689.990)	满足	不满足	

2. 提速后防眩设施处视距方面存在的问题及改善建议

随着设计速度的提升,对主线平曲线路段防眩设施处的最大横净距要求也会提高。以设计速度120km/h为标准,主线存在17处不满足设计要求的路段,其中13处不满足货车视距要求,4处不满足小汽车视距要求。建议将平曲线外侧标线外移25cm,并按小汽车标准确定视距要求(原因是当分车型分车道行驶后,货车不能在最靠近中央分隔带的车道上行驶)。此时,将有14个曲线不再存在视距受限问题。对于剩余的3个曲线路段,建议向曲线内侧偏移防眩设施,从而增加横净距,具体偏移距离见表11-31。

主线平曲线路段防眩设施横向偏移距离　　　　表11-31

交点编号	平曲线半径(m)	视线曲线半径(m)	最大横净距(m)	防眩设施距视线的横向距离(m)	防眩设施类型	防眩设施需内移的距离(m)
JD_{18}	1 350	1 353.625	4.070	3.625	防眩板	0.445
JD_{23}	1 300	1 303.625	4.226	3.625	防眩板	0.601
JD_7	1 333	1 336.625	4.122	3.625	防眩板	0.497

3. 互通式立体交叉加减速车道方面存在的问题及改善建议

设计速度若由100km/h提升至120km/h,加速车道需增加40m,减速车道需增加30m。建议分车道限速,在互通出口处靠内侧的两条车道限速120km/h、外侧车道限速100km/h,在互通入口处三条车道均限速120km/h。具体限速措施如图11-13所示。

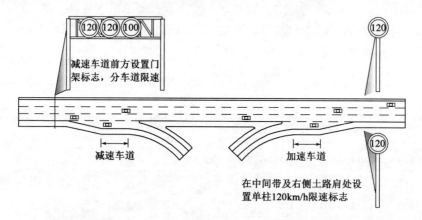

图11-13　互通出入口分车道限速示意图

4. 全线速度控制方案建议

按设计速度100km/h和120km/h进行的安全性评价结果表明:①虽然K123+000～K209+943.409段是按设计速度100km/h进行设计的,但各方面技术指标值都较高,仅有少部分路段指标值不满足设计速度120km/h的要求;②在当前设计线形条件下,按设计速度120km/h计算,运行速度协调性与一致性均良好,不存在突变路段,但大小型车的车速差较大;③互通式立体交叉加减速车道均偏短,不满足120km/h条件下车辆安全分、合流的要求;④K174+025～K206+640段内有象鼻山隧道、蔡坑隧道、莲花山1号隧道、莲花山2号隧道等四座隧道,从交通安全角度考虑不应提高限速标准;⑤K209+943.409～K247+900段按设计速度 120km/h 进行设计,满足设计速度 120km/h 条件下的相关规范要求。综上所述,建议潮惠高速采用分段、分车道、分车型的组合限速方式,具体如表 11-32 所示。

潮惠高速公路速度控制方案建议 表 11-32

编号	起点桩号	终点桩号	里程（km）	限速值(km/h)			配套设施
				车道 1	车道 2	车道 3	
1	K123+000	K172+065.549	49.065	120	120	100	设置"大型车靠右"标志
2	K172+065.549	K209+943.409	37.878	100	100	80	设置"大型车靠右"标志
3	K209+943.409	K247+900	37.957	120	120	120	—

注:1. 车道 1 为靠近中央分隔带的内侧车道,车道 2 为中间车道,车道 3 为外侧车道。
2. 对 K123+000～K172+065.549 段内防眩设施影响视距的区段,按改善建议(表 11-31)进行处理。
3. K172+065.549～K209+943.409 为隧道群路段,其中 K172+065.549 为象鼻山隧道的左线设计起点。

本章参考文献

[1] 孟祥海,侯相琛.珠江三角洲环线高速公路黄岗至花山段施工图设计阶段交通安全评价,2012.
[2] 孟祥海,侯相琛,马松林.潮惠高速公路 K123+000～K247+900 段施工图设计阶段交通安全评价,2013-2014.